高职高专经济管理类创新教材

税法基础与实务

朱红英　骆剑华　周　鲲　主　编

陈思旭　陈立波　周　红　贺　霞　副主编

清华大学出版社

北　京

内容简介

本书根据最新颁布的税法法律及相关政策编写，共分为十个项目，包括税法基础、增值税法规与实务、消费税法规与实务、关税法规与实务、企业所得税法规与实务、个人所得税法规与实务、财产税相关法规与实务、行为目的税相关法规与实务、资源税相关法规与实务、税收征收管理与税务行政法制。

本书内容新颖、难易适中，具备实用性，能够满足不同类型企业相关工作人员对税收知识的需要，同时，书中有大量的实际案例及提升操作能力的练习，方便使用者了解不同行业、不同类型企业的具体涉税事项及相关处理方法，从而提高分析问题、解决问题的能力。

本书配套开发有教学视频、教学课件、习题库、单元测试等相关教学资源。

本书可作为高职院校税务相关专业的教材，也可作为企业财务人员学习税法知识的参考书。

图书在版编目(CIP)数据

税法基础与实务 / 朱红英，骆剑华，周鲲主编. —北京：清华大学出版社，2021.9
高职高专经济管理类创新教材
ISBN 978-7-302-58707-1

I. ①税… II. ①朱… ②骆… ③周… III. ①税法－中国－高等职业教育－教材 IV. ①D922.22

中国版本图书馆 CIP 数据核字(2021)第 141315 号

责任编辑：刘金喜
封面设计：孔祥峰
版式设计：思创景点
责任校对：马遥遥
责任印制：朱雨萌

出版发行：清华大学出版社
网　址：http://www.tup.com.cn，http://www.wqbook.com
地　址：北京清华大学学研大厦 A 座　　邮　编：100084
社 总 机：010-62770175　　邮　购：010-62786544
投稿与读者服务：010-62776969，c-service@tup.tsinghua.edu.cn
质 量 反 馈：010-62772015，zhiliang@tup.tsinghua.edu.cn
印 刷 者：北京富博印刷有限公司
装 订 者：北京市密云县京文制本装订厂
经　销：全国新华书店
开　本：185mm×260mm　　**印　张**：22　　**字　数**：564 千字
版　次：2021 年 10 月第 1 版　　**印　次**：2021 年 10 月第 1 次印刷
定　价：59.80 元

产品编号：090271-01

前　言

本书根据我国当前职业教育教学改革和发展的需要，按照高等职业院校会计专业教学大纲的要求而编写。书中内容以税法最新政策为起点，根据高职学生特点，通过校企合作模式，结合企业所用知识，有针对性地梳理税法相关知识，对 18 个税种进行相关阐述。本书在课程体系设计中，结合现代学生特点，用微课形式对关键知识点进行线上授课，学生可以在任何时间、地点进行学习，满足了课程信息化的要求。该课程系统地讲述了我国现行税法的基本要素和企业从纳税准备工作到纳税后续工作的完整的纳税业务过程，通过课程的学习，学习者可以完整地掌握我国现行 18 个税种的征税范围、纳税人、税率、减税免税、税额计算和申报缴纳等工作内容。本书在教学内容上力求符合学生的认知规律和实际水平，以新的教学思想为先导，在一系列教学改革项目的带动下，构建结合专业特点、以技能操作为框架的税法实务课系。

本书特色如下。

(1) 内容新颖，项目化设计。本书依据我国最新税收法律法规、制度编写，以及税收实务工作对税法知识与技能的素质要求，结合高职学生学习习惯和特点，以工作任务为导向，将税务知识与技能进行项目化设计。

(2) 体例完整，重点突出。本书分为税法基础知识、现行税收实务和我国的税收征收管理三部分内容，重点突出我国现行税制中的主体税种及其法律规定。在框架上突破了原有教材的单纯知识叙述，设计了知识目标、技能目标、素质目标、导入案例、链接 1+X、技能训练等模块，增强了教材的趣味性、实用性，符合学生的年龄特点和兴趣需要，易学易教，有助于提高教学效率。

(3) 资源丰富，有趣生动。本课程除了配有传统的课件、习题(含答案)等资源外，还有丰富的线上资源。线上资源有完整的微课视频、PPT、教案、授课标准、习题库、案例库、学生作品等，读者可以通过学银在线 http://www.xueyinonline.com/detail/216865756，并根据自己的时间合理安排线上学习实践。

(4) 理实结合，操作性强。本书通过基础性训练、设计具体案例，接近实际场景进行实际操作演练，体现高职高专为培养高技术应用型人才和以就业为导向的办学宗旨。

(5) 课证融通。本书将税法理论与实务相结合，按照 1+X 证书制度要求，将证书对税法知识与技能的考纲与专业培养目标相结合，实现证书与学历培养在税法实务课程中的融合。

本书由重庆电子工程职业学院税法实务精品课程教学团队编写。朱红英、骆剑华、周鲲为主编，陈思旭、陈立波、周红、贺霞任副主编，郭斌赋参与本书编写。具体分工如下：项目一、项目二由朱红英编写，项目三由周鲲编写，项目四由周红、郭斌赋编写，项目五、项目六由骆剑华编写，项目七由陈思旭编写，项目八由周红、周鲲编写，项目九由贺霞、周鲲编写，项目十由陈立波、陈思旭编写。

本书 PPT 课件和习题参考答案可通过 http://www.tupwk.com.cn/downpage 下载。

本课程在讲授过程中为每个税种设定了一个典型的工作项目，通过项目操作与知识讲授结合，在学习知识的同时使学习者得到工作技能的训练。学习过程中同步安排的实训和练习对于学习者从事相关工作和参加会计资格及职称考试具有重要的意义。本书可用于高职在校学生，也可用于财务管理者及自主学习者。不足之处，请各位批评指正！

朱红英

2021 年 4 月 25 日

目 录

项目一

税法基础

知识目标

1. 理解税法和税收的概念及相互关系；
2. 了解税法的发展历史；
3. 掌握税法的特征；
4. 理解税法的要素；
5. 了解税法的分类；
6. 掌握发票管理的内容。

技能目标

1. 会办理企业涉税手续；
2. 根据1＋X证书要求，能办理发票业务，从事发票开具工作。

素质目标

牢固树立纳税光荣的信念，自觉遵守税法，依法诚信纳税，以主人翁的态度监督国家对税收的征管和使用，同偷税、欠税、骗税和抗税等违反税法的行为做斗争。

项目知识结构

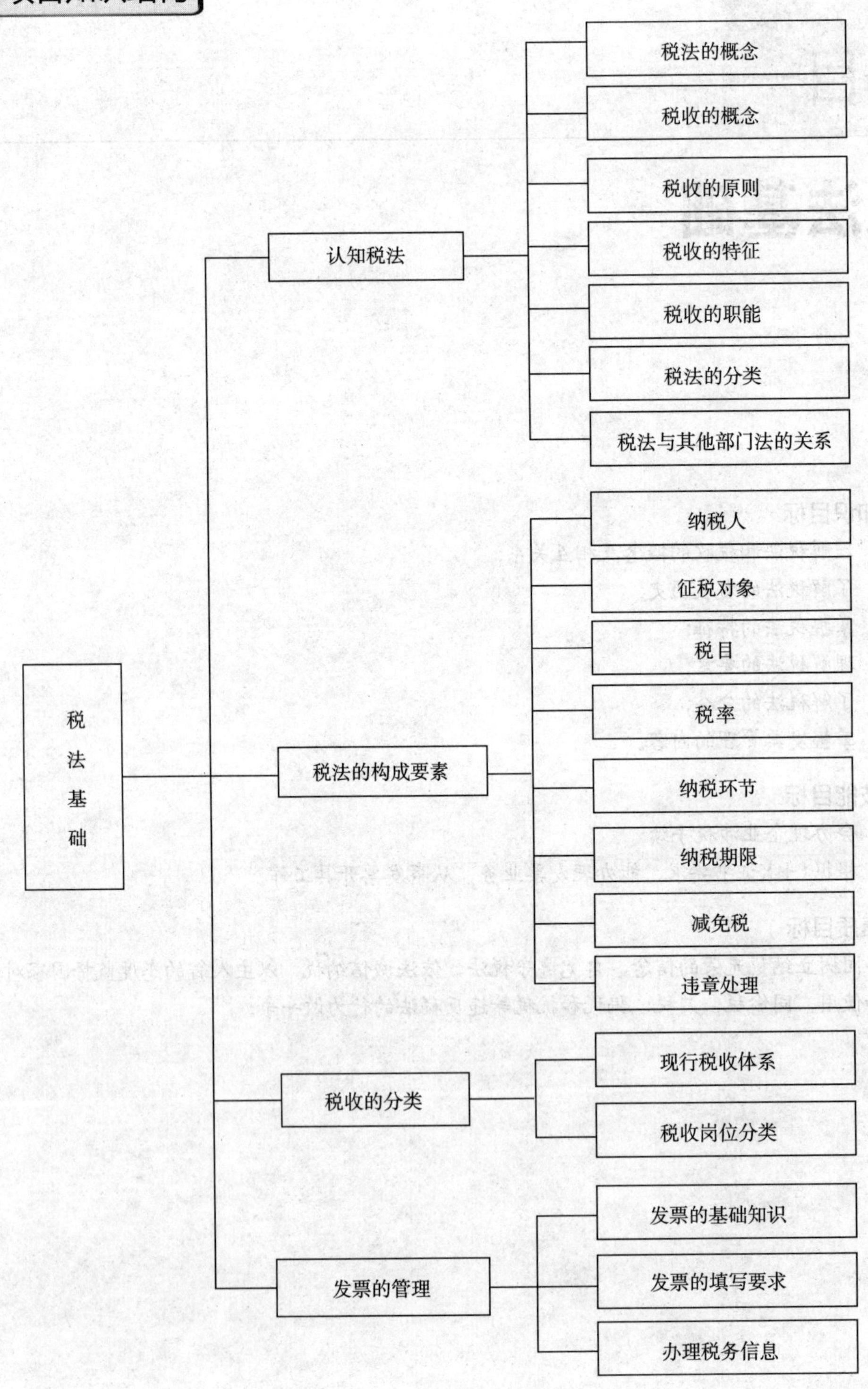

税法基础
认知税法
税法的概念
税收的概念
税收的原则
税收的特征
税收的职能
税法的分类
税法与其他部门法的关系
税法的构成要素
纳税人
征税对象
税目
税率
纳税环节
纳税期限
减免税
违章处理
税收的分类
现行税收体系
税收岗位分类
发票的管理
发票的基础知识
发票的填写要求
办理税务信息

项目引例

民生问题是全社会关注的热点和重点。加快推进以改善民生为重点的社会建设，努力使全体国民学有所教、劳有所得、病有所医、老有所养、住有所居，就需要大量的财力投入公共产品和公共服务。税收作为国家财政收入的主要来源，是国家经济发展的重要杠杆，是调节利益分配的重要经济手段，在构建和谐社会新的历史进程中，税收必将发挥越来越重要的作用。

任务一　认知税法

任务引例

2019年10月3日，国家税务部门公布了某明星偷逃税案办理情况，该明星被责令按期缴纳税款、滞纳金、罚款合计8.83亿余元，免除刑事处罚。同日，该明星发出致歉信，表示对自己的所作所为深感羞愧，对于处罚决定将尽全力克服一切困难筹措资金，补缴税款及罚款。该案例警示着我们每一个人：纳税是所有中国公民的义务。

知识学习

一、税法的概念

税法是各种税收法规的总称，是税收机关征税和纳税人据以纳税的法律依据。税法包括税收法令、条例、税则、施行细则、征收办法及其他有关税收的规定。税法由国家立法机关制定颁布，或者由国家立法机关授权国家机关制定公布。一般来说，主要的税收法规由全国人民代表大会审议通过并公布施行；各税条例(草案)和征收办法由国务会议审议通过并公布施行；税法实施细则由财政部根据税收基本法规做出解释和详细规定；有关地方各税的征免和各税具体稽征管理制度，一般由省级人大常委会或省级人民政府规定。它是以宪法为依据，调整国家与社会成员在征纳税上的权利与义务关系，维护社会经济秩序和税收秩序，保障国家利益和纳税人合法权益的一种法律规范，是国家税务机关及一切纳税单位和个人依法征税的行为规则。广义的税法是指国家制定的用以调节国家与纳税人之间在征纳税方面的权利及义务关系的法律规范的总称。狭义的税法特指由全国人民代表大会及其常务委员会制定和颁布的税收法律。

二、税收的概念

税收是以实现国家公共财政职能为目的，基于政治权力和法律规定，由政府专门机构向居民和非居民就其财产或特定行为实施强制、非罚与不直接偿还的金钱或实物课征，是国家最主要的一种财政收入形式。国家取得财政收入的途径多种多样，如税收、发行货币、发行国债、收费、罚没等，而税收则由政府征收。

税法与税收密不可分，税法是税收的法律表现形式，税收则是税法所确定的具体内容。因此，了解税收知识是非常必要的。

【小知识】

在中国，税收已经有4000多年的历史了。中国是世界上最早建立赋税制度的国家之一。《说文解字》讲“税”字是从禾，兑声。古人造字，颇有寓意，“禾”指五谷，泛指农作物，“兑”指交换，禾、兑两字结合，意指用谷物交换租赋。古代的税收开始是以缴纳粮食等农产品为主的。

三、税收的原则

税收的原则包括公平原则、效率原则、适度原则和法治原则。

（一）公平原则

税收公平原则，就是政府征税，包括税制的建立和税收政策的运用，应确保公平，遵循公平原则。公平是税收的基本原则，在现代社会，税收公平原则更是各国政府完善税制所追求的目标之一。但税收怎样才算公平？在不同时期，往往标准不同，理解也不同。从历史发展过程来看，税收公平经历了一个从绝对公平转变到相对公平，从社会公平拓展到经济公平的发展过程。税收公平，首先是作为社会公平问题而受到重视的。“不患寡而患不均”，社会公平问题历来是影响政权稳固的重要因素之一。税收是政府向纳税人的无偿分配，虽然有种种应该征税的理由，但从利益的角度来看，征税毕竟是纳税人利益的直接减少，因此，在征税过程中，客观上存在利益的对立和抵触，纳税人对征税是否公平、合理，自然就分外关注。如果政府征税不公，则征税的阻力就会很大，会出现偷逃税情况，严重时还会引起社会矛盾乃至政权更迭。在理论上，相对公平又分为“横向公平”和“纵向公平”。简单地说，横向公平，就是纳税能力相同的人应负担相同的税；纵向公平，就是纳税能力不同的人负担的税负不相同，纳税能力越强，其承担的税负越重。那么，怎么判断纳税能力的大小呢？通常以纳税人所拥有的财富的多少、收入水平的高低或实际支付能力的大小等作为判断依据。现实税制中，财产税按财产征收、所得税按所得累进征收、对低收入者免税、允许家庭赡养扣除等都是对公平原则的反映。

税收公平，特别是经济公平，对我国向市场经济体制转轨过程中的税制建设与完善具有重要的指导意义。由于我国市场发育还相当不健全，存在不公平竞争的外部因素较多，同时，适应市场经济发展要求的税制体系也有待进一步完善，因此，如何使税制更公平，为市场经济发展创造一个公平合理的税收环境，是我国进一步进行税制改革的重要研究课题。

（二）效率原则

税收效率原则，就是政府征税，包括税制的建立和税收政策的运用，应讲求效率，遵循效率原则。税收不仅应是公平的，而且应是有效率的，这里的效率，通常有两层含义：一是行政效率，也就是征税过程本身的效率，它要求税收在征收和缴纳过程中耗费成本最小；二是经济效率，就是征税应有利于促进经济效率的提高，或者对经济效率的不利影响最小。

1. 税收行政效率

税收行政效率以税收成本率即税收的行政成本占税收收入的比率来反映，有效率就是要求以尽可能少的税收行政成本征收尽可能多的税收收入，即税收成本率越低越好。显然，税收行政成本既包括政府为征税而花费的征收成本，也包括纳税人为纳税而耗费的缴纳成本。亚当·斯密和瓦格纳所称的“便利、节省”原则，实质上就是税收的行政效率原则。其中，便利原则强调税制应使纳税人缴税方便，包括纳税的时间、方法、手续的简便易行。这无疑有利于节省缴纳成本，符合税收的行政效率要求。而节省原则，即亚当·斯密和瓦格纳所称的“最少征收费用原则”，它强调征税费用应尽可能少，亚当·斯密说得很清楚，“一切赋税的征收，需使国民付出的，尽可能等于国家所收入的。”这里的费用，实际只限于政府的征收成本。需要指出的是，税收的征收成本和缴纳成本是密切相关的，有时甚至是可以相互转换的，一项税收政策的出台可能有利于降低征收成本，但它可能是以纳税人的缴纳成本的增加为代价的，或者相反。这说明，税收的行政效率要对征收成本和缴纳成本进行综合考虑才有真正意义。在现实中，如何提高税收的行政效率是税收征管所要解决的重要目标。

2. 税收的经济效率

经济决定税收，税收又反作用于经济。税收分配必然对经济的运行和资源的配置产生影响，这是必然的客观规律。但税收对经济的影响，究竟是积极还是消极的，影响的程度如何、范围多大，则是有争议的，在认识上也存在一个不断的发展过程，反映到税收的经济效率方面，则有不同层次的理解，首先是要求税收的“额外负担”最小。税收的额外负担，就是征税所引起的资源配置效率的下降，它是税收行政成本以外的一种经济损失，即“额外负担”，因此，相对于税收行政成本，通常又将之称为税收的经济成本。亚当·斯密虽然没有提出税收的经济效率原则，也没有提出税收额外负担或税收经济成本的概念，但他认为通过市场这只“看不见的手”进行自我调节的经济运行是最佳的，也就是说，通过市场配置资源的效率是最好的。任何税收的开征都会对良好的经济运行产生不利的影响，导致资源配置的扭曲，因此，他主张自由放任政策，即在税收上政府征税应越少越好。这实际上是以税收对经济的影响总是消极的，税收总是不利于经济发展的看法为立论前提的。因此，从逻辑上讲，在政府必然要征税的前提下，自然要求政府征税要尽量减少对经济行为的扭曲。另外，不同的征税方式对经济的影响或扭曲程度是不同的，因此，政府应选择合理的征税方式，以使税收的额外负担最小。那么，怎样的征税方式对经济的扭曲更小呢？通常认为，要保持税收中性。

（三）适度原则

税收适度原则，就是政府征税，包括税制的建立和税收政策的运用，应兼顾需要与可能，做到取之有度。这里，“需要”是指财政的需要，“可能”则是指税收负担的可能，即经济的承受能力。遵循适度原则，要求税收负担适中，税收收入既能满足正常的财政支出需要，又能与经济发展保持协调和同步，并在此基础上使宏观税收负担尽量从轻。因此，政府征税，选择的税源要充沛，收入要可靠。弹性原则则要求税收应具有良好的增收机制，以便在财政支出增加或其他非税收入减少时，确保税收收入能相应增加。

（四）法治原则

税收法治原则，就是政府征税，包括税制的建立和税收政策的运用，应以法律为依据，依法治税。法治原则的内容包括两个方面：税收的程序规范原则和征收内容明确原则。前者要求税收程序(包括税收的立法程序、执法程序和司法程序)法定；后者要求征税内容法定。税收的法治原则是与税收法学中的“税收法律主义”相一致的。从税收实践来看，税收与法律是密切相关的。税收分配的强制性、无偿性、固定性和规范性，都是以税收的法定为基础的，也就是说，税收法治原则从根本上是由税收的性质决定的。因为，只有税收法定，以法律形式明确纳税义务，才能真正体现税收的“强制性”，实现税收的“无偿”征收，税收分配也才能做到规范、确定和具有可预测性。目前，我国法制建设还不够健全，在税收领域，无法可依、有法不依、违法不究的情况仍时有发生。市场经济是法治经济，我国要发展社会主义市场经济，就需要依法治国，更需要依法治税。因此，在我国建立和完善符合社会主义市场经济发展要求的税制过程中，提倡和强调税收的法治原则就显得更为重要和迫切。

四、税收的特征

税收是国家普遍采用的取得财政收入的形式，它与其他财政收入形式相比，具有强制性、无偿性、固定性特征，习惯上称为“三性”。

（一）强制性

税收的强制性是指税收是国家以社会管理者的身份，凭借政权力量，依据政治权力，通过颁布法律或政令来进行强制征收。负有纳税义务的社会集团和社会成员都必须遵守国家强制性的税收法令，在国家税法规定的限度内，纳税人必须依法纳税，否则就要受到法律的制裁，这是税收具有法律地位的体现。强制性特征体现在两个方面：一方面是税收分配关系的建立具有强制性，即税收征收完全是凭借国家拥有的政治权力；另一方面是税收的征收过程具有强制性，即如果出现了税务违法行为，国家可以依法进行处罚。

（二）无偿性

税收的无偿性是指通过征税，社会集团和社会成员的一部分收入转归国家所有，国家不向纳税人支付任何报酬或代价。税收这种无偿性是与国家凭借政治权力进行收入分配的本质相联系的。无偿性体现在两个方面：一方面是指政府获得税收收入后无须向纳税人直接支付任何报酬；另一方面是指政府征得的税收收入不再直接返还给纳税人。税收无偿性是税收的本质体现，它反映的是一种社会产品所有权、支配权的单方面转移关系，而不是等价交换关系。税收的无偿性是区分税收收入和其他财政收入形式的重要特征。无偿性是税收的关键特征，它使税收明显地区别于国债等财政收入形式，决定了税收是国家筹集财政收入的主要手段。在社会主义国家，它还是调节经济和矫正社会分配不公的有力工具。

（三）固定性

固定性又称规范性，指国家征税必须通过法律形式，事先规定课税对象和课征额度。税收固定性的含义包括三个层次，即课税对象上的非惩罚性、课征时间上的连续性和课征比例上的限度性。税收的固定性特征是税收区别于罚没、摊派等财政收入形式的重要特征，也是税收区别于财政收入其他形式的重要特征。

税收的三个基本特征是统一的整体。其中，强制性是实现税收无偿征收的强有力保证，无偿性是税收本质的体现，固定性是强制性和无偿性的必然要求。

五、税收的职能

（一）组织财政收入

税收是政府凭借国家强制力参与社会分配、集中一部分剩余产品(货币形式或实物形式)的一种分配形式。组织国家财政收入是税收的最基本职能。

（二）调节经济结构

政府凭借国家强制力参与社会分配，必然会改变社会各集团及其成员在国民收入分配中占有的份额，减少了他们可支配的收入，但是这种减少不是均等的，这种利益得失将影响纳税人的经济活动能力和行为，进而对社会经济结构产生影响。政府可利用这种影响，有目的地对社会经济活动进行引导，从而合理调整社会经济结构。

（三）监督经济活动

国家在征收取得收入时，必然要建立在日常深入细致的税务管理基础上，具体包括：掌握税源，了解情况，发现问题，监督纳税人依法纳税，并同违反税收法令的行为进行斗争。社会主义市场经济条件下，在根本利益一致的基础上仍存在着整体利益与局部利益、长远利益与眼前利益的矛盾，因此，必须加强税收监督，督促纳税人依法履行纳税义务，维护社会生活秩序，保障社会主义市场经济的健康发展。

（四）调节收入分配

在市场经济条件下，由市场决定的分配机制必然会拉大收入分配上的差距。因此，客观上要求通过税收调节，缩小这种收入差距，以促进公平分配，为社会成员和经济组织的平等竞争创造条件。

六、税法的分类

税法体系中按税法的功能作用、权限划分、法律级次的不同，可分为不同类型的税法。

(1) 按照税法的职能作用的不同，可分为税收实体法和税收程序法。税收实体法主要是指确定税种立法，具体规定各税种的征收对象、征收范围、税目、税率、纳税地点等。税收程序法是指税务管理方面的法律，主要包括税收管理法、纳税程序法、发票管理法、税务机关组织法、税务争议处理法等。

(2) 按照主权国家行使税收管辖权的不同，可分为国内税法、国际税法、外国税法等。

(3) 按照税收立法权限或法律效力的不同，可以划分为税收法律、税收行政法规、税收规章和税收规范性文件等。

七、税法与其他部门法的关系

（一）税法与宪法的关系

宪法是一个国家的根本大法。税法属于部门法，其位阶低于宪法，依据宪法制定，这种依从包括直接依据宪法的条款制定和依据宪法的原则精神制定两个层面。

（二）税法与民法的关系

民法作为最基本的法律形式之一，形成时间较早。税法作为新兴部门法与民法的密切联系主要表现在大量借用了民法的概念、规则和原则。但是税法与民法分别属于公法和私法体系，它们的调整对象、法律关系建立及调整适用的原则、调整的程序和手段不同。

（三）税法与行政法的关系

1. 税法与行政法的联系

(1) 调整国家机关之间、国家机关与法人或自然人之间的法律关系。

(2) 法律关系中居于领导地位的一方总是国家。

(3) 体现国家单方面的意志，不需要双方意思表示一致。

(4) 解决法律关系中的争议，一般都按照行政复议程序和行政诉讼程序进行。

2. 税法与行政法的差别

(1) 税法具有经济分配的性质，并且是经济利益由纳税人向国家的无偿单向转移，这是一般行政法所不具备的。

(2) 税法与社会再生产，特别是物质资料再生产的全过程密切相连，不论是生产、交换、分配，还是消费，都有税法参与调节，其联系的深度和广度是一般行政法所无法相比的。

(3) 税法是一种义务性法规，并且是以货币收益转移的数额作为纳税人所尽义务的基本度量，而行政法大多为授权性法规，少数义务性法规也不涉及货币收益的转移。

（四）税法与经济法的关系

1. 税法与经济法的联系

(1) 税法具有较强的经济属性，即在税法运行过程中，始终伴随着经济分配的进行。

(2) 经济法中的许多法律、法规是制定税法的重要依据。

(3) 经济法中的一些概念、规则、原则也在税法中大量应用。

2. 税法与经济法的差别

(1) 从调整对象来看，经济法调整的是经济管理关系，而税法调整对象则含有较多的税务行政管理的性质。

(2) 税法属于义务性法规，而经济法基本上属于授权性法规。

(3) 税法解决争议的程序适用于行政复议、行政诉讼等行政法程序，而不适用于经济法中普遍采用的协商、调解、仲裁、民事诉讼程序。

（五）税法与刑法的关系

刑法是国家法律的基本组成部分。税法与刑法是从不同角度规范人们的社会行为。刑法是实现税法强制性最有力的保证。两者调整对象、性质、法律追究形式不同。

（六）税法与国际法的关系

税法与国际法相互影响、相互补充、相互配合。

【试一试】税收与其他财政收入相比所具有的特征是(　　)。

A. 强制性　　B. 群众性　　C. 受益性　　D. 固定性

知识点：

能力点：

重　点：

难　点：

任务二　税法的构成要素

任务引例

按照《财政部 税务总局关于明确增值税小规模纳税人免征增值税政策的公告》(2021年第11号)的规定，小规模纳税人发生增值税应税销售行为，合计月销售额未超过15万元(以1个季度为1个纳税期的，季度销售额未超过45万元)的，免征增值税；小规模纳税人发生增值税应税销售行为，合计月销售额超过15万元，但扣除本期发生的销售不动产的销售额后未超过15万元的，其销售货物、劳务、服务、无形资产取得的销售额免征增值税。

知识学习

税法所要解决的基本问题包括由谁纳税、对什么征税、征多少税、如何征税、纳税人违反税法规定受何种处罚等，这些基本问题涉及构成税法的基本要素。

一、纳税人

纳税人，又称纳税义务人，即纳税主体，是指法律规定的直接负有纳税义务的单位和个人。

(一) 纳税人与负税人

负税人是最终负担国家征收税款的单位和个人，通常情况下，纳税人同时也是负税人，即税收负担最终由纳税人承担，如所得税的负税人就是纳税人。但有些税种的纳税人与负税人并不一致，如流转税的税款虽由生产销售商品或提供劳务的纳税人缴纳，但税收负担却是由商品或服务的最终消费者承担的。

（二）纳税人与扣缴义务人

扣缴义务人是法律规定的，在其经营活动中负有代扣税款并向国库缴纳税款义务的单位和个人，如个人所得税就是由支付所得的单位和个人代扣代缴。

（三）纳税人、自然人与法人

自然人是指具有民事行为能力，依法享有民事权利，承担民事义务的公民个人。自然人作为纳税人，主要是对其取得的个人应税所得和应税财产征税。

法人是指具有一定的组织机构和独立财产，能够以自己的名义进行经济活动，依法享有民事权利和承担民事义务的社会组织，如企业、公司、单位、社会团体等。其中公司法人是最典型意义的法人。

自然人和法人是两个相对称的法律概念，纳税人既可以是法人，也可以是自然人。自然人是基于自然规律而出生的，有民事权利和义务的主体，包括本国公民，也包括外国人和无国籍人。法人是自然人的对称，根据《中华人民共和国民法典》第五十七条规定，法人是具有民事权利能力和民事行为能力，依法独立享有民事权利和承担民事义务的组织。我国的民法典将法人分为三种：营利法人、非营利法人、特别法人。

二、征税对象

征税对象，又称课税对象、征税客体，是指对何种客体征税，即征税的标的物，如消费税的征税对象是消费品(如烟、酒等)、房产税的征税对象是房屋。征税对象是税法的最基本要素，是区分不同税种的主要标志。

三、税目

税目，是征税对象的具体化，是税法中对征税对象分类规定的具体征税品种和项目，如消费税就设有烟、酒和酒精、化妆品等税目。

四、税率

税率，是指应纳税额与征税对象数额之间的比例。税率是计算应纳税额的尺度，反映税负水平的高低。我国现行税率分为以下三种。

（一）比例税率

比例税率指按照固定比例确定的税率，即不论征税对象数额大小，只按一个固定比例征税，如增值税、企业所得税等均实行比例税率。

(1) 单一比例税率：指对同一征税对象的所有纳税人都适用同一比例税率。

(2) 差别比例税率：指对同一征税对象的不同纳税人适用不同的比例征税。

(3) 幅度比例税率：指对同一征税对象，税法只规定最低税率和最高税率，各地区在该幅度内确定具体的适用税率。

（二）累进税率

累进税率指根据征税对象数额大小而确定不同等级的税率，征税对象数额越大，税率越高；反之，征税对象数额越小，税率越低，如个人所得税税率的确定。

（三）定额税率

定额税率征税对象的计量单位直接规定应该纳税额的税率形式。征税对象的计量单位可以是其自然单位，也可以是特殊规定的复合单位。前者如现行税制中的盐税以盐的吨数作为计量单位，资源税中的天然气以千立方米为计量单位。采用定额税率征税，税额的多少同征税对象的数量成正比。

五、纳税环节

纳税环节，指征税对象在流转过程中，按税法规定应当纳税的环节。例如，商品从生产到消费一般要经过产制、批发和零售三个环节，纳税环节解决的就是征一道税或是征两道税，还是道道征税，以及确定在哪个环节征税的问题。

六、纳税期限

纳税期限，指税法规定的纳税人缴纳税款的法定期限。纳税期限有两个方面的含义，一是确定结算应纳税款的期限，一般由税务机关依法确定；二是缴纳税款的期限，即在纳税期限届满后，向税务机关缴纳税款的期限。例如，增值税的纳税期限，由主管税务机关根据纳税人应纳增值税税额的大小，分别核定为 1 日、3 日、5 日、10 日、15 日、1 个月或 1 个季度。纳税人以 1 个月为一期缴纳增值税的，应当从期满之日起 15 日以内申报纳税；以 1 日、3 日、5 日、10 日或 15 日为一期纳税的，应当从期满之日起 5 日以内预缴税款，于次月 1 日起 15 日以内申报纳税，并结清上月应纳税款。纳税期限一般有以下三种形式。

（一）按期纳税

按期纳税指以纳税人发生纳税义务后的一定时间段为纳税期限。例如，现行的增值税、消费税可以分别核定 1 日、3 日、5 日、10 日、15 日、1 个月或 1 个季度为纳税期限。其中，以 1 个月或 1 个季度为一期纳税的，自期满之日起 15 日内申报纳税；以其他间隔期为纳税期限的，自期满之日起 5 日内预缴税款，于次月 1 日起 15 日内申报纳税并结清上月税款。

（二）按次纳税

按次纳税指根据应税行为的发生次数确定纳税期限，如耕地占用税、车辆购置税，均采用按次纳税的办法。

（三）按年计征，分期预缴

按年计征，分期预缴即按规定的期限预缴税款，年度结束后汇算清缴，多退少补，如企业所得税、房产税等，都按年度计算税款，按月或按季预缴。这样，能够保证财政收入的及时，以及均衡入库。

七、减免税

减免税，指税法减少或免除税负的规定，其是对某些纳税人或征税对象给予鼓励和照顾的特殊规定，是税法的原则性和必要的灵活性相结合的体现。减税就是对应纳税款给予减征一部分的优惠；免税就是对应纳税款全部给予免征，如现行增值税中对农业生产者销售的自产农业产品给予免税。税法规定的税收负担水平是根据社会和经济发展的一般情况制定的，带有一定的普遍性。但由于我国各地区的经济发展千差万别，纳税人的生产经营情况也各不相同，因而政府根据某些经济政策和某些纳税人的客观情况，在税收上给予了鼓励和照顾。

我国目前的减免税主要有以下三种。

（一）法定减免

法定减免是指在每一种税的基本法规中，都列有减税免税条款，具有普遍性和稳定性。

（二）特定减免

特定减免是根据社会经济发展变化和发挥税收调节作用的需要而规定的减税、免税。特定减免一般分为无期限和有期限两种，大多数特定减免都是有期限的。对有期限的减免，期满后恢复征税。

（三）临时减免

临时减免是对生产经营发生特殊变化而出现特殊困难的纳税人临时给予批准的减免税。临时减免通常是定期或一次性的减免。

通常，减免税不同于税法中规定的起征点。起征点，是指对征税对象征税的起点数额。征税对象未达到起征点的，不征税；达到或超过起征点的，就其全部数额征税。另外，减免税也不同于税法中规定的免征额。免征额，是指对征税对象免于征税的数额。免征额部分不征税，只对超过免征额的部分征税。

八、违章处理

违章处理，指对纳税人违反税法规定时，采取处罚措施的规定。

（一）违法行为

违法行为按照纳税人违反税收法规的程度，可以分为一般违法行为和严重违法行为。

一般违法行为是指纳税人违反税收征收管理法的行为，如不按规定办理税务开业登记、注销登记、变更登记、纳税申报、建账建制、保存账册等情节较轻的行为。严重违法行为是指纳税人偷税、漏税、骗税、抗税，以及虚开、伪造、非法出售、非法购买增值税专用发票等情节严重的行为。

（二）处理办法

(1) 处理程序：立案、调查、取证、定案。

(2) 处理办法：补缴税款，加收滞纳金，罚款，采取税收保全措施，采取强制执行措施，依法追究刑事责任。

【试一试】我国个人所得税中的工资薪金所得采取的税率形式属于(　　)。

A. 比例税率　　B. 超额累进税率　　C. 超率累进税率　　D. 全额累进税率

任务小结

知识点：

能力点：

重　点：

难　点：

任务三　税收的分类

任务引例

中国现行税制体系是由多种税组成的复合税制体系。复合税制即一个国家的税收制度由多种税类的多个税种组成，通过多税种的互相配合和相辅相成组成一个完整的税收体系。复合税制从社会再生产各环节选择不同的课税对象，多层次和多环节地组织财政收入，调节经济。

一、现行税收体系

税收分类是从一定的目的和要求出发，按照一定的标准，对各不同税种隶属税类所做的一种划分。我国的税种分类主要如下。

（一）按课税对象为标准分类

按课税对象为标准分类，可分为流转税、所得税、财产税、行为税、资源税等，其是我国税收最基本的分类方法。

1. 流转税

流转税是以商品生产流转额和非生产流转额为课税对象征收的一类税。

2. 所得税

所得税亦称收益税，是指以各种所得额为课税对象的一类税。所得税也是我国税制结构中的主体税类，包括企业所得税、个人所得税等税种。《中华人民共和国企业所得税法》规定企业所得税税率为25%(本法自2008年1月1日起施行。同时，1991年4月9日第七届全国人民代表大会第四次会议通过的《中华人民共和国外商投资企业和外国企业所得税法》和1993年12月13日国务院发布的《中华人民共和国企业所得税暂行条例》废止)。另外，国家给予了两档优惠税率：一是符合条件的小型微利企业，减按20%的税率征收；二是国家需要重点扶持的高新技术企业，减按15%的税率征收。

3. 财产税

财产税是指以纳税人所拥有或支配的财产为课税对象的一类税。

4. 行为税

行为税是指以纳税人的某些特定行为为课税对象的一类税。我国现行税制中的城市维护建设税、印花税等都属于行为税。

5. 资源税

资源税是指对在我国境内从事资源开发的单位和个人征收的一类税。资源税是以纳税人开发和利用国家自然资源取得的收入(级差收入)为征税对象的一类税种。它的计税依据是资源的级差收入额，一般实行从量计征。它们的共同特点是：税收的高低不但与取得资源的代价有关，而且受资源所处地理位置的制约。我国现行税制中资源税、土地增值税、耕地占用税和城镇土地使用税都属于资源税。

（二）按计算依据为标准

1. 从量税

从量税是指以课税对象的数量(重量、面积、件数)为依据，按固定税额计征的一类税，如我国现行的资源税、车船使用税和土地使用税等。从量税实行定额税率，具有计算简便等优点。

2. 从价税

从价税是指以课税对象的价格为依据，按一定比例计征的一类税，如我国现行的增值税、营业税、关税和各种所得税等税种。从价税实行比例税率和累进税率，税收负担比较合理。

（三）按与价格的关系为标准

1. 价内税

价内税是指税款在应税商品价格内，作为商品价格一个组成部分的一类税，如我国现行的消费税、营业税和关税等税种。

2. 价外税

价外税是指税款不在商品价格之内，不作为商品价格的一个组成部分的一类税，如我国现行的增值税(商品的价税合一并不能否认增值税的价外税性质)。

（四）课税对象

1. 正税

正税指与其他税种没有连带关系，有特定的课税对象，并按照规定税率独立征收的税。征收附加税或地方附加，要以正税为依据。我国现行各个税种，如增值税、营业税、农业税等都是正税。

2. 附加税

附加税是指随某种税收按一定比例加征的税。例如外商投资企业和外国企业所得税规定，企业在按照规定的企业所得税率缴纳企业所得税的同时，应当另按应纳税所得额的3%缴纳地方所得税，该项缴纳的地方所得税就是附加税。

（五）按照税收管理权限的标准进行分类

1. 中央税

中央税是指由中央政府征收和管理使用或由地方政府征收后全部划归中央政府所有并支配使用的一类税，如我国现行的关税和消费税等。这类税一般收入较大，征收范围广泛。

2. 地方税

地方税是指由地方政府征收和管理使用的一类税，如我国现行的个人所得税、屠宰税和筵席税等(严格来讲，我国的地方税只有屠宰税和筵席税)。这类税一般收入稳定，并与地方经济利益关系密切。

3. 中央与地方共享税

中央与地方共享税是指税收的管理权和使用权属中央政府和地方政府共同拥有的一类税。中央税是按国家财政管理体制规定归中央财政支配使用的税，属于中央财政的固定收入，如我国现行税收法律制度中的消费税、关税等。地方税是按国家财政管理体制规定归地方财政支配使用的税，属于地方财政的固定收入，如我国现行税收法律制度中的个人所得税、房产税、车船税等。中央地方共享税是按国家财政管理体制规定由中央财政与地方财政按一定的比例分享的税，如我国现行税收法律制度中的增值税。

（六）按征收形态为标准

1. 实物税

实物税是指纳税人以各种实物充当税款缴纳的一类税，如农业税。

2. 货币税

货币税是指纳税人以货币形式缴纳的一类税。在现代社会里，几乎所有的税种都是货币税。

（七）按管辖对象为标准

1. 国内税收

国内税收是对本国经济单位和公民个人征收的各税。

2. 涉外税收

（八）按税率形式为标准

1. 比例税

比例税就是对同一课税对象，不论数额多少，均按同一比例征税的税种。

2. 累进税

累进税指随着课税对象数额的增加而逐级提高税率的税种，包括全额累进税率、超额累进税率、超率累进税率。

3. 定额税

定额税是对每一单位的课税对象按固定税额征税的税种。

二、税收岗位分类

（一）税收管理员

1. 认识税收管理员

税收管理员专职从事税源管理工作，不直接从事税款征收、税务稽查、审批减免缓抵退税和违章处罚等工作。

2. 工作职责

税收管理员的工作职责如下。

(1) 分管区域内纳税人的税收政策宣传送达、纳税咨询辅导工作。

(2) 分管区域内纳税人的户籍管理。

(3) 对分管区域内纳税人申报纳税情况进行核实和监督管理。

(4) 对分管区域内纳税人纳税情况及相关涉税事宜的日常监督检查。

(5) 对分管区域内纳税人发票领购、开具、取得、保管、缴销等情况的监督管理。

(6) 对分管区域内纳税人税控装置的推广应用和日常管理。

(7) 其他事项。

（二）办税员

1. 办税员的概念

办税员是指纳税单位具体办理纳税事项的人员。办税员既可以设专职的，也可由会计员或出纳员兼任。

2. 工作职责

办税员的工作职责如下。

(1) 正确及时地办理本单位应纳税款的纳税手续，包括申报、年检等工作。

(2) 管理增值税专用发票，购买、领取、登记发票。

(3) 编制税务、统计等对外报表。

(4) 根据国家税收、财务政策对企业税务实际问题提出建议和可行性方案。

(5) 申请、报批公司有关税收优惠政策的手续，加强公司同税务、统计等部门的联络。

(6) 管理公司税务证照。

(7) 其他事项。

知识点：

能力点：

重　点：

难　点：

任务四 发票的管理

华铭有限公司总机构在广东省，在湖北省设立了分支机构，但主要的会计核算人员还是在总机构所在地的广东省办公。那么分支机构发生的销售行为，华铭有限公司总机构可以使用分支机构的税控机在总机构地的广东省开具发票吗？

一、发票的基础知识

（一）发票的概述

发票是指一切单位和个人在购销商品、提供或接受服务及从事其他经营活动中，所开具和收取的业务凭证，是会计核算的原始依据，也是审计机关、税务机关执法检查的重要依据。

【小知识】

发票是指经济活动中，由出售方向购买方签发的文本，内容包括向购买者提供产品或服务的名称、质量、协议价格。除了预付款以外，发票必须具备的要素是根据议定条件由购买方向出售方付款，必须包含日期和数量，是会计账务的重要凭证。中国会计制度规定，有效的购买产品或服务的发票称为税务发票。政府部门收费、征款的凭证各个时期和不同收费征款项目称呼不一样，但多被统称为行政事业收费收款收据。为内部审计及核数，每一张发票都必须有独一无二的流水账号码，防止发票重复或跳号。

（二）发票的种类

现行的发票分为税控发票和非税控发票。

1．税控发票

1) 增值税普通发票

增值税普通发票主要由增值税小规模纳税人使用，增值税一般纳税人在不能开具专用发票的情况下也可使用普通发票。普通发票适用于某个行业和经营业务，如商业零售统一发票、商业批发统一发票、工业企业产品销售统一发票等。

2) 增值税专用发票

增值税专用发票是我国实施新税制的产物，是国家税务部门根据增值税征收管理需要而设定的，专用于纳税人销售或提供增值税应税项目的一种发票。专用发票既具有普通发票所具有的内涵，同时还具有比普通发票更特殊的作用。它不仅是记载商品销售额和增值税税额的财务收支凭证，而且是兼记销货方纳税义务和购货方进项税额的合法证明，是购货方据以抵扣税款的法定凭证，对增值税的计算起关键性作用。

3) 增值税电子普通发票

增值税电子普通发票的开票方和受票方需要纸质发票的，可以自行打印增值税电子普通发票的版式文件，其法律效力、基本用途、基本使用规定等与税务机关监制的增值税普通发票相同。

4) 增值税电子普通发票(通行费)

收费公路通行费增值税电子普通发票是增值税电子普通发票的一种，用户使用ETC卡或用户卡通行收费公路并缴纳通行费，可取得收费公路通行费增值税电子普通发票。

5) 机动车销售统一发票

从事机动车零售业务的单位和个人，在销售机动车(不包括销售旧机动车)收取款项时，开具机动车销售统一发票。

6) 二手车销售统一发票

适用于从事二手车经营活动或与二手车经营活动相关的单位和个人。

2. 非税控发票

1) 通用机打发票

2) 定额发票

定额发票适用于原先在地税领用定额发票的纳税人和开票量、开票金额小的纳税人。

3) 客运限额发票

客运限额发票分为普通发票和增值税专用发票。

（三）发票的领用与管理

1. 发票的领用

纳税人在申请领用发票之前需要到税务机关进行发票票种核定。已办理发票票种核定的纳税人，当前领用发票的种类、数量或开具额度不能满足经营需要的，可以向主管税务机关申请调整。发票领用资料如表1.1所示。

表1.1 发票领用资料

序号	材料名称	数量	备注
1	《纳税人领用发票票种核定表》	1份	
2	加载统一社会信用代码的营业执照或登记证件原件		首次核定时提供
3	发票专用章印模		
4	经办人身份证明原件		
以下为条件报送资料			
发票票种调整时提供	《发票领用簿》		

2. 办理渠道

(1) 办税服务厅(场所)。

(2) 网上税务局、移动终端、自助办税终端具体渠道由市税务机关确认。

3. 办理流程

发票办理流程图具体如图1.1所示。

4. 办理时限

资料齐全、符合法定形式、填写内容完整的，自税务机关受理之日起2个工作日办结。

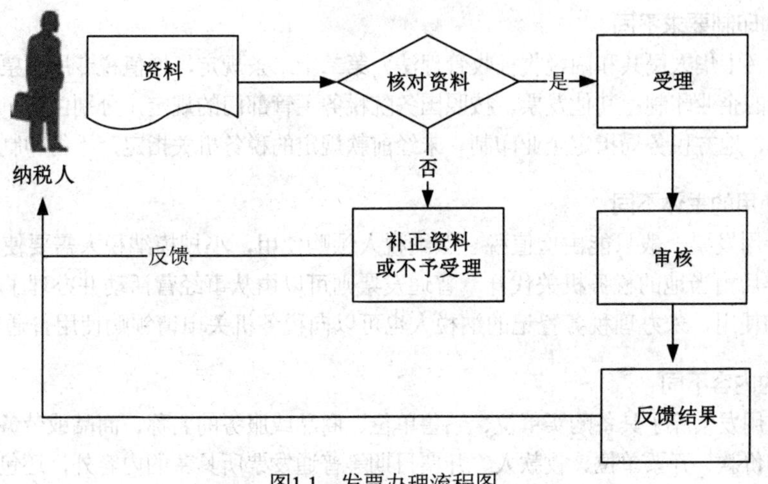

图1.1　发票办理流程图

5. 办理结果

纳税人领取《发票领用簿》。

6. 注意事项

(1) 纳税人对报送材料的真实性和合法性承担责任。

(2) 纳税人在资料完整且符合法定受理条件的前提下，最多只需要到税务机关办理一次。

(3) 资料齐全、符合法定形式、填写内容完整的，增值税普通发票票种核定可即时办结。

(4) 电子发票只发放电子数据。增值税电子普通发票的开票方和受票方需要纸质发票的，可以自行打印增值税电子普通发票的版式文件，其法律效力、基本用途、基本使用规定等与税务机关监制的增值税普通发票相同。

(5) 纳税人申请领用增值税专用发票，还需办理增值税专用发票(增值税税控系统)最高开票限额审批事项。

(6) 办税服务厅地址、网上税务局网址，可在市税务机关门户网站查询。

二、发票的填写要求

(一) 发票要素

(1) 购买单位名称。

(2) 开票日期。

(3) 商品或服务的名称。

(4) 商品或劳务的数量和计量单位、单价和价款。

(5) 销售单位名称。

(6) 其他。

(二) 专用发票与普通发票的区别

增值税专用发票是我国为了推行新的增值税制度而使用的新型发票，与日常经营过程中所使用的普通发票相比，有如下区别。

1. 发票的印制要求不同

根据新的《中华人民共和国税收征收管理法》第二十二条规定，增值税专用发票由国务院税务主管部门指定的企业印制；其他发票，按照国务院税务主管部门的规定，分别由省、自治区、直辖市国家税务局、地方税务局指定企业印制。未经前款规定的税务机关指定，不得印制发票。

2. 发票使用的主体不同

增值税专用发票一般只能由增值税一般纳税人领购使用，小规模纳税人需要使用的，只能经税务机关批准后由当地的税务机关代开。普通发票则可以由从事经营活动并办理了税务登记的各种纳税人领购使用，未办理税务登记的纳税人也可以向税务机关申请领购使用普通发票。

3. 发票的内容不同

增值税专用发票除了具备购买单位、销售单位、商品或服务的名称、商品或劳务的数量和计量单位、单价和价款、开票单位、收款人、开票日期等普通发票所具备的内容外，还包括纳税人税务登记号、不含增值税金额、适用税率、应纳增值税额等内容。

4. 发票的联次不同

增值税专用发票有四个联次和七个联次两种，第一联为存根联(用于留存备查)，第二联为发票联(用于购买方记账)，第三联为抵扣联(用作购买方扣税凭证)，第四联为记账联(用于销售方记账)，七联次的其他三联为备用联，分别作为企业出门证、检查和仓库留存用。普通发票则只有三联，第一联为存根联，第二联为发票联，第三联为记账联。

5. 发票的作用不同

增值税专用发票不仅是购销双方收付款的凭证，而且可以用作购买方扣除增值税的凭证；而普通发票除运费、收购农副产品、废旧物资的按法定税率作抵扣外，其他的一律不予作抵扣用。

(三) 增值税专用发票填写要求

1. 项目填写齐全

全部联次一次填开，上、下联的内容和金额一致。

2. 字迹清楚，不得涂改

如果填写有误，应另行开具专用发票，并在误填的专用发票上注明“误填作废”四个字。如果专用发票开具后因购货方不索取而成为废票的，也应按填写有误办理。

3. 加盖单位发票专用章

发票联和抵扣联加盖单位发票专用章，不得加盖其他财务印章。根据不同版本的专用发票，财务专用章或发票专用章分别加盖在专用发票的左下角或右下角，覆盖“开票单位”一栏。发票专用章使用红色印泥。

4. 加盖专用发票戳记

纳税人开具专用发票必须预先加盖专用发票销货单位栏戳记。不得手工填写“销货单位”栏，用手工填写的，属于未按规定开具专用发票，购货方不得作为扣税凭证。专用发票销货单位栏戳记用蓝色印泥。

5. 运用专用符号

开具专用发票，必须在“金额”“税额”栏合计(小写)数前用“￥”符号封顶，在“价税合计(大写)”栏大写合计数前用“　”符号封顶。购销双方单位名称必须详细填写，不得简写。如果单位名称较长，可在“名称”栏分上下两行填写，必要时可出该栏的上下横线。

6. 税务机关代开专用发票

税务机关代开专用发票，除加盖纳税人财务专用章外，必须同时加盖税务机关代开增值税专用发票章，专用章加盖在专用发票底端的中间位置，使用红色印泥。凡未加盖上述用章的，购货方一律不得作为抵扣凭证。

7. 不得拆本使用专用发票

（四）增值税专用发票填写方法

(1)“购买方”栏填开要求开具增值税专用发票的，需将购买方的4项信息(“名称”“纳税人识别号”“地址、电话”“开户行及账号”)全部填写完整。开具增值税普通发票的，如购买方为企业、非企业性单位(有纳税人识别号)和个体工商户，购买方栏的“名称”“纳税人识别号”为必填项(有的地区公司名称是必填项，不需要税号)，其他项目可根据实际需要填写；购买方为非企业性单位(无纳税人识别号)和消费者个人的，“名称”为必填项，其他项目可根据实际需要填写。

(2)“货物或应税劳务、服务名称”栏填开要求自2016年5月1日起，纳入新系统推行范围的试点纳税人及新办增值税纳税人，应使用新系统选择相应的编码开具增值税发票。纳税人可预先在新系统内对编码进行初始化设置，开具发票时，带有税收编码的增值税发票票面不做调整，票面中不打印税收编码，税收编码随开票信息一并上传税务机关。

(3)“金额”和“价税合计”栏填开要求纳税人开具增值税发票时，“金额”栏应填写不含税金额。纳税人在开具增值税发票时，如不能准确换算不含税金额，可选择“含税金额”选项填入收取的含税收入，开票系统自动换算为不含税金额，“价税合计”栏为系统自动算出，不能人工修改，应等于含税收入。

(4) 其他栏次填开要求“规格型号”“单位”“数量”“单价”栏可按实际业务填写，无此项目可不填。“收款人”“复核”栏可按实际需要填写，“开票人”栏为必填项，“销售方(章)”栏应加盖发票专用章。增值税发票的填写方法如图1.2所示。

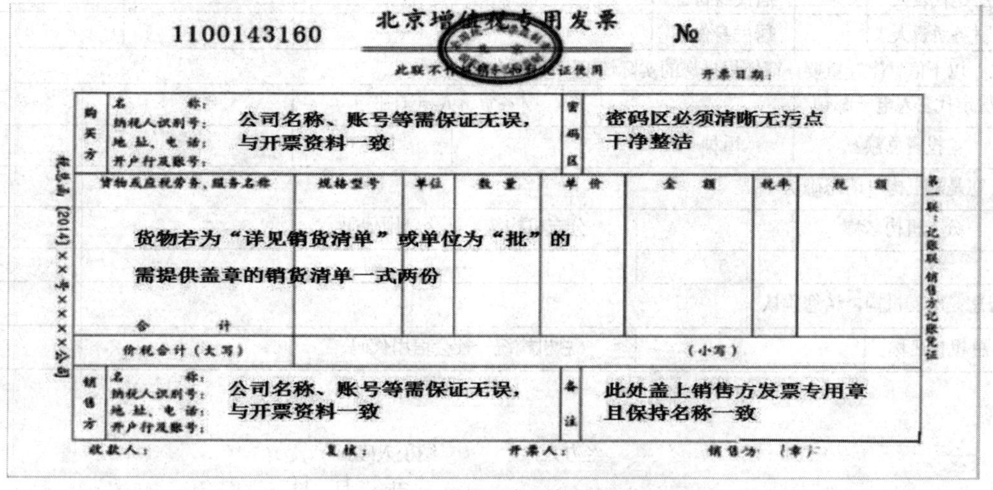

1100143160　　北京增值税专用发票　　№

开票日期：

购买方	名称： 纳税人识别号： 地址、电话： 开户行及账号：	公司名称、账号等需保证无误， 与开票资料一致	密码区	密码区必须清晰无污点 干净整洁

货物或应税劳务、服务名称	规格型号	单位	数量	单价	金额	税率	税额
货物若为“详见销货清单”或单位为“批”的 需提供盖章的销货清单一式两份							
合计							
价税合计（大写）					（小写）		

销售方	名称： 纳税人识别号： 地址、电话： 开户行及账号：	公司名称、账号等需保证无误， 与开票资料一致	备注	此处盖上销售方发票专用章 且保持名称一致

收款人：　　复核：　　开票人：　　销售方：（章）

税总函[2014]××号××××公司

第一联：记账联　销售方记账凭证

图1.2　增值税发票的填写

三、办理税务信息

（一）多证合一发展历史

2015 年 3 月，李克强总理在考察工商总局时明确要求实现营业执照、组织机构代码证、税务登记证的“三证合一、一照一码”改革。2015 年 10 月 1 日，“三证合一”改革正式落地。2016 年 10 月 1 日，“五证合一、一照一码”登记制度改革正式实施，在“三证合一”基础上加入社会保险登记证和统计登记证，实现更大范围、更深层次的信息共享和业务协同。2017 年 10 月 1 日，“多证合一”改革全面实施。“多证合一”登记信息确认表如表 1.2 所示。

表1.2　“多证合一”登记信息确认表

尊敬的纳税人：

以下是您在工商机关办理注册登记时提供的信息。为保障您的合法权益，请您仔细阅读，对其中不全的信息进行补充，对不准的信息进行更正，对需要更新的信息进行补正，以便为您提供相关服务。

<table>
<tr><td colspan="7">一、以下信息非常重要，请您务必仔细阅读并予以确认</td></tr>
<tr><td>纳税人名称</td><td colspan="3"></td><td>统一社会信用代码</td><td colspan="2"></td></tr>
<tr><td>登记注册类型</td><td></td><td colspan="2">批准设立机关</td><td></td><td>开业(设立)日期</td><td></td></tr>
<tr><td>生产经营期限起</td><td></td><td>生产经营期限止</td><td>注册地址邮政编码</td><td></td><td>注册地址联系电话</td><td></td></tr>
<tr><td>注册地址</td><td colspan="6"></td></tr>
<tr><td>生产经营地址</td><td colspan="6"></td></tr>
<tr><td>经营范围</td><td colspan="6"></td></tr>
<tr><td colspan="2">注册资本</td><td>币种</td><td colspan="2">金额</td><td colspan="2"></td></tr>
<tr><td>投资方名称</td><td>证件类型</td><td colspan="3">证件号码</td><td>投资比例</td><td>国籍或地址</td></tr>
<tr><td></td><td></td><td colspan="3"></td><td></td><td></td></tr>
<tr><td>项目
联系人</td><td>姓名</td><td>证件类型</td><td colspan="2">证件号码</td><td>固定电话</td><td>移动电话</td></tr>
<tr><td>法定代表人</td><td></td><td>居民身份证</td><td colspan="2"></td><td></td><td></td></tr>
<tr><td>财务负责人</td><td></td><td>居民身份证</td><td colspan="2"></td><td></td><td></td></tr>
<tr><td colspan="7">二、以下信息比较重要，请您根据您的实际情况予以确认</td></tr>
<tr><td colspan="2">法定代表人电子邮箱</td><td></td><td colspan="2">财务负责人电子邮箱</td><td colspan="2"></td></tr>
<tr><td colspan="2">投资总额</td><td>币种</td><td></td><td>金额</td><td colspan="2"></td></tr>
<tr><td colspan="7">若您是总机构，请您确认</td></tr>
<tr><td colspan="2">分支机构名称</td><td></td><td colspan="2">分支机构统一社会信用代码</td><td colspan="2"></td></tr>
<tr><td>…</td><td colspan="2"></td><td colspan="2">…</td><td colspan="2"></td></tr>
<tr><td colspan="7">若您是分支机构，请您确认</td></tr>
<tr><td>总机构名称</td><td colspan="2"></td><td colspan="2">总机构统一社会信用代码</td><td colspan="2"></td></tr>
<tr><td colspan="7">经办人：　　　纳税人(签章)
年　月　日</td></tr>
</table>

（二）停复业登记

根据《国家税务总局关于修改<税务登记管理办法>的决定》，对停复业登记的具体要求如下。

- 实行定期定额征收方式的个体工商户需要停业的，应当在停业前向税务机关申报办理停业登记。纳税人的停业期限不得超过一年。
- 纳税人在申报办理停业登记时，应如实填写停业复业报告书，说明停业理由、停业期限、停业前的纳税情况和发票的领、用、存情况，并结清应纳税款、滞纳金、罚款。税务机关应收存其税务登记证件及副本、发票领购簿、未使用完的发票和其他税务证件。
- 纳税人在停业期间发生纳税义务的，应当按照税收法律、行政法规的规定申报缴纳税款。
- 纳税人应当于恢复生产经营之前，向税务机关申报办理复业登记，如实填写《停业复业报告书》，领回并启用税务登记证件、发票领购簿及其停业前领购的发票；纳税人停业期满不能及时恢复生产经营的，应当在停业期满前到税务机关办理延长停业登记，并如实填写《停业复业报告书》。

链接1＋X证书

开具电子发票的步骤如图 1.3 所示。

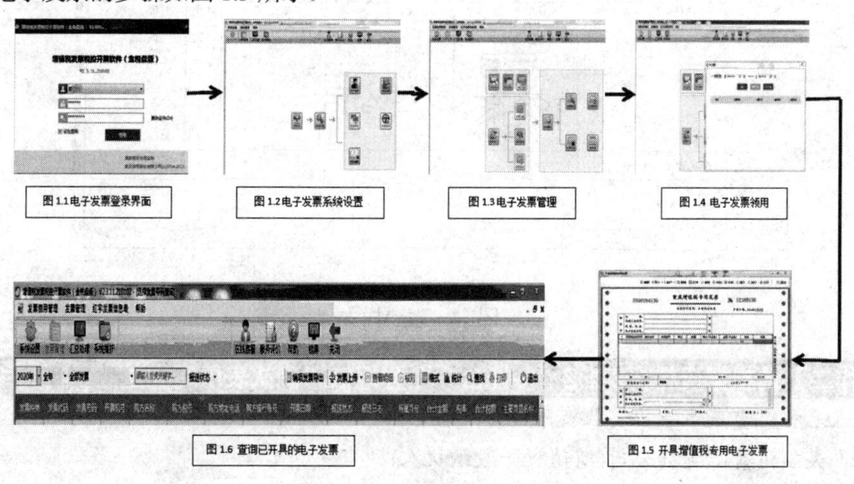

图1.3　开具电子发票的步骤

任务小结

知识点：

能力点：

重　点：

难　点：

【实务操作一】请根据资料将图1.3填写完整(或者在国家电子税务局模拟系统开具电子发票)。

北京华美商贸有限责任公司统一社会信用代码(纳税人识别号)：92214746783230011N；纳税人类型：一般纳税人；经营地址：北京东城区安德路66号；电话：010-88000000；开户银行：中国工商银行复兴路支行；开户行银行账号：00303578116733327667。

北京华美商贸有限责任公司销售糖心苹果500箱(70元/箱，含税价)给重庆百货有限公司。重庆百货有限公司的纳税人识别号：5356577334760765X；地址：重庆市沙坪坝区31号；电话：023-65366688；开户银行：中国建设银行重庆沙坪坝支行；开户银行账号：020002511192000300066。

发票样本如图1.4所示。

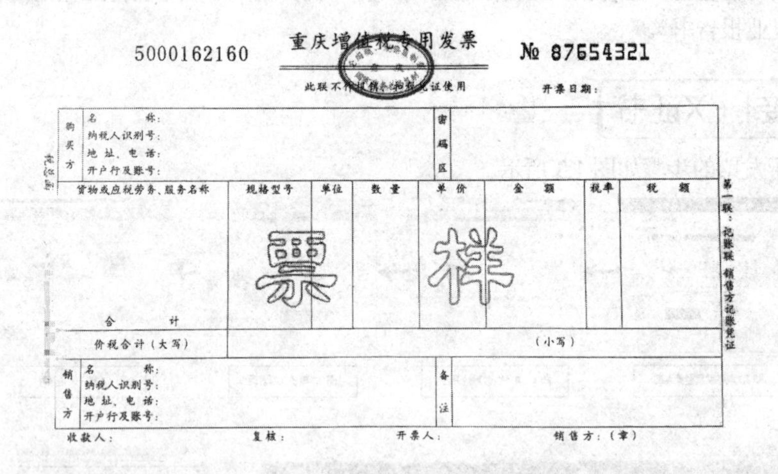

5000162160　　重庆增值税专用发票　　№ 87654321

此联不作报销、扣税凭证使用　　开票日期：

购买方	名　称： 纳税人识别号： 地 址、电 话： 开户行及账号：					密码区			
货物或应税劳务、服务名称		规格型号	单位	数量	单价	金额	税率	税额	
合　计									
价税合计（大写）						（小写）			
销售方	名　称： 纳税人识别号： 地 址、电 话： 开户行及账号：					备注			

收款人：　　复核：　　开票人：　　销售方：（章）

第一联：记账联　销售方记账凭证

图1.4　发票样本

【实务操作二】请根据资料将表1.2“多证合一”登记信息确认表填写完整。

纳税人名称：重庆市华华实业有限公司

纳税人类型：有限责任公司(增值税一般纳税人)

法定代表人：李伟

地址及电话：重庆市沙坪坝区大学城东路66号　023-65339999

开户行及账号：中国银行重庆大学城区支行　250044553322778

税务登记号：1122 2045 7865 998

主管税务机关：重庆市沙坪坝区税务局

其他资料：

(1) 重庆市华华实业有限公司注册资本为6000万元，由甲实业集团(营业执照：55356666689976)、林梅(身份证号：510212195301265O6)和蒋东(身份证号：510200198005103l5)共同发起成立。其中，甲实业集团投资8000万元，占投资比例80%；林梅投资500万元，占投资比例5%；蒋东投资1500万元，占投资比例15%。各方按出资比例承担风险，分配利润。

(2) 企业法人营业执照

注册号：7656 3312 8808 999

经营范围：电子产品的生产与销售
成立日期：2016年1月1日
营业期限：2016年1月1日—2036年12月31日
(3) 企业组织代码证。
代码：8888 6666-1
有效期：自2016年1月1日至2021年1月1日
(4) 企业的其他有关信息。
邮政编码：400000
从业人数：110人，其中专业财务人员4人
法定代表人：吴华，身份证号码为510212198209303\02
财务负责人：许洁，身份证号码为510212198510305\08
办税人员：章强，身份证号码为510212199311233\51

【综合技能训练】

一、单项选择题

1. 区别不同类型税种的主要标志是(　　)。
   A. 税率　B. 征税对象　C. 纳税人　D. 纳税期限
2. 企业所得税的税率形式是(　　)。
   A. 累进税率　B. 比例税率　C. 定额税率　D. 其他税率
3. 我国个人所得税中的工资薪金所得采取的税率形式属于(　　)。
   A. 比例税率　B. 全额累进税率　C. 超率累进税率　D. 超额累进税率
4. 下列税种中，由海关系统负责征收和管理的是(　　)。
   A. 契税　B. 船舶吨税　C. 车船税　D. 车辆购置税

二、多项选择题

1. 下列各项中，属于税收特征的有(　　)。
   A. 强制性　B. 固定性　C. 无偿性　D. 灵活性
2. 下列各项中，属于税法要素的有(　　)。
   A. 税率　B. 征税对象　C. 纳税义务人　D. 税收优惠
3. 下列各项中属于税法基本要素的有(　　)。
   A. 征税人　B. 纳税义务人　C. 征税对象　D. 税率
4. 我国现行的税率主要有(　　)。
   A. 比例税率　B. 比率税率　C. 定额税率　D. 累进税率
5. 我国现行税法体系中使用的累进税率形式有(　　)。
   A. 超率累进税率　B. 超额累进税率　C. 全额累进税率　D. 定额税率
6. 下列税种属于行为税的有(　　)。
   A. 营业税　B. 企业所得税　C. 印花税　D. 环境保护税

三、判断题

1. 起征点是征税对象达到一定数额开始计税的界限。征税对象达到或超过的就其全部数额征税，未达到的不征税。 （ ）

2. 我国税收按计算依据为标准分类，包括流转税、所得税、财产税、行为税、资源税等。（ ）

3. 减税是指对应纳税额减征一部分税款，免税是指对应纳税额全部免征。 （ ）

4. 征税对象即征税客体，是指对何种客体征税。 （ ）

项目二

增值税法规与实务

知识目标

1. 了解增值税的原理;
2. 熟悉增值税法关于纳税义务人、征税范围、税目、税率的相关规定;
3. 能够准确确定增值税的计税依据;
4. 能够正确计算企业的应纳增值税税额;
5. 会填制增值税纳税申报表，按流程及时、正确缴纳增值税。

技能目标

1. 一般纳税人进项税额的确定;
2. 一般纳税人销项税额的确定;
3. 一般纳税人应纳税额的确定;
4. 出口货物税额的确定;
5. 简易办法税额的确定;
6. 结合1＋X证书要求，能从事票据分类整理、增值税纳税申报等智能财税工作。

素质目标

1. 掌握国家增值税法规，提高职业判断能力;
2. 正确诚信计算与缴纳增值税税额，按照国家规定要求进行税收申报，为未来职业打下良好的税收基础。

项目知识结构

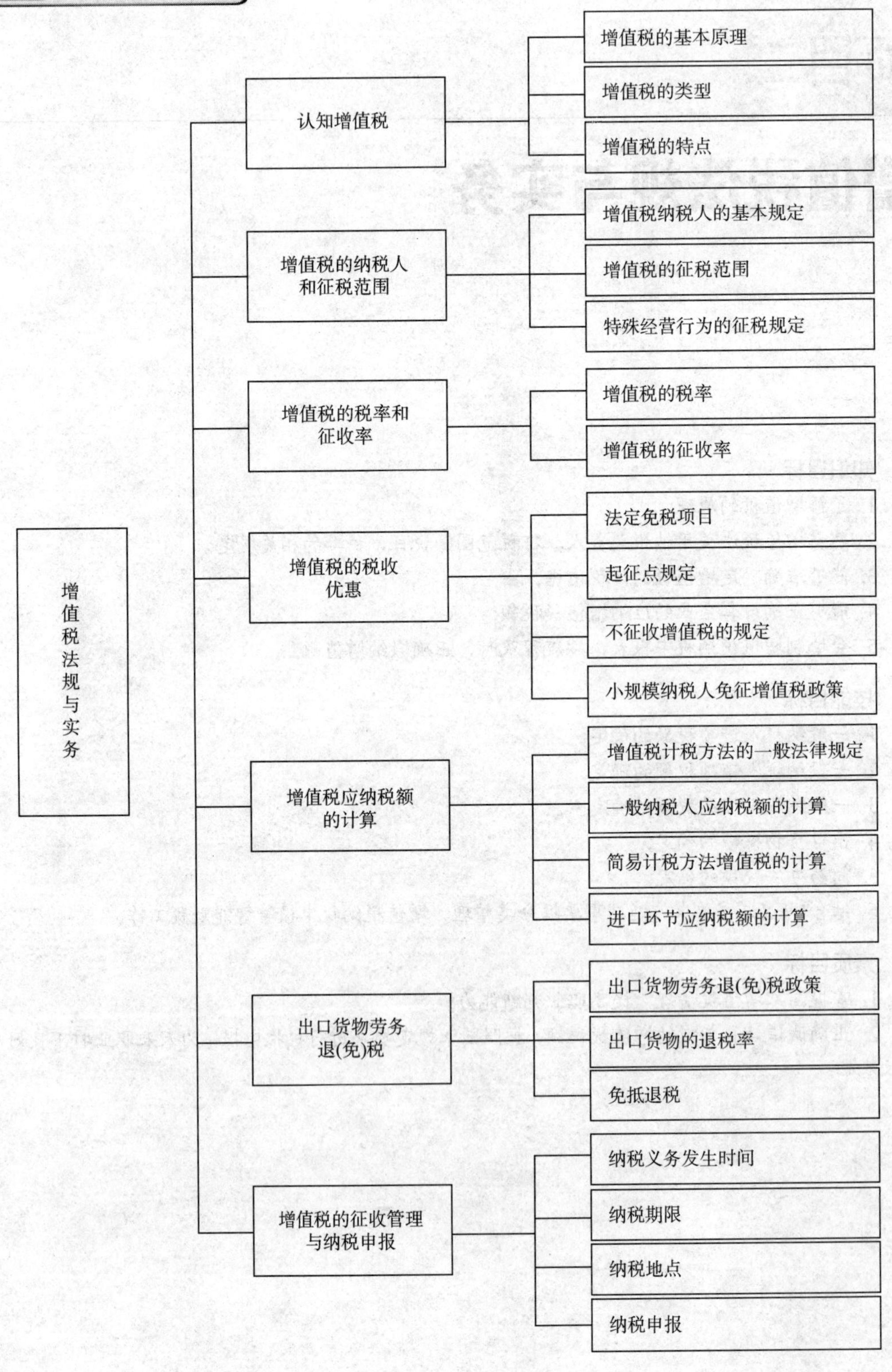
增值税法规与实务
认知增值税
增值税的基本原理
增值税的类型
增值税的特点
增值税的纳税人和征税范围
增值税纳税人的基本规定
增值税的征税范围
特殊经营行为的征税规定
增值税的税率和征收率
增值税的税率
增值税的征收率
增值税的税收优惠
法定免税项目
起征点规定
不征收增值税的规定
小规模纳税人免征增值税政策
增值税应纳税额的计算
增值税计税方法的一般法律规定
一般纳税人应纳税额的计算
简易计税方法增值税的计算
进口环节应纳税额的计算
出口货物劳务退(免)税
出口货物劳务退(免)税政策
出口货物的退税率
免抵退税
增值税的征收管理与纳税申报
纳税义务发生时间
纳税期限
纳税地点
纳税申报

项目引例

华强百货有限公司为增值税一般纳税人，2020 年 8 月发生如下业务。

(1) 采取以旧换新方式销售玉石首饰一批，旧玉石首饰作价 68 万元，实际收取新旧首饰差价款共计 120 万元；采取以旧换新方式销售金项链 150 条，原价为 4000 元/条，每条收取差价款 2000 元。上述金额均为含税价。

(2) 销售 2500 件服装给 A 单位，不含税价 300 元/件，开具了增值税专用发票后，发现部分服装存在质量问题，经协商支付给该单位折让 5.45 万元(含税)，按规定开具了红字增值税专用发票。

(3) 接受当地 B 运输企业的货运服务，取得的增值税专用发票上注明的不含税运费 20 万元，接受乙运输企业(小规模纳税人)的货运服务，取得乙企业委托税务机关代开的增值税专用发票，注明不含税运费 8 万元。

(4) 接受当地 C 税务师事务所的税务咨询服务，取得增值税专用发票注明金额 15 万元；接受当地一家广告公司提供广告服务，取得的增值税专用发票注明金额 13 万元。

(5) 因仓库保管不善，上月从一般纳税人企业购进的一批速冻食品霉烂变质，该批速冻食品账面价值 36 万元，其中运费成本 10 万元(当地一般纳税人运输企业提供运输服务)，进项税额均已于上月抵扣。

要求：(1) 计算该企业当月支付运费可抵扣的增值税进项税额。

(2) 计算该企业当月应转出进项税额。

(3) 计算该企业当月增值税销项税额。

(4) 计算该企业当月应缴纳增值税额。

任务一　认知增值税

华源有限责任公司是从事电视机生产和销售的企业，该公司年销售额达到 600 万元。该公司认为自己已经符合增值税一般纳税人的条件，因此，属于增值税一般纳税人这种理解是否正确？

一、增值税的基本原理

（一）增值税的由来与发展

现行增值税是被众多国家采用的一种影响较为广泛的税种，其经济学理论基础来源于美国经济学家，但是现行增值税制度并不是产生于美国，而是起源于法国。一般认为，提出增值税概念的人是美国耶鲁大学经济学教授亚当斯(T S Adams)，于 1917 年在国家税务学会《营业税》(*The Taxation of Business*)报告中首先提出了对增值额征税的概念，指出对营业毛利(销售额－进货额)课税比对利润课税的公司所得额好得多。这与现行的增值税的具体实施有一定的差异。

1954 年，法国率先制定与实施增值税并取得了成功，由于增值税存在可以避免重复征税的优越性，所以逐步被许多国家所采用。在随后的十几年里，欧洲共同体成员国相继实行了增值税，欧洲其他一些国家，以及非洲、拉丁美洲的一些国家也逐渐实行了增值税，亚洲国家自20世纪70年代后期开始推行增值税，到2015年，世界上已有190多个国家和地区实行了增值税。增值税作为一个国际性税种是为适应商品经济的高度发展应运而生的。

1. 我国增值税制度的由来与初步发展

我国于1979年引进增值税，并在部分城市试行。1982年财政部制定了《中华人民共和国增值税暂行办法》，自1983年1月1日开始在全国试行。1984年第二步利改税和全面工商税制改革时，在总结经验的基础上，国务院发布了《中华人民共和国增值税条例(草案)》，并于当年10月试行。1993年税制改革，增值税成为改革的重点，国务院于1993年12月发布了《中华人民共和国增值税暂行条例》，并于1994年1月1日起在全国范围内推行增值税。此时的增值税属于生产型增值税。为了进一步完善税收制度，国家决定实行增值税转型试点，于2004年7月1日开始在东北、中部等部分地区实行，试点工作运行顺利，达到了预期目标，为此，国务院决定全面实行增值税转型改革，制定了《中华人民共和国增值税暂行条例》。2008年11月，经国务院第34次常务会议审议通过，于2009年1月1日起在全国范围内实行消费型增值税。

2. 我国增值税制度的进一步发展

为促进第三产业发展，自2012年1月1日起，在部分地区和行业开展深化增值税制度改革试点。2012年1月1日起在上海市试点，将交通运输业和部分现代服务业由营业税改征增值税。2012年9月1日起，试点地区扩大到北京市、天津市、江苏省、安徽省、浙江省、福建省、湖北省、广东省8个省市。北京市于2012年9月1日，江苏省、安徽省于2012年10月1日，福建省、广东省于2012年11月1日，天津市、浙江省、湖北省于2012年12月1日，分别进行试点。2013年8月1日，营业税改征增值税试点在全国范围内推开，并将广播影视作品的制作、播映、发行纳入试点行业。2014年1月1日起，铁路运输业和邮政业在全国范围实行营业税改征增值税试点，至此，交通运输业全部纳入试点范围。2014年6月1日起，电信业纳入营业税改征增值税试点范围，实行差异化税率，基础电信服务和增值电信服务分别适用11%和6%的税率，为境外单位提供电信业服务免征增值税。到2016年5月1日，征收营业税的行业全部改为征收增值税。2017年11月19日，国务院公布了第691号令，决定废止《中华人民共和国营业税暂行条例》，同时对《中华人民共和国增值税暂行条例》进行修改。

（二）增值税

1. 增值额的含义

增值额，是指在一定时期内劳动者在生产货物(或提供服务)过程中新创造的价值额，也就是全部商品价值额扣除由于生产耗费所转移进来的价值之后的余额，即增值额相当于纳税人销售商品价值中的V+M部分(V—劳动力价值，M—剩余价值)。具体可以从以下两个方面理解。

(1) 对于一个生产经营单位而言，增值额是指该单位销售货物所取得的收入额扣除为生产这种货物所消耗的外购材料的价款后的余额，其主要内容包括工资、利润、利息、租金、股息等项目。

(2) 对于商品生产的全过程而言，增值额是指该项货物经历各个生产、流通环节时人们所新创造的价值之和，也就是该项货物的最终销售价格。

2. 理解增值税

增值税是对在我国境内销售货物、劳务、服务、无形资产、不动产及进口货物的企业单位和个人，就其货物销售或提供劳务的增值额和货物进口金额为计税依据而课征的一种流转税。增值税是以商品(含应税劳务)在流转过程中产生的增值额作为计税依据而征收的一种流转税。

【实例 2-1・单选题】增值税是对从事销售货物或加工、修理修配劳务，以及进口货物的单位和个人取得的(　　)为计税依据征收的一种流转税。

A. 销售额　　B. 营业额　　C. 增值额　　D. 收入额

【解析】C。

二、增值税的类型

增值税按照对外购固定资产处理方式的不同可划分为如下几种类型。

1) 生产型增值税

生产型增值税是指在计算增值税时，不允许扣除任何外购固定资产的价款，在这种条件下，法定增值额作为增值税的课税基础，除包括纳税人新创造的价值外，还包括当期计入成本的外购固定资产价款部分，即法定增值额相当于当期工资、奖金、利润、利息、股息、租金等理论增值额与折旧额之和。从整个国民经济来看，这一课税基础在统计口径上大致相当于国民生产总值，故将这种类型的增值税称为生产型增值税。

2) 收入型增值税

收入型增值税在计算增值税时，不允许将当期购入固定资产的价款一次全部扣除，只允许扣除纳税期内应计入产品价值的折旧费部分，即作为这种类型增值税课税基础的法定值额，大体相当于纳税人当期工资、奖金、利润、利息、租金、股息等各个增值项目之和。从整个国民经济来看，这一课税基础相当于国民收入，故将这种类型的增值税又叫作收入型增值税。

3) 消费型增值税

消费型增值税在计算增值税时，允许将纳税期内购入的全部固定资产的价款一次性扣除。这种类型增值税的法定增值额为纳税人当期的销售收入总额和扣除外购的全部生产资料(流动资产与固定资产)价款后的余额。从整个国民经济来看，该种类型增值税相当于生产资料不征税，其课税基础仅限于消费资料，故将这种类型的增值税称为消费型增值税。

【实例 2-2・单选题】下列各项中，属于消费型增值税特征的是(　　)。

A. 允许一次性全部扣除外购固定资产所含税金

B. 允许扣除外购固定资产计入产品价值的折旧部分所含税金

C. 不允许扣除任何外购固定资产的价款

D. 上述说法都不正确

【解析】A。

三、增值税的特点

(一) 征税范围广，具有征收的普遍性和连续性

增值税的课税对象是商品生产、流通过程中或提供劳务时实现的增值额，就是人们在生产劳动

中新创造的价值额，人们无论从事矿产资源开发、工业品生产，还是经营商品批发、零售业务或提供服务，都会在劳动过程中创造商品和劳动的附加值，因此，增值税可以课征于社会经济活动的各个部门、领域、环节。

（二）具有多环节征税的特征

增值税只对货物或劳务销售环节中没有征过税的那部分增值额征税，而对转移到销售额中在以前环节已征过的那部分不再征税，从而有效地解决了重复征税的问题。正因如此，人们将增值税称为一种对传统的流转税种去弊存利的新型流转税。

（三）不重复征税，具有税收中性效应

税收中性强调税收对经济不发生额外的影响，经济体系仅承受税收负担，不再给纳税人和社会造成其他额外损失或额外收益。国家课税时，市场机制仍然是影响资源配置和纳税人决策的主要力量，税收不应成为影响资源配置和纳税人经济决策的主要因素。一种货物或劳务在其生产和经营过程中，不管经历多少生产和流通环节，实行增值税时都是对其销售中的增值额的征税，只对销售额中属于企业或劳动所创造的，没有征过税的那部分销售额进行征税，而对销售额中属于转移过来的，以前环节征过税的那一部分销售额则不再征税，这就使增值税对经济活动的干扰大为减弱，从而不至于扭曲市场机制对资源配置的基础性调节作用。

（四）逐环节征税，逐环节扣税，最终消费者是全部税款的承担者

增值税作为一种流转税，本来就具有税负转嫁的可能性。实际上，由于这种新型流转税对某项应税商品的每个流转环节逐一征税的同时，还在每个环节按税法规定对纳税人外购项目的已纳税项逐一进行抵扣。因此，对应税商品各个环节的经营者而言，他们作为增值税的纳税人，只是把从购买者那里收取的税转交给政府，而经营者本身未承担增值税税款。这样，随着交易活动在应税商品的各个流转环节逐次展开，应税商品的经营者在出售商品的同时，因为政府从购买者那里收取了该应税商品所承担的税款，当应税商品销售给最终消费者时，该商品在以前所有环节已缴纳的税款连同本环节的税款，便全部转嫁给了最终的消费者。可见，增值税的税收负担具有完全的转嫁性，作为纳税人的生产经营者并非增值税的真正负担者，最终消费者实际上是增值税的最后归宿，因此增值税属于典型的间接税。

任务小结

知识点：

能力点：

重　点：

难　点：

任务二　增值税的纳税人和征税范围

华光公司为增值税纳税人，2020年10月发生如下行为，根据增值税法律制度的规定，下列行为是否缴纳增值税？如果要缴纳，应该按照什么税目进行缴纳？

(1) 华光公司员工为本公司提供的加工服务。

(2) 有偿提供安装空调服务。

(3) 有偿提供修理机器设备服务。

(4) 有偿提供出租车服务。

一、增值税纳税人的基本规定

(一) 增值税的纳税人

凡在中华人民共和国境内销售货物，或者提供加工、修理修配劳务、销售服务、无形资产或不动产，以及进口货物的单位和个人，为增值税的纳税人。

单位是指一切从事销售或进口货物、提供劳务、销售服务、无形资产或不动产的单位，包括企业、行政单位、事业单位、军事单位、社会团体及其他单位。

个人是指从事销售或进口货物、提供应税劳务、销售应税服务、无形资产或不动产的个人，包括个体工商户和其他个人。

(1) 单位租赁或承包给其他单位或个人经营的，以承租人或承包人为纳税人。

(2) 对报关进口的货物，以进口货物的收货人或办理报关手续的单位和个人为进口货物的纳税人。

(3) 对代理进口货物，以海关开具的完税凭证上的纳税人为增值税纳税人，即对报关进口货物，凡是海关的完税凭证开具给委托方的，对代理方不征增值税；凡是海关的完税凭证开具给代理方的，对代理方应按规定征收增值税。

(4) 资管产品运营过程中发生的增值税应税行为，以资管产品管理人为增值税纳税人。资管产品管理人包括：银行、信托公司，公募基金管理公司及其子公司，证券公司及其子公司，期货公司及其子公司，私募基金管理人，保险资产管理公司、专业保险资产管理机构、养老保险公司。

(5) 建筑企业与发包方签订建筑合同后，以内部授权或三方协议等方式，授权集团内其他纳税人(以下称第三方)为发包方提供建筑服务，并由第三方直接与发包方结算工程款的，由第三方缴纳增值税，与发包方签订建筑合同的建筑企业不缴纳增值税。

(二) 扣缴义务人

境外的单位或个人在境内提供应税劳务，在境内未设有经营机构的，其应纳税款以境内代理人为扣缴义务人；在境内没有代理人的，以购买者为扣缴义务人。

中华人民共和国境外单位或个人在境内销售服务、无形资产或不动产，在境内未设有经营机构的，以购买方为增值税扣缴义务人。财政部和国家税务总局另有规定的除外。

（三）小规模纳税人和一般纳税人

1. 小规模纳税人

(1) 增值税小规模纳税人标准为年应征增值税销售额 500 万元及以下。年应税销售额，是指纳税人在连续不超过 12 个月或 4 个季度的经营期内累计应征增值税销售额，包括纳税申报销售额、稽查查补销售额、纳税评估调整销售额。

(2) 已登记为增值税一般纳税人的单位和个人(年应征增值税销售额 500 万元及以下)，在 2018 年 12 月 31 日前，可转登记为小规模纳税人，其未抵扣的进项税额做转出处理。

(3) 小规模纳税人会计核算健全，能够提供准确税务资料的，可以向税务机关申请登记为一般纳税人，不再作为小规模纳税人。

(4) 小规模纳税人采用简易征税办法，征收率一般为 3%，不能抵扣进项税额。

应纳税额＝含税销售额÷(1＋征收率)×征收率

(5) 小规模纳税人一般不使用增值税专用发票，但可向税务机关申请代开。

(6) 住宿业、建筑业、鉴证咨询业等行业的小规模纳税人试点自行开具增值税专用发票(销售其取得的不动产除外)，税务机关不再代开。

2. 一般纳税人

(1) 一般纳税人，是指年应税销售额超过财政部、国家税务总局规定的小规模纳税人标准(500 万元)的企业和企业性单位。

(2) 一般纳税人实行登记制，除另有规定外，应当向税务机关办理登记手续。

(3) 下列纳税人不办理一般纳税人登记。

① 按照政策规定，选择按照小规模纳税人纳税的。

② 年应税销售额超过规定标准(500 万元)的其他个人(除个体工商户以外的其他自然人)。

【实例 2-3・判断题】除个体工商户以外的其他个人不属于增值税一般纳税人。(　　)

【解析】√。

【试一试】根据增值税法律制度的规定，下列关于小规模纳税人征税规定的表述中，不正确的是(　　)。

A. 实行简易征税办法

B. 一律不使用增值税专用发票

C. 不允许抵扣增值税进项税额

D. 可以请税务机关代开增值税专用发票

【解析】B。

【拓展思考】小规模纳税人和一般纳税人哪个对纳税人有利?

二、增值税的征税范围

增值税征税范围包括货物的生产、批发、零售和进口四个环节，增值税的征税范围覆盖第一产业、第二产业和第三产业。

（一）销售货物

“货物”是指有形动产，包括电力、热力和气体。销售货物是指有偿转让货物的所有权，“有偿”不仅指从购买方取得货币，还包括取得货物的其他经济利益。

（二）销售劳务

劳务是加工修理修配劳务。

(1) 加工，是指委托加工业务。委托加工业务是指委托方提供原料和主要材料，受托方按照委托方的要求制造货物并收取加工费业务。

(2) 修理修配，是指受托方对损伤和丧失功能的货物进行修复，使其恢复原状和功能的业务。

【小知识】

提供加工和修理修配劳务，是有偿提供加工和修理修配劳务。单位或个体工商户聘用的员工为本单位或雇主提供加工、修理修配劳务，则不包括在内。

（三）销售服务

销售服务指提供交通运输服务、邮政服务、电信服务、建筑服务、金融服务、现代服务、生活服务。

1. 交通运输服务

交通运输服务指使用运输工具将货物或旅客送达目的地，使其空间位置得到转移的业务活动，包括陆路运输服务、水路运输服务、航空运输服务和管道运输服务。

1) 陆路运输服务

陆路运输服务，是指通过陆路(地上或地下)运送货物或旅客的运输业务活动，包括铁路运输、公路运输、缆车运输、索道运输、地铁运输、城市轻轨运输等。

【小知识】

出租车公司向使用本公司自有出租车的出租车司机收取的管理费，按照陆路运输服务征收增值税。

2) 水路运输服务

水路运输服务，是指通过江、河、湖、川等天然、人工水道或海洋航道运送货物或旅客的运输业务活动。

远洋运输的程租、期租业务，属于水路运输服务。

(1) 程租业务，是指远洋运输企业为租船人完成某一特定航次的运输任务并收取租赁费的业务。

(2) 期租业务，是指远洋运输企业将配备有操作人员的船舶承租给他人使用一定期限，承租期内听候承租方调遣，不论是否经营，均按天向承租方收取租赁费，发生的固定费用均由船东负担的业务。

3) 航空运输服务

航空运输服务，是指通过空中航线运送货物或旅客的运输业务活动。航空运输的湿租业务，属于航空运输服务。湿租业务，是指航空运输企业将配备有机组人员的飞机承租给他人使用一定期限，承租期内听候承租方调遣，不论是否经营，均按一定标准向承租方收取租赁费，发生的固定费用均由承租方承担的业务。

【小知识】

航天运输业务，按照航空运输服务征收增值税。

4) 管道运输服务

管道运输服务，是指通过管道设施输送气体、液体、固体物质的运输业务活动。

【实例 2-4 · 多选题】根据增值税法律制度的规定，下列各项中，应按照“交通运输服务”计缴增值税的有(　　)。

A. 道路通行服务　　B. 湿租　　C. 期租　　D. 程租

【解析】BCD。车辆停放服务、道路通行服务(包括过路费、过桥费、过闸费等)等按照不动产经营租赁服务缴纳增值税。

2. 邮政服务

邮政服务，指中国邮政集团公司及所属邮政企业提供邮件快递、邮政汇兑和机要通信等邮政基本服务的业务活动，包括邮政普遍服务、邮政特殊服务和其他邮政服务。

1) 邮政普遍服务

邮政普遍服务，指函件、包裹等邮件寄递，以及邮票发行、报刊发行和邮政汇兑等业务活动。

2) 邮政特殊服务

邮政特殊服务，指义务兵平常信函、机要通信、盲人读物和革命烈士遗物的寄递等业务活动。

3) 其他邮政服务

其他邮政服务，指邮册等邮品销售、邮政代理等业务活动。

【小知识】

中国邮政速递物流有限股份公司及其子公司(含各级分支机构)，不属于中国邮政集团公司所属邮政企业。

3. 电信服务

电信服务，指利用有线、无线的电磁系统或光电系统等各种通信网络资源，提供语音通话服务，传送、发射、接收或应用图像、短信等电子数据和信息的业务活动。

1) 基础电信服务

基础电信服务，指利用固网、移动网、卫星、互联网，提供语音通话服务的业务活动，以及出租或出售带宽、波长等网络元素的业务活动。

2) 增值电信服务

增值电信服务，指利用固网、移动网、卫星、互联网、有线电视网络，提供短信和彩信服务、电子数据和信息的传输及应用服务、互联网接入服务等业务活动。

卫星电视信号落地转接服务，按照增值电信服务计算缴纳增值税。

4. 建筑服务

建筑服务，指各类建筑物、构筑物及其附属设施的建造、修缮、装饰、线路、管道、设备、设施等的安装及其他工程作业的业务活动，包括工程服务、安装服务、修缮服务、装饰服务及其他建筑服务。

1) 工程服务

工程服务，指新建、改建各种建筑物、构筑物的工程作业，包括与筑物相连的各种设备或支柱、操作平台的安装或装设工程作业，以及各种窑炉和金属结构工程作业。

2) 安装服务

安装服务，指生产设备、动力设备、起重设备、运输设备、传动设备、医疗实验设备及其他各种设备、设施的装配、安置工程作业，包括与被安装设备相连的工作台，梯子、栏杆的装设工程作业，以及被安装设备的绝缘、防腐、保温、油漆等工程作业。

【小知识】

固定电话、有线电视、宽带、水、电、燃气、暖气等经营者向用户收取的安装费、初装费、开户费、扩容费及类似收费，按安装服务缴纳增值税。

3) 修缮服务

修缮服务，指对建筑物、构筑物进行修补，加固、养护、改善使之恢复原来的使用价值或延长其使用期限的工程作业。

4) 装饰服务

装饰服务，指对建筑物、构筑物进行修饰装修，使之美观或具有特定用途的工程作业。

5) 其他建筑服务

其他建筑服务，是指上列工程作业之外的各种工程作业服务，如钻井(打井)、拆除建筑物或构筑物、平整土地、园林绿化、疏浚(不包括航道疏浚)、建筑物平移、搭脚手架、爆破、矿山穿孔、表面附着物(包括岩层、土层、沙层等)剥离和清理等工程作业。

【小知识】

① 物业服务企业为业主提供的装修服务，按“建筑服务”征收增值税。

② 纳税人将建筑施工设备出租给他人使用并配合操作人员的，按照“建筑服务”征收增值税。

5. 金融服务

金融服务，指经营金融保险的业务活动，包括贷款服务、直接收费金融服务、保险服务和金融商品转让。

1) 贷款服务

贷款，指将资金贷予他人使用而收取利息收入的业务活动。

各种占用、拆借资金取得的收入，包括金融商品持有期间(含到期)利息(保本收益、报酬、资金占用费、补偿金等)收入、信用卡透支利息收入、买入返售金融商品利息收入、融资融券收取的利息收入，以及融资性售后回租、押汇、罚息、票据贴现、转贷等业务取得的利息及利息性收入，按照贷款服务征收增值税。

【小知识】

以货币资金投资收取的固定利润或保底利润，按照贷款服务征收增值税。

2) 直接收费金融服务

直接收费金融服务，指为货币资金融通及其他金融业务提供相关服务并且收取费用的业务活动，包括提供货币兑换、账户管理、电子银行、信用卡、信用证、财务担保、资产管理、信托管理、基金管理、金融交易场所(平台)管理、资金结算、资金清算、金融支付等服务。

【例题 2-5 · 单选题】根据增值税法律制度的规定，下列各项中，应征收增值税的是(　　)。

A. 商业银行提供直接收费金融服务收取的手续费

B. 物业管理单位代收的住宅专项维修资金

C. 被保险人获得的保险赔付

D. 存款人取得的存款利息

【解析】A。按照“金融服务－直接收费金融服务”计征增值税。

3) 保险服务

保险服务，指投保人根据合同约定，向保险人支付保险费，保险人对于合同约定的可能发生的事故因其发生所造成的财产损失承担赔偿保险金责任，或者当被保险人死亡、伤残、疾病或达到合同约定的年龄、期限等条件时承担给付保险金责任的商业保险行为。

保险服务包括人身保险服务和财产保险服务。

(1) 人身保险服务，是指以人的寿命和身体为保险标的的保险业务活动。

(2) 财产保险服务，是指以财产及其有关利益为保险标的的保险业务活动。

4) 金融商品转让

金融商品转让，是指转让外汇、有价证券、非货物期货和其他金融商品所有权的业务活动。其他金融商品转让包括基金、信托、理财产品等各类资产管理产品和各种金融衍生品的转让。

【小知识】

纳税人购入基金、信托、理财产品等各类资产管理产品持有至到期，不属于金融商品转让。

6. 现代服务

现代服务，指围绕制造业、文化产业、现代物流产业等提供技术性、知识性服务的业务活动，包括研发和技术服务、信息技术服务、文化创意服务、物流辅助服务、租赁服务、鉴证咨询服务、广播影视服务、商务辅助服务和其他现代服务。

1) 研发和技术服务

研发和技术服务，包括研发服务、工程勘察勘探服务、专业技术服务、合同能源管理服务。

2) 信息技术服务

信息技术服务，是指利用计算机、通信网络等技术对信息进行生产、收集、处理、加工、存储、运输、检索和利用，并提供信息服务的业务活动，包括软件服务、电路设计及测试服务、信息系统服务、业务流程管理服务和信息系统增值服务。

3) 文化创意服务

文化创意服务，包括设计服务、知识产权服务、广告服务和会议展览服务。

【小知识】

宾馆、旅馆、旅社、度假村和其他经营性住宿场所提供会议场地及配套服务的活动，按照会议展览服务征收增值税。

4) 物流辅助服务

物流辅助服务，包括航空服务、港口码头服务、货运客运场站服务、打捞救助服务、收派服务、仓储服务和装卸搬运服务。

5) 租赁服务

租赁服务，包括融资租赁服务和经营性租赁服务。

(1) 融资租赁服务，指具有融资性质和所有权转移特点的租赁业务活动。即出租人根据承租人所要求的规格、型号、性能等条件购入有形动产或不动产租赁给承租人，合同期内设备所有权属于出租人，承租人只拥有使用权，合同期满付清租金后，承租人有权按照残值购入租赁物，以拥有其所有权。不论出租人是否将租赁物残值销售给承租人，均属于融资租赁。

(2) 经营性租赁服务，是指在约定时间内将物品、设备等有形动产或不动产转让他人使用且租赁物所有权不变更的业务活动。

水路运输的光租业务、航空运输的干租业务，属于经营性租赁。

光租业务，是指运输企业将船舶在约定的时间内出租给他人使用，不配备操作人员，不承担运输过程中发生的各项费用，只收取固定租赁费的业务活动。

干租业务，是指航空运输企业将飞机在约定的时间内出租给他人使用，不配备机组人员，不承担运输过程中发生的各项费用，只收取固定租赁费的业务活动。

6) 鉴证咨询服务

鉴证咨询服务，包括认证服务、鉴证服务和咨询服务。

(1) 认证服务，是指具有专业资质的单位利用检测、检验、计量等技术，证明产品、服务、管理体系符合相关技术规范的强制性要求或标准的业务活动。

(2) 鉴证服务，是指具有专业资质的单位，为委托方的相关事项进行鉴证，发表具有证明力的意见的业务活动，包括会计、税务、法律、职业技能、资产评估、房地产土地评估、工程造价、医疗事故鉴定等。

(3) 咨询服务，指提供信息建议、策划顾问等服务的业务活动。

【小知识】

翻译服务和市场调查服务按照咨询服务征收增值税。

7) 广播影视服务

广播影视服务，包括广播影视节目(作品)的制作服务、发行服务和播放(含反映)服务。

8) 商务辅助服务

商务辅助服务，包括企业管理服务、人力资源服务、经纪代理人服务和安全保护人服务。

9) 其他现代服务

其他现代服务，指除研发和技术服务、信息技术服务、文化创意服务、物流辅助服务、租赁服务、鉴证咨询服务、广播影视服务、商务辅助服务以外的服务，如纳税人对电梯提供的维修保养服务、为客户办理退票而向客户收取的退票费、手续费等。

7. 生活服务

生活服务，指为满足城乡居民日常生活需求提供的各类服务活动，包括文化体育服务、教育医疗服务、旅游娱乐服务、餐饮住宿服务和其他生活服务。

1) 文化体育服务

文化体育服务，包括文化服务和体育服务。

(1) 文化服务，指为满足社会公众文化生活需求提供的各种服务，包括文艺创作、文艺表演、文化比赛，图书馆的图书和资料借阅，档案馆的档案管理，文物及非物质遗产保护，组织举办宗教活动、科技活动、文化活动，提供游览场所。

(2) 体育服务，是指组织举办体育比赛、体育表演、体育活动，以及提供体育训练、体育指导、体育管理的业务活动。

【小知识】

纳税人在游览场所经营索道、摆渡车、电瓶车、游船等取得的收入，按照文化体育服务征收增值税。

2) 教育医疗服务

教育医疗服务，包括教育服务和医疗服务。

(1) 教育服务，指提供学历教育服务、非学历教育服务、教育辅助服务的业务活动。

(2) 医疗服务，指提供医学检查、诊断、治疗、康复、预防、保健、接生、计划生育、防疫服务等方面的服务，以及与这些服务有关的提供药品、医用材料器具、救护车、病房住宿和伙食的业务。

3) 旅游娱乐服务

旅游娱乐服务，包括旅游服务和娱乐服务。

4) 餐饮住宿服务

餐饮住宿服务，包括餐饮服务和住宿服务。

5) 其他生活服务

其他生活服务，指除文化体育服务、教育医疗服务、旅游娱乐服务、餐饮住宿服务之外的生活服务。

【实例2-6·多选题】根据增值税法律制度的规定，下列各项中，应按照“金融服务”税目计算缴纳增值税的有(　　)。

A. 转让外汇　　B. 融资性售后回租　　C. 货币兑换服务　　D. 财产保险服务

【解析】ABCD。选项A，转让外汇属于金融服务—金融商品转让服务；选项B，融资性售后回租属于金融服务—贷款服务；选项C，货币兑换服务属于金融服务—直接收费金融服务；选项D，财产保险服务属于金融服务—保险服务。

(四) 销售无形资产

销售无形资产，指有偿转让无形资产所有权或使用权的业务活动。

无形资产，是指不具实物形态，但能带来经济利益的资产，包括技术、商标、著作权、商誉、自然资源使用权和其他权益性无形资产。技术，包括专利技术和非专利技术。自然资源使用权，包括土地使用权、海域使用权、探矿权、采矿权、取水权和其他自然资源使用权。

【实例2-7·多选题】下列无形资产中，属于自然资源使用权的有(　　)。

A. 经营权　　B. 海域使用权　　C. 采矿权　　D. 土地使用权

【解析】BCD。根据《营业税改征增值税试点实施办法》及相关的规定，土地使用权、海域使用权和采矿权属于自然资源使用权。经营权属于其他权益性无形资产。

(五) 销售不动产

销售不动产，是指有偿转让不动产所有权的业务活动。

不动产，是指不能移动或移动后会引起性质、形状改变的财产，包括建筑物、构筑物等。

(六) 进口货物

进口货物，是指申报进入中国海关境内的货物。只要报关进口的应税货物，除依法征收关税外，均属于增值税征收范围(享受免税政策的除外)。

(七) 其他相关政策

1. 非营业活动的界定

(1) 行政单位收取的同时满足以下条件的政府性基金或行政事业性收费。

① 由国务院或财政部批准设立的政府性基金，由国务院或省级人民政府及其财政、价格主管部门批准设立的行政事业性收费。

② 收取时开具省级以上(含省级)财政部门监(印)制的财政票据。

③ 所收款项全额上缴财政部门。

(2) 单位或个体工商户聘用的员工为本单位或雇主提供取得工资的服务。

(3) 单位或个体工商户为员工提供的应税服务。

(4) 财政部和国家税务总局规定的其他情形。

2. 境内不属于销售服务或无形资产的情形

(1) 境外单位或个人向境内单位或个人提供完全在境外发生的服务。

(2) 境外单位或个人向境内单位或个人销售完全在境外使用的无形动产。

(3) 境外单位或个人向境内单位或个人出租完全在境外使用的有形动产。

(4) 财政部和国家税务总局规定的其他情形。

3. 境外不属于销售服务或无形资产的情形

(1) 为出境的函件、包裹在境外提供的邮政服务、收派服务。

(2) 向境内单位或个人提供的工程施工地点在境外的建筑服务、工程监理服务。

(3) 向境内单位或个人提供的工程、矿产资源在境外的工程勘察勘探服务。

(4) 向境内单位或个人提供的会议展览地点在境外的会议展览服务。

三、特殊经营行为的征税规定

(一) 视同销售货物行为的征税规定

单位或个体工商户的下列行为，视同销售货物。

(1) 将货物交付其他单位或个人代销。

(2) 销售代销货物。

(3) 设有两个以上机构并实行统一核算的纳税人，将货物从一个机构移送至其他机构用于销售，但相关机构设在同一县(市)的除外。

(4) 将自产或委托加工的货物用于非增值税应税项目。

(5) 将自产、委托加工的货物用于集体福利或个人消费。

(6) 将自产、委托加工或购进的货物作为投资，提供给其他单位或个体工商户。

(7) 将自产、委托加工或购进的货物分配给股东或投资者。

(8) 将自产、委托加工或购进的货物无偿赠送其他单位或个人。

视同销售货物征收增值税一览表如表 2.1 所示。

表2.1　视同销售货物征收增值税一览表

用　途	自产、委托加工的货物	外购的货物
非增值税应税项目	√	×
集体福利或个人消费	√	×
投资	√	√
分配	√	√
无偿赠送	√	√

【实例 2-8·单选题】重庆市的 A、B 两店为实行统一核算的连锁店。根据增值税法律制度的规定，A 店的下列经营活动中，不属于视同销售货物行为的是(   )。

A. 将货物交付给位于乙市的某商场代销

B. 销售丙市某商场委托代销的货物

C. 将货物移送到 B 店用于销售

D. 为促销将本店货物无偿赠送给消费者

【解析】C。A 店将货物移送到“本市”的 B 店用于销售，不属于视同销售行为。

（二）视同销售服务、无形资产或不动产

下列情形视同销售服务、无形资产或不动产，应当征收增值税，但用于公益事业或以社会公众为对象的除外。

(1) 单位或个体工商户(不包括其他个人)向其他单位或个人无偿提供服务。

(2) 单位或个人向其他单位或个人无偿转让无形资产或不动产。

视同销售服务、无形资产或不动产征收增值税一览表如表 2.2 所示。

表2.2　视同销售服务、无形资产或不动产征收增值税一览表

具 体 情 形	提供(转让)方	接受(受让)方	是否视同销售
无偿提供服务	单位	单位或个人	√
	个体工商户	单位或个人	√
	其他个人	单位或个人	×
无偿转让无形资产或不动产	单位	单位或个人	√
	个体工商户	单位或个人	√
	其他个人	单位或个人	√

【小知识】

根据国家指令无偿提供的铁路运输服务、航空运输服务(用于公益事业的服务)，不征收增值税。

【实例 2-9·多选题】根据增值税法律制度的规定，企业发生的下列行为中，属于视同销售货物行为的有(   )。

A. 将外购的货物用于个人消费

B. 将自产的货物交付代销商代销

C. 将委托加工收回的货物作为投资提供给其他单位

D. 将自产的货物用于集体福利

【解析】BCD。将自产、委托加工的货物用于集体福利或个人消费为视同销售，但不含外购的货物，因此选项 A 错误。

（三）混合销售行为的征税规定

1. 混合销售的含义

混合销售，是指一项销售既涉及货物又涉及服务的混合销售行为。

2. 税务处理规定

从事货物的生产、批发或零售的单位和个体工商户的混合销售行为，按照销售货物应当缴纳增值税；其他单位和个人的混合销售行为，按照销售服务应当缴纳增值税。

【实例 2-10·多选题】下列各项中，属于增值税混合销售行为的有(　　)。

A. 百货商店在销售商品的同时又提供送货服务

B. 餐饮公司提供餐饮服务的同时又销售烟酒

C. 建材商店在销售木质地板的同时提供安装服务

D. 歌舞厅在提供娱乐服务的同时销售食品

【解析】ABCD。一项销售行为既涉及货物又涉及服务的属于混合销售，选项 ABCD 均属于混合销售。

（四）兼营销售行为的征税规定

1. 兼营的含义

兼营非应税劳务，是指纳税人的经营范围行为既包括销售货物和加工修理修配劳务，又包括销售服务、无形资产和不动产。

【小知识】

销售货物、加工修理修配劳务、服务、无形资产和不动产不同时发生在同一销售行为中。

2. 税务处理规定

(1) 纳税人兼营不同税率的销售货物、加工修理修配劳务、服务、无形资产和不动产，从高适用税率。

(2) 纳税人兼营不同征收率的销售货物、加工修理修配劳务、服务、无形资产和不动产，从高适用税率。

(3) 纳税人兼营不同税率和征收率的销售货物、加工修理修配劳务、服务、无形资产和不动产，从高适用税率。

（五）混合销售行为和兼营销售行为的异同点

1. 相同点

混合销售行为和兼营销售行为的经营范围都包括销售货物和提供劳务。

2. 不同点

混合销售与兼营销售的区别如表 2.3 所示。

表2.3　混合销售与兼营销售的区别

项　目	混 合 销 售	兼 营 销 售
发生时间	同时发生	不一定同时发生
销售对象	针对同一对象： (1) 同一销售行为； (2) 价款来自同一买方	不一定针对同一对象： (1) 同一纳税人； (2) 价款来自不同消费者
税务处理	根据纳税人的主营业务，合并征收	(1) 分别核算：分别按照适用税率缴纳增值税； (2) 未分别核算：从高适用税率

任务小结

知识点：

能力点：

重　点：

难　点：

任务三　增值税的税率和征收率

任务引例

华光超市为增值税小规模纳税人，2020 年 9 月销售商品取得含税销售额 61 800 元，购入商品时取得增值税普通发票注明金额 10 000 元。已知增值税征收率为 3%，根据增值税法律制度的规定，华光超市当月应缴纳的增值税税额是多少？

知识学习

一、增值税的税率

（一）基本税率

纳税人销售货物、劳务、有形动产租赁服务或进口货物，适用基本税率。2018 年 4 月 30 日之前，基本税率为 17%：2018 年 5 月 1 日至 2019 年 3 月 31 日期间，基本税率为 16%；自 2019 年 4 月 1 日起，基本税率为 13%。

【小知识】

2019 年两会上增值税税率又有了最新规定，李克强总理作政府报告时宣布：增值税基本税率将由目前的 16%降至 13%，10%降至 9%，保持 6%不变，确保所有行业税负只减不增，继续由三档向两档迈进。

（二）较低税率

纳税人销售交通运输、邮政、基础电信、建筑、不动产租赁服务，销售不动产，转让土地使用权，销售或进口下列货物适用较低税率。

(1) 粮食等农产品、食用植物油、食用盐。
(2) 自来水、暖气、冷气、热水、煤气、石油液化气、天然气、二甲醚、沼气、居民用煤炭制品。
(3) 图书、报纸、杂志、音像制品、电子出版物。
(4) 饲料、化肥、农药、农机、农膜。
(5) 国务院规定的其他货物。

【小知识】

2017年7月1日之前，较低税率为13%；2017年7月1日至2018年4月30日期间，较低税率为11%；2018年5月1日至2019年3月31日期间，较低税率为10%；自2019年4月1日起，较低税率为9%。

【实例2-11・多选题】根据增值税法律制度的规定，销售下列货物应当按增值税较低税率9%征收的有(　　)。

A. 电力　　B. 图书　　C. 粮食　　D. 暖气

【解析】BCD。粮食、食用植物油；自来水、暖气、冷气等；图书、报纸、杂志适用增值税9%的较低税率。

（三）低税率

纳税人销售服务、无形资产及增值电信服务，除另有规定外适用低税率，税率为6%。

（四）零税率

出口货物、劳务或境内单位和个人发生的跨境应税行为，税率为零。国家另行规定的除外。

增值税的税率表如表2.4所示。

表2.4 增值税的税率表

税率	适用范围
基本税率13%	(1) 销售或进口货物(适用低税率的除外) (2) 销售劳务 (3) 有形动产租赁服务
低税率9%	(1) 交通运输服务 (2) 邮政服务 (3) 基础电信服务 (4) 建筑服务 (5) 不动产租赁服务 (6) 销售不动产 (7) 转让土地使用权 (8) 特定货物 ① 粮食等农产品、食用植物油、食用盐 ② 自来水、暖气、石油液化气、天然气、冷气、热水、沼气、居民用煤炭制品、煤气 ③ 农机、饲料、农药、农膜、化肥 ④ 图书、报纸、杂志、音像制品、电子出版物 ⑤ 其他

(续表)

低税率 6%	(1) 增值电信服务 (2) 金融服务 (3) 生活服务 (4) 现代服务(租赁服务除外) (5) 销售无形资产(转让土地使用权除外)
零税率	(1) 纳税人出口货物，税率为零，但国务院另有规定的除外 (2) 境内单位和个人跨境销售国务院规定范围内的服务、无形资产，税率为零

二、增值税的征收率

增值税征收率，指对特定的货物或特定的纳税人销售的货物、应税劳务在某一生产流通环节应纳税额与销售额的比率。增值税征收率主要是针对小规模纳税人和一般纳税人适用或选择采用简易计税方法计税的项目。由于小规模纳税人会计核算不健全，无法准确核算进项税额和销项税额，所以在增值税征收管理中采用简便方式，按照其销售额与规定的征收率计算缴纳增值税，不准许抵扣进项税，也不允许自行开具增值税专用发票。

（一）3%征收率

(1) 小规模纳税人在中华人民共和国境内销售货物、销售服务、无形资产或不动产，适用简易方法计税，增值税征收率为3%(适用5%征收率的除外)。

(2) 小规模纳税人(除其他个人外，下同)销售自己使用过的固定资产，减按2%的征收率收增值税，并且只能开具普通发票，不得由税务机关代开增值税专用发票。

(3) 小规模纳税人销售自己使用过的除固定资产以外的物品，应按3%的征收率征收增值税。

(4) 纳税人销售旧货，按照简易办法依照3%征收率减按2%征收增值税。

(5) 对于一般纳税人生产销售的特定货物和应税服务，可以选择适用简易计税方法计税，增值税征收率为3%。

（二）5%征收率

(1) 一般纳税人销售不动产，选择适用简易计税方法，征收率为5%。

(2) 房地产开发企业的一般纳税人销售自行开发的房地产项目，选择适用简易计税方法，征收率为5%。

(3) 小规模纳税人销售不动产，适用5%征收率。

(4) 一般纳税人出租其2016年4月30日前取得的不动产，选择按简易方法计税，征收率为5%。

(5) 小规模纳税人出租不动产，征收率为5%。

(6) 纳税人提供劳务派遣服务，选择差额纳税的，征收率为5%。

(7) 纳税人提供安全保护服务，选择差额纳税的，征收率为5%。

(8) 一般纳税人提供人力资源外包服务，选择简易计税方式计税的，征收率为5%。

（三）个人出租住房的征收率

个人出租住房，按照5%的征收率减按1.5%计算纳税。

【实例2-12·多选题】根据增值税法律制度的规定，一般纳税人销售的下列货物中，可以选择简易计税方法计缴增值税的有(　　)。

A. 食品厂销售的食用植物油　　B. 煤气公司销售的煤气

C. 自来水公司销售自产的自来水　　D. 县级以下小型水力发电单位生产的电力

【解析】CD。销售植物油与煤气不属于可以按照简易计税方法计税的范围。

任务小结

知识点：

能力力点：

重　点：

难　点：

任务四　增值税的税收优惠

任务引例

王某出租学区房一套，2020年每月租金5万元，租期一年，一次性收取租金60万元。请思考一下王某是否要缴纳增值税?

一、法定免税项目

法定免税项目包括如下几项。

(1) 农业生产者销售的自产农业产品。

农业主要指种植业、养殖业、林业、牧业、水产业；农业生产者包括从事农业生产的单位和个人；农业产品是指初级农业产品。对单位和个人外购的农业产品，以及单位和个人外购农业产品生产、加工后销售的农业产品，不属于免税范围；农业生产者用自产的茶青再经筛分、风选、拣剔、碎块、干燥、匀堆等工序精制而成的精致茶，也不属于免税范围。

(2) 避孕药具和用品。

(3) 古旧图书，指向社会收购的古书和旧书。

(4) 直接用于科学研究、科学实验和教学的进口仪器、设备。

(5) 外国政府、国际组织无偿援助的进口物资和设备。

(6) 来料加工、来料装配和补偿贸易所需进口的设备。

(7) 由残疾人组织直接进口供残疾人专用的物品。

(8) 销售自己使用过的物品(除游艇、摩托车应征消费税的汽车外的货物)。

【实例2-13·多选题】以下项目免征增值税的是(　　)。

A. 专门用于科学实验的进口仪器
B. 国际组织无偿援助的进口物资
C. 粮食购销企业销售粮食
D. 个人销售自己使用过的家具

【解析】ABD。

二、起征点规定

税法规定，纳税人的销售额在起征点以下的，免征增值税。起征点的幅度如下。

（一）按期纳税

月销售货物的起征点为每月销售额5000元至20 000元(含20 000元)。

（二）按次纳税

起征点为每次(日)销售额300元至500元(含500元)。

（三）其他标准

各地起征点的具体标准由各省、自治区、直辖市财政厅(局)和税务局根据实际情况确定。

三、不征收增值税的规定

（一）资产重组

自2011年3月1日起，纳税人在资产重组过程中，通过合并、分立、出售、置换等方式，将全部或部分实物资产及与其相关联的债权，经多次转让后，最终的受让方与劳动力接收方为同一单位和个人的不属于增值税的征税范围，其中货物的多次转让不征收增值税。资产的出让方需将资产重组方案由文件资料报其主管税务机关。

自2016年5月1日起，在资产重组过程中，涉及的不动产、土地使用权转让行为按照《营业税改征增值税试点实施办法》(财税〔2016〕36号)及有关规定执行。

（二）取得中央财政补贴

自2013年2月1日起，纳税人取得的中央财政补贴，不属于增值税应税收入，不征收增值税；燃油电厂从政府财政专户取得的发电补贴不属于增值税规定的价外费用，不征收增值税。

（三）以公益活动为目的的服务

试点纳税人根据国家指令无偿提供的铁路运输服务、航空运输服务，属于《营业税改征增值税试点实施办法》(财税〔2016〕36号)第十四条规定的以公益活动为目的的服务，不征收增值税。

（四）房地产主管部门或其指定机构、公积金管理中心、开发企业，以及物业管理单位代收的住宅专项维修资金

（五）被保险人获得的保险赔付

（六）存款利息

【实例 2-14 • 多选题】根据增值税法律制度的规定，下列各项中，不征收增值税的有(　　)。

A. 存款利息　　B. 被保险人获得的医疗保险赔付

C. 物业管理单位代收的住宅专项维修资金　　D. 物业管理单位收取的物业费

【解析】ABC。选项 D 物业管理单位提供物业服务按现代服务征收增值税。

四、小规模纳税人免征增值税政策

为进一步支持小微企业发展，根据《财政部 税务总局关于实施小微企业普惠性税收减免政策的通知》(财税〔2019〕13 号)规定，2019 年 1 月 1 日至 2021 年 12 月 31 日，对月销售额 10 万元以下(含本数)的增值税小规模纳税人，免征增值税。

(1) 小规模纳税人发生增值税应税销售行为，合计月销售额未超过 10 万元(以 1 个季度为 1 个纳税期的)，季度销售额未超过 30 万元的，免征增值税。小规模纳税人发生增值税应税销售行为，合计月销售额超过 10 万元，但扣除本期发生的销售不动产的销售额后未超过 10 万元的，其销售货物、劳务、服务、无形资产取得的销售额免征增值税。

(2) 适用增值税差额征税政策的小规模纳税人，以差额后的销售额确定是否可以享受本上述规定的免征增值税政策。

(3) 按固定期限纳税的小规模纳税人可以选择以 1 个月或 1 个季度为纳税期限，一经选择，一个会计年度内不得变更。

(4) 其他个人(除个体工商户以外的自然人)，采取一次性收取租金形式出租不动产取得的租金收入，可在对应的租赁期内平均分摊，分摊后的月租金收入未超过 10 万元的，免征增值税。

(5) 转登记日前连续 12 个月(以 1 个月为 1 个纳税期)或连续 4 个季度(以 1 个季度为 1 个纳税期)累计销售额未超过 500 万元的一般纳税人，在 2019 年 12 月 31 日前，可选择转登记为小规模纳税人。

(6) 按照现行规定应当预缴增值税税款的小规模纳税人，凡在预缴地实现的月销售额未超过 10 万元的，当期无须预缴税款。上述规定下发前已预缴税款的，可以向预缴地主管税务机关申请退还。

(7) 小规模纳税人中的单位和个体工商户销售不动产，应按其纳税期(上述(3))的政策规定及其他现行政策规定确定是否预缴增值税；其他个人销售不动产，继续按照现行规定免征增值税。

(8) 小规模纳税人月销售额未超过 10 万元的，当期因开具增值税专用发票已经缴纳的税款，在增值税专用发票全部联次追回或按规定开具红字专用发票后，可以向主管税务机关申请退还。

(9) 小规模纳税人 2019 年 1 月销售额未超过 10 万元(以 1 个季度为 1 个纳税期的，2019 年第一季度销售额未超过 30 万元)，但当期因代开普通发票已经缴纳的税款，可以在办理纳税申报时向主管税务机关申请退还。

(10) 小规模纳税人月销售额超过 10 万元的，使用增值税发票管理系统开具增值税普通发票、机动车销售统一发票、增值税电子普通发票。已经使用增值税发票管理系统的小规模纳税人，月销售额未超过 10 万元的，可以继续使用现有税控设备开具发票；已经自行开具增值税专用发票的，可以继续自行开具增值税专用发票，并就开具增值税专用发票的销售额计算缴纳增值税。

任务小结

知识点：

能力点：

重　点：

难　点：

任务五　增值税应纳税额的计算

任务引例

华语百货有限公司为增值税一般纳税人，增值税税率为 13%，2020 年 8 月发生如下业务。

(1) 从某食品公司购进食品一批，增值税专用发票上注明价款 10 万元，税款 1.3 万元。

(2) 从农场购进苹果一批，收购价 30 万元，水果已验收入库。

(3) 从某糖果公司购进冰糖一批，增值税专用发票上注明价款 6 万元。

(4) 购进生产设备一台，增值税专用发票上注明价款 50 万元。

(5) 从某小规模印刷厂购进食品标签一批，取得普通发票上注明价款 1 万元。

(6) 当月销售食品一批，不含税销售额 50 万元，零售服装一批，销售额 33.9 万元。

以上相关票据均符合税法规定并在本月认证抵扣，请按下列顺序进行分析华语百货有限公司 2019 年 8 月的相关税额。

(1) 购进食品可以抵扣的进项税额。

(2) 购进苹果可以抵扣的进项税额。

(3) 购进冰糖可以抵扣的进项税额。

(4) 购进生产设备可以抵扣的进项税额。

(5) 购进食品标签可以抵扣的进项税额。

(6) 销售商品销项税额。

(7) 应纳增值税额。

知识学习

一、增值税计税方法的一般法律规定

增值税的计税方法包括一般计税方法、简易计税方法和扣缴计税方法。

（一）一般计税方法

一般纳税人销售货物、提供加工修理修配劳务、销售服务、无形资产或不动产适用一般计税方法计税，计算公式如下。

当期应纳增值税额＝当期销项税额－当期进项税额

【小知识】

一般纳税人提供财政部和国家税务总局规定的特定应税行为，可以选择使用简易计税方法计税，但一经选择，36个月内不得变更。

（二）简易计税方法

小规模纳税人提供应税服务适用简易计税方法计税，计算公式如下。

当期应纳增值税额＝当期销售额×征收率

（三）扣缴计税方法

境外单位或个人在境内提供应税行为，在境内未设有经营机构的，扣缴义务人按照下列公式计算应扣缴税额。

应扣缴税额＝接收方支付的价款＋(1＋税率)×税率

二、一般纳税人应纳税额的计算

（一）一般销售方式下的销售额

1. 销售额

销售额指纳税人销售货物或应税劳务向购买方收取的全部价款和价外费用。

【小知识】

销售额不包括收取的销项税额。

2. 价外费用

价外费用包括价外向购买方收取的手续费、补贴、基金、集资费、返还利润、奖励费、违约金、滞纳金、延期付款利息、赔偿金、代收款项、代垫款项、包装费、包装物租金、储备费、优质费、运输装卸费及其他各种性质的价外收费。

【小知识】

上述价外费用无论会计制度如何核算，都应并入销售额计税。

3. 消费税

凡征收消费税的货物在计征增值税额时，应税销售额包括消费税。

【实例2-15·多选题】根据增值税法律制度的规定，纳税人销售货物向购买方收取的下列款项中，属于价外费用的有(　　)。

A. 包装物租金　　B. 延期付款利息　　C. 手续费　　D. 赔偿金

【解析】ABCD。销售货物时价外向买方收取的手续费、违约金、延期付款利息、赔偿金、包装费、优质费等均属于价外费用，无论会计上如何核算，均应计入销售额计算销项税额。

（二）特殊销售方式下的销售额

1. 以折扣方式销售货物

1) 折扣销售

折扣销售是指销售方在销售货物、提供应税劳务、销售服务、无形资产或不动产时，因购买方需求量大等原因，而给予的价格优惠。按照现行税法规定：纳税人采取折扣方式销售货物，如果销售额和折扣额在同一张发票上分别注明，则可以按折扣后的销售额征收增值税。

【小知识1】

销售额和折扣额在同一张发票上分别注明，指销售额和折扣额在同一张发票上“金额”栏分别注明，未在同一张发票“金额”栏注明折扣额，仅在发票的“备注”栏注明折扣额的，折扣额不得从销售额中减除。

【小知识2】

如果将折扣额另开发票，不论其在财务上如何处理，均不得从销售额中减除折扣额。

2) 现金折扣

现金折扣是一种鼓励购买者及时偿还货款而给予的折扣优待。例如，2/10,30 (2/10,net 30)的意思是：如果在 10 天内付款，购买者能够从发票面值中得到 2%的折扣；否则，在 30 天内支付发票的全部金额。现金折扣发生在销货之后，而折扣销售则是与实现销售同时发生的，销售折扣不得从销售额中减除。

3) 销售折让

销售折让是指企业因售出商品质量不符合要求等原因而在售价上给予的减让。企业将商品销售给买方后，如买方发现商品在质量、规格等方面不符合要求，可能要求卖方在价格上给予一定的减让。销售折让如发生在确认销售收入之前，则应在确认销售收入时直接按扣除销售折让后的金额确认；已确认销售收入的售出商品发生销售折让，且不属于资产负债表日后事项的，应在发生时冲减当期销售商品收入，如按规定允许扣减增值税税额的，还应冲减已确认的应交增值税销项税额。

2. 以物易物销售方式

以物易物是一种较为特殊的购销活动，指购销双方不是以货币结算，而是以同等价款的货物相互结算，实现货物购销的一种方式。以物易物双方都应做购销处理，以各自发出的货物核算销售额并计算销项税额，以各自收到的货物核算购货额并计算进项税额。

【小知识】

在以物易物活动中，应分别开具合法的发票，如果收到的货物不能取得相应的增值税专用发票或其他合法发票，则不能抵扣进项税额。

3. 以旧换新销售方式

以旧换新销售方式是指纳税人在销售过程中，折价收回同类旧货物，以折价部分冲减货物价款的一种销售方法。

【小知识】

以旧换新销售，根据税法规定，采用以旧换新销售方式销售货物的，应按新货物的同期销售价格确定销售额，不得扣减旧货物的收购价格。

【实例 2-16 · 单选题】甲公司为一般纳税人，2020 年 8 月销售新型冰箱 40 台，每台含税价格为 5800 元；采取以旧换新方式销售同型号冰箱 30 台，收回的旧冰箱每台作价 266 元，实际每台收取款项 5534 元。计算甲公司当月增值税销项税额的下列算式中，正确的是(　　)。

A. [40×5800＋30×(5534－266)]×13%＝51 573.6 元

B. (40＋30)×5800÷(1＋13%)×13%＝46 707.96 元

C. (40×5800＋30×5534)÷(1＋13%)×13%＝46 174.16 元

D. (40×5800＋30×5534)×13%＝52 176.8 元

【解析】B。纳税人采取以旧换新方式销售货物的，应按新货物的同期销售价格确定销售额，不得扣减旧货物的收购价格。同时含税价格要做不含税的换算。

4. 还本销售方式

还本销售是企业销售货物后，在一定期限内将全部或部分销货款一次或分次无条件退还给购货方的一种销售方式，退还的货款即为还本支出。采用还本销售方式销售货物的，不得从销售额中减除还本支出。

5. 直销方式销售

1) 直销企业的经营模式

(1) 直销员按照批发价向直销企业购买货物，再按照零售价向消费者销售货物。

(2) 直销员仅起到中介介绍作用，直销企业按照零售价给直销员介绍向消费者销售的货物，并另外向直销员支付报酬。

2) 直销企业增值税的销售额的确定

(1) 直销企业先将货物销售给直销员，直销员再将货物销售给消费者的，直销企业的销售额为其向直销员收取的全部价款和价外费用。直销员将货物销售给消费者时，应按照现行规定缴纳增值税。

(2) 直销企业通过直销员向消费者销售货物，直接向消费者收取货款，直销企业的销售额为其向消费者收取的全部价款和价外费用。

6. 包装物押金销售额的确定

包装物是指纳税人包装本单位货物的各种物品。

(1) 纳税人为销售货物而出租出借包装物收取的押金，单独记账核算的，时间在 1 年内又未过期的，不并入销售额征税。

(2) 因逾期未收回包装物不再退还的押金，应按所包装货物的适用税率计算增值税。

【小知识】

这里的“逾期”是指按合同约定实际逾期或以 1 年为期限，押金属于含税收入。

(3) 包装物押金不应混同于包装物租金，包装物租金属于价外费用，应并入销售额计征增值税。

(4) 对销售除啤酒、黄酒以外的其他酒类产品收取的包装物押金，无论是否返还或会计上如何核算，均应并入销售额计征增值税。

【实例 2-17 · 单选题】华美有限公司为增值税一般纳税人，2020 年 11 月销售啤酒取得含税价款 339 万元，另收取包装物租金 2.26 万元，包装物押金 4.52 万元，已知增值税适用税率为 13%，计算华美公司 11 月上述业务增值税销项税额的下列算式中，正确的是(　　)。

A. (339＋2.26)÷(1＋13%)×13%＝39.26 万元

B. 339÷(1+13%)×13%=39 万元

C. 339×13%=44.07 万元

D. (339+2.26+4.52)÷(1+13%)×13%=39.78 万元

【解析】A。包装物租金属于价外费用，需要计入销售额计算增值税；啤酒、黄酒的包装物押金在收取时不征收增值税，逾期时计算缴纳增值税。

（三）视同销售行为销售额的确定

视同销售行为是增值税税法规定的特殊销售行为。由于视同销售行为一般不以资金形式反映出来，因而会出现视同销售而无销售额的情况。另外，有时纳税人销售货物或提供应税劳务的价格明显偏低且无正当理由。在上述情况下，主管税务机关有权按照下列顺序核定其计税销售额。

(1) 按纳税人最近时期同类货物的平均销售价格确定。

(2) 按其他纳税人最近时期同类货物的平均销售价格确定。

(3) 用以上两种方法均不能确定其销售额的情况下，按组成计税价格确定销售额。公式为

组成计税价格=成本×(1+成本利润率)

若属于应征消费税的货物，其组成计税价格应加计消费税税额。公式为

组成计税价格=成本×(1+成本利润率)+消费税税额

或　　组成计税价格=成本×(1+成本利润率)÷(1−消费税税率)

【小知识】

“成本”分为两种情况：①属于销售自产货物的为实际生产成本；②属于销售外购货物的为实际采购成本。

（四）不含税销售额的换算

不含税销售额的换算公式如下。

不含税销售额=含税销售额÷(1+税率)

【实例2-18·计算题】华光商场是增值税一般纳税人，2020年8月销售冰箱100台，每台含税销售价为1130元，增值税税率为13%。则该商场这个月的销售额是多少？

【解析】不含税销售额=(100×1130)÷(1+13%)=100 000(元)

（五）销项税额

1. 销项税额的含义

销项税额是指纳税人销售货物、提供加工修理修配劳务、销售服务、无形资产或不动产，按照销售额和税法规定的税率计算并收取的增值税税额。

2. 计算销项税额

计算销项税额的公式如下。

销项税额=销售额×税率

或　　销项税额=组成计税价格×税率

（六）进项税额

1. 进项税额的含义

进项税额是指纳税人销售货物、提供加工修理修配劳务、销售服务、无形资产或不动产，支付或负担的增值税额。

【小知识】

销货方收取的销项税额就是购货方支付的进项税额。

2. 准予从销项税额中抵扣的进项税额

(1) 从销售方取得的增值税专用发票上注明的增值税额。

(2) 从海关取得的海关进口增值税专用缴款书上注明的增值税额。

(3) 购进农产品，除取得增值税专用发票或海关进口增值税专用缴款书外，按照农产品收购发票或销售发票上注明的农产品买价和9%的扣除率计算的进项税额。

进项税额计算公式如下。

进项税额＝买价×扣除率

【实例 2-19·多选题】根据增值税法律制度的规定，下列行为中，外购货物进项税额准予从销项税额中抵扣的有(　　)。

A. 将外购货物无偿赠送给客户　　B. 将外购货物作为投资提供给联营单位

C. 将外购货物分配给股东　　D. 将外购货物用于本单位职工福利

【解析】ABC。对于外购的货物用于非增值税应税项目、职工福利、个人消费等，选项 D 进项税额不得抵扣。

3. 纳税人未取得增值税专用发票准予扣除的进项税额的规定

自 2019 年 4 月 1 日起，纳税人未取得增值税专用发票，暂按照以下规定确定进项税额。

(1) 取得增值税电子普通发票的，为发票上注明的税额。

(2) 取得注明旅客身份信息的航空运输电子客票行程单的，按照下列公式计算进项税额。

航空旅客运输进项税额＝(票价＋燃油附加费)÷(1＋9%)×9%

(3) 取得注明旅客身份信息的铁路车票的，按照下列公式计算进项税额。

铁路旅客运输进项税额＝票面金额＋(1＋9%)×9%

(4) 取得注明旅客身份信息的公路、水路等其他客票的，按照下列公式计算进项税额。

公路、水路等其他旅客运输进项税额＝票面金额÷(1＋3%)×3%

运输服务进项税额抵扣一览表如表 2.5 所示。

表2.5　运输服务进项税额抵扣一览表

抵扣凭证来源	可抵扣进项税额
增值税电子普通发票	发票上注明的税额
取得注明旅客身份信息的航空运输电子客票行程单	航空旅客运输进项税额＝(票价＋燃油附加费)÷(1＋9%)×9%
取得注明旅客身份信息的铁路车票	铁路旅客运输进项税额＝票面金额÷(1＋9%)×9%
取得注明旅客身份信息的公路、水路等其他客票	公路、水路等其他旅客运输进项税额＝票面金额÷(1＋3%)×3%

4. 不得从销项税额中抵扣的进项税额

(1) 用于适用简易计税方法计税项目、免征增值税项目、集体福利或个人消费的购进货物、劳务销售服务、无形资产或不动产。其中涉及的固定资产、无形资产或不动产，仅指专用于上述项目的固定资产、无形资产(不包括其他权益性无形资产)、不动产，不得抵扣进项税额。

(2) 非正常损失的购进货物、相关的劳务和交通运输业服务，不得抵扣进项税额。

(3) 非正常损失的在产品、产成品所耗用的购进货物(不包括固定资产)、劳务和交通运输业服务，不得抵扣进项税额。

(4) 非正常损失的不动产，以及该不动产所耗用的购进货物、设计服务和建筑服务。

(5) 非正常损失的不动产在建工程所耗用的购进货物、设计服务和建筑服务。

(6) 购进的贷款服务、餐饮服务、居民日常服务和娱乐服务。

(7) 财政部和税务局规定的其他情形。

5. 关于增值税税控系统专用设备和技术维护费用抵减增值税税额相关政策

自 2011 年 12 月 1 日起，增值税纳税人购买增值税税控系统专用设备支付的费用及缴纳的技术维护费可在增值税应纳税额中全额抵减。

1) 增值税税控系统

增值税税控系统包括增值税防伪税控系统、货物运输业增值税专用发票税控系统、机动车销售统一发票税控系统和公路、内河货物运输业发票税控系统。

2) 增值税防伪税控系统的专用设备

增值税防伪税控系统的专用设备包括金税卡、IC 卡、读卡器或金税盘和报税盘；货物运输业增值税专用发票税控系统专用设备包括税控盘和报税盘；机动车销售统一发票税控系统和公路、内河货物运输业发票税控系统专用设备包括税控盘和传输盘。

增值税纳税人 2011 年 12 月 1 日以后初次购买增值税税控系统专用设备(包括分开票机)支付的费用，可凭购买增值税税控系统专用设备取得的增值税专用发票，在增值税应纳税额中全额抵减(抵减额为价税合计额)，不足抵减的可结转下期继续抵减。

增值税纳税人非初次购买增值税税控系统专用设备支付的费用，由其自行负担，不得在增值税应纳税额中抵减。

3) 技术维护费

增值税纳税人 2011 年 12 月 1 日以后缴纳的技术维护费(不含补缴的 2011 年 11 月 30 日以前的技术维护费)，可凭技术维护服务单位开具的技术维护费发票，在增值税应纳税额中全额抵减，不足抵减的可结转下期继续抵减。技术维护费按照价格主管部门核定的标准执行。

6. 农产品增值税进项税额确定方法

1) 投入产出法

纳税人参照国家标准、行业标准(包括行业公认标准和行业平均耗用值)确定销售单位数量货物耗用外购农产品的数量(以下称农产品单耗数量)。当期允许抵扣农产品增值税进项税额依据农产品单耗数量、当期销售货物数量、农产品平均购买单价(含税，下同)和农产品增值税进项税额扣除率(以下简称“扣除率”)计算。

公式如下。

当期允许抵扣农产品增值税进项税额＝当期农产品耗用数量×农产品平均购买单价×扣除率÷(1＋扣除率)

当期农产品耗用数量＝当期销售货物数量(不含采购除农产品以外的半成品生产的货物数量)×农产品单耗数量

对以单一农产品原料生产多种货物或多种农产品原料生产多种货物的，在核算当期农产品耗用数量和平均购买单价时，应依据合理的方法归集和分配。

平均购买单价是指购买农产品期末平均买价，不包括买价之外单独支付的运费和入库前的整理费用。期末平均买价计算公式如下。

期末平均买价＝(期初库存×期初平均买价＋当期购进农产品数量×当期买价)÷(期初库存农产品数量＋当期购进农产品数量)

2) 成本法

纳税人依据年度会计核算资料，计算确定耗用农产品的外购金额占生产成本的比例(以下称农产品耗用率)。当期允许抵扣农产品增值税进项税额依据当期主营业务成本、农产品耗用率及扣除率计算。公式如下。

当期允许抵扣农产品增值税进项税额＝当期主营业务成本×扣除率＋(1＋扣除率)

农产品耗用率＝上年投入生产的农产品外购金额＋上年生产成本

3) 参照法

纳税人可以参照所属行业或生产结构相近的其他纳税人确定农产品单耗数量或农产品耗用率执行。

（七）一般纳税人应纳税额的计算

一般纳税人应纳税额的计算公式如下。

应纳税额＝当期销项税额－当期进项税额

【实例 2-20・计算题】华美有限责任公司为增值税一般纳税人，2020 年 10 月，销售货物的销售额为 2 000 000 元(不含增值税)，外购货物的准予扣除的进项税额为 250 000 元。销售的货物适用 13%的增值税税率，计算企业 10 月份的增值税应纳税额。

【解析】当期销项税税额＝销售额×税率＝2 000 000×13%＝260 000(元)

当期进项税额＝250 000(元)

应纳税额＝当期销项税额－当期进项税额＝260 000－250 000＝10 000(元)

三、简易计税方法增值税的计算

（一）应纳税额的计算

简易计税方法计算应纳税额，按照销售额和征收率计算应纳税额，不得抵扣进项税额，同时，销售货物或提供应税劳务和服务不得自行开具增值税专用发票。其计算公式如下。

应纳税额＝销售额×征收率

公式中销售额是销售货物或提供应税劳务向购买方收取的部分价款和价外费用，但不包括按征收率收取的增值税税额。

【小知识】

这里的销售额是不含税销售额。

（二）一般纳税人按简易计税方法的规定

1. 应税服务

(1) 公共交通运输服务。公共交通运输服务，包括轮船的客运、公交客运、地铁、城市轻轨、出租车、长途客运、班车。

(2) 动漫服务。

(3) 电影散映服务、仓储服务、装卸搬运服务、收派服务、教育辅助服务和文化体育服务。

(4) 在纳入营改增试点之日前取得的有形动产为标的物提供的经营租赁服务。

(5) 在纳入营改增试点之日前签订的尚未执行完毕的有形动产租赁合同。

(6) 物业管理服务。提供物业管理服务的企业收取的自来水水费，扣除对外支付的自来水费后的余额为计税金额。

(7) 非企业性单位中的一般纳税人提供的研发和技术服务、信息技术服务、鉴证咨询服务、销售技术、著作权等无形资产、技术转让、技术开发和与之相关的技术咨询、技术服务。

2. 建筑服务

(1) 一般纳税人以清包工方式提供的建筑服务。

(2) 一般纳税人为甲供工程提供的建筑服务。纳税人提供建筑服务采用简易计税方法的，以取得的全部价款和价外费用扣除支付的分包款后的余额为销售额。

(3) 一般纳税人为建筑工程老项目提供的建筑服务。

(4) 一般纳税人跨县(市)提供建筑服务，采用简易计税方法计税的，应以取得的全部价款和价外费用扣除支付的分包款后的余额为销售额计算应纳税额。

3. 销售不动产

(1) 一般纳税人销售其 2016 年 4 月 30 日前取得(不含自建)的不动产，采用简易计税方法，以取得的全部价款和价外费用减去该项不动产购置原价或取得不动产时作价后的余额为销售额，按照 5%的征收率计算应纳税额。

(2) 一般纳税人销售其 2016 年 4 月 30 日前自建的不动产，采用简易计税方法，以取得的全部价款和价外费用为销售额，按照 5%的征收率计算应纳税额。纳税人应按照上述计税方法在不动产所在地预缴税款后，向机构所在地主管税务机关进行纳税申报。

(3) 房地产开发企业中的一般纳税人，销售自行开发的房地产老项目，采用简易计税方法，按照 5%的征收率计税。

(4) 房地产开发企业采取预收款方式销售所开发的房地产项目，在收到预收款时按照 3%的预征率预缴增值税。

4. 不动产经营租赁服务

(1) 一般纳税人出租其 2016 年 4 月 30 日前取得的不动产，采用简易计税方法按照 5%的征收率计税。

(2) 公路经营企业中的一般纳税人收取试点前开工的高速公路的车辆通行费，采用简易计税方法，减按 3%的征收率计税。

(3) 一般纳税人出租其 2016 年 5 月 1 日后取得的、与机构所在地不在同一县(市)的不动产，采用简易计税方法，按 3%的预征率在不动产所在地预缴税款。

5. 不动产融资性租赁服务

一般纳税人 2016 年 4 月 30 日前签订的不动产融资租赁合同，或者 2016 年 4 月 30 日前取得的不动产提供的融资租赁服务，采用简易计税方法，按照 5%的征收率计税。

6. 金融服务

农村信用社、村镇银行、农村资金互助社、由银行业机构全资发起设立的贷款公司、法人机构在县(县级市、区、镇)及县以下地区的农村合作银行和农村商业银行提供金融服务收入，采用简易计税方法，按照 5%的征收率计税。

【实例 2-21 · 多选题】根据增值税法律制度的规定，一般纳税人销售的下列货物中，可以选择简易计税方法计缴增值税的有(　　)。

A. 县级以下小型水力发电单位生产的电力

B. 食品厂销售的食用植物油

C. 煤气公司销售的煤气

D. 自来水公司销售自产的自来水

【解析】 AD。销售植物油与煤气不属于可以按照简易计税方法计税的范围。

(三) 小规模纳税人应纳税额的计算

1. 计算公式

小规模纳税人采用简易计税方法计算增值税，其计算公式如下。

$$应纳税额=销售额\times征收率$$

如果小规模纳税人销售货物自行开具的发票是普通发票，则发票上列示的是含税销售额，因此，在计税时需要将其换算为不含税销售额，计算公式如下。

$$不含税销售额=含税销售额\div(1+征收率)$$

2. 其他规定

(1) 小规模纳税人按照简易计税方法计税的应税服务，因服务中止或折让而退还给接受方的销售额，应当从当期销售额中扣减，扣减当期销售额后仍有余额造成多缴的税款，可以从以后的应纳税额中扣减。

(2) 小规模纳税人销售货物或提供应税劳务，可以申请由主管税务机关代开发票。主管税务机关为小规模纳税人代开专用发票，应在专用发票“单价”栏和“金额”栏分别填写不含增值税税额的单价和销售额，其应纳税额按销售额依照征收率计算。

(3) 小规模纳税人初次购进税控收款机，经主管税务机关审核批准后，可凭购进税控收款机取得的增值税专用发票，按照发票上注明的增值税额，抵免当期应纳增值税；或者按照购进税控收款机取得的普通发票上注明的价款，进行价税分离后抵免当期应纳增值税，当期应纳税额不足抵免的，未抵免的部分可在下期继续抵免。

自 2011 年 12 月 1 日起，增值税小规模纳税人购买增值税税控系统专用设备支付的费用及缴纳的技术维护费可在增值税应纳税额中全额抵减。

(4) 小规模纳税人(除其他个人外)销售自己使用过的固定资产，减按2%征收增值税。

$$销售额=含税销售额\div(1+3\%)$$

$$应纳税额=销售额\times 2\%$$

【实例2-22·单选题】某企业为增值税小规模纳税人，2020年6月取得销售收入(含增值税)86 500元，购进原材料支付价款(含增值税)36 000元。已知小规模纳税人适用的增值税征收率为3%，根据增值税法律制度的规定，该企业2020年6月应缴纳的增值税税额为(　　)元。

A. 2595　　B. 1515　　C. 1470.87　　D. 2519.42

【解析】D。

3. 含税销售额的换算

由于小规模纳税人销售货物自行开具普通发票，发票列示的是含税销售额，因此，在计算时，要换算成不含税的销售额，换算公式如下。

$$不含税销售额=含税销售额\div(1+征收率)$$

一般情况下，小规模纳税人不得抵扣进项税额，但是购进税款收款机可以抵扣进项税额。

【实例2-23·计算题】某商店为增值税小规模纳税人，2020年10月取得零售收入总额30.9万元。计算该商店10月应缴纳的增值税税额。

【解析】10月取得的不含税销售额=30.9÷(1+3%)=30(万元)

10月应缴纳增值税税额=30×3%=0.9(万元)

链接1+X证书

增值税申报示意图：电子税务平台如图2.1所示；增值税申报界面如图2.2所示。

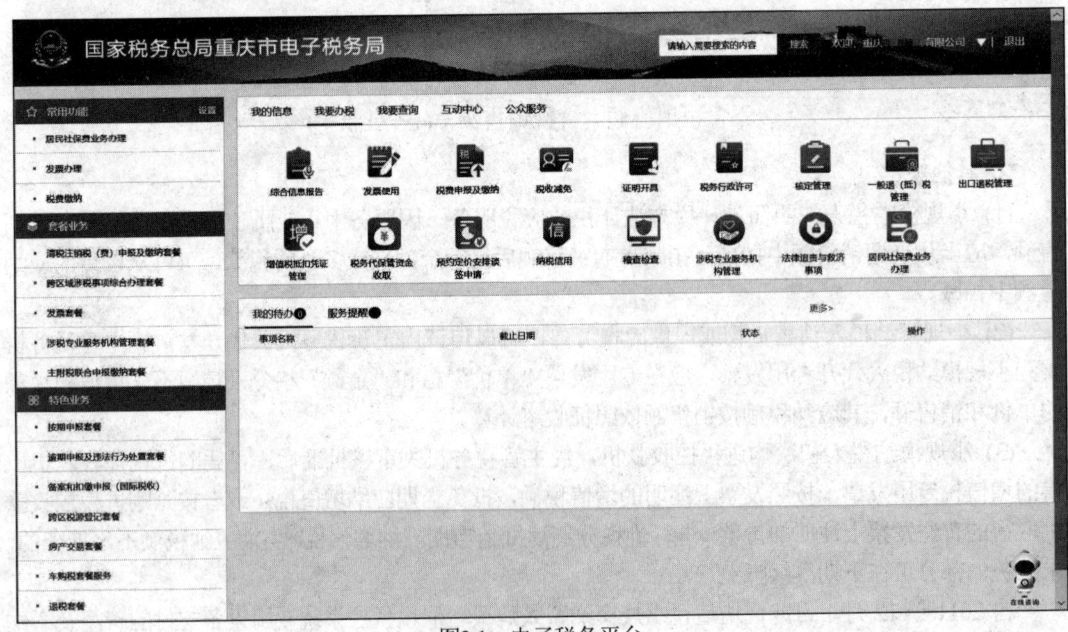

图2.1　电子税务平台

国家税务总局重庆市电子税务局　　咨询热线：023-88812366

小规模纳税人增值税申报　　纳税人识别号：　　纳税人名称：

报表列表　填表说明　报表设置

增值税纳税申报表（小规模纳税人适用）已...

增值税减免税申报明细表已填写

温馨提示：如果有税费种、备案等发生变化或者报表初期数据和实际不符，请点击 重新获取数据。

填表辅助　增值税申报前防伪税控盘操作说明

增值税纳税申报表

（适用小规模纳税人）

金额单位：元至角分

税款所属期间：2020年04月01日 至 2020年06月30日　　填表日期：2020年07月06日

本期销售不动产的销售额						0.00
	项　目	栏次	本期数		本年累计	
			货物及劳务	服务、不动产和无形资产	货物及劳务	服务、不动产和无形资产
一、计税依据	（一）应征增值税不含税 销售额（3%征收率）	1	0.00	0.00	0.00	0.00
	税务机关代开的增值税专用发票不含税销售额	2	0.00	0.00	0.00	0.00
	税控器具开具的普通发票不含税销售额	3	0.00	0.00	0.00	0.00
	（二）应征增值税不含税 销售额（5%征收率）	4	--	0.00	--	0.00
	税务机关代开的增值税专用发票不含税销售额	5	--	0.00	--	0.00
	税控器具开具的普通发票不含税销售额	6	--	0.00	--	0.00
	（三）销售使用过的固定资产不含税销售额	7(7≥8)	0.00	--	0.00	--
	其中：税控器具开具的普通发票不含税销售额	8	0.00	--	0.00	--
	（四）免税销售额	9=10+11+12	0.00	0.00	0.00	0.00
	其中：小微企业免税销售额	10	0.00	0.00	0.00	0.00
	未达起征点销售额	11	0.00	0.00	0.00	0.00
	其他免税销售额	12	0.00	0.00	0.00	0.00
	（五）出口免税销售额	13(13≥14)	0.00	0.00	0.00	0.00
	其中：税控器具开具的普通发票销售额	14	0.00	0.00	0.00	0.00
	（六）核定销售额	15	0.00	0.00	0.00	0.00

打印　导出

图2.2　增值税申报界面

四、进口环节应纳税额的计算

（一）进口货物的纳税人

根据《中华人民共和国增值税暂行条例》的规定，进口货物增值税的纳税义务人为进口货物的收货人或办理报关手续的单位和个人，包括国内一切从事进口业务的企事业单位、机关团体和个人。对于企业、单位和个人委托代理进口应征增值税的货物，以代理进口货物及海关开具的完税凭证上的纳税人为增值税纳税人。

（二）进口货物的计算

1. 组成计税价格确定

进口货物增值税组成计税价格包括已纳关税税额，如果进口货物属于应税消费品，还要包括进口环节已纳的消费税税额。

2. 进口货物应纳税额的计算

按照组成计税价格和适用税率计算应纳税额，不得抵扣任何税额(仅指进口环节增值税本身)。计算公式如下。

组成计税价格＝关税完税价格＋关税＋消费税

或　　组成计税价格＝关税完税价格＋关税÷(1－消费税)

应纳税额＝组成计税价格×税率

【小知识】

纳税人进口货物取得的合法海关完税凭证，是计算增值税进项税额的唯一依据，其价格差额部分及从境外供应商取得的退还或返还的资金，不做进项税额转出处理。

3. 进口货物应纳税款的计算顺序

(1) 确定关税完税价格。

关税完税价格(到岸价格)＝货价＋货物运抵我国关境输入地点起卸前的包装费、保险费和其他劳务费

(2) 缴纳关税。

(3) 若属于消费税征税范围，则计算缴纳消费税。

(4) 缴纳增值税。

【实例 2-24・计算题】重庆华华商场 2020 年 10 月进口货物一批。该批货物在国外的买价为 40 万元，另该批货物运抵我国海关前发生的包装费、运输费、保险费等共计 20 万元。货物报关后，商场按规定缴纳了进口环节的增值税并取得了海关开具的完税凭证。假定该批进口货物在国内全部销售，取得不含税销售额 100 万元，货物进口关税税率为 10%，增值税税率为 13%。要求：

(1) 计算关税的组成计税价格。

(2) 计算进口环节应纳的进口关税。

(3) 计算进口环节应纳增值税的组成计税价格。

(4) 计算进口环节应缴纳增值税的税额。

(5) 计算国内销售环节的销项税额。

(6) 计算国内销售环节应缴纳增值税税额。

【解析】

(1) 关税的组成计税价格＝40＋20＝60(万元)

(2) 应缴纳进口关税＝60×10%＝6(万元)

(3) 进口环节应纳增值税的组成计税价格＝60＋6＝66(万元)

(4) 进口环节应缴纳增值税的税额＝66×13%＝8.58(万元)

(5) 国内销售环节的销项税额＝100×13%＝13(万元)

(6) 国内销售环节应缴纳增值税税额＝13－8.58＝4.42(万元)

知识点：

能力点：

重　点：

难　点：

任务六　出口货物劳务退(免)税

任务引例

某自营出口生产企业是增值税一般纳税人，出口货物的征税税率为13%，退税税率为11%。2020年11月有关经营业务为：购原材料一批，取得的增值税专用发票注明的价款200万元，外购货物准予抵扣进项税额28万元通过认证。当月实耗法计算的免税原材料价格为100万元。上期末留抵税款6万元；本月内销货物不含税销售额100万元；收款113万元存入银行；本月出口货物销售额折合人民币200万元。试计算该企业当期的“免、抵、退”税额。

一、出口货物劳务退(免)税政策

出口货物劳务退(免)税，是指在国际贸易业务中，对报关出口的货物或劳务和服务退还在国内各生产环节和流转环节按税法规定已缴纳的增值税，或者免征应缴纳的增值税。即对增值税出口货物、劳务和服务实行零税率，对消费税出口货物、劳务和服务免税。

出口货物退(免)税是国际贸易中通常采用的并为世界各国普遍接受的、目的在于鼓励各国货物公平竞争的一种退还或免征间接税(目前我国主要包括增值税、消费税)的税收措施，由于这项制度比较公平合理，因此它已成为国际社会通行的惯例。

【小知识】

适用不同退税率的货物劳务，应分开报关、核算并申报退(免)税，未分开报关、核算或划分不清的，从低适用退税率。

（一）出口免税并退税

出口免税是指对货物在出口销售环节不征增值税、消费税，这是把货物出口环节与出口前的销售环节都同样视为一个征税环节；出口退税是指对货物在出口前实际承担的税收，按规定的退税率计算后予以退还。

1. 出口企业出口货物

出口货物，指向海关报关后实际离境并销售给境外单位或个人的货物，分为两类：自营出口货物和委托出口货物。

2. 视同出口货物

(1) 出口企业对外援助、对外承包、境外投资的出口货物。

(2) 出口企业经海关报关进入国家批准的出口加工区、保税物流园区、保税港区、综合保税区、珠澳跨境工业区(珠海园区)、中哈霍尔果斯国际边境合作中心(中方配套区域)、保税物流中心(B型)(以下统称特殊区域)并销售给特殊区域内单位或境外单位、个人的货物。

(3) 免税品经营企业销售的货物。

(4) 出口企业或其他单位销售给用于国际金融组织或外国政府贷款国际招标建设项目的中标机电产品。

(5) 生产企业向海上石油天然气开采企业销售的自产的海洋工程结构物。

(6) 外轮供应公司、远洋运输供应公司销售给外轮、远洋国轮的货物，国内航空供应公司生产销售给国内和国外航空公司国际航班的航空食品。

(7) 出口企业或其他单位销售给特殊区域内生产企业生产耗用且不向海关报关而输入特殊区域的水(包括蒸汽)、电力、燃气。

3. 出口企业对外提供加工修理修配劳务

对外提供加工修理修配劳务，指对进境复出口货物或从事国际运输的运输工具进行的加工修理修配。

（二）出口免税不退税

出口不退税是指适用这个政策的出口货物因在前一道生产、销售环节或进口环节是免税的，因此，出口时该货物的价格中本身就不含税，也无须退税。

符合下列条件的出口货物、劳务，除另有规定外，适用免征增值税政策。

1. 出口企业或其他单位出口规定的货物

(1) 增值税小规模纳税人出口的货物。

(2) 避孕药品和用具、古旧图书。

(3) 软件产品。

(4) 含黄金、铂金成分的货物、钻石及其饰品。

(5) 国家计划内出口的卷烟。

(6) 已使用过的设备(购进时未取得增值税专用发票、海关进口增值税专用缴款书但其他相关单证齐全的已使用过的设备)。

(7) 非出口企业委托出口的货物。

(8) 非列名生产企业出口的非视同自产货物。

(9) 农业生产者自产农产品。

(10) 油画、花生果仁、黑大豆等财政部和国家税务总局规定的出口免税的货物。

(11) 外贸企业取得普通发票、废旧物资收购凭证、农产品收购发票、政府非税收入票据的货物。

(12) 来料加工复出口的货物。

(13) 特殊区域内的企业出口的特殊区域内的货物。

(14) 以人民币现金作为结算方式的边境地区出口企业从所在省(自治区)的边境口岸出口到接壤国家的一般贸易和边境小额贸易出口货物。

(15) 以旅游购物贸易方式报关出口的货物。

2. 出口企业或其他单位视同出口的货物劳务

(1) 国家批准设立的免税店销售的免税货物。

(2) 特殊区域内的企业为境外的单位或个人提供加工修理修配劳务。

(3) 同一特殊区域、不同特殊区域内的企业之间销售特殊区域内的货物。

3. 出口企业或其他单位未按规定申报或未补齐增值税退(免)税凭证的出口货物劳务

(1) 未在国家税务总局规定的期限内申报增值税退(免)税的出口货物劳务。

(2) 未在规定期限内申报开具《代理出口货物证明》的出口货物劳务。

(3) 已申报增值税退(免)税却未在国家税务总局规定的期限内向税务机关补齐增值税退(免)税凭

证的出口货物劳务。

（三）出口不免税也不退税

出口不免税是指对国家限制或禁止出口的某些货物的出口环节视同内销环节，照常征税；出口不退税是指对这些货物出口不退换出口前其所负担的税款。使用该政策的主要是税法列举限制或禁止出口的货物。

(1) 出口企业出口或视同出口财政部和国家税务总局根据国务院决定明确取消出口退(免)税的货物。

(2) 出口企业或其他单位销售给特殊区域内的生活消费用品和交通运输工具。

(3) 出口企业或其他单位因骗取出口退税被税务机关停止办理增值税退(免)税期间出口的货物。

(4) 出口企业或其他单位提供虚假备案单证的货物。

(5) 出口企业或其他单位增值税退(免)税凭证有伪造或内容不实的货物。

(6) 出口企业或其他单位未在国家税务总局规定期限内申报免税核销及经主管税务机关审核不予免税核销的出口卷烟。

(7) 出口企业或其他单位其他情形出口退(免)税的货物劳务。

二、出口货物的退税率

（一）一般规定

出口货物的退税率，是出口货物的实际退税额与退税计税依据的比例。除财政部和国家税务总局根据国务院决定而明确的增值税出口退税率(以下称退税率)外，出口货物的退税率为其适用税率。退税率有调整的，除另有规定外，其执行时间以货物(包括被加工修理修配的货物)出口货物报关单(出口退税专用)上注明的出口日期为准。国家根据实际情况对退税率及时调整，申报出口退税时企业应查询国家税务总局发布的出口退税率文库，按照当时政策规定及适用的税率执行。

（二）特殊规定

(1) 外贸企业购进按简易办法征税的出口货物、从小规模纳税人购进的出口货物，其退税率分别为简易办法实际执行的征收率、小规模纳税人征收率。

【小知识】

出口货物若取得增值税专用发票，退税率按照增值税专用发票上的税率和出口货物退税率孰低的原则确定。

(2) 出口企业委托加工修理修配货物，其加工修理修配费用的退税率为出口货物的退税率。

(3) 中标机电产品、出口企业向海关报关进入特殊区域销售给特殊区域内生产企业生产耗用的列名原材料、输入特殊区域的水电气，退税率为适用税率。

三、免抵退税

（一）免抵退税的含义

出口货物在适用既免税又退税的政策时，才会涉及如何计算退税的问题。由于各类出口企业对出口货物的会计核算办法不同，有对出口货物单独核算的，有对出口和内销的货物统一核算成本的。为了与出口企业的会计核算办法相一致，我国《出口退税(免)管理办法》规定了两种退税计算办法：第一种是“免、抵、退”税计算办法，主要适用于自营和委托出口自产货物的生产企业；第二种是“先征后退”办法，目前主要用于收购货物出口的外(工)贸企业。

(1)“免税”：对生产企业出口的自产货物，在出口时免征本企业生产销售环节的增值税。

(2)“抵税”：生产企业出口自产货物所耗用的原材料、零部件、燃料、动力等应予退还的进项税额，抵顶内销货物的应纳税额。

生产外销货物的进项税额分为：应予退还的进项税额；不予退还的进项税额(免抵退税不予免征和抵扣税额)。

(3)“退税”：生产企业出口的自产货物在当月内应抵顶的进项税额大于应纳税额时，对未抵顶完的部分予以退税。

（二）“免、抵、退”税计算办法

按照《财政部 国家税务总局关于进一步推进出口货物实行免抵退税办法的通知》(财税〔2002〕7号)规定：自2002年1月1日起，生产企业自营或委托外贸企业代理出口(以下简称生产企业出口)自产货物，除另有规定外，增值税一律实行免、抵、退税管理办法。通知所述生产企业，是指独立核算，经主管国税机关认定为增值税一般纳税人，并且具有实际生产能力的企业和企业集团。增值税小规模纳税人出口自产货物继续实行免征增值税办法。生产企业出口自产的属于应征消费税的产品，实行免征消费税办法。实行免、抵、退税办法的“免”税，是指对生产企业出口的自产货物，免征本企业生产销售环节增值税；“抵”税，是指生产企业出口自产货物所耗用的原材料、零部件、燃料、动力等所含应予退还的进项税额，抵顶内销货物的应纳税额；“退”税，是指生产企业出口的自产货物在当月内应抵顶的进项税额大于应纳税额时，对未抵顶完的部分予以退税。由于出口货物增值税实行零税率，除了出口环节免征增值税，即没有销项税额外，还需要对为生产出口产品所购进的项目已经缴纳的税款，即进项税额还给出口企业等纳税人。因此，出口退税并不是退还“销项税额”，而是退还进项税额。如果一个企业完全是出口企业，商品没有内销，则完全采用“免”和“退”的方式，就不存在“抵”税的问题。采用“抵”税的方式其实是为了简化征管手续，即用本来要退还给纳税人的退税额抵顶内销货物应按规定缴纳的增值税款。

（三）基本步骤

1. 出口企业全部原材料从国内购进免抵退基本步骤

生产企业免抵退计算步骤如表2.6所示。

表2.6 生产企业免抵退计算步骤

计算步骤	计算项目	计算公式	备注
第1步剔税	不得免征和抵扣税额	当期免抵退税不得免征和抵扣的税额＝出口货物离岸价格×外汇人民币牌价×(出口货物征税率－出口退税率)	
第2步抵税	当期应纳增值税额	当期应纳税额＝内销的销项税额－(进项税额－[illegible]步计算的当期免抵退税不得免征和抵扣的税额数额)－上期留抵税额＝-A	
第3步计算尺度	免抵退税额	免抵退税额＝出口货物离岸价×外汇人民币牌价×出口货物的退税率＝B	

(续表)

计算步骤	计算项目	计算公式	备注
第4步比较	确定应退税额	比较第2步与第3步(按税额小的退)，确定应退税额	比较前提：第2步的当期应纳税额必须是负数，才能表明有未抵扣完的进项税额(当期期末留抵税额，即当期应纳税额的绝对值=当期期末留抵税额)，需办理出口退税，但退税额不能超出应有的限度
第5步确定免抵税额	确定免抵税额	(1) 若应退税额为A，则免抵税额为B−A； (2) 若应退税额为B，则免抵退税额为0	

2. 一般贸易出口和进料加工计算免抵退计算步骤

一般贸易出口和进料加工计算免抵退计算步骤如表2.7所示。

表2.7 一般贸易出口和进料加工计算免抵退计算步骤

一般贸易	进料加工	计算公式
第1步剔税	第1步：计算免抵退税不得免征和抵扣税额的抵减额	免抵退不得免征和抵扣税额抵减额 =免税购进原材料价格×(出口货物征收率−出口货物退税率) =(货物到岸价+海关实征关税和消费税)×(出口货物征收率−出口货物退税率)
	第2步：计算不得免征和抵扣税额	免抵退不得免征和抵扣税额=出口货物离岸价×外汇人民币牌价×(出口货物征收率−出口货物退税率)−免抵退不得免征和抵扣税额抵减额
第2步抵税	第3步：计算当期应纳增值税额	当期应纳税额(A)=当期内销货物的销项税额−(当期进项税额−当期免抵退不得免征和抵扣税额)
	第4步：计算免抵退税额抵减额	免抵退税额抵减额=免税购进原材料价格×出口货物退税率 =(货物到岸价+海关实征关税和消费税)×出口货物退税率
第3步计算尺度	第5步：计算免抵退税额	免抵退税额(B)=出口货物离岸价×外汇人民币牌价×出口货物退税率−免抵退税额抵减额
第4步比较确定应退税额	第6步：比较确定应退税额	当期留抵税额、免抵退税额两者中的较小者，确定为应退税额
第5步：确定免抵税额	第7步：确定免抵税额	(1) 若应退税额为A，则免抵退税额为B−A； (2) 若应退税额为B，则免抵退税额为0

(四) 免抵退税的计算公式

适用增值税征税政策的出口货物劳务，其应纳增值税按下列办法计算。

1. 一般纳税人出口货物

1) 销项税额

销项税额=(出口货物离岸价−出口货物耗用的进料加工保税进口料件金额)÷(1+税率)×税率

若出口货物已按征退税率之差计算不得免征和抵扣税额并已经转入成本的，相应的税额应转回进项税额。

2) 应纳税额

当期应纳税额＝销项税额－进项税额

＝内销的销项税额－(内销的进项税额＋外销的进项税额)

＝内销的销项税额－内销的进项税额－外销的进项税额

＝内销的应纳税额－外销的进项税额

外销进项税额中，由于我国增值税的征税率和退税率存在不一致，中间的差额部分不予退税，我们称为“当期免抵退税不得免征和抵扣的税额”，所以要在上面的公式中剔出该部分数额，公式变为

应纳税额＝内销的销项税额－内销的进项税额－(外销的进项税额－当期免抵退税不得免征和抵扣的税额)

应纳税额＝内销的销项税额－(进项税额－当期免抵退税不得免征和抵扣的税额)

若应纳税额＞0，则不涉及退税的问题；若应纳税额＜0，则需要进一步计算。

免抵退税额＝出口货物离岸价格×外汇人民币牌价×出口货物退税率－免抵退税额抵减额

其中　　免抵退税额抵减额＝免税购进原材料价格×出口货物退税率

公式中计算的“免抵扣税额”就是名义应退税额或免抵退方式下的可抵顶进项税额。公式最后一个减项“免抵退税额抵减额”的实质含义是，免税购进的原材料本身是不含进项税额的，所以在计算免抵扣退税额时就不应该退还这部分原本不存在的税额，因此要通过计算予以剔除。

当期应退税额和当期免抵税额的计算如下。

当期期末留抵税额≤当期免抵退税额时：

当期应退税额＝当期期末留抵税额

当期免抵税额＝当期免抵退税额－当期应退税额

当期期末留抵税额＞当期免抵退税额时：

当期应退税额＝当期免抵退税额

当期免抵税额＝0

2. 小规模纳税人出口货物

应纳税额＝出口货物离岸价÷(1＋征收率)×征收率

（五）出口货物免、抵、退税计算

【实例 2-25・计算题】某自营出口的生产企业为增值税一般纳税人，出口货物的征税税率为13%，退税税率为11%。2020年10月的有关经营业务为：购进原材料一批，取得的增值税专用发票注明的价款200万元，外购货物准予抵扣的进项税额26万元通过认证。上月末留抵税款1万元，本月内销货物不含税销售额100万元，收款117万元存入银行，本月出口货物的销售额折合人民币200万元。试计算该企业当期的“免、抵、退”税额。

【解析】

(1) 当期免抵退税不得免征和抵扣税额＝200×(13%－11%)＝4(万元)

(2) 应纳税额＝100×13%－(26－4)－1＝－12(万元)

(3) “免、抵、退”税额＝200×11%＝22(万元)

(4) 当期应退税额＝12(万元)

(5) 当期免抵税额＝22－12＝10(万元)

知识点：

能力点：

重　点：

难　点：

任务七　增值税的征收管理与纳税申报

任务引例

2020年6月1日，华光商场与滨江电视公司签订代销合同，华光公司帮滨江公司代销彩色电视机100台，到2020年11月30日，滨江电视公司未收到华光商场的代销清单，请问滨江电视公司11月份是否需要缴纳增值税？

一、纳税义务发生时间

（一）一般规定

(1) 销售货物或应税劳务，为收讫销售款或取得索取销售款的凭据的当天。

(2) 先开具发票的，为开具发票的当天。

(3) 进口货物，为报关进口的当天。

（二）具体规定

1. 销售货物或应税劳务

(1) 采取直接收款方式销售货物，不论货物是否发出，为收到销售额或取得索取销售额的凭据的当天。

(2) 采取托收承付和委托银行收款方式销售货物，为发出货物并办妥托收手续的当天。

(3) 采取赊销和分期付款方式销售货物，为书面合同约定的收款日期的当天；无书面合同或书面合同没有约定收款日期的，为货物发出的当天。

(4) 采取预收货款方式销售货物，为货物发出的当天。

(5) 委托其他纳税人代销货物，为收到代销单位销售的代销清单的当天；未收到代销清单及货款的，其纳税义务发生时间为发出代销货物满180日的当天。

(6) 销售应税劳务，为提供劳务同时收讫销售额或取得索取销售额的凭证当天。

(7) 纳税人发生视同销售货物行为，为货物移送的当天。

(8) 增值税扣缴义务发生时间为纳税人增值税纳税义务发生的当天。

2. 进口货物

进口货物的纳税义务发生时间为报送进口的当天。

【实例2-26·多选题】按照增值税的纳税义务发生时间的规定，下列说法错误的是(　　)。

A. 采取委托银行收款结算方式的，为发出货物并办妥托收手续的当天

B. 采取直接收款方式销售货物，不论货物是否发出，均为收到销售额或取得索取销售额的凭据，并将提货单交给买方的当天

C. 采取赊销和分期收款结算方式，且无书面合同的，为发出货物的当天

D. 将货物交付给他人代销，为收到受托人送交货款的当天

【解析】BD。采取直接收款方式销售货物，不论货物是否发出，均为收到销售款或取得索取销售款凭据的当天；委托其他纳税人代销货物，为收到代销单位的代销清单或收到全部或部分货款的当天，未收到代销清单及货款的，为发出代销货物满180天的当天。

二、纳税期限

（一）增值税纳税期限的规定

增值税的纳税期限规定为1日、3日、5日、10日、15日、1个月或1个季度。纳税人的具体纳税期限由主管税务机关根据纳税人应纳税额的大小分别核定；不能按照固定期限纳税的，可以按次纳税。以1个季度为纳税期限的规定适用于小规模纳税人及财政部和国家税务总局规定的其他纳税人。

（二）增值税报缴税款期限的规定

(1) 纳税人以1个月或1个季度为纳税期的，自期满之日起15日内申报纳税。

(2) 以纳税期限分别为1日、3日、5日、10日、15日为一期，自期满之日起5日内预缴税款，于次月1日起15日内申报纳税并结清上月应纳税款。

(3) 纳税人进口货物，应当自海关填发海关进口增值税专用缴款书之日起15日内缴纳税款。

三、纳税地点

（一）固定业户的纳税地点

(1) 固定业户应当向其机构所在地主管税务机关申报纳税。总机构和分支机构不在同一县(市)的，应当分别向各自所在地主管税务机关申报纳税；经国务院财政、税务主管部门或其授权的财政、税务机关批准，可以由总机构汇总向总机构所在地主管税务机关申报纳税。

(2) 固定业户到外县(市)销售货物或应税劳务的，应当向其机构所在地主管税务机关报告外出经营

事项，并向其机构所在地主管税务机关申报纳税。未报告的，应当向销售地或劳务发生地主管税务机关申报纳税；未向销售地或劳务发生地主管税务机关申报纳税的，由其机构所在地主管税务机关补征税款。

(3) 固定业户(指增值税一般纳税人)临时到外省、市销售货物的，必须向经营地税务机关出示《外出经营活动税收管理证明》回原地纳税，需要向购货方开具专用发票的，也回原地补开。

（二）非固定业户增值税纳税地点

非固定业户销售货物或提供应税劳务和行为，应当向销售地或劳务和应税行为发生地主管税务机关申报纳税。未向销售地或劳务和应税行为发生地主管税务机关申报纳税的，由其机构所在地或居住地主管税务机关补征税款。

（三）其他个人提供建筑服务、销售或租赁不动产、转让自然资源使用权，应向建筑服务发生地、不动产所在地、自然资源所在地主管税务机关申报纳税

（四）进口货物，应当向报关地海关申报纳税

（五）扣缴义务人应当向其机构所在地或居住地的主管税务机关申报缴纳其扣缴的税款

【实例 2-27 · 多选题】下列关于增值税纳税义务发生时间的认定正确的是(　　)。

A. 采取直接收款方式销售货物的，为货物发出的当天

B. 委托商场销售货物，为商场售出货物的当天

C. 将委托加工货物无偿赠与他人的，为货物移送的当天

D. 进口货物，为报关进口的当天

【解析】CD。销售货物或应税劳务的纳税义务发生时间，按销售结算方式的不同，具体为：采取直接收款方式销售货物，不论货物是否发出，均为收到销售额或取得索取销售额的凭据，并将提货单交给买方的当天，所以 A 是错的；委托其他纳税人代销货物，为收到代销单位销售的代销清单的当天，所以 B 是错的；销售应税劳务，为提供劳务同时收讫销售额或取得索取销售额的凭据的当天；视同销售货物行为，为货物移送当天；进口货物，为货物报关进口的当天，所以 CD 是对的。

四、纳税申报

（一）申报资料

1. 增值税一般纳税人申报

增值税一般纳税人申报资料表如表 2.8 所示。

表2.8　增值税一般纳税人申报资料表

<table>
<tr><th>序　号</th><th>材料名称</th><th>数　量</th><th>备　注</th></tr>
<tr><td>1</td><td>《增值税纳税申报表(一般纳税人适用)》及其附列资料</td><td>2 份</td><td></td></tr>
<tr><td colspan="4">以下为条件报送资料</td></tr>
<tr><td>主管税务机关确定的部分从事建筑、房地产、金融或生活服务等经营业务的纳税人，还应报送</td><td>《营改增税负分析测算明细表》</td><td>1 份</td><td></td></tr>
</table>

(续表)

序　号	材料名称	数　量	备　注
以下为条件报送资料			
开具税控机动车销售统一发票和普通发票的，还应报送	已开具发票的存根联	1份	报送要求由各市税务机关确定
辅导期一般纳税人，还应报送	《稽核结果比对通知书》	1份	
汇总纳税企业，还应报送	分支机构增值税汇总纳税信息传递单	1份	
采用预缴方式缴纳增值税的发、供电企业，还应报送	《电力企业增值税销项税额和进项税额传递单》	1份	
纳税人取得的符合抵扣条件且在本期申报抵扣的相关凭证	(1) 增值税专用发票(含税控机动车销售统一发票)的抵扣联 (2) 海关进口增值税专用缴款书、购进农产品取得的普通发票的复印件 (3) 税收完税凭证及其清单，书面合同、付款证明和境外单位的对账单或发票 (4) 已开具的农产品收购凭证的存根联或报查联	1份	报送要求由各市税务机关确定
纳税人销售服务、不动产和无形资产，在确定服务、不动产和无形资产销售额时，按照有关规定从取得的全部价款和价外费用中扣除价款的，还应报送	符合法律、行政法规和国家税务总局规定的有效凭证及清单，主要包括： (1) 支付给境内单位或个人的款项，以发票为合法有效凭证 (2) 支付给境外单位或个人的款项，以该单位或个人的签收单据为合法有效凭证，税务机关对签收单据有疑义的，可以要求其提供境外公证机构的确认证明 (3) 缴纳的税款，以完税凭证为合法有效凭证 (4) 扣除的政府性基金、行政事业性收费或向政府支付的土地价款，以省级以上(含省级)财政部门监(印)制的财政票据为合法有效凭证 (5) 国家税务总局规定的其他凭证	1份	
部分行业试行农产品增值税进项税额核定扣除办法的一般纳税人，还应报送	《农产品核定扣除增值税进项税额计算表(汇总表)》 《投入产出法核定农产品增值税进项税额计算表》 《成本法核定农产品增值税进项税额计算表》 《购进农产品直接销售核定农产品增值税进项税额计算表》	1份	

(续表)

<table>
<tr><th>序　号</th><th>材 料 名 称</th><th>数　量</th><th>备　注</th></tr>
<tr><td colspan="4">以下为条件报送资料</td></tr>
<tr><td>部分行业试行农产品增值税进项税额核定扣除办法的一般纳税人，还应报送</td><td>《购进农产品用于生产经营且不构成货物实体核定农产品增值税进项税额计算表》</td><td>1 份</td><td></td></tr>
<tr><td rowspan="4">从事成品油销售业务的一般纳税人，还应报送</td><td>《成品油购销存情况明细表》</td><td rowspan="4">1 份</td><td rowspan="4"></td></tr>
<tr><td>《加油站月份加油信息明细表》或加油 IC 卡</td></tr>
<tr><td>《加油站月销售油品汇总表》</td></tr>
<tr><td>《成品油购销存数量明细表》</td></tr>
<tr><td rowspan="3">从事机动车生产的一般纳税人，还应报送</td><td>《机动车辆生产企业销售明细表》</td><td rowspan="3">1 份</td><td rowspan="3">上一年度《机动车辆生产企业销售情况统计表》在每年第一个增值税纳税申报期报送</td></tr>
<tr><td>《机动车辆销售统一发票清单》及电子信息</td></tr>
<tr><td>上一年度《机动车辆生产企业销售情况统计表》</td></tr>
<tr><td rowspan="2">从事机动车销售的一般纳税人，还应报送</td><td>《机动车辆经销企业销售明细表》</td><td rowspan="2">1 份</td><td rowspan="2"></td></tr>
<tr><td>《机动车辆销售统一发票清单》及电子信息</td></tr>
<tr><td colspan="2">市税务机关规定的其他资料</td><td></td><td></td></tr>
</table>

2. 增值税一般纳税人选择简易计税方法计算缴纳增值税申报资料

增值税一般纳税人选择简易计税方法计算缴纳增值税申报资料表如表 2.9 所示。

表2.9　增值税一般纳税人选择简易计税方法计算缴纳增值税申报资料表

<table>
<tr><th>序　号</th><th>材 料 名 称</th><th>数　量</th><th>备　注</th></tr>
<tr><td>1</td><td>《增值税一般纳税人简易征收备案表》</td><td>2 份</td><td></td></tr>
<tr><td colspan="4">以下为条件报送资料</td></tr>
<tr><td colspan="2">一般纳税人选择简易办法征收备案事项说明</td><td>1 份</td><td></td></tr>
<tr><td colspan="2">选择简易征收的产品、服务符合条件的证明材料，或者企业符合条件的证明材料</td><td>1 份</td><td></td></tr>
</table>

3. 增值税小规模纳税人(非定期定额户)申报

增值税小规模纳税人(非定期定额户)申报资料表如表 2.10 所示。

表2.10　增值税小规模纳税人(非定期定额户)申报资料表

<table>
<tr><th>序　号</th><th>材 料 名 称</th><th>数　量</th><th>备　注</th></tr>
<tr><td>1</td><td>《增值税纳税申报表(小规模纳税人适用)》及其附列资料</td><td>2 份</td><td></td></tr>
<tr><td colspan="4">以下为条件报送资料</td></tr>
<tr><td>开具税控机动车销售统一发票和普通发票的，还应报送</td><td>已开具发票的存根联</td><td>1 份</td><td rowspan="2">报送要求由各市税务机关确定</td></tr>
<tr><td>纳入自开增值税专用发票范围的增值税小规模纳税人，还应报送</td><td>已开具发票的存根联(记账联)</td><td>1 份</td></tr>
<tr><td colspan="2">市税务机关规定的其他资料</td><td></td><td></td></tr>
</table>

（二）相关报表

增值税纳税人应按有关规定及时办理纳税申报，并应如实填写《增值税纳税申报表》及纳税申报需办理的资料，如表 2.11～表 2.17 所示。

表2.11　增值税纳税申报表(适用于一般纳税人)

增值税纳税申报表(一般纳税人适用)

根据国家税收法律法规及增值税相关规定制定本表。纳税人不论有无销售额，均应按税务机关核定的纳税期限填写本表，并向当地税务机关申报。

税款所属时间：自　　年　　月　　日至　　年　　月　　日		填表日期：　年　月　日			金额单位：元至角分	
纳税人识别号				所属行业：		
纳税人名称	(公章)	法定代表人姓名		注册地址	生产经营地址	
开户银行及账号		登记注册类型			电话号码	

	项　目	栏　次	一般项目 本月数	一般项目 本年累计	即征即退项目 本月数	即征即退项目 本年累计
销售额	(一) 按适用税率计税销售额	1				
	其中：应税货物销售额	2				
	应税劳务销售额	3				
	纳税检查调整的销售额	4				
	(二) 按简易办法计税销售额	5				
	其中：纳税检查调整的销售额	6				
	(三) 免、抵、退办法出口销售额	7			——	——
	(四) 免税销售额	8			——	——
	其中：免税货物销售额	9			——	——
	免税劳务销售额	10			——	——
税款计算	销项税额	11				
	进项税额	12				
	上期留抵税额	13				——
	进项税额转出	14				
	免、抵、退应退税额	15			——	——
	按适用税率计算的纳税检查应补缴税额	16			——	——
	应抵扣税额合计	17=12+13−14−15+16		——		——

(续表)

	项 目	栏 次	一般项目		即征即退项目	
			本月数	本年累计	本月数	本年累计
税款计算	实际抵扣税额	18(如 17<11，则为17，否则为11)				
	应纳税额	19=11−18				
	期末留抵税额	20=17−18				——
	简易计税办法计算的应纳税额	21				
	按简易计税办法计算的纳税检查应补缴税额	22			——	——
	应纳税额减征额	23				
	应纳税额合计	24=19+21−23				
税款缴纳	期初未缴税额(多缴为负数)	25				
	实收出口开具专用缴款书退税额	26			——	——
	本期已缴税额	27=28+29+30+31				
	分次预缴税额	28		——		——
	出口开具专用缴款书预缴税额	29		——	——	——
	本期缴纳上期应纳税额	30				
	本期缴纳欠缴税额	31				
	期末未缴税额(多缴为负数)	32=24+25+26−27				
	其中：欠缴税额(≥0)	33=25+26−27		——		——
	本期应补(退)税额	34=24−28−29		——		——
	即征即退实际退税额	35	——	——		
	期初未缴查补税额	36			——	——
	本期入库查补税额	37			——	——
	期末未缴查补税额	38=16+22+36−37			——	——

授权声明		申报人声明	
授权声明	如果你已委托代理人申报，请填写下列资料： 为代理一切税务事宜，现授权 (地址) 为本纳税人的代理申报人，任何与本申报表有关的往来文件，都可寄予此人 授权人签字：	申报人声明	本纳税申报表是根据国家税收法律法规及相关规定填报的，我确定它是真实的、可靠的、完整的 声明人签字：
主管税务机关：		接收人：	接收日期：

《增值税纳税申报表(适用一般纳税人)》填写说明如下。

(1) “税款所属时间”：指纳税人申报的增值税应纳税额的所属时间，应填写具体的起止年、月、日。

(2) “填表日期”：指纳税人填写本表的具体日期。

(3) “纳税人识别号”：填写纳税人的税务登记证件号码(统一社会信用代码)。

(4) “所属行业”：按照国民经济行业分类与代码中的小类行业填写。

(5) “纳税人名称”：填写纳税人单位名称全称。

(6) “法定代表人姓名”：填写纳税人法定代表人的姓名。

(7) “注册地址”：填写纳税人税务登记证件所注明的详细地址。

(8) “生产经营地址”：填写纳税人实际生产经营地的详细地址。

(9) “开户银行及账号”：填写纳税人开户银行的名称和纳税人在该银行的结算账户号码。

(10) “登记注册类型”：按纳税人税务登记证件的栏目内容填写。

(11) “电话号码”：填写可联系到纳税人的常用电话号码。

(12) “即征即退项目”列：填写纳税人按规定享受增值税即征即退政策的货物、劳务和服务、不动产、无形资产的征(退)税数据。

(13) “一般项目”列：填写除享受增值税即征即退政策以外的货物、劳务和服务、不动产、无形资产的征(免)税数据。

(14) “本年累计”列：一般填写本年度内各月“本月数”之和。其中，第13、20、25、32、36、38栏及第18栏“实际抵扣税额”的“一般项目”列的“本年累计”分别按本填写说明第(27)、(32)、(34)、(39)、(46)、(50)、(52)条要求填写。

(15) 第1栏“按适用税率计税销售额”：填写纳税人本期按一般计税方法计算缴纳增值税的销售额，包含：在财务上不作销售但按税法规定应缴纳增值税的视同销售和价外费用的销售额；外贸企业作价销售进料加工复出口货物的销售额；税务、财政、审计部门检查后按一般计税方法计算调整的销售额。

营业税改征增值税的纳税人，服务、不动产和无形资产有扣除项目的，本栏应填写扣除之前的不含税销售额。

本栏“一般项目”列“本月数”＝《附列资料(一)》第9列第1至5行之和－第9列第6、7行之和。

本栏“即征即退项目”列“本月数”＝《附列资料(一)》第9列第6、7行之和。

(16) 第2栏“其中：应税货物销售额”：填写纳税人本期按适用税率计算增值税的应税货物的销售额，包含在财务上不作销售但按税法规定应缴纳增值税的视同销售货物和价外费用销售额，以及外贸企业作价销售进料加工复出口货物的销售额。

(17) 第3栏“应税劳务销售额”：填写纳税人本期按适用税率计算增值税的应税劳务的销售额。

(18) 第4栏“纳税检查调整的销售额”：填写纳税人因税务、财政、审计部门检查，并按一般计税方法在本期计算调整的销售额。但享受增值税即征即退政策的货物、劳务和服务、不动产、无形资产，经纳税检查属于偷税的，不填入“即征即退项目”列，而应填入“一般项目”列。

营业税改征增值税的纳税人，服务、不动产和无形资产有扣除项目的，本栏应填写扣除之前的不含税销售额。

本栏“一般项目”列“本月数”＝《附列资料(一)》第7列第1至5行之和。

(19) 第5栏“按简易办法计税销售额”：填写纳税人本期按简易计税方法计算增值税的销售额，包含纳税检查调整按简易计税方法计算增值税的销售额。

营业税改征增值税的纳税人，服务、不动产和无形资产有扣除项目的，本栏应填写扣除之前的不含税销售额；服务、不动产和无形资产按规定汇总计算缴纳增值税的分支机构，其当期按预征率计算缴纳增值税的销售额也填入本栏。

本栏“一般项目”列“本月数”≥《附列资料(一)》第9列第8至13b行之和－第9列第14、

15行之和。

本栏“即征即退项目”列“本月数”≥《附列资料(一)》第9列第14、15行之和。

(20) 第6栏“其中：纳税检查调整的销售额”：填写纳税人因税务、财政、审计部门检查，并按简易计税方法在本期计算调整的销售额。但享受增值税即征即退政策的货物、劳务和服务、不动产、无形资产，经纳税检查属于偷税的，不填入“即征即退项目”列，而应填入“一般项目”列。

营业税改征增值税的纳税人，服务、不动产和无形资产有扣除项目的，本栏应填写扣除之前的不含税销售额。

(21) 第7栏“免、抵、退办法出口销售额”：填写纳税人本期适用免、抵、退税办法的出口货物、劳务和服务、无形资产的销售额。

营业税改征增值税的纳税人，服务、无形资产有扣除项目的，本栏应填写扣除之前的销售额。

本栏“一般项目”列“本月数”＝《附列资料(一)》第9列第16、17行之和。

(22) 第8栏“免税销售额”：填写纳税人本期按照税法规定免征增值税的销售额和适用零税率的销售额，但零税率的销售额中不包括适用免、抵、退税办法的销售额。

营业税改征增值税的纳税人，服务、不动产和无形资产有扣除项目的，本栏应填写扣除之前的免税销售额。

本栏“一般项目”列“本月数”＝《附列资料(一)》第9列第18、19行之和。

(23) 第9栏“其中：免税货物销售额”：填写纳税人本期按照税法规定免征增值税的货物销售额及适用零税率的货物销售额，但零税率的销售额中不包括适用免、抵、退税办法出口货物的销售额。

(24) 第10栏“免税劳务销售额”：填写纳税人本期按照税法规定免征增值税的劳务销售额及适用零税率的劳务销售额，但零税率的销售额中不包括适用免、抵、退税办法的劳务的销售额。

(25) 第11栏“销项税额”：填写纳税人本期按一般计税方法计税的货物、劳务和服务、不动产、无形资产的销项税额。

营业税改征增值税的纳税人，服务、不动产和无形资产有扣除项目的，本栏应填写扣除之后的销项税额。

本栏“一般项目”列“本月数”＝《附列资料(一)》(第10列第1、3行之和－第10列第6行)＋(第14列第2、4、5行之和－第14列第7行)。

本栏“即征即退项目”列“本月数”＝《附列资料(一)》第10列第6行＋第14列第7行。

(26) 第12栏“进项税额”：填写纳税人本期申报抵扣的进项税额。

本栏“一般项目”列“本月数”＋“即征即退项目”列“本月数”＝《附列资料(二)》第12栏“税额”。

(27) 第13栏“上期留抵税额”：“本月数”按上一税款所属期申报表第20栏“期末留抵税额”“本月数”填写。本栏“一般项目”列“本年累计”不填写。

(28) 第14栏“进项税额转出”：填写纳税人已经抵扣，但按税法规定本期应转出的进项税额。

本栏“一般项目”列“本月数”＋“即征即退项目”列“本月数”＝《附列资料(二)》第13栏“税额”。

(29) 第15栏“免、抵、退应退税额”：反映税务机关退税部门按照出口货物、劳务和服务、无形资产免、抵、退办法审批的增值税应退税额。

(30) 第16栏“按适用税率计算的纳税检查应补缴税额”：填写税务、财政、审计部门检查，按一般计税方法计算的纳税检查应补缴的增值税税额。

本栏“一般项目”列“本月数”≤《附列资料(一)》第8列第1至5行之和＋《附列资料(二)》

第19栏。

(31) 第17栏“应抵扣税额合计”：填写纳税人本期应抵扣进项税额的合计数。按表中所列公式计算填写。

(32) 第18栏“实际抵扣税额”：“本月数”按表中所列公式计算填写。本栏“一般项目”列“本年累计”不填写。

(33) 第19栏“应纳税额”：反映纳税人本期按一般计税方法计算并应缴纳的增值税额。

① 适用加计抵减政策的纳税人，按以下公式填写。

本栏“一般项目”列“本月数”＝第11栏“销项税额”的“一般项目”列“本月数”－第18栏“实际抵扣税额”的“一般项目”列“本月数”－“实际抵减额”。

本栏“即征即退项目”列“本月数”＝第11栏“销项税额”的“即征即退项目”列“本月数”－第18栏“实际抵扣税额”的“即征即退项目”列“本月数”－“实际抵减额”。

适用加计抵减政策的纳税人，是指按照规定计提加计抵减额，并可从本期适用一般计税方法计算的应纳税额中抵减的纳税人(下同)。“实际抵减额”，是指按照规定可从本期适用一般计税方法计算的应纳税额中抵减的加计抵减额，分别对应《附列资料(四)》第6行“一般项目加计抵减额计算”、第7行“即征即退项目加计抵减额计算”的“本期实际抵减额”列。

② 其他纳税人按表中所列公式填写。

(34) 第20栏“期末留抵税额”：“本月数”按表中所列公式填写。本栏“一般项目”列“本年累计”不填写。

(35) 第21栏“简易计税办法计算的应纳税额”：反映纳税人本期按简易计税方法计算并应缴纳的增值税额，但不包括按简易计税方法计算的纳税检查应补缴税额。按以下公式计算填写。

本栏“一般项目”列“本月数”＝《附列资料(一)》(第10列第8、9a、10、11行之和－第10列第14行)＋(第14列第9b、12、13a、13b行之和－第14列第15行)

本栏“即征即退项目”列“本月数”＝《附列资料(一)》第10列第14行＋第14列第15行

营业税改征增值税的纳税人，服务、不动产和无形资产按规定汇总计算缴纳增值税的分支机构，应将预征增值税额填入本栏。

预征增值税额＝应预征增值税的销售额×预征率

(36) 第22栏“按简易计税办法计算的纳税检查应补缴税额”：填写纳税人本期因税务、财政、审计部门检查并按简易计税方法计算的纳税检查应补缴税额。

(37) 第23栏“应纳税额减征额”：填写纳税人本期按照税法规定减征的增值税应纳税额，包含按照规定可在增值税应纳税额中全额抵减的增值税税控系统专用设备费用及技术维护费。

当本期减征额小于或等于第19栏“应纳税额”与第21栏“简易计税办法计算的应纳税额”之和时，按本期减征额实际填写；当本期减征额大于第19栏“应纳税额”与第21栏“简易计税办法计算的应纳税额”之和时，按本期第19栏与第21栏之和填写。本期减征额不足抵减部分结转下期继续抵减。

(38) 第24栏“应纳税额合计”：反映纳税人本期应缴增值税的合计数。按表中所列公式计算填写。

(39) 第25栏“期初未缴税额(多缴为负数)”：“本月数”按上一税款所属期申报表第32栏“期末未缴税额(多缴为负数)”“本月数”填写。“本年累计”按上年度最后一个税款所属期申报表第32

栏“期末未缴税额(多缴为负数)”“本年累计”填写。

(40) 第26栏“实收出口开具专用缴款书退税额”：本栏不填写。

(41) 第27栏“本期已缴税额”：反映纳税人本期实际缴纳的增值税额，但不包括本期入库的查补税款。按表中所列公式计算填写。

(42) 第28栏“分次预缴税额”：填写纳税人本期已缴纳的准予在本期增值税应纳税额中抵减的税额。

营业税改征增值税的纳税人，分以下几种情况填写。

① 服务、不动产和无形资产按规定汇总计算缴纳增值税的总机构，其可以从本期增值税应纳税额中抵减的分支机构已缴纳的税款，按当期实际可抵减数填入本栏，不足抵减部分结转下期继续抵减。

② 销售建筑服务并按规定预缴增值税的纳税人，其可以从本期增值税应纳税额中抵减的已缴纳的税款，按当期实际可抵减数填入本栏，不足抵减部分结转下期继续抵减。

③ 销售不动产并按规定预缴增值税的纳税人，其可以从本期增值税应纳税额中抵减的已缴纳的税款，按当期实际可抵减数填入本栏，不足抵减部分结转下期继续抵减。

④ 出租不动产并按规定预缴增值税的纳税人，其可以从本期增值税应纳税额中抵减的已缴纳的税款，按当期实际可抵减数填入本栏，不足抵减部分结转下期继续抵减。

(43) 第29栏“出口开具专用缴款书预缴税额”：本栏不填写。

(44) 第30栏“本期缴纳上期应纳税额”：填写纳税人本期缴纳上一税款所属期应缴未缴的增值税额。

(45) 第31栏“本期缴纳欠缴税额”：反映纳税人本期实际缴纳和留抵税额抵减的增值税欠税额，但不包括缴纳入库的查补增值税额。

(46) 第32栏“期末未缴税额(多缴为负数)”：“本月数”反映纳税人本期期末应缴未缴的增值税额，但不包括纳税检查应缴未缴的税额。按表中所列公式计算填写。“本年累计”与“本月数”相同。

(47) 第33栏“其中：欠缴税额(≥0)”：反映纳税人按照税法规定已形成欠税的增值税额。按表中所列公式计算填写。

(48) 第34栏“本期应补(退)税额”：反映纳税人本期应纳税额中应补缴或应退回的数额。按表中所列公式计算填写。

(49) 第35栏“即征即退实际退税额”：反映纳税人本期因符合增值税即征即退政策规定，而实际收到的税务机关退回的增值税额。

(50) 第36栏“期初未缴查补税额”：“本月数”按上一税款所属期申报表第38栏“期末未缴查补税额”的“本月数”填写。“本年累计”按上年度最后一个税款所属期申报表第38栏“期末未缴查补税额”的“本年累计”填写。

(51) 第37栏“本期入库查补税额”：反映纳税人本期因税务、财政、审计部门检查而实际入库的增值税额，包括按一般计税方法计算并实际缴纳的查补增值税额和按简易计税方法计算并实际缴纳的查补增值税额。

(52) 第38栏“期末未缴查补税额”：“本月数”反映纳税人接受纳税检查后应在本期期末缴纳而未缴纳的查补增值税额。按表中所列公式计算填写，“本年累计”与“本月数”相同。

《增值税纳税申报表附列资料(一)》(本期销售情况明细)填写说明如下。

表2.12　增值税纳税申报表附列资料(一)

(本期销售情况明细)

税款所属时间：　年　月　日至　年　月　日

纳税人名称：(公章)　　　　　　　　　　　　　　　　　　金额单位：元至角分

项目及栏次				开具增值税专用发票		开具其他发票		未开具发票		纳税检查调整		合计			服务、不动产和无形资产扣除项目本期实际扣除金额	扣除后	
				销售额	销项(应纳)税额	销售额	销项(应纳)税额	销售额	销项(应纳)税额	销售额	销项(应纳)税额	销售额	销项(应纳)税额	价税合计		含税(免税)销售额	销项(应纳)税额
				1	2	3	4	5	6	7	8	9=1+3+5+7	10=2+4+6+8	11=9+10	12	13=11−12	14=13÷(100%+税率或征收率)×税率或征收率
一、一般计税方法计税	全部征税项目	13%税率的货物及加工修理修配劳务	1											——	——	——	——
		13%税率的服务、不动产和无形资产	2														
		9%税率的货物及加工修理修配劳务	3											——	——	——	——
		9%税率的服务、不动产和无形资产	4														
		6%税率	5														

(续表)

一、一般计税方法计税	其中：即征即退项目	即征即退货物及加工修理修配劳务	6	——	——	——	——	——	——	——	——			——	——	——	——
		即征即退服务、不动产和无形资产	7	——	——	——	——	——	——	——	——			——	——	——	——
二、简易计税方法计税	全部征税项目	6%征收率	8							——	——			——	——	——	——
		5%征收率的货物及加工修理修配劳务	9a							——	——			——	——	——	——
		5%征收率的服务、不动产和无形资产	9b							——	——						
		4%征收率	10							——	——			——	——	——	——
		3%征收率的货物及加工修理修配劳务	11							——	——			——	——	——	——
		3%征收率的服务、不动产和无形资产	12							——	——						
		预征率 %	13a							——	——						
		预征率 %	13b							——	——						
		预征率 %	13c							——	——						
	其中：即征即退项目	即征即退货物及加工修理修配劳务	14	——	——	——	——	——	——	——	——			——	——	——	——
		即征即退服务、不动产和无形资产	15	——	——	——	——	——	——	——	——			——	——	——	——
三、免抵退税	货物及加工修理修配劳务		16	——	——		——		——	——	——		——	——	——	——	——
	服务、不动产和无形资产		17	——	——		——		——	——	——		——				——
四、免税	货物及加工修理修配劳务		18				——		——	——	——		——	——	——	——	——
	服务、不动产和无形资产		19	——	——		——		——	——	——		——				——

《增值税纳税申报表附列资料(一)》(本期销售情况明细)填写说明如下。

(1) “税款所属时间”“纳税人名称”的填写同《增值税纳税申报表(适用于一般纳税人)》(以下简称主表)。

(2) 各列说明如下。

① 第1至2列“开具增值税专用发票”：反映本期开具增值税专用发票(含税控机动车销售统一发票，下同)的情况。

② 第3至4列“开具其他发票”：反映除增值税专用发票以外本期开具的其他发票的情况。

③ 第5至6列“未开具发票”：反映本期未开具发票的销售情况。

④ 第7至8列“纳税检查调整”：反映经税务、财政、审计部门检查并在本期调整的销售情况。

⑤ 第9至11列“合计”：按照表中所列公式填写。

营业税改征增值税的纳税人，服务、不动产和无形资产有扣除项目的，第1至11列应填写扣除之前的征(免)税销售额、销项(应纳)税额和价税合计额。

⑥ 第12列“服务、不动产和无形资产扣除项目本期实际扣除金额”：营业税改征增值税的纳税人，服务、不动产和无形资产有扣除项目的，按《附列资料(三)》第5列对应各行次数据填写，其中本列第5栏等于《附列资料(三)》第5列第3行与第4行之和；服务、不动产和无形资产无扣除项目的，本列填写“0”。其他纳税人不填写。

营业税改征增值税的纳税人，服务、不动产和无形资产按规定汇总计算缴纳增值税的分支机构，当期服务、不动产和无形资产有扣除项目的，填入本列第13行。

⑦ 第13列“扣除后”“含税(免税)销售额”：营业税改征增值税的纳税人，服务、不动产和无形资产有扣除项目的，本列各行次＝第11列对应各行次－第12列对应各行次。其他纳税人不填写。

⑧ 第14列“扣除后”“销项(应纳)税额”：营业税改征增值税的纳税人，按以下要求填写本列，其他纳税人不填写。

● 服务、不动产和无形资产按照一般计税方法计税。

本列第2行、第4行：若本行第12列为0，则该行次第14列等于第10列。若本行第12列不为0，则仍按照第14列所列公式计算。计算后的结果与纳税人实际计提销项税额有差异的，按实际填写。

本列第5行＝第13列÷(100%＋对应行次税率)×对应行次税率。

本列第7行“按一般计税方法计税的即征即退服务、不动产和无形资产”具体填写要求见“(3)各行说明”第②条中的说明。

● 服务、不动产和无形资产按照简易计税方法计税。

本列各行次＝第13列÷(100%＋对应行次征收率)×对应行次征收率。

本列第13行“预征率 %”不按本列的说明填写。具体填写要求见“(3) 各行说明”第④条中的说明。

● 服务、不动产和无形资产实行免抵退税或免税的，本列不填写。

(3) 各行说明。

① 第1至5行“一、一般计税方法计税”的“全部征税项目”各行：按不同税率和项目分别填写按一般计税方法计算增值税的全部征税项目。有即征即退征税项目的纳税人，本部分数据中既包括即征即退征税项目，又包括不享受即征即退政策的一般征税项目。

② 第6至7行“一、一般计税方法计税”的“其中：即征即退项目”各行：只反映按一般计税方法计算增值税的即征即退项目。按照税法规定不享受即征即退政策的纳税人，不填写本行。即征即退项目是全部征税项目的其中数。

● 第6行“即征即退货物及加工修理修配劳务”：反映按一般计税方法计算增值税且享受即征即退政策的货物和加工修理修配劳务。本行不包括服务、不动产和无形资产的内容。

- 本行第 9 列“合计”的“销售额”栏：反映按一般计税方法计算增值税且享受即征即退政策的货物及加工修理修配劳务的不含税销售额。该栏不按第 9 列所列公式计算，应按照税法规定据实填写。
- 本行第 10 列“合计”的“销项(应纳)税额”栏：反映按一般计税方法计算增值税且享受即征即退政策的货物及加工修理修配劳务的销项税额。该栏不按第 10 列所列公式计算，应按照税法规定据实填写。

● 第7行“即征即退服务、不动产和无形资产”：反映按一般计税方法计算增值税且享受即征即退政策的服务、不动产和无形资产。本行不包括货物及加工修理修配劳务的内容。

- 本行第 9 列“合计”的“销售额”栏：反映按一般计税方法计算增值税且享受即征即退政策的服务、不动产和无形资产的不含税销售额。服务、不动产和无形资产有扣除项目的，按扣除之前的不含税销售额填写。该栏不按第 9 列所列公式计算，应按照税法规定据实填写。
- 本行第 10 列“合计”的“销项(应纳)税额”栏：反映按一般计税方法计算增值税且享受即征即退政策的服务、不动产和无形资产的销项税额。服务、不动产和无形资产有扣除项目的，按扣除之前的销项税额填写。该栏不按第 10 列所列公式计算，应按照税法规定据实填写。
- 本行第 14 列“扣除后”的“销项(应纳)税额”栏：反映按一般计税方法征收增值税且享受即征即退政策的服务、不动产和无形资产实际应计提的销项税额。服务、不动产和无形资产有扣除项目的，按扣除之后的销项税额填写；服务、不动产和无形资产无扣除项目的，按本行第 10 列填写。该栏不按第 14 列所列公式计算，应按照税法规定据实填写。

③ 第 8 至 12 行“二、简易计税方法计税”的“全部征税项目”各行：按不同征收率和项目分别填写按简易计税方法计算增值税的全部征税项目。有即征即退征税项目的纳税人，本部分数据中既包括即征即退项目，也包括不享受即征即退政策的一般征税项目。

④ 第 13a 至 13c 行“二、简易计税方法计税”的“预征率 %”：反映营业税改征增值税的纳税人，服务、不动产和无形资产按规定汇总计算缴纳增值税的分支机构，预征增值税销售额、预征增值税应纳税额。其中，第 13a 行“预征率 %”适用于所有实行汇总计算缴纳增值税的分支机构纳税人；第 13b、13c 行“预征率 %”适用于部分实行汇总计算缴纳增值税的铁路运输纳税人。

● 第13a至13c行的第1至6列按照销售额和销项税额的实际发生数填写。

● 第13a至13c行的第14列，纳税人按“应预征缴纳的增值税＝应预征增值税销售额×预征率”公式计算后据实填写。

⑤ 第 14 至 15 行“二、简易计税方法计税”的“其中：即征即退项目”各行：只反映按简易计税方法计算增值税的即征即退项目。按照税法规定不享受即征即退政策的纳税人，不填写本行。即征即退项目是全部征税项目的其中数。

● 第14行“即征即退货物及加工修理修配劳务”：反映按简易计税方法计算增值税且享受即征即退政策的货物及加工修理修配劳务。本行不包括服务、不动产和无形资产的内容。

- 本行第 9 列“合计”的“销售额”栏：反映按简易计税方法计算增值税且享受即征即退政策的货物及加工修理修配劳务的不含税销售额。该栏不按第 9 列所列公式计算，应按照税法规定据实填写。
- 本行第 10 列“合计”的“销项(应纳)税额”栏：反映按简易计税方法计算增值税且享受即征即退政策的货物及加工修理修配劳务的应纳税额。该栏不按第 10 列所列公式计算，应按照税法规定据实填写。

- 第15行“即征即退服务、不动产和无形资产”：反映按简易计税方法计算增值税且享受即征即退政策的服务、不动产和无形资产。本行不包括货物及加工修理修配劳务的内容。
  - 本行第9列“合计”的“销售额”栏：反映按简易计税方法计算增值税且享受即征即退政策的服务、不动产和无形资产的不含税销售额。服务、不动产和无形资产有扣除项目的，按扣除之前的不含税销售额填写。该栏不按第9列所列公式计算，应按照税法规定据实填写。
  - 本行第10列“合计”的“销项(应纳)税额”栏：反映按简易计税方法计算增值税且享受即征即退政策的服务、不动产和无形资产的应纳税额。服务、不动产和无形资产有扣除项目的，按扣除之前的应纳税额填写。该栏不按第10列所列公式计算，应按照税法规定据实填写。
  - 本行第14列“扣除后”的“销项(应纳)税额”栏：反映按简易计税方法计算增值税且享受即征即退政策的服务、不动产和无形资产实际应计提的应纳税额。服务、不动产和无形资产有扣除项目的，按扣除之后的应纳税额填写；服务、不动产和无形资产无扣除项目的，按本行第10列填写。

⑥ 第16行“三、免抵退税”的“货物及加工修理修配劳务”栏：反映适用免、抵、退税政策的出口货物、加工修理修配劳务。

⑦ 第17行“三、免抵退税”的“服务、不动产和无形资产”栏：反映适用免、抵、退税政策的服务、不动产和无形资产。

⑧ 第18行“四、免税”的“货物及加工修理修配劳务”栏：反映按照税法规定免征增值税的货物及劳务和适用零税率的出口货物及劳务，但零税率的销售额中不包括适用免、抵、退税办法的出口货物及劳务。

⑨ 第19行“四、免税”的“服务、不动产和无形资产”栏：反映按照税法规定免征增值税的服务、不动产、无形资产和适用零税率的服务、不动产、无形资产，但零税率的销售额中不包括适用免、抵、退税办法的服务、不动产和无形资产。

表2.13　增值税纳税申报表附列资料(二)

(本期进项税额明细)

税款所属时间：　年　　月　　日至　　年　　月　　日

纳税人名称：(公章)　　　　　　　　　　　　　　　　　　　　　　金额单位：元至角分

一、申报抵扣的进项税额				
项　　目	栏　　次	份数	金额	税　　额
(一) 认证相符的增值税专用发票	1=2+3			
其中：本期认证相符且本期申报抵扣	2			
前期认证相符且本期申报抵扣	3			
(二) 其他扣税凭证	4=5+6+7+8a+8b			
其中：海关进口增值税专用缴款书	5			
农产品收购发票或销售发票	6			
代扣代缴税收缴款凭证	7		——	
加计扣除农产品进项税额	8a	——	——	
其他	8b			

(续表)

一、申报抵扣的进项税额				
项目	栏次	份数	金额	税额
(三) 本期用于购建不动产的扣税凭证	9			
(四) 本期用于抵扣的旅客运输服务扣税凭证	10			
(五) 外贸企业进项税额抵扣证明	11	——	——	
当期申报抵扣进项税额合计	12=1+4+11			
二、进项税额转出额				
项目	栏次	税额		
本期进项税额转出额	13=14至23之和			
其中：免税项目费用	14			
集体福利、个人消费	15			
非正常损失	16			
简易计税方法征税项目费用	17			
免抵退税办法不得抵扣的进项税额	18			
纳税检查调减进项税额	19			
红字专用发票信息表注明的进项税额	20			
上期留抵税额抵减欠税	21			
上期留抵税额退税	22			
其他应作进项税额转出的情形	23			
三、待抵扣进项税额				
项目	栏次	份数	金额	税额
(一) 认证相符的增值税专用发票	24	——	——	——
期初已认证相符但未申报抵扣	25			
本期认证相符且本期未申报抵扣	26			
期末已认证相符但未申报抵扣	27			
其中：按照税法规定不允许抵扣	28			
(二) 其他扣税凭证	29=30至33之和			
其中：海关进口增值税专用缴款书	30			
农产品收购发票或销售发票	31			
代扣代缴税收缴款凭证	32		——	
其他	33			
	34			
四、其他				
项目	栏次	份数	金额	税额
本期认证相符的增值税专用发票	35			
代扣代缴税额	36	——	——	

《增值税纳税申报表附列资料(二)》(本期进项税额明细)填写说明如下。

(1)“税款所属时间”“纳税人名称”的填写同主表。

(2) 第1至12栏“一、申报抵扣的进项税额”：分别反映纳税人按税法规定符合抵扣条件，在本期申报抵扣的进项税额。

① 第1栏“(一)认证相符的增值税专用发票”：反映纳税人取得的认证相符本期申报抵扣的增值税专用发票情况。该栏应等于第2栏“本期认证相符且本期申报抵扣”与第3栏“前期认证相符且本期申报抵扣”数据之和。适用取消增值税发票认证规定的纳税人，通过增值税发票选择确认平台选择用于抵扣的增值税专用发票，视为“认证相符”(下同)。

② 第2栏“其中：本期认证相符且本期申报抵扣”：反映本期认证相符且本期申报抵扣的增值税专用发票的情况。本栏是第1栏的其中数，本栏只填写本期认证相符且本期申报抵扣的部分。

③ 第3栏“前期认证相符且本期申报抵扣”：反映前期认证相符且本期申报抵扣的增值税专用发票的情况。

辅导期纳税人依据税务机关告知的稽核比对结果通知书及明细清单注明的稽核相符的增值税专用发票填写本栏。本栏是第1栏的其中数。

纳税人本期申报抵扣的收费公路通行费增值税电子普通发票(以下简称通行费电子发票)应当填写在第1至3栏对应栏次中。

第1至3栏中涉及的增值税专用发票均不包含从小规模纳税人处购进农产品时取得的专用发票，但购进农产品未分别核算用于生产销售13%税率货物和其他货物服务的农产品进项税额情况除外。

④ 第4栏“(二)其他扣税凭证”：反映本期申报抵扣的除增值税专用发票之外的其他扣税凭证的情况，具体包括海关进口增值税专用缴款书、农产品收购发票或销售发票(含农产品核定扣除的进项税额)、代扣代缴税收完税凭证、加计扣除农产品进项税额和其他符合政策规定的扣税凭证。该栏应等于第5至8b栏之和。

⑤ 第5栏“其中：海关进口增值税专用缴款书”：反映本期申报抵扣的海关进口增值税专用缴款书的情况。按规定执行海关进口增值税专用缴款书先比对后抵扣的，纳税人需依据税务机关告知的稽核比对结果通知书及明细清单注明的稽核相符的海关进口增值税专用缴款书填写本栏。

⑥ 第6栏“农产品收购发票或销售发票”：反映纳税人本期购进农业生产者自产农产品取得(开具)的农产品收购发票或销售发票情况。从小规模纳税人处购进农产品时取得增值税专用发票情况填写在本栏，但购进农产品未分别核算用于生产销售13%税率货物和其他货物服务的农产品进项税额情况除外。

“税额”栏＝农产品销售发票或收购发票上注明的农产品买价×9%＋增值税专用发票上注明的金额×9%。

上述公式中的“增值税专用发票”是指纳税人从小规模纳税人处购进农产品时取得的专用发票。

执行农产品增值税进项税额核定扣除办法的，填写当期允许抵扣的农产品增值税进项税额，不填写“份数”“金额”。

⑦ 第7栏“代扣代缴税收缴款凭证”：填写本期按规定准予抵扣的完税凭证上注明的增值税额。

⑧ 第8a栏“加计扣除农产品进项税额”：填写纳税人将购进的农产品用于生产销售或委托受托加工13%税率货物时加计扣除的农产品进项税额。该栏不填写“份数”“金额”。

⑨ 第8b栏“其他”：反映按规定本期可以申报抵扣的其他扣税凭证情况。

纳税人按照规定不得抵扣且未抵扣进项税额的固定资产、无形资产、不动产，发生用途改变，用于允许抵扣进项税额的应税项目，可在用途改变的次月将按公式计算出的可以抵扣的进项税额，填入本栏“税额”中。

⑩ 第 9 栏“(三)本期用于购建不动产的扣税凭证”：反映按规定本期用于购建不动产的扣税凭证上注明的金额和税额。

购建不动产是指纳税人2016年5月1日后取得并在会计制度上按固定资产核算的不动产或2016年5月1日后取得的不动产在建工程。取得不动产，包括以直接购买、接受捐赠、接受投资入股、自建及抵债等各种形式取得不动产，不包括房地产开发企业自行开发的房地产项目。

本栏次包括第1栏中本期用于购建不动产的增值税专用发票和第4栏中本期用于购建不动产的其他扣税凭证。

本栏“金额”“税额”≥0。

⑪ 第 10 栏“(四)本期用于抵扣的旅客运输服务扣税凭证”：反映按规定本期购进旅客运输服务，所取得的扣税凭证上注明或按规定计算的金额和税额。

本栏次包括第1栏中按规定本期允许抵扣的购进旅客运输服务取得的增值税专用发票和第4栏中按规定本期允许抵扣的购进旅客运输服务取得的其他扣税凭证。

本栏“金额”“税额”≥0。

第9栏“(三)本期用于购建不动产的扣税凭证”＋第10栏“(四)本期用于抵扣的旅客运输服务扣税凭证”税额≤第1栏“认证相符的增值税专用发票”＋第4栏“其他扣税凭证”税额。

⑫ 第 11 栏“(五)外贸企业进项税额抵扣证明”：填写本期申报抵扣的税务机关出口退税部门开具的《出口货物转内销证明》列明允许抵扣的进项税额。

⑬ 第 12 栏“当期申报抵扣进项税额合计”：反映本期申报抵扣进项税额的合计数。按表中所列公式计算填写。

(3) 第 13 至 23 栏“二、进项税额转出额”各栏：分别反映纳税人已经抵扣但按规定应在本期转出的进项税额明细情况。

① 第 13 栏“本期进项税额转出额”：反映已经抵扣但按规定应在本期转出的进项税额合计数。按表中所列公式计算填写。

② 第 14 栏“免税项目费用”：反映用于免征增值税项目，按规定应在本期转出的进项税额。

③ 第 15 栏“集体福利、个人消费”：反映用于集体福利或个人消费，按规定应在本期转出的进项税额。

④ 第 16 栏“非正常损失”：反映纳税人发生非正常损失，按规定应在本期转出的进项税额。

⑤ 第 17 栏“简易计税方法征税项目费用”：反映用于按简易计税方法征税项目，按规定应在本期转出的进项税额。

营业税改征增值税的纳税人，服务、不动产和无形资产按规定汇总计算缴纳增值税的分支机构，当期应由总机构汇总的进项税额也填入本栏。

⑥ 第 18 栏“免抵退税办法不得抵扣的进项税额”：反映按照免、抵、退税办法的规定，由于征税税率与退税税率存在税率差，在本期应转出的进项税额。

⑦ 第 19 栏“纳税检查调减进项税额”：反映税务、财政、审计部门检查后而调减的进项税额。

⑧ 第 20 栏“红字专用发票信息表注明的进项税额”：填写增值税发票管理系统校验通过的《开具红字增值税专用发票信息表》注明的在本期应转出的进项税额。

⑨ 第 21 栏“上期留抵税额抵减欠税”：填写本期经税务机关同意，使用上期留抵税额抵减欠税的数额。

⑩ 第 22 栏“上期留抵税额退税”：填写本期经税务机关批准的上期留抵税额退税额。

⑪ 第 23 栏“其他应作进项税额转出的情形”：反映除上述进项税额转出情形外，其他应在本

期转出的进项税额。

(4) 第24至34栏“三、待抵扣进项税额”各栏：分别反映纳税人已经取得，但按税法规定不符合抵扣条件，暂不予在本期申报抵扣的进项税额情况及按税法规定不允许抵扣的进项税额情况。

① 第24至28栏涉及的增值税专用发票均不包括从小规模纳税人处购进农产品时取得的专用发票，但购进农产品未分别核算用于生产销售13%税率货物和其他货物服务的农产品进项税额情况除外。

② 第25栏“期初已认证相符但未申报抵扣”：反映前期认证相符，但按照税法规定暂不予抵扣及不允许抵扣，结存至本期的增值税专用发票情况。辅导期纳税人填写认证相符但未收到稽核比对结果的增值税专用发票期初情况。

③ 第26栏“本期认证相符且本期未申报抵扣”：反映本期认证相符，但按税法规定暂不予抵扣及不允许抵扣，而未申报抵扣的增值税专用发票情况。辅导期纳税人填写本期认证相符但未收到稽核比对结果的增值税专用发票情况。

④ 第27栏“期末已认证相符但未申报抵扣”：反映截至本期期末，按照税法规定仍暂不予抵扣及不允许抵扣且已认证相符的增值税专用发票情况。辅导期纳税人填写截至本期期末已认证相符但未收到稽核比对结果的增值税专用发票期末情况。

⑤ 第28栏“其中：按照税法规定不允许抵扣”：反映截至本期期末已认证相符但未申报抵扣的增值税专用发票中，按照税法规定不允许抵扣的增值税专用发票情况。

纳税人本期期末已认证相符待抵扣的通行费电子发票应当填写在第24至28栏对应栏次中。

⑥ 第29栏“(二)其他扣税凭证”：反映截至本期期末仍未申报抵扣的除增值税专用发票之外的其他扣税凭证情况，具体包括海关进口增值税专用缴款书、农产品收购发票或销售发票、代扣代缴税收完税凭证和其他符合政策规定的扣税凭证。该栏应等于第30至33栏之和。

⑦ 第30栏“其中：海关进口增值税专用缴款书”：反映已取得但截至本期期末仍未申报抵扣的海关进口增值税专用缴款书情况，包括纳税人未收到稽核比对结果的海关进口增值税专用缴款书情况。

⑧ 第31栏“农产品收购发票或销售发票”：反映已取得但截至本期期末仍未申报抵扣的农产品收购发票或农产品销售发票情况。从小规模纳税人处购进农产品时取得增值税专用发票情况填写在本栏，但购进农产品未分别核算用于生产销售13%税率货物和其他货物服务的农产品进项税额情况除外。

⑨ 第32栏“代扣代缴税收缴款凭证”：反映已取得但截至本期期末仍未申报抵扣的代扣代缴税收完税凭证情况。

⑩ 第33栏“其他”：反映已取得但截至本期期末仍未申报抵扣的其他扣税凭证的情况。

(5) 第35至36栏“四、其他”各栏。

① 第35栏“本期认证相符的增值税专用发票”：反映本期认证相符的增值税专用发票的情况。纳税人本期认证相符的通行费电子发票应当填写在本栏次中。

② 第36栏“代扣代缴税额”：填写纳税人根据《中华人民共和国增值税暂行条例》第十八条扣缴的应税劳务增值税额与根据营业税改征增值税有关政策规定扣缴的服务、不动产和无形资产增值税额之和。

表2.14　增值税纳税申报表附列资料(三)

(服务、不动产和无形资产扣除项目明细)

税款所属时间：　　年　月　日至　年　月　日

纳税人名称：(公章)　　　　金额单位：元至角分

项目及栏次		本期服务、不动产和无形资产价税合计额(免税销售额)	服务、不动产和无形资产扣除项目				
			期初余额	本期发生额	本期应扣除金额	本期实际扣除金额	期末余额
		1	2	3	4=2+3	5(5≤1且5≤4)	6=4-5
13%税率的项目	1						
9%税率的项目	2						
6%税率的项目(不含金融商品转让)	3						
6%税率的金融商品转让项目	4						
5%征收率的项目	5						
3%征收率的项目	6						
免抵退税的项目	7						
免税的项目	8						

《增值税纳税申报表附列资料(三)》(服务、不动产和无形资产扣除项目明细)填写说明如下。

(1) 本表由服务、不动产和无形资产有扣除项目的营业税改征增值税纳税人填写。其他纳税人不填写。

(2) “税款所属时间”“纳税人名称”的填写同主表。

(3) 第1列“本期服务、不动产和无形资产价税合计额(免税销售额)”：营业税改征增值税的服务、不动产和无形资产属于征税项目的，填写扣除之前的本期服务、不动产和无形资产价税合计额；营业税改征增值税的服务、不动产和无形资产属于免抵退税或免税项目的，填写扣除之前的本期服务、不动产和无形资产免税销售额。本列各行次等于《附列资料(一)》第11列对应行次，其中本列第3行和第4行之和等于《附列资料(一)》第11列第5栏。

营业税改征增值税的纳税人，服务、不动产和无形资产按规定汇总计算缴纳增值税的分支机构，本列各行次之和等于《附列资料(一)》第11列第13a、13b行之和。

(4) 第2列“服务、不动产和无形资产扣除项目”的“期初余额”：填写服务、不动产和无形资产扣除项目上期期末结存的金额，试点实施之日的税款所属期填写“0”。本列各行次等于上期《附列资料(三)》第6列对应行次。

本列第4行“6%税率的金融商品转让项目”的“期初余额”年初首期填报时应填“0”。

(5) 第3列“服务、不动产和无形资产扣除项目”的“本期发生额”：填写本期取得的按税法规定准予扣除的服务、不动产和无形资产扣除项目金额。

(6) 第4列“服务、不动产和无形资产扣除项目”的“本期应扣除金额”：填写服务、不动产和无形资产扣除项目本期应扣除的金额。

本列各行次=第2列对应各行次+第3列对应各行次。

(7) 第5列“服务、不动产和无形资产扣除项目”的“本期实际扣除金额”：填写服务、不动产和无形资产扣除项目本期实际扣除的金额。

本列各行次≤第4列对应各行次，并且本列各行次≤第1列对应各行次。

(8) 第6列“服务、不动产和无形资产扣除项目”的“期末余额”：填写服务、不动产和无形资产扣除项目本期期末结存的金额。

本列各行次=第4列对应各行次－第5列对应各行次。

表2.15 增值税纳税申报表附列资料(四)

(税额抵减情况表)

税款所属时间： 年 月 日至 年 月 日

纳税人名称：(公章) 金额单位：元至角分

一、税额抵减情况						
序号	抵减项目	期初余额	本期发生额	本期应抵减税额	本期实际抵减税额	期末余额
		1	2	3=1+2	4≤3	5=3－4
1	增值税税控系统专用设备费及技术维护费					
2	分支机构预征缴纳税款					
3	建筑服务预征缴纳税款					
4	销售不动产预征缴纳税款					
5	出租不动产预征缴纳税款					

二、加计抵减情况							
序号	加计抵减项目	期初余额	本期发生额	本期调减额	本期可抵减额	本期实际抵减额	期末余额
		1	2	3	4=1+2－3	5	6=4－5
6	一般项目加计抵减额计算						
7	即征即退项目加计抵减额计算						
8	合计						

《增值税纳税申报表附列资料(四)》(税额抵减情况表)填写说明如下。

(1) 税额抵减情况。

① 本表第1行由发生增值税税控系统专用设备费用和技术维护费的纳税人填写，反映纳税人增值税税控系统专用设备费用和技术维护费按规定抵减增值税应纳税额的情况。

② 本表第2行由营业税改征增值税纳税人，服务、不动产和无形资产按规定汇总计算缴纳增值税的总机构填写，反映其分支机构预征缴纳税款抵减总机构应纳增值税税额的情况。

③ 本表第3行由销售建筑服务并按规定预缴增值税的纳税人填写，反映其销售建筑服务预征缴纳税款抵减应纳增值税税额的情况。

④ 本表第4行由销售不动产并按规定预缴增值税的纳税人填写，反映其销售不动产预征缴纳税款抵减应纳增值税税额的情况。

⑤ 本表第5行由出租不动产并按规定预缴增值税的纳税人填写，反映其出租不动产预征缴纳税款抵减应纳增值税税额的情况。

(2) 加计抵减情况。

本表第6至8行仅限适用加计抵减政策的纳税人填写，反映其加计抵减情况。其他纳税人不需填写。第8行“合计”等于第6行、第7行之和。各列说明如下。

① 第1列“期初余额”：填写上期期末结余的加计抵减额。

② 第2列“本期发生额”：填写按照规定本期计提的加计抵减额。

③ 第3列“本期调减额”：填写按照规定本期应调减的加计抵减额。

④ 第4列“本期可抵减额”：按表中所列公式填写。

⑤ 第5列“本期实际抵减额”：反映按照规定本期实际加计抵减额，按以下要求填写。

若第4列≥0，且第4列＜主表第11栏－主表第18栏，则第5列＝第4列；

若第4列≥主表第11栏－主表第18栏，则第5列＝主表第11栏－主表第18栏；

若第4列＜0，则第5列等于0。

计算本列“一般项目加计抵减额计算”行和“即征即退项目加计抵减额计算”行时，公式中主表各栏次数据分别取主表“一般项目”“本月数”列、“即征即退项目”“本月数”列对应数据。

⑥ 第6列“期末余额”：填写本期结余的加计抵减额，按表中所列公式填写。

表2.16　增值税减免税申报明细表

增值税减免税申报明细表

税款所属时间：自　年　月　日至　年　月　日

纳税人名称(公章)：　　　　　　　　　　　　　　　金额单位：元至角分

一、减税项目						
减税性质代码及名称	栏次	期初余额	本期发生额	本期应抵减税额	本期实际抵减税额	期末余额
		1	2	3=1+2	4≤3	5=3−4
合计	1					
	2					
	3					
	4					
	5					
	6					
二、免税项目						
免税性质代码及名称	栏次	免征增值税项目销售额	免税销售额扣除项目本期实际扣除金额	扣除后免税销售额	免税销售额对应的进项税额	免税额
		1	2	3=1−2	4	5
合计	7					
出口免税	8		—	—	—	—
其中：跨境服务	9		—	—	—	—
	10					
	11					
	12					

《增值税减免税申报明细表》填写说明如下。

(1) 本表由享受增值税减免税优惠政策的增值税一般纳税人和小规模纳税人(以下简称增值税纳税人)填写。仅享受月销售额不超过10万元(按季纳税30万元)免征增值税政策或未达起征点的增值税小规模纳税人不需填报本表，即小规模纳税人当期《增值税纳税申报表(小规模纳税人适用)》第

12 栏“其他免税销售额”“本期数”和第 16 栏“本期应纳税额减征额”“本期数”均无数据时，不需填报本表。

(2) “税款所属时间”“纳税人名称”的填写同申报表主表，申报表主表是指《增值税纳税申报表(一般纳税人适用)》或《增值税纳税申报表(小规模纳税人适用)》(下同)。

(3) “一、减税项目”由本期按照税收法律、法规及国家有关税收规定享受减征(包含税额式减征、税率式减征)增值税优惠的增值税纳税人填写。

① “减税性质代码及名称”：根据国家税务总局最新发布的《减免性质及分类表》所列减免性质代码、项目名称填写。同时有多个减征项目的，应分别填写。

② 第 1 列“期初余额”：填写应纳税额减征项目上期“期末余额”，为对应项目上期应抵减而不足抵减的余额。

③ 第 2 列“本期发生额”：填写本期发生的按照规定准予抵减增值税应纳税额的金额。

④ 第 3 列“本期应抵减税额”：填写本期应抵减增值税应纳税额的金额。本列按表中所列公式填写。

⑤ 第 4 列“本期实际抵减税额”：填写本期实际抵减增值税应纳税额的金额。本列各行≤第 3 列对应各行。

一般纳税人填写时，第 1 行“合计”本列数＝申报表主表第 23 行“一般项目”列“本月数”。

小规模纳税人填写时，第 1 行“合计”本列数＝申报表主表第 16 行“本期应纳税额减征额”的“本期数”。

⑥ 第 5 列“期末余额”：按表中所列公式填写。

(4) “二、免税项目”由本期按照税收法律、法规及国家有关税收规定免征增值税的增值税纳税人填写。仅享受小微企业免征增值税政策或未达起征点的小规模纳税人不需填写，即小规模纳税人申报表主表第 12 栏“其他免税销售额”“本期数”无数据时，不需填写本栏。

① “免税性质代码及名称”：根据国家税务总局最新发布的《减免性质及分类表》所列减免性质代码、项目名称填写。同时有多个免税项目的，应分别填写。

②“出口免税”填写增值税纳税人本期按照税法规定出口免征增值税的销售额，但不包括适用免、抵、退税办法出口的销售额。小规模纳税人不填写本栏。

③ 第 1 列“免征增值税项目销售额”：填写增值税纳税人免税项目的销售额。免税销售额按照有关规定允许从取得的全部价款和价外费用中扣除价款的，应填写扣除之前的销售额。

一般纳税人填写时，本列“合计”等于申报表主表第 8 行“一般项目”列“本月数”。

④ 第 2 列“免税销售额扣除项目本期实际扣除金额”：免税销售额按照有关规定允许从取得的全部价款和价外费用中扣除价款的，据实填写扣除金额；无扣除项目的，本列填写“0”。

⑤ 第 3 列“扣除后免税销售额”：按表中所列公式填写。

⑥ 第 4 列“免税销售额对应的进项税额”：本期用于增值税免税项目的进项税额。小规模纳税人不填写本列，一般纳税人按下列情况填写。

- 一般纳税人兼营应税和免税项目的，按当期免税销售额对应的进项税额填写。
- 一般纳税人本期销售收入全部为免税项目，且当期取得合法扣税凭证的，按当期取得的合法扣税凭证注明或计算的进项税额填写。
- 当期未取得合法扣税凭证的，一般纳税人可根据实际情况自行计算免税项目对应的进项税额；无法计算的，本栏次填“0”。

⑦ 第 5 列“免税额”：一般纳税人和小规模纳税人分别按下列公式计算填写，并且本列各行数

应大于或等于0。

一般纳税人公式：第5列“免税额”≤第3列“扣除后免税销售额”×适用税率－第4列“免税销售额对应的进项税额”。

小规模纳税人公式：第5列“免税额”＝第3列“扣除后免税销售额”×征收率。

表2.17　增值税纳税申报表

(小规模纳税人适用)

纳税人识别号：□□□□□□□□□□□□□□□□□□□□

纳税人名称(公章)：　　　　　　　　　　　　　　　　　　　　金额单位：元至角分

税款所属期：　　年　月　日至　　年　月　日　　　　　　　　填表日期：　　年　月　日

	项　目	栏　次	本期数		本年累计	
			货物及劳务	服务、不动产和无形资产	货物及劳务	服务、不动产和无形资产
一、计税依据	(一) 应征增值税不含销售额(3%征收率)	1				
	税务机关代开的增值税专用发票不含税销售额	2				
	税控器具开具的普通发票不含税销售额	3				
	(二) 应征增值税不含税销售额(5%征收率)	4	——		——	
	税务机关代开的增值税专用发票不含税销售额	5	——		——	
	税控器具开具的普通发票不含税销售额	6	——		——	
	(三) 销售使用过的固定资产不含税销售额	7(7≥8)		——		——
	其中：税控器具开具的普通发票不含税销售额	8		——		——
	(四) 免税销售额	9＝10＋11＋12				
	其中：小微企业免税销售额	10				
	未达起征点销售额	11				
	其他免税销售额	12				
	(五) 出口免税销售额	13(13≥14)				
	其中：税控器具开具的普通发票销售额	14				

(续表)

	项　目	栏　次	本期数		本年累计	
			货物及劳务	服务、不动产和无形资产	货物及劳务	服务、不动产和无形资产
二、税款计算	本期应纳税额减征额	16				
	本期免税额	17				
	其中：小微企业免税额	18				
	未达起征点免税额	19				
	应纳税额合计	20=15-16				
	本期预缴税额	21			——	——
	本期应补(退)税额	22=20-21			——	——

纳税人或代理人声明：	如纳税人填报，由纳税人填写以下各栏：		
本纳税申报表是根据国家税收法律法规及相关规定填报的，我确定它是真实的、可靠的、完整的。	办税人员： 法定代表人：		财务负责人： 联系电话：
	如委托代理人填报，由代理人填写以下各栏：		
	代理人名称(公章)：	经办人：	联系电话：
主管税务机关：		接收人：	接收日期：

任务小结

知识点：

能力点：

重　点：

难　点：

任务实施

【实际操作一】请根据【项目引例】计算缴纳增值税。

【解析】

(1) 以旧换新方式销售玉石首饰，按新玉石首饰的作价征税，不得扣除旧首饰的作价；以旧换新方式销售金银首饰，按实际收取的价款征收。

$$销项税额=(68+120+150\times2000\div10\,000)\div(1+13\%)\times13\%=25.08(万元)$$

(2) 因质量原因而给予对方的销售折让可以通过开具红字专用发票从销售额中减除。

$$销项税额=[2500\times300\div10\,000-5.45\div(1+13\%)]\times13\%=9.12(万元)$$

(3) 接受运输企业运输服务，取得增值税专用发票，按发票注明税额抵扣进项税。

$$进项税额=20\times9\%+8\times3\%=2.04(万元)$$

(4) 税务咨询和广告服务均属于营改增应税服务中的“现代服务业”，适用6%的税率，取得增值税专用发票，可以抵扣进项税。

$$进项税额=(15+13)\times6\%=1.68(万元)$$

(5) 外购货物因管理不善霉烂变质，进项税不得抵扣，已抵扣的进项税作进项税转出处理。

$$进项税转出额=(36-10)\times13\%+10\times9\%=4.28(万元)$$
$$当月增值税销项税合计=25.08+9.12=34.2(万元)$$
$$当月增值税进项税合计=2.04+1.68=3.72(万元)$$
$$当月应纳增值税=34.2-(3.72-4.28)=34.76(万元)$$

【实务操作二】华美有限责任公司为增值税一般纳税人，主要提供餐饮、住宿服务。2020年11月有关经营情况如下。

(1) 提供餐饮、住宿服务取得含增值税收入 1568 万元。

(2) 出租餐饮设备取得含增值税收入 50 万元，出租房屋取得含增值税收入 8 万元。

(3) 提供车辆停放服务取得含增值税收入 30 万元。

(4) 发生员工出差火车票、飞机票(注明员工身份信息)支出合计 20 万元。

(5) 支付技术咨询服务费，取得增值税专用发票注明税额 2 万元。

(6) 购进卫生用具一批，取得增值税专用发票注明税额 6 万元。

(7) 从农业合作社购进蔬菜，取得农产品销售发票注明买价 200 万元。

已知：有形动产租赁服务增值税税率为13%；不动产租赁服务增值税税率为 9%；生活服务、现代服务(除有形动产租赁服务和不动产租赁服务外)增值税税率为 6%；交通运输服务增值税税率为 9%；农产品扣除率为 10%；取得的扣税凭证均已通过税务机关认证。

要求：根据上述材料，不考虑其他因素，分析回答下列小题。

(1) 华美有限责任公司下列经营业务中，应按照“现代服务”税目计缴增值税的是(　　)。

A. 餐饮服务　　　　B. 房屋租赁服务

C. 餐饮设备租赁服务　　　　D. 住宿服务

【解析】正确答案 BC。选项 AD，属于生活服务—餐饮住宿服务；选项 BC，属于现代服务—租赁服务。

(2) 下列关于华美有限责任公司增值税进项税额抵扣的表述中，正确的是(　　)。

A. 购进蔬菜的进项税额准予抵扣

B. 火车票、飞机票的进项税额准予抵扣

C. 支付技术咨询服务费的进项税额准予抵扣

D. 购进卫生用具的进项税额准予抵扣

【解析】ABCD。

(3) 计算华美有限责任公司当月增值税销项税额的下列算式中，正确的是(　　)。

A. 车辆停放收入的销项税额＝30÷(1＋9%)×9%

B. 房屋出租收入的销项税额＝8÷(1＋9%)×9%

C. 餐饮设备出租收入的销项税额＝50÷(1＋13%)×13%

D. 餐饮、住宿收入的销项税额＝1568÷(1＋6%)×6%

【解析】ABCD。车辆停放服务、房屋出租按照不动产经营租赁服务缴纳增值税。餐饮设备出租属于有形动产经营租赁。餐饮、住宿收入属于生活服务。

(4) 计算华美有限责任公司当月准予抵扣增值税进项税额的下列算式中，正确的是(　　)。

A. 2＋6＝8(万元)

B. 2＋6＋200×10%＝28(万元)

C. 20×10%＋2＝4(万元)

D. 20÷(1＋9%)×9%＋2＋6＋200×10%＝29.65(万元)

【解析】D。火车票、飞机票支出计算扣除，农产品按照买价的10%作为进项税额抵扣。

【实务操作三】重庆银行为增值税一般纳税人(按一般计税方法计税)，2020年12月有关经济业务如下。

(1) 购进3台自助存取款机，取得增值税专用发票，金额为30万元、税额为3.9万元。

(2) 租入一处底楼作为营业部，取得增值税专用发票，金额为200万元、税额为10万元，收取账户管理费(含增值税)10.6万元。

(3) 办理公司业务，收取结算手续费(含增值税)212万元。

(4) 办理贷款业务，取得利息收入含增值税31.8万元。

(5) 吸收存款100 000万元。

已知：金融服务适用的增值税税率为6%，该银行取得的增值税专用发票均符合规定并已通过认证。

要求：计算该银行2019年12月应纳增值税税额。

【解析】

购进自助存取款机的进项税额准予抵扣；租入办公用房的进项税额准予“全额抵扣”。

办理公司业务，收取的结算手续费和账户管理费属于“直接收费金融服务”，应缴纳增值税。

办理贷款业务收取的利息收入属于“贷款服务”，应缴纳增值税；“吸收存款”不属于增值税的征税范围。

进项税额＝3.9＋10＝13.9(万元)

销项税额＝212÷(1＋6%)×6%＋10.6÷(1＋6%)×6%＋31.8÷(1＋6%)×6%＝14.4(万元)

应纳增值税税额＝14.4－13.9＝0.5(万元)

【实务操作四】重庆华庆建筑有限责任公司为增值税一般纳税人，2020年12月发生以下业务。

(1) 在江苏省南京市以清包工方式承接甲建筑项目，预收含税工程款1200万元，支付含税分包款500万元，选择按简易计税方法计税。为完成甲建筑项目购进辅助材料，取得增值税专用发票，注明价款30万元。

(2) 在山西省太原市承接乙建筑项目，预收含税总包款4500万元，支付含税分包款2000万元，分包工程款取得增值税专用发票，选择按一般计税方法计税。为完成乙建筑项目购进辅助材料，取得增值税专用发票，注明价款200万元。

(3) 在本市以包工包料方式承接丙建筑项目，当月完工收取含税工程款3000万元，选择按一般计税方法计税。为完成丙建筑项目购进原材料，取得增值税专用发票，注明价款600万元。

(4) 本月采购办公用品取得增值税专用发票，注明价款15万元；支付电费取得增值税专用发票，注明价款2万元；支付桥闸通行费并取得通行费发票注明通行费1.05万元。

(5) 本月购入一台建筑设备，既用于一般计税项目，也用于简易计税项目，取得增值税专用发票，注明价款70万元。

(6) 本月将一批旧建筑设备出售，取得含税收入30.9万元，开具增值税普通发票(简易计税方法)。

要求：

(1) 计算甲建筑项目在建筑服务发生地应预缴的增值税额。

(2) 计算乙建筑项目在建筑服务发生地应预缴的增值税额。

(3) 计算重庆华庆建筑有限责任公司购进建筑设备准予抵扣的进项税额。

(4) 计算重庆华庆建筑有限责任公司发生的电、办公用品、道路通行费支出准予抵扣的进项税额。

(5) 计算重庆华庆建筑有限责任公司出售旧建筑设备应缴纳的增值税额。

(6) 计算重庆华庆建筑有限责任公司当月在本市申报缴纳的增值税额。

【解析】

(1) 应预缴税款＝(全部价款和价外费用－支付的分包款)÷(1＋3%)×3%＝(1200－500)÷(1＋3%)×3%＝20.39(万元)

(2) 应预缴税款＝(全部价款和价外费用－支付的分包款)÷(1＋9%)×2%＝(4500－2000)÷(1＋9%)×2%＝45.87(万元)

(3) 可以抵扣的进项税额＝70×13%＝9.1(万元)

(4) 电、办公用品、通行费的进项税额＝15×13%＋2×13%＋1.05÷(1＋5%)×5%＝2.26(万元)

(5) 旧建筑设备出售应缴纳的增值税＝30.9÷(1＋3%)×2%＝0.60(万元)

(6) 甲项目销售额＝1200÷(1＋3%)＝1165.05(万元)；

乙项目销售额＝4500÷(1＋9%)＝4128.44(万元)；

丙项目销售额＝3000÷(1＋9%)＝2752.29(万元)

一般计税方法销售额的比例＝(4128.44＋2752.29)÷(1165.05＋4128.44＋2752.29)×100%＝85.52%

汇总：

乙建筑项目销项税额＝4500÷(1＋9%)×9%＝371.56(万元)

丙建筑项目销项税额＝3000÷(1＋9%)×9%＝247.71(万元)

当月销项税额合计＝371.56＋247.71=619.27(万元)

乙项目分包可以抵扣的进项税额＝2000÷(1＋9%)×9%＋200×13%＝191.14(万元)

丙建筑项目准予抵扣的进项税额＝600×13%＝78(万元)

进项税额＝191.14＋78＋2.26＋9.1＝280.5(万元)

简易计税应纳税额＝(1200－500)÷(1＋3%)×3%＋0.60＝20.99(万元)

预缴增值税＝20.39＋45.87＝66.26(万元)

在本市申报缴纳的增值税＝619.27－280.5＋20.99－66.26＝293.5(万元)

【知识点提示】

1. 一般纳税人跨县(市、区)提供建筑服务，选择适用简易计税方法计税的，以取得的全部价款和价外费用扣除支付的分包款后的余额，按照3%的征收率计算应预缴税款。

应纳税额＝预缴税款

2. 一般纳税人跨县(市、区)提供建筑服务，适用一般计税方法计税的，以取得的全部价款和价外费用扣除支付的分包款后的余额，按照2%的预征率计算应预缴税款。

【综合技能训练】

一、单项选择题

1. 下列无形资产中，不属于自然资源使用权的有(　　)。

A. 土地使用权　　B. 海域使用权　　C. 经营权　　D. 采矿权

2. 下列不属于销售无形资产的是(　　)。

A. 转让建筑永久使用权　　B. 转让专利权

C. 转让网络虚拟道具　　D. 转让采矿权

3. 根据增值税法律制度的规定，企业发生的下列行为中，不属于视同销售货物行为的是(　　)。

A. 将购进的货物作为投资提供给其他单位　　B. 将自产的货物用于个人消费

C. 将委托加工的货物分配给股东　　D. 将购进的货物用于集体福利

4. 甲公司为增值税一般纳税人，2020年10月销售啤酒取得含税价款226万元，另收取包装物租金1.13万元，包装物押金3.39万元，已知增值税适用税率为13%，计算甲公司当月上述业务增值税销项税额的下列算式中，正确的是(　　)。

A. (226＋1.13)÷(1＋13%)×13%＝26.13(万元)

B. 226÷(1＋13%)×13%＝26(万元)

C. 226×13%＝29.38(万元)

D. (226＋1.13＋3.39)÷(1＋13%)×13%＝26.52(万元)

5. 根据增值税法律制度的规定，一般纳税人发生的下列行为中，不可以选择适用简易计税方法的是(　　)。

A. 仓储服务　　B. 收派服务　　C. 咨询服务　　D. 装卸搬运服务

6. 某超市为增值税小规模纳税人，2020年5月份零售商品取得收入103 000元，将一批外购商品无偿赠送给物业公司用于社区活动，该批商品的含税价为721元。已知增值税征收率为3%。计算甲便利店12月份应缴纳增值税税额的下列算式中，正确的是(　　)。

A. [103 000＋721÷(1＋3%)]×3%＝3111(元)

B. (103 000＋721)×3%＝3111.63(元)

C. [103 000÷(1＋3%)＋721]×3%＝3021.63(元)

D. (103 000＋721)÷(1＋3%)×3%＝3021(元)

7. 甲公司为增值税一般纳税人，2020年7月进口货物一批，海关审定的关税完税价格为116万元。已知增值税税率为13%；关税税率为10%。计算甲公司当月该笔业务应缴纳增值税税额的下列算式中，正确的是(　　)。

A. 116×(1＋10%)÷(1＋13%)×13%＝14.68(万元)

B. 116÷(1＋13%)×13%＝13.35(万元)

C. 116×(1＋10%)×13%＝16.59(万元)

D. 116×13%＝15.08(万元)

8. 根据增值税法律制度的规定，下列各项中属于免税项目的是(　　)。

A. 超市销售保健品　　B. 外贸公司进口供残疾人专用的物品

C. 商场销售儿童玩具　　D. 外国政府无偿援助的进口设备

9. 根据增值税法律制度的规定，下列关于增值税纳税义务发生时间的表述中，正确的是(　　)。

A. 委托他人代销货物的，为货物发出的当天

B. 从事金融商品转让的，为金融商品所有权转移的当天

C. 采用预收货款方式销售货物，货物生产工期不超过12个月的，为收到预收款的当天

D. 采取直接收款方式销售货物的，为货物发出的当天

10. 李红户籍所在地在甲市，居住地在乙市，工作单位在丙市，2020年6月李红将位于丁市的住房出售，则出售该住房增值税的纳税地点是(　　)。

A. 甲市税务机关　B. 乙市税务机关　C. 丙市税务机关　D. 丁市税务机关

11. 根据增值税法律制度的规定，一般纳税人发生的下列行为中，可以开具增值税专用发票的是(　　)。

A. 律师事务所向消费者个人提供咨询服务　　B. 生产企业向一般纳税人销售货物

C. 商业企业向消费者个人零售食品　　D. 书店向消费者个人销售图书

二、多项选择题

1. 根据增值税法律制度的规定，下列各项中应按照“交通运输服务”计缴增值税的有(　　)。

A. 程租　B. 期租　C. 湿租　D. 道路通行服务

2. 根据增值税法律制度的规定，下列各项中应按照“金融服务”税目计算缴纳增值税的有(　　)。

A. 转让外汇　　B. 融资性售后回租

C. 货币兑换服务　　D. 财产保险服务

3. 根据增值税法律制度的规定，企业发生的下列行为中属于视同销售货物行为的有(　　)。

A. 将外购的货物用于个人消费

B. 将自产的货物交付代销商代销

C. 将委托加工收回的货物作为投资提供给其他单位

D. 将自产的货物用于集体福利

4. 根据增值税法律制度的规定，企业发生的下列行为中，属于视同销售货物行为的有(　　)。

A. 将外购货物分配给股东　　B. 将外购货物用于个人消费

C. 将自产货物无偿赠送他人　　D. 将自产货物用于集体福利

5. 根据增值税法律制度的规定，企业发生的下列行为中，属于视同销售货物行为的有(　　)。

A. 将服装交付他人代销　　B. 将自产服装用于职工福利

C. 将购进服装无偿赠送给某小学　　D. 销售代销服装

6. 下列各项中，属于增值税混合销售行为的有(　　)。

A. 百货商店在销售商品的同时又提供送货服务

B. 餐饮公司提供餐饮服务的同时又销售烟酒

C. 建材商店在销售木质地板的同时提供安装服务

D. 歌舞厅在提供娱乐服务的同时销售食品

7. 根据增值税法律制度的规定，下列各项中，不征收增值税的有(　　)。

A. 物业管理单位收取的物业费　　B. 被保险人获得的医疗保险赔付

C. 物业管理单位代收的住宅专项维修资金　　D. 存款利息

8. 根据增值税法律制度的规定，一般纳税人销售的下列货物中，可以选择简易计税方法计缴增值税的有(　　)。

A. 食品厂销售的食用植物油

B. 县级以下小型水力发电单位生产的电力

C. 自来水公司销售自产的自来水

D. 煤气公司销售的煤气

9. 根据增值税法律制度的规定，纳税人销售货物向购买方收取的下列款项中，属于价外费用的有(　　)。

A. 延期付款利息　　B. 赔偿金　　C. 手续费　　D. 包装物租金

10. 根据增值税法律制度的规定，一般纳税人购进货物取得的下列合法凭证中，属于增值税扣税凭证的有(　　)。

A. 税控机动车销售统一发票　　B. 海关进口增值税专用缴款书

C. 农产品收购发票　　D. 客运发票

11. 根据增值税法律制度的规定，一般纳税人购进货物的下列进项税额中，不得从销项税额中抵扣的有(　　)。

A. 因管理不善造成被盗的购进货物的进项税额

B. 被执法部门依法没收的购进货物的进项税额

C. 被执法部门强令自行销毁的购进货物的进项税额

D. 因地震造成毁损的购进货物的进项税额

12. 根据增值税法律制度的规定，下列行为中外购货物进项税额准予从销项税额中抵扣的有(　　)。

A. 将外购货物无偿赠送给客户　　B. 将外购货物作为投资提供给联营单位

C. 将外购货物分配给股东　　D. 将外购货物用于本单位职工福利

13. 根据增值税法律制度的规定，下列各项中免征增值税的有(　　)。

A. 婚姻介绍所提供的婚姻介绍服务　　B. 医疗机构提供医疗服务

C. 电信公司提供语音普通话服务　　D. 科研机构进口直接用于科学研究的仪器

14. 根据增值税法律制度的规定，下列各项中免征增值税的有(　　)。

A. 农业生产者销售的自产农产品

B. 企业销售自己使用过的固定资产

C. 由残疾人的组织直接进口供残疾人专用的物品

D. 外国政府无偿援助的进口物资

15. 商业企业一般纳税人零售下列各项物品，不得开具增值税专用发票的有(　　)。

A. 食品　　B. 劳保鞋　　C. 白酒　　D. 香烟

三、判断题

1. 将建筑物的广告位出租给其他单位用于发布广告，应按照“广告服务”税目计缴增值税。（ ）

2. 增值税起征点的适用范围限于个人，且不适用于登记为一般纳税人的个体工商户。（ ）

3. 纳税人兼营免税、减税项目的，应当分别核算免税、减税项目的营业额；未分别核算营业额的，不得免税、减税。（ ）

4. 银行增值税的纳税期限为 1 个月。（ ）

5. 商业企业一般纳税人零售烟、酒，可开具增值税专用发票。（ ）

6. 采用以旧换新方式销售一般货物时，应按新货物的同期销售价格确定销售额，旧货物的收购价格不允许扣除。（ ）

7. 企业在销售货物中，为了鼓励购物方尽早偿还货款，按付款时间给予购货方一定比例的货款折扣，可以从货物销售额中减除。（ ）

8. 某商店开展促销活动，买一赠一，在这项活动中售货取得销售额 20 万元，赠送的商品价值 3000 元，因未取得收入，所以企业按 10 万元的销售额计算销项税额。（ ）

9. 小规模纳税人购进货物取得的增值税专用发票可以抵扣进项税额，取得普通发票不允许扣除进项税额。（ ）

10. 纳税人将购买的货物无偿赠送他人，因该货物购买时已缴增值税，因此，赠送他人时可不再计入销售额征税。（ ）

四、计算题

1. 重庆华务有限公司为增值税一般纳税人，2020 年 7 月，该厂发生以下经济业务。

(1) 1 日，外购生产用原材料一批，全部价款已付并验收入库。从供货方取得防伪税控开具的增值税专用发票上注明增值税为 30 万元。

(2) 5 日，外购用于装饰厂部办公大楼的建筑材料一批，全部价款已付并已验收入库。从供货方取得防伪税控开具的增值税专用发票上注明增值税为 3.4 万元。当月已将该批建筑材料用于办公楼装饰。

(3) 16 日，外购用于生产用原材料一批，价款已付，从供货方取得防伪税控开具的增值税专用发票上注明增值税为 50 万元。供货方于 3 月 17 日将该批材料发出，但重庆华务有限公司 7 月 31 日仍未收到该批材料。

(4) 20 日，销售产品一批，已收到全部价款(含增值税 339 万元)，开出了增值税专用发票。

(5) 28 日，采用托收承付方式向南京某公司销售产品一批，不含税价款 200 万元，增值税发票已开出。重庆华务有限公司已将产品发出并向银行办理了托收承付的手续。3 月 31 日尚未收到该货款。

(6) 30 日，外购一批原材料，价款已付，材料已验收入库。从供货方取得防伪税控开具的增值税专用发票上注明增值税 8.5 万元。已近月底未及时到税务认证通过。

已知：重庆华务有限公司销售产品适用的增值税税率为 13%；2019 年 8 月 1 日留抵进项税额为 10 万元。

要求：

1. 计算重庆华务有限公司 2020 年 7 月应纳增值税额(除有特别注明外，取得的防伪税控增值税专用发票均在当月通过认证)。

2. 根据计算结果填写增值税申报表。

3. 某生产企业为增值税一般纳税人，适用增值税税率13%，2020年6月份的有关生产经营业务如下。

(1) 销售甲产品给某大商场，开具增值税专用发票，取得不含税销售额100万元；另外，开具普通发票，取得销售甲产品的送货运输费收入2.26万元。

(2) 销售乙产品，开具普通发票，取得含税销售额33.9万元。

(3) 将试制的一批应税新产品用于本企业基建工程，成本价为10万元，成本利润率为10%，该新产品无同类产品市场销售价格。

(4) 购进货物取得增值税专用发票，注明支付的货款60万元、进项税额7.8万元；另外支付购货的运输费用5万元，取得运输公司开具的发票。

(5) 向农业生产者购进免税农产品一批，支付收购价20万元，支付给运输单位的运费4万元，取得相关的合法票据。本月下旬将购进的农产品的20%用于本企业职工福利。

以上相关票据均符合税法的规定。请按下列顺序计算该企业6月份应缴纳的增值税税额。

(1) 计算销售甲产品的销项税额。

(2) 计算销售乙产品的销项税额。

(3) 计算自用新产品的销项税额。

(4) 计算外购货物应抵扣的进项税额。

(5) 计算外购免税农产品应抵扣的进项税额。

项目三

消费税法规与实务

知识目标

1. 了解消费税的概念及特点；
2. 理解消费税的纳税人、征税范围、税目和税率；
3. 掌握消费税应纳税额的计算；
4. 了解消费税的征收管理。

技能目标

1. 能正确计算消费税的应纳税额；
2. 能正确进行消费税的手工及网上纳税申报与税款缴纳；
3. 掌握1+X证书中消费税纳税申报技能。

素质目标

拓展学生思维，激发学习热情，培养诚实守信，依法纳税的法律意识。

项目知识结构

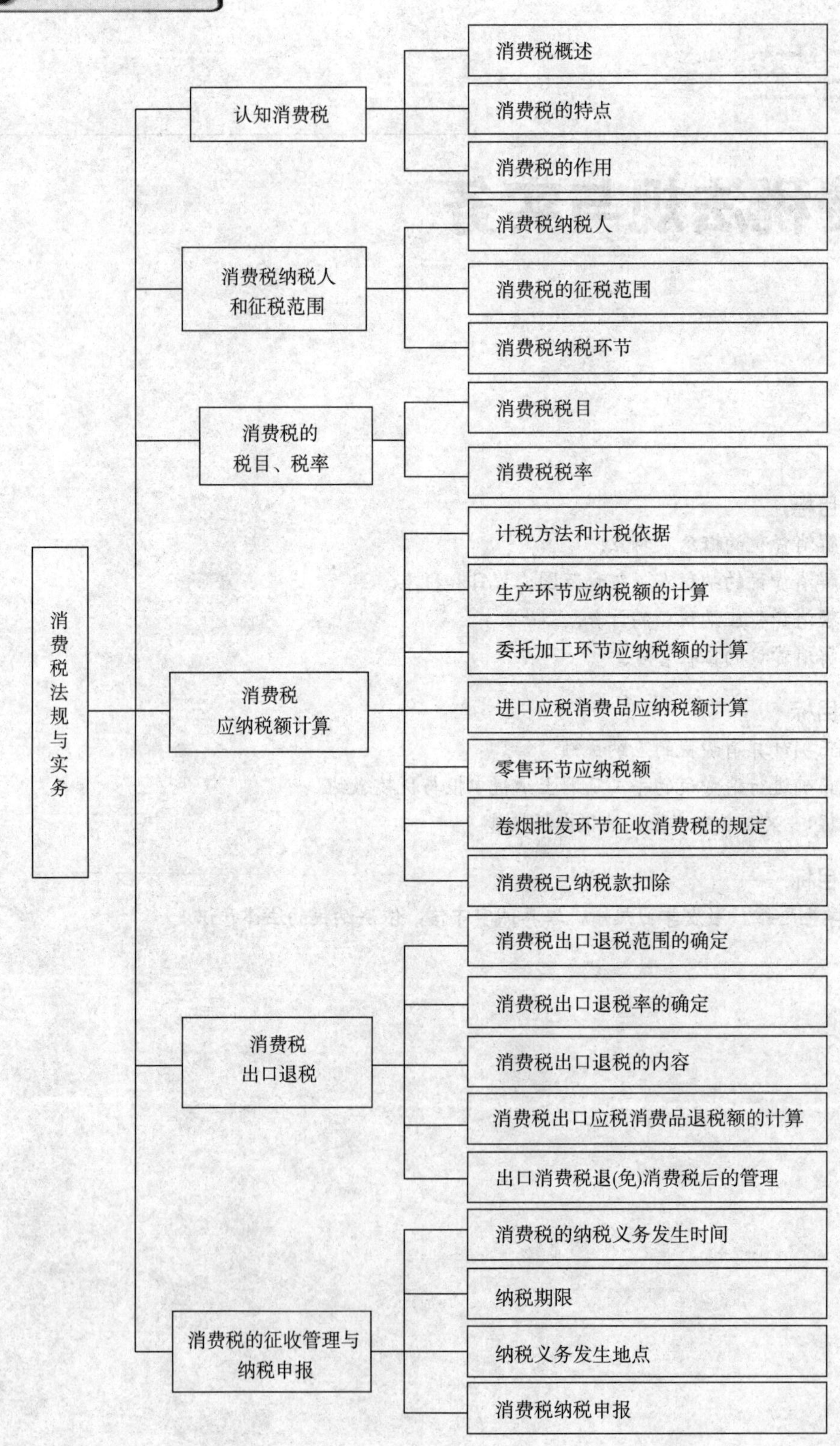
消费税法规与实务
认知消费税
消费税概述
消费税的特点
消费税的作用
消费税纳税人和征税范围
消费税纳税人
消费税的征税范围
消费税纳税环节
消费税的税目、税率
消费税税目
消费税税率
消费税应纳税额计算
计税方法和计税依据
生产环节应纳税额的计算
委托加工环节应纳税额的计算
进口应税消费品应纳税额计算
零售环节应纳税额
卷烟批发环节征收消费税的规定
消费税已纳税款扣除
消费税出口退税
消费税出口退税范围的确定
消费税出口退税率的确定
消费税出口退税的内容
消费税出口应税消费品退税额的计算
出口消费税退(免)消费税后的管理
消费税的征收管理与纳税申报
消费税的纳税义务发生时间
纳税期限
纳税义务发生地点
消费税纳税申报

项目引例

盛德股份有限公司为增值税一般纳税人，2020 年 8 月经营状况如下。

(1) 生产食用酒精一批，将其中的 60%用于销售，开具的增值税专用发票注明金额 12 万元。

(2) 将剩余 40%的食用酒精作为酒基，加入食品添加剂调制成 38 度的配制酒，当月全部销售，开具的增值税专用发票注明金额 30 万元、税额 3.9 万元。

(3) 酿制葡萄酒一批，将 20%的葡萄酒用于生产酒心巧克力，采用赊销方式销售，不含税总价为 32 万元，货已经交付，合同约定 6 月 30 日付款。

(4) 将剩余 80%的葡萄酒装瓶对外销售，开具的增值税专用发票注明金额 40 万元、税额 5.2 万元。

(其他相关资料：上述配制酒具有国家相关部门批准的国食健字或卫食健字文号；其他酒消费税税率为 10%)

思考：盛德股份有限公司 2020 年 8 月的经济活动需如何进行消费税的涉税处理？

任务一　认知消费税

某商贸企业从白酒生产企业购进白酒 100 吨，支付其不含税价格 10 万元，并把其中的一半作为福利发放给职工，此商贸企业需要缴纳消费税吗？如果需要缴纳消费税应该缴纳的金额是多少？

一、消费税概述

（一）消费税的含义

消费税是指对消费品或特定的消费行为按消费流转额征收的一种流转税。根据《中华人民共和国消费税暂行条例》(以下简称《消费税暂行条例》)的规定，消费税是对我国境内从事生产、委托加工和进口应税消费品的单位和个人，就其销售额或销售数量，在特定环节征收的一种流转税。

（二）消费税的由来及发展

消费税具有悠久的历史，早在公元前 81 年，汉昭帝就改酒专卖为普遍征税，这可以说是我国较早的消费税。我国目前的消费税是 1994 年税制改革中设置的税种，它由原产品税脱胎出来，与实行普遍调节的增值税配套，对某些产品进行特殊调节。新中国成立初期征收的货物税、20 世纪 50 年代征收的商品流通税、1958 年 9 月至 1973 年征收的工商统一税、1973 年至 1983 年征收的工商税中相当于货物税的部分、1983 年至 1994 年前征收的产品税、增值税，实质上相当于或其中部分相当于消费税性质。

我国现行消费税的基本法律规范是 2008 年 11 月 5 日国务院第 34 次常务会议修订通过的《中华人民共和国消费税暂行条例》，以及 2008 年 12 月 15 日财政部、国家税务总局第 51 号令公布的修订后的《中华人民共和国消费税暂行条例实施细则》(以下简称《消费税实施细则》)。

消费税是世界各国广泛实行的税种，在开征国和地区税收收入总额中占有相当比重，特别是发展中国家，大多以商品课税为主体。目前美国、日本、法国等主要发达国家均对特定的消费品或消费行为征收消费税。

（三）消费税的类型

1. 收入性消费税和调节性消费税

根据消费税征收目的，可将消费税分为收入性消费税和调节性消费税。收入性消费税是以取得收入为目的而征收的消费税，其征税对象主要是需求缺乏弹性的日常消费品，如食盐、米、面等；调节性消费税是为实施特定的经济和社会政策而征收的消费税，其征税对象主要是一些需要限制消费的消费品，如奢侈品、稀缺资源等。目前世界各国的消费税基本上属于调节性消费税。

2. 狭窄型消费税、中间型消费税和宽泛型消费税

根据消费税征税范围，可将消费税分为狭窄型消费税、中间型消费税和宽泛型消费税。狭窄型消费税的征税对象主要是一些传统的应税消费品，包括劣质品(主要指烟、酒等)和混合品(主要是汽车等)；中间型消费税的征税对象除传统的应税消费品外，还包括一些奢侈品和生活必需品；宽泛型消费税的征税对象除包括狭窄型消费税、中间型消费税的征税对象外，还包括更多的奢侈品和一些用于生产消费的物品。目前发达国家的消费税多为狭窄型消费税，发展中国家的消费税多为中间型或宽泛型消费税。我国现行消费税的征税对象为15类消费品，是一种范围较大的狭窄型消费税。

二、消费税的特点

（一）征收范围具有选择性

我国目前选择部分特殊消费品、奢侈品、高能消费品、不可再生资源消费品和税基宽广、消费普遍、不影响人民群众生活水平但又具有一定查证意义的普通消费品，共计15个税目征收消费税，而不是对所有消费品都征收消费税。

（二）征税环节具有单一性

消费税是在生产、流通或消费的某一环节一次征收，而不是在消费品生产、流通或消费的每个环节多次征收，即通常说的一次课税制，但有两种特殊情况除外：一是卷烟除了在生产环节缴纳一道消费税外，还要在批发环节再缴纳一道消费税；二是豪华小汽车除在生产环节缴纳一道消费税外，还要在零售环节再缴纳一道消费税。

（三）征收方法具有多样性

消费税在征收方法上不力求一致，对一部分价格差异较大，且便于按价格核算的应税消费品，依据消费品或消费行为的价格，对应相应的税率，实行从价征收；对一部分价格差异较小，品种、规格比较单一的大宗应税消费品，依照消费品的数量实行从量征收；还可以两者兼有。目前，对卷烟、白酒两类消费品既采用从价征收，又采用从量征收。

（四）税收调节具有特殊性

消费税属于国家运用税收杠杆对某些消费品或消费行为特殊调节的税种。这一特殊性表现在两个方面：一是不同的征税项目税负差异较大，对需要限制或控制消费的消费品规定较高的税率，体现特殊调节的目的；二是消费税往往同增值税配合实行双重调节，即对某些需要特殊调节的消费品或消费行为在征收增值税的同时再征收一道消费税，形成一种特殊的对消费品双层次调节的税收调节体系。

（五）税负具有转嫁性

消费税是对消费应税消费品的课税，因此税负归宿应为消费者。但凡列入消费税征税范围的消费品，一般都是高价高税产品。消费税无论采取价内税形式还是价外税形式，也无论在哪个环节征收，消费品中所含的消费税税款最终都要转嫁到消费者身上，由消费者负担，因此，税负具有转嫁性。消费税的转嫁性特征，较其他商品课税形式更为明显。

【实例 3-1・单选题】关于消费税的特点，下列说法错误的是(　　)。

A. 税负不具有转嫁性

B. 征税项目具有选择性

C. 征收方法具有多样性

D. 税收调节具有特殊性

【解析】A。消费税具有转嫁性。消费税无论采取价内税形式还是价外税形式，也无论在哪个环节征收，消费品中所含的消费税税款最终都要转嫁到消费者身上，由消费者负担，税负具有转嫁性。

三、消费税的作用

对消费品有选择地征收消费税，可以根据国家产业政策和消费政策的要求，合理地调节消费行为，正确地引导消费需求，间接引导投资流向，增强国家宏观调控能力，缓解社会分配不公，并有利于流转税制度的自我完善，保证国家的财政收入。具体体现如下。

- 调节消费结构，通过纳税影响纳税人的消费活动。
- 引导消费方向，现在奢侈品消费等社会资源浪费。
- 有利于缓解社会分配不公平问题。
- 足额、及时地保证财税收入。

【实例 3-2・多选题】根据消费税现行规定，下列表述正确的有(　　)。

A. 消费税税收负担具有转嫁性

B. 消费税的税率呈现单一税率形式

C. 消费品生产企业没有对外销售的应税消费品均不征消费税

D. 税目列举的消费品都属消费税的征税范围

E. 消费税实行多环节课征制度

【解析】AD。

任务小结

知识点：

能力点：

重　点：

难　点：

任务二　消费税纳税人和征税范围

任务引例

春娟日化厂，2020 年 10 月生产并销售了一批戏剧人员使用的油彩，取得销售收入 20 万元、销售春娟宝宝霜一批 32 万元，还销售了规格为 30 毫升/瓶，售价为 360 元/瓶的眼霜 2000 件，取得销售收入 72 万元，以上销售均取得增值税专用发票。

思考：上述销售行为是否都是消费税的应税行为？是否都属于消费税的征税范围？

一、消费税纳税人

在中华人民共和国境内生产、委托加工和进口应税消费品的单位和个人，以及国务院确定的销售应税消费品的其他单位和个人，为消费税纳税人。

【实例 3-3・单选题】下列单位不属于消费税纳税人的是(　　)。

A. 委托加工应税消费品的单位　　B. 受托加工应税消费品的单位

C. 进口应税消费品的单位　　D. 生产销售应税消费品(金银首饰除外)的单位

【解析】B。消费税的委托加工业务，委托方是消费税的纳税人，受托方(个人除外)只是提供加工劳务并履行代收代缴消费税的义务。

二、消费税的征税范围

根据《消费税暂行条例》的规定，消费税的征收范围为在中华人民共和国境内生产、委托加工和进口《消费税暂行条例》规定的消费品，具体包括以下五类。

- 一些过度消费会对身体健康、社会秩序、生态环境等方面造成危害的特殊消费品，如烟、酒、鞭炮、焰火等。
- 奢侈品或非生活必需品，如高档化妆品、贵重首饰和珠宝玉石、高档手表，以及高尔夫球及球具等。
- 高能耗及高档消费品，如摩托车、超豪华小汽车、游艇等。
- 不可再生和替代的稀缺资源消费品，如汽油、柴油等。
- 不利于可持续发展和环保，或者具有一定财政意义的消费品，如木质一次性筷子、实木地板、电池、涂料等。

消费税的征收范围不是一成不变的，随着我国经济的发展，今后还会根据国家的政策和经济情况及消费结构的变化适当调整。

三、消费税纳税环节

消费税的纳税环节主要有生产环节、委托加工环节、进口环节、批发环节(仅适用于卷烟)、零售环节(仅适用于超豪华小汽车、金银首饰等)。纳税环节具体如图3.1所示。

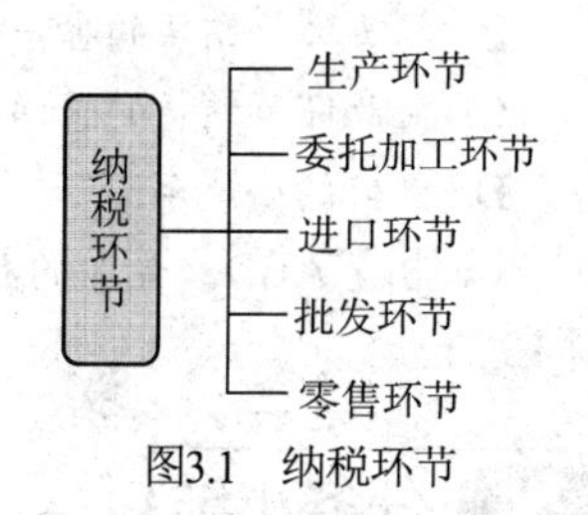

图3.1　纳税环节

（一）消费税的基本纳税环节

纳税人生产的应税消费品，于纳税人销售(这里主要指出厂销售)时纳税。

纳税人自产自用的应税消费品，用于连续生产应税消费品的，不纳税；用于其他方面的，于移送使用时纳税。

委托加工的应税消费品，除受托方为个人外，由受托方在向委托方交货时代收代缴税款。

进口的应税消费品，于报关进口时纳税。

【实例3-4·单选题】下列消费品中，应缴纳消费税的是(　　)。

A. 零售的高档化妆品　　B. 零售的白酒　　C. 进口的服装　　D. 进口的卷烟

【解析】D。高档化妆品、白酒在生产销售、委托加工或进口环节缴纳消费税；服装不属于消费税的征税范围，不征收消费税。

（二）金银首饰消费税的纳税环节

金银首饰消费税在纳税人销售金银首饰、铂金首饰、钻石及钻石饰品时征收。

金银首饰连同包装物销售的，无论包装物是否单独计价，也无论会计上如何核算，均并与金银首饰的销售额，计征消费税。

带料加工的金银首饰，应按受托方销售同类金银首饰的销售价格确定计税依据征收消费税。没有同类金银首饰销售价格的，按照组成计税价格计算纳税。

纳税人采用以旧换新(含翻新改制)方式销售的金银首饰，应按实际收取的不含增值税全部价款确定计税依据征收消费税。

（三）卷烟消费税的纳税环节

卷烟消费税在生产和批发两个环节征收。纳税人销售给纳税人以外的单位和个人的卷烟于销售时纳税。纳税人之间销售的卷烟不缴纳消费税。卷烟批发企业的机构所在地，总分支机构不在同一地区的，由总机构申报纳税。纳税人兼营卷烟批发和零售业务的，应当分别核算批发和零售环节的销售额、销售数量；未分别核算批发和零售环节的销售额、销售数量的，按照全部销售额、销售数量计征批发环节消费税。

(四)“小汽车”税目下“超豪华小汽车”子税目的纳税环节

对超豪华小汽车(不含增值税零售价格 130 万元及以上)，在生产(进口)环节按现行税率征收消费税基础上，在零售环节加征消费税，税率为 10%。

对我国驻外使领馆工作人员、外国驻华机构及人员、非居民常住人员、政府间协议规定等应税(消费税)进口自用，且完税价格在 130 万元及以上的超豪华小汽车消费税，按照生产(进口)环节税率和零售环节税率(10%)加总计算，由海关代征。

【实例 3-5 · 多选题】下列各项中，应同时征收增值税和消费税的有(　　)。

A. 批发环节销售的卷烟

B. 零售环节销售的金基合金首饰

C. 生产环节销售的普通护肤护发品

D. 进口的小汽车

【解析】ABD。普通的护肤护发品不属于消费税的征税范围，因此该环节只征增值税不征消费税。

知识点：

能力点：

重　点：

难　点：

任务三　消费税的税目、税率

任务引例

上海嘉瑞酒厂，将自产的一斤装白酒与外购的紫砂杯搭配成套对外销售。

思考：你认为上海嘉瑞酒厂该经济行为的消费税的应税销售额应是多少？

一、消费税税目

现行的消费税税目共有15个，具体征收税目如下。

（一）烟

凡是以烟叶为原料加工生产的产品。该税目下设卷烟、雪茄烟、烟丝3个子目。

（二）酒

该税目征收对象为白酒、黄酒、啤酒及除白酒、黄酒、啤酒以外，酒精度在1度以上的各种酒，包括糠麸白酒、其他原料白酒、土甜酒、复制酒、果木酒、汽酒、药酒等。

【小知识】
调味料酒不征消费税。

【实例3-6·多选题】下列消费品，属于消费税征税范围的有(　　)。

A. 果木酒　B. 药酒　C. 调味料酒　D. 黄酒　E. 复制酒

【解析】ABDE。

（三）高档化妆品

本税目征收范围包括高档美容、修饰类化妆品、高档护肤类化妆品和成套化妆品。高档美容、修饰类化妆品和高档护肤类化妆品是指生产(进口)环节销售(完税)价格(不含增值税)在10元/毫升(克)或15元/片(张)及以上的美容、修饰类化妆品和护肤类化妆品。

舞台、戏剧、影视演员化妆用的上妆油、卸装油、油彩不属于本税目的征收范围。

【实例3-7·多选题】依据消费税的有关规定，下列消费品中属于化妆品税目的有(　　)。

A. 高档香水、香水精　B. 高档护肤类化妆品　C. 指甲油、蓝眼油

D. 演员化妆用的上妆油、卸妆油　E. 香皂、洗发水

【解析】ABC。

（四）贵重首饰及珠宝玉石

本税目征收范围包括各种金银珠宝首饰和经采掘、打磨、加工的各种珠宝玉石。

（五）鞭炮、焰火

本税目征收范围包括各种鞭炮、焰火。体育上用的发令纸、鞭炮引线，不按本税目征收。

（六）成品油

本税目包括汽油、柴油、石脑油、溶剂油、航空煤油、润滑油、燃料油7个子目。

（七）摩托车

摩托车的征收范围系气缸容量250毫升以上的摩托车。

（八）汽车

汽车是指由动力驱动，具有4个或4个以上车轮的非轨道承载的车辆，包括乘用车、中轻型商用客车、超豪华小汽车。

(1) 乘用车：指含驾驶员座位在内最多不超过9个座位(含)的，在设计和技术特性上用于载运乘客和货物的各类乘用车。

(2) 中轻型商用客车：指含驾驶员座位在内的座位数在10～23座(含23座)的在设计和技术特性上用于载运乘客和货物的各类中轻型商用客车。

(3) 超豪华小汽车：指每辆零售价格在130万元(不含增值税)及以上的乘用车和中轻型商用客车。

电动汽车、沙滩车、雪地车、卡丁车、高尔夫车不属于消费税征收范围，不征收消费税。根据国税函〔2008〕52号文件规定，企业购进货车或厢式货车改装生产的商务车、卫星通信车等专用汽车不属于消费税征税范围，不征收消费税。

（九）高尔夫球及球具

高尔夫球及球具是指从事高尔夫球运动所需的各种专用装备，包括高尔夫球、高尔夫球杆及高尔夫球包(袋)等。本税目征收范围包括高尔夫球、高尔夫球杆、高尔夫球包(袋)，以及高尔夫球杆的杆头、杆身和握把。

（十）高档手表

高档手表是指销售价格(不含增值税)每只在10 000元(含)以上的各类手表。

（十一）游艇

游艇是指长度大于8米小于90米，船体由玻璃钢、钢、铝合金、塑料等多种材料制作，可以在水上移动的水上浮载体。按照动力划分，游艇分为无动力艇、帆艇和机动艇。征税范围主要是各类机动艇。

（十二）木制一次性筷子

木制一次性筷子又称卫生筷子，征税范围包括各种规格的木制一次性筷子。未经打磨、倒角的木制一次性筷子属于征税范围。

（十三）实木地板

实木地板是指以木材为原料，经锯割、干燥、抛光、截断、开榫、涂漆等工序加工而成的块状或条状的地面装饰材料。实木地板按生产工艺的不同，可分为独板(块)实木地板、实木指接地板、实木复合地板三类；按表面处理状态的不同，可分为未涂饰地板(白坯板、素板)和漆饰地板两类。征税范围包括各类规格的实木地板、实木指接地板、实木复合地板及用于装饰墙壁、天棚的侧端面的实木装饰板。未经涂饰的素板属于征税范围。

（十四）电池

电池是一种将化学能、光能等直接转换为电能的装置，一般由电极、电解质、容器、极端，以及隔离层组成的基本功能单元等构成。

本税目征收范围包括原电池、蓄电池、燃料电池、太阳能电池和其他电池。

（十五）涂料

涂料是指涂于物体表面能形成具有保护、装饰或特殊性能的固态涂膜的一类液体或固体材料的总称。对施工状态下挥发性有机物含量低于 420 克/升(含)的涂料免征消费税。

【实例 3-8・单选题】下列属于消费税征税范围的是(　　)。

A. 调味料酒　　B. 鞭炮引线　　C. 卫星通信车　　D. 宝石坯

【解析】D。

【实例 3-9・单选题】下列产品中，属于消费税征税范围的是(　　)。

A. 轮胎　　B. 卡丁车　　C. 电池　　D. 酒精

【解析】C。

【实例 3-10・单选题】依据消费税的有关规定，下列行为中应缴纳消费税的是(　　)。

A. 进口卷烟　　B. 进口服装　　C. 零售化妆品　　D. 零售白酒

【解析】A。

二、消费税税率

消费税的税率有两种形式：一种是比例税率；另一种是定额税率，即单位税额。黄酒、啤酒、成品油等适用计税简便的定额税率；烟、白酒、化妆品、鞭炮、焰火等一般适用比例税率。消费税税目税率具体如表 3.1 所示。

表3.1　消费税税目税率

税　目	税　率		
	生产(进口)环节	批发环节	零售环节
一、烟			
1. 卷烟			
(1) 甲类卷烟	56%＋0.003元/支	11%加0.005元/支	
(2) 乙类卷烟	36%＋0.003元/支		
2. 雪茄烟	36%		
3. 烟丝	30%		
二、酒			
1. 白酒	20%＋0.5元/500毫升		
2. 黄酒	240元/吨		
3. 啤酒			
(1) 甲类啤酒	250元/吨		
(2) 乙类啤酒	220元/吨		

(续表)

税目	税率		
	生产(进口)环节	批发环节	零售环节
4. 其他酒	10%		
三、高档化妆品	15%		
四、贵重首饰及珠宝玉石			
1. 金银首饰、铂金首饰和钻石及钻石饰品			5%
2. 其他贵重首饰和珠宝玉石	10%		
五、鞭炮焰火	15%		
六、成品油			
1. 汽油	1.52元/升		
2. 柴油	1.2元/升		
3. 航空煤油	1.2元/升		
4. 石脑油	1.52元/升		
5. 溶剂油	1.52元/升		
6. 润滑油	1.52元/升		
7. 燃料油	1.2元/升		
七、摩托车			
1. 气缸容量250毫升(含本数)	3%		
2. 气缸容量250毫升(不含)以上的	10%		
八、小汽车			
1. 乘用车			
(1) 气缸容量在1.0升(含本数)以下	1%		
(2) 气缸容量在1.0升～1.5升(含1.5升)	3%		
(3) 气缸容量在1.5升～2.0升(含2.0升)	5%		
(4) 气缸容量在2.0升～2.5升(含1.5升)	9%		
(5) 气缸容量在2.5升～3.0升(含3.0升)	12%		
(6) 气缸容量在3.0升～4.0升(含4.0升)	25%		
(7) 气缸容量在4.0升以上	40%		
2. 中轻型商用客车	5%		
3. 豪华小汽车	按乘用车和中轻型商用客车的规定征收		10%
九、高尔夫球及球具	10%		
十、高档手表	20%		
十一、游艇	10%		
十二、木制一次性筷子	5%		
十三、实木地板	5%		
十四、电池	4%		
十五、涂料	4%		

【小知识】

1. 卷烟、白酒采用了定额税率与比例税率双重征收形式。

2. 存在下列情况时，应税消费品应按照适用税率中最高税率征税。应税消费品特殊情况征税具体如表3.2所示。

表3.2　应税消费品特殊情况征税

经 营 形 式	消费税计税原则
兼营不同税率的应税消费品	分别核算，分别计税 未分别核算，从高计税
将不同税率应税消费品组成成套消费品销售	从高计税 (分别核算也从高适用税率)

任务小结

知识点：

能力点：

重　点：

难　点：

任务四　消费税应纳税额计算

任务引例

河南黄金叶卷烟有限公司为增值税一般纳税人，主要生产销售黄金叶牌卷烟，黄金叶卷烟平均售价80元/条(不含增值税)，2020年5月发生下列经济业务。

(1) 移送烟叶一批委托某县城加工厂加工烟丝3吨，烟叶成本60万元，该加工厂提供辅料，加工后直接发给黄金叶卷烟公司，共收取辅料及加工费10万元，开具增值税专用发票给黄金叶卷烟公司(受托方没有同类产品售价)，黄金叶卷烟公司收到了加工厂的消费税代收代缴税款凭证，注明消费税30[(60+10)÷(1−30%)×30%]万元。黄金叶卷烟公司生产车间本月领用委托加工收回烟丝的60%用于继续生产黄金叶牌卷烟。

(2) 外购已税烟丝，取得防伪税控增值税专用发票，注明金额50万元、增值税8万元，本月生产领用其中的80%用于生产黄金叶牌卷烟。期初烟丝的库存为0。

(3) 向当地某烟草商贸公司销售黄金叶牌卷烟200标准箱(1标准箱=250标准条，1标准条=200

支)，取得不含税销售额500万元，并收取包装物租金共计45.2万元。

(4) 本月没收黄金叶牌卷烟逾期包装物押金5.65万元。

(5) 上月应交未交消费税为120万元，本月12日缴纳上月应交未交消费税120万元。

适用税率：卷烟定额税率为每支0.003元；比例税率为每标准条对外调拨价格在70元以上(含70元)的，税率为56%，70元以下的，税率为36%。烟丝消费税税率为30%。

要求：计算河南黄金叶卷烟有限公司上述经济行为当月应缴纳的消费税。

一、计税方法和计税依据

消费税有3种计税方法，即从价定率计税、从量定额计税和复合计税。

(一) 从价定率计税

采用从价定率计税的应纳税额计算公式如下。

从价定率计税的应纳税额＝应税消费品的销售额×比例税率

除了卷烟、白酒、啤酒、黄酒、成品油之外的其他应税消费品都采用从价定率计税方法。

1. 销售额的一般规定

(1) 实行从价定率计税办法的应税消费品的计税依据为应税消费品的销售额。该销售额包含消费税不含增值税。

(2) 不包括代垫运费，政府性基金行政事业性收费。

(3) 包装物及包装物押金。

应税消费品连同包装物销售的，无论包装物是否单独计价，均应并入应税消费品的销售额中征收消费税。如果包装物不作价随同产品销售，只是收取押金，此项押金则不应并入应税消费品的销售额中征税。但对因逾期未收回的包装物不再退还的和已收取一年以上的押金，应并入应税消费品的销售额，依照应税消费品的适用税率征收消费税。包装物押金的税务处理具体如表3.3所示。

表3.3 包装物押金的税务处理

包装物押金类型	消费税处理
啤酒、黄酒、成品油	从量计征，与销售额无关
啤酒、黄酒以外的酒类	特殊处理：收取时计入销售额，逾期(超1年)不再重复计算
其他货物	一般处理：收取不作为销售额，逾期(超1年)计入销售额

【小知识】

- 注意包装物押金含增值税销项税额，需要换算为不含税收入。
- 啤酒和黄酒实行从量定额计征消费税，因此收取的包装物押金与是否逾期无关。
- 对既作价随同应税消费品销售，又另收取押金的包装物押金，凡纳税人在规定的期限内不予退还的，均应并入消费品的销售额，按照应税消费品的适用税率征收消费税。
- 白酒生产企业向商业销售单位收取的“品牌使用费”，不论企业采取何种方式或以何种名义收取价款，均应并入白酒的销售额中缴纳消费税。

- 啤酒生产企业销售的啤酒，不得以向其关联企业的啤酒销售公司销售的价格作为确定消费税税额的标准，而应当以其关联企业的啤酒销售公司对外的销售价格(含包装物及包装物押金)作为确定消费税税额的标准，并依此确定该啤酒消费税单位税额。
- 纳税人通过自设非独立核算门市部销售的自产应税消费品，应当按照门市部对外销售金额缴纳消费税。
- 纳税人兼营不同税率的应税消费品，应当分别核算不同税率应税消费品的销售额和销售数量，未分别核算销售额和销售数量，或者将不同税率的应税消费品组成成套消费品销售的，从高适用税率。

2. 计税依据的特殊规定

1) 最低计税价格核定权限

(1) 卷烟、小汽车：国家税务总局核定，送财政部备案。

(2) 其他消费品：省、自治区、直辖市税务局核定。

(3) 进口消费品：海关核定。

2) 卷烟消费税的计税价格核定

卷烟消费税计税价格的核定公式如下。

某牌号规格卷烟计税价格＝批发环节销售价格×(1－适用批发毛利率)

3) 未核定卷烟计税价格确定

未经国家税务总局核定计税价格的新牌号、新规格卷烟，生产企业应按卷烟调拨价格申报纳税。

4) 白酒消费税的计税价格的核定。

白酒消费税的计税价格的核定具体如表3.4所示。

表3.4　白酒消费税的计税价格的核定

项　目	具 体 规 定
核定范围	生产企业销售给销售单位的白酒，生产企业消费税计税价格低于销售单位对外销售价格(不含增值税)**70%以下**的，税务机关应核定消费税最低计税价格。 白酒生产企业自行申报，税务机关核定
核定比例	国家税务总局选择核定消费税计税价格的白酒，核定比例统一确定为**60%**
重新核定	已核定最低计税价格的白酒，销售单位对外销售价格持续上涨或下降时间达到**3个月以上**、累计**上涨或下降幅度在20%**(含)以上的白酒，税务机关重新核定最低计税价格
违规处理	未按规定上报销售单位销售价格的，按销售单位销售价格征收消费税

【实例3-11·计算题】嘉陵摩托车集团2020年6月5日销售汽缸容量为250毫升的摩托车60辆，出厂价为5000元/辆，开出增值税专用发票，另外收取包装费4068元，货款已收到。计算该企业应纳的消费税税额。

【解析】由于该笔销售开具的是增值税专用发票，所以销售额是不含税的，但随同销售收取的包装费属于价外收费，视同含税销售额，需将其换算为不含税销售额。

应税消费品的销售额＝60×5000＋4068÷(1＋13%)＝303 600(元)

应纳消费税税额＝303 600×3%＝9108(元)

（二）从量定额计税

1. 计算公式

从量定额计税的应纳税额＝应税消费品的销售数量×单位税额

适用从量定额计税的有啤酒、黄酒和成品油。

实行从量定额计税办法的应税消费品的计税依据为应税消费品的销售数量。

2. 消费品数量的确定

销售数量是指纳税人生产、加工和进口应税消费品的数量，具体分为以下几种情况。

- 生产销售的应税消费品，为应税消费品的销售数量。
- 自产自用(用于连续生产应税消费品的除外)的应税消费品，为应税消费品移送使用数量。
- 委托加工的应税消费品，为纳税人收回的应税消费品数量。
- 进口的应税消费品，为海关在进口环节核定的应税消费品数量。
- 纳税人自设门市部销售自产应税消费品的，为门市部的对外销售数量。

按照规定，黄酒、啤酒以吨为税额单位，汽油、柴油以升为税额单位，但在销售过程中两者容易混淆，所以在计税过程中应注意吨、升单位的换算关系，具体如表3.5所示。

表3.5　吨、升换算标准表

序　号	名　称	换算标准
1	黄酒	1吨＝962升
2	啤酒	1吨＝988升
3	汽油	1吨＝1388升
4	柴油	1吨＝1176升
5	航空煤油	1吨＝1246升
6	石脑油	1吨＝1385升
7	溶剂油	1吨＝1282升
8	润滑油	1吨＝1126升
9	燃料油	1吨＝1015升

【实例3-12·计算题】青岛啤酒厂2020年6月份销售小麦啤80吨，不含税单价为5000元/吨，销售菠萝啤30吨，不含税单价为1800元/吨，款项全部存入银行。计算青岛啤酒厂2020年6月应纳的消费税。

【解析】小麦啤为甲类啤酒，适用的税率为250元/吨；菠萝啤为乙类啤酒，适用的税率为220元/吨。因此，应纳消费税税额＝80×250＋30×220＝26 600(元)。

（三）复合计税

采用复合计税的应纳税额计算公式如下。

复合计税的应纳税额＝应税消费品的销售额×适用比例税率＋应税销售数量×单位税额

【实例3-13·计算题】某卷烟厂为增值税一般纳税人，2020年7月销售4000标准箱卷烟给某烟草批发公司，开具增值税专用发票，注明不含税销售额为8500万元。计算该卷烟厂应纳的消费税税额。

【解析】每标准箱含250标准条卷烟，每标准条含200支卷烟。

该卷烟每条价格＝85 000 000÷4000÷250＝85(元)，所以判定该卷烟是甲类卷烟，适用比例税率为56%，单位税额为0.003元/支，折合每箱税额为50 000×0.003＝150(元)。

该卷烟厂9月销售卷烟应纳消费税税额＝8500×56%＋4000×0.015＝4820(万元)。

二、生产环节应纳税额的计算

（一）正常的生产销售

企业将自己生产的应税消费品对外销售，按照上述3种计税方法计算缴纳消费税。

（二）自产自用应税消费品应纳税额的计算

自产自用应税消费品是指生产者自己生产自己使用，未对外销售的应税消费品。

1. 自产自用应税消费品的纳税情况

(1) 纳税人将自产的应税消费品用于连续生产应税消费品的，不缴纳消费税。

因为消费税实行单环节征收，所以只对最终消费品征税，对中间消费品不征税。这体现了税不重征和计税简便的原则，避免了重复征税。例如，卷烟厂生产的烟丝，如果直接对外销售，应缴纳消费税。如果烟丝用于本厂连续生产卷烟，用于连续生产卷烟的烟丝即可不缴纳消费税。

(2) 纳税人将自产的应税消费品用于连续生产非应税消费品的，缴纳消费税。

由于非应税消费品已经超越了消费税的征税范围，为了避免税款流失和体现税收公平，纳税人将自产的应税消费品用于连续生产非应税消费品时缴纳消费税。

(3) 纳税人将自产的应税消费品用于生产外的其他方面，缴纳消费税。

“用于生产外的其他方面”，是指纳税人将自产的应税消费品用于在建工程、管理部门、非生产机构、提供劳务，以及用于馈赠、赞助、集资、广告、样品、职工福利、奖励等方面。

(4) 纳税人用于换取生产资料、消费资料、投资入股、抵偿债务等方面的应税消费品，应当以纳税人同类应税消费品的最高销售价格作为计税依据计算消费税。

自产自用应税消费品纳税情况具体如表3.6所示。

表3.6　自产自用应税消费品纳税情况

行　为	是否缴纳增值税	是否缴纳消费税
将自产应税消费品连续生产应税消费品	×	×
将自产应税消费品连续生产非应税消费品	×	√
将自产应税消费品用于馈赠、赞助、集资、广告、样品、职工福利、奖励、管理部门、在建不动产等	√	√
将自产应税消费品换取生产资料、消费资料、投资入股、抵偿债务等	√(按同类平均价格计征)	√(按同类最高售价计征)

2. 自产自用应税消费品应纳税额的计算

纳税人自产自用的应税消费品用于生产非应税消费品和生产外其他方面的，其销售额的确定顺序如下。

(1) 按照纳税人生产的同类消费品的销售价格计算纳税。

同类消费品的销售价格，是指纳税人或代收代缴义务人当月销售的同类消费品的销售价格。如果当月同类消费品各期销售价格高低不同，应按销售数量加权平均计算。

【小知识】

销售的应税消费品有下列情况之一的，不得列入加权平均计算。

- 销售价格明显偏低并无正当理由的。
- 无销售价格的。如果当月无销售或当月未完结，应按照同类消费品上月或最近月份的销售价格计算纳税。

(2) 没有同类消费品销售价格的，按照组成计税价格计算纳税。

自产自用应税消费品应纳税额具体如表 3.7 所示。

表3.7　自产自用应税消费品应纳税额

从价定率	组价＝(成本＋利润)÷(1－比例税率) 应纳消费税＝组成计税价格×比例税率
复合计税	组价＝(成本＋利润＋自产自用数量×定额税率)÷(1－比例税率) 应纳税额＝组成计税价格×比例税率＋自产自用数量×定额税率

表 3.7 的公式中，成本是指应税消费品的生产成本；利润是指根据应税消费品的全国平均成本利润率计算的利润。应税消费品的平均成本利润率具体如表 3.8 所示。

表3.8　应税消费品的平均成本利润率

消 费 品	全国平均成本利润率(%)	消 费 品	全国平均成本利润率(%)
甲类卷烟	10	摩托车	6
乙类卷烟	5	高尔夫球及球具	10
雪茄烟	5	高档手表	20
烟丝	5	游艇	10
粮食白酒	10	木制一次性筷子	5
薯类白酒	5	实木地板	5
其他酒	5	乘用车	8
高档化妆品	5	中轻型商用客车	5
鞭炮、焰火	5	电池	4
贵重首饰及珠宝玉石	6	涂料	7

【实例 3-14・单选题】某酒厂为增值税一般纳税人，2020 年 4 月发放 1 吨自制白酒作为职工福利，同类白酒不含税售价 50 000 元/吨，成本价 35 000 元/吨。该酒厂上述业务当月应纳消费税(　　)元。

A. 11 000　　B. 10 000　　C. 8700　　D. 7700

【解析】A。纳税人将自产的应税消费品用于其他方面的，有同类消费品售价的，按同类消费品的售价计算纳税。当月应纳消费税＝50 000×1×20%＋1×20 00×0.5＝11 000(元)。

【实例 3-15·计算题】某卷烟厂 2020 年 1 月生产烟丝 80 吨，成本 32 000 元。将 10 吨烟丝投入车间连续加工卷烟，并用于发放职工福利。分两次出售烟丝 20 吨和 4 吨，售价分别为 20 000 元和 8800 元。将生产的 20 吨烟丝用于换取烟叶，支付差价 14 000 元。计算该企业当期应纳消费税。

【解析】将生产的烟叶用于生产卷烟，不纳消费税。

将 10 吨烟叶用于发放职工福利，是用于生产外的其他方面，应纳消费税，由于当月有同类消费品的加权平均价格，所以该批烟叶应纳税额＝(20 000＋8800)÷(20＋4)×10×30%＝3600(元)。

两次出售烟丝应纳消费税＝(20 000＋8800)×30%＝8640(元)。

将生产的 20 吨烟丝用于换取生产资料烟叶，按最高售价 2200(8800÷4)元计税，该批烟丝应纳消费税＝2200×20×30%＝13 200(元)。

三、委托加工环节应纳税额的计算

委托加工应税消费品是生产应税消费品的另外一种形式，亦系消费税的征税范围，其应纳税额的计算具有一定的特殊性。按照《中华人民共和国消费税暂行条例实施细则》规定，委托加工的应税消费品，是指由委托方提供原料和主要材料，受托方只收取加工费和代垫部分辅助材料加工的应税消费品。

（一）委托加工消费税计税规则

(1) 受托方是个体的，委托方需在收回后向委托方所在地缴纳消费税。

(2) 受托方不是个体的，应在向委托方交货时代收代缴消费税。

(3) 代收消费税时，应按受托方同类售价计算；无同类价的按组价计算代收消费税。

(4) 受托方未按规定代收代缴税款的，应处以罚款；但消费税仍由委托方补交。

(5) 委托方补交税款时，如收回消费品已经销售的，按销售额计税；未售或用于连续生产的，按组价计税。

(6) 收回的已代缴消费税的消费品，直接出售的不再计征消费税。

① 以高于受托方计税价格出售的，委托方需在出售时将高出部分申报缴纳消费税。

② 是否加价出售，应将售价与销售部分对应的计税依据比较后得出结论。

(7) 用委托加工收回的应税消费品继续生产应税消费品的，部分有抵税规则。

（二）委托加工应税消费品应纳税额的计算

委托加工应税消费品应纳税额的计算具体如表 3.9 所示。

表3.9 委托加工应税消费品应纳税额的计算

从量	按委托加工收回数量计税
从价	(1) 受托方代收代缴消费税时，应按受托方同类价计算纳税；无同类价的应按组价计税； (2) 委托方自行纳税的，已经销售按售价计税，未售或用于连续生产按组价计税

委托加工的应税消费品，按照受托方的同类消费品的销售价格计算纳税。没有同类消费品销售价格的，按照组成计税价格计算纳税。

组成计税价格公式如下。

从价组价＝(材料成本＋加工费)÷(1－比例税率)

复合组价＝(材料成本＋加工费＋委托加工收回数量×定额税率)÷(1－比例税率)

【小知识】

1. 材料成本的确定

(1) 委托方提供材料的实际成本(含运费不含增值税)；未提供成本资料的由受托方所在地税务机关核定。

(2) 特殊材料成本确定：2020 年 4 月 1 日前，免税农产品买价 88%＋运费；2020 年 4 月 1 日后，免税农产品买价 90%＋运费。

2. 加工费

受托方加工应税消费品向委托方所收取的全部费用，包括代垫辅助材料的成本，不包括增值税税金及代收代缴的消费税。

【实例 3-16・计算题】某酒厂 2020 年 9 月从农业生产者手中收购粮食，共计支付收购价款 100 000 元。委托 B 酒厂加工白酒 14 吨，加工费用 50 000 元，加工的白酒当地无同类产品市场价格。计算 B 酒厂应代收代缴的消费税。

【解析】由于加工的白酒无同类产品市场价格，因此采用组成计税价格征税，白酒采用复合计税，比例税率为 20%，单位税额为 0.5 元/500 克。

组成计税价格＝(材料成本＋加工费＋委托加工数量×单位税额)÷(1－比例税率)

＝[100 000×(1－9%)＋50 000＋14×2 000×0.5]÷(1－20%)

＝193 750(元)

B 酒厂应代收代缴的消费税税额＝193 750×20%＋14×2000×0.5＝52 750(元)。

【实例 3-17・单选题】下列单位不属于消费税纳税人的是(　　)。

A. 委托加工应税消费品的单位　　B. 进口应税消费品的单位

C. 受托加工应税消费品的单位　　D. 生产高档化妆品的单位

【解析】C。受托加工应税消费品的单位是消费税的代收代缴义务人，不是消费税的纳税人。

【实例 3-18・单选题】甲企业为增值税一般纳税人，2020 年 5 月外购一批原木，取得生产者开具普通发票注明价款 50 万元；将该批原木运往乙企业委托其加工木制一次性筷子，取得税务局代开的小规模纳税人增值税专用发票注明运费 1 万元、税额 0.03 万元，支付不含税委托加工费 5 万元。假定乙企业无同类产品对外销售，木制一次性筷子消费税税率为 5%，则乙企业当月应代收代缴的消费税为(　　)万元。

A. 2.62　　B. 2.67　　C. 2.89　　D. 2.68

【解析】D。木制一次性筷子从价计征消费税，委托加工环节，应代收代缴的消费税＝组成计税价格×消费税税率，其中，组价＝(材料成本＋加工费)÷(1－消费税税率)。甲企业购入原木应按 10%计算抵扣进项税，90%计入材料成本。支付的运费 1 万元应计入材料成本中。乙企业当月应代收代缴的消费税＝(50×90%＋1＋5)÷(1－5%)×5%＝2.68(万元)。

四、进口应税消费品应纳税额计算

（一）进口基本规定

报关进口时产生纳税义务，由进口人或其代理人向报关地海关申报纳税，自海关填发缴款书之日起15日内缴纳税款。

（二）进口计税

报关纳税人进口应税消费品应纳消费税的计算和增值税的计算类似，也是用组成计税价格来计算。组成计税价格包括关税完税价格、关税和消费税3部分。

1. 定额税率

应纳税额＝应税消费品数量×定额税率

2. 从价定率

组成计税价格＝(关税完税价格＋关税)÷(1－比例税率)

应纳税额＝组成计税价格×比例税率

3. 复合计税

组成计税价格＝(关税完税价格＋关税＋进口数量×定额税率)÷(1－比例税率)

应纳税额＝进口消费品组价×消费税比例税率＋消费税从量税

【小知识】

进口卷烟需要组价两次，第一次组价的目的是确认等级，第二次总体组价的目的是计算税额。

卷烟第一次组价＝(单条关税完税价格＋单条关税＋0.6元)÷(1－36%)

卷烟第二次组价＝(全部关税完税价格＋关税＋150×箱数)÷(1－36%或56%)

【实例3-19・单选题】某贸易公司2020年6月以邮运方式从国外进口一批高档化妆品，经海关审定的货物价格为60万元、邮费2万元。当月将该高档批化妆品销售取得不含税收入110万元。该批高档化妆品关税税率为15%、消费税税率为15%。该公司当月应缴纳的消费税为(　　)万元。

A. 18　　B. 12.86　　C. 14.79　　D. 12.58

【解析】D。高档化妆品从价计征消费税，应纳消费税＝组成计税价格×消费税税率，其中，组价＝(关税完税价格＋关税)÷(1－消费税税率)。应缴纳消费税＝(60＋2)×(1＋15%)÷(1－15%)×15%＝12.58(万元)。

【实例3-20・计算题】某烟草公司2020年10月进口卷烟300箱(每箱250条，每条200支)，关税完税价格为420万元，进口卷烟关税税额为84万元。计算该卷烟在进口环节应纳的消费税。

【解析】消费税定额税率为每标准箱150元(依据税率表，按每标准条200支纳税0.6元计算)，比例税率为36%，标准条数为75 000(300×250)，则：

每标准条卷烟适用比例税率的价格＝(关税完税价格＋关税＋消费税定额税)÷[标准条数×(1－比例税率)

＝(4 200 000＋840 000＋300×150)÷(300×250)÷(1－36%)

＝105.94元

由于 105.94>70 元，因此适用的比例税率为 56%。

进口卷烟应纳消费税税额＝(4 200 000＋840 000＋300×150)÷(1－56%)×56%＋300×150

＝6 471 818.18＋45 000＝6 516 818.18(元)

五、零售环节应纳税额

（一）金银铂钻首饰饰品

1. 纳税人(零售商)

(1) 将金基、银基合金首饰，以及金、银和金基、银基合金的镶嵌首饰销售给消费者的单位和个人。

(2) 钻石及钻石饰品销售给消费者的单位和个人。

(3) 铂金首饰销售给消费者的单位和个人。

2. 纳税环节

纳税环节为零售环节。

3. 计算公式

应纳税额＝零售环节销售额(不含增值税)×5%

4. 以旧换新方式销售金银首饰应纳消费税税额

应纳税额＝实际收取的价款(不含增值税)×5%

（二）超豪华小汽车

超豪华小汽车为不含增值税零售价在 130 万元以上。

1. 纳税人

将超豪华小汽车销售给消费者的单位和个人。

2. 纳税环节

纳税环节为零售环节。

3. 计算公式

应纳税额＝零售环节销售额(不含增值税)×10%

4. 特殊情况

国内汽车生产企业直接销售给消费者超豪华小汽车，生产环节和零售环节税率加总计税。

应纳税额＝销售额×(生产环节税率＋零售环节税率)

【实例 3-21・单选题】2020 年 7 月，重百商场首饰部销售业务如下：采用以旧换新方式销售金银首饰，该批首饰市场零售价 14.04 万元，旧首饰作价的含税金额为 5.85 万元，商场实际收到 8.19 万元；修理金银首饰取得含税收入 2.34 万元；零售镀金首饰取得收入 7.02 万元。该商场当月应纳消费税(　　)万元。(金银首饰消费税税率为 5%)

A. 0.60　　B. 0.75　　C. 0.36　　D. 0.45

【解析】C。纳税人采用以旧换新方式销售的金银首饰，应按实际收取的不含增值税的全部价款确定计税依据征收消费税；修理、清洗金银首饰不征收消费税；镀金首饰不属于零售环节征收消费税的金银首饰范围，不在零售环节计征消费税。

$$该商场当月应纳消费税=8.19\div(1+13\%)\times5\%=0.36(万元)$$

【实例 3-22·单选题】长安汽车制造厂 2020 年 7 月直接销售给宏泰有限责任公司两台汽车，其中一台为 26 座大客车，零售价为 46.8 万元；另一台为高级管理人员配备使用的小汽车，零售价为 158.2 万元，则长安汽车制造厂当月应纳消费税(　　)万元。(该款小汽车生产环节消费税税率为 5%，零售环节消费税税率为 10%)

A. 7　　B. 21　　C. 27　　D. 14

【解析】B。小汽车应在生产环节缴纳消费税；大客车不缴纳消费税；国内汽车生产企业直接销售给消费者的超豪华小汽车，消费税税率按照生产环节税率和零售环节税率加总计算。

$$应纳消费税=158.2\div(1+13\%)\times(5\%+10\%)=21(万元)$$

六、卷烟批发环节征收消费税的规定

卷烟批发的消费税税率为 11%＋0.005 元/支(250 元/箱)。

(1) 纳税人为批发企业。纳税人销售给纳税人以外的单位和个人时纳税，纳税人之间销售不纳消费税。

(2) 按不含增值税的销售额计税。卷烟销售额应与其他销售额分开核算，未分开核算的一律征收消费税。

(3) 批发企业计税时不得扣除已含生产环节的消费税。

(4) 总分机构不在同一地区的，由总机构申报纳税。

【实例 3-23·单选题】茂昌烟草批发企业为增值税一般纳税人，从红旗渠烟厂购买卷烟 1000 箱，支付不含税金额 1000 万元，2020 年 5 月将购进的卷烟 400 箱销售给位于 A 地的烟草批发商，取得不含税销售收入 500 万元；其余的销售给位于 B 地的零售商，取得不含税销售收入 800 万元。则该烟草批发企业应缴纳消费税(　　)万元。

A. 65　　B. 40　　C. 103　　D. 0

【解析】C。烟草批发企业将从烟厂购买的卷烟又销售给零售单位，那么烟草批发企业要再缴纳一道消费税。自 2015 年 5 月 10 日起，将卷烟批发环节的价税税率由 5%提高至 11%，并按 0.005 元/支加征从量税 1 箱＝5000 支，则该烟草批发企业应缴纳的消费税＝800×11%＋600×250÷10 000＝103(万元)。

七、消费税已纳税款扣除

（一）扣税政策

1. 外购应税消费品已纳税款的扣除

由于消费税是单环节征收，为了避免重复征税，税法规定将外购应税消费品继续生产应税消费品销售的，准予从应纳消费税税额中按当期生产领用数量计算扣除外购应税消费品已纳的消费税税款。当期消费税不足抵扣的部分，可以结转下一期继续抵扣。

2. 委托加工收回的应税消费品已纳税款的扣除

委托加工收回的应税消费品，因为已由受托方代收代缴消费税，因此，委托方货物收回后继续用于连续生产应税消费品时，其在委托加工环节已纳的消费税税款按生产领用数量准予扣除。

（二）扣税范围：外购(进口)/委托加工收回

(1) 已税烟丝生产的卷烟。
(2) 已税高档化妆品生产的高档化妆品。
(3) 已税珠宝玉石生产的贵重首饰及珠宝玉石。
(4) 已税鞭炮、焰火生产的鞭炮、焰火。
(5) 已税汽油、柴油、石脑油、燃料油、润滑油为原料生产的应税成品油。
(6) 已税杆头、杆身和握把为原料生产的高尔夫球杆。
(7) 已税木制一次性筷子为原料生产的木制一次性筷子。
(8) 已税实木地板为原料生产的实木地板。
(9) 以委托加工收回的已税电池连续生产应税电池。

【小知识】

- 允许抵扣税额的税目从大类上看，不包括酒类、小汽车、高档手表、游艇、电池、涂料 6 个税目。
- 允许扣税的只涉及同一税目中的购入应税消费品的连续加工，不能跨税目抵扣。
- 纳税人用外购的已税珠宝玉石生产的改在零售环节征收消费税的金银首饰(镶嵌首饰)，在计税时一律不得扣除外购珠宝玉石的已纳税款。
- 允许扣除已纳税款的应税消费品只限于从工业企业购进的应税消费品和进口环节已缴纳消费税的应税消费品，对从境内商业企业购进应税消费品的已纳税款一律不得扣除。

（三）扣税计算

1. 从价定率

准予扣除已纳税款＝当期准予扣除的外购应税消费品买价×适用税率

当期准予扣除的外购应税消费品买价或数量＝期初库存＋当期购进－期末库存

【小知识】

非正常损失的消费品，应将损失从消费品成本金额公式中减除。

2. 从量定额(成品油)

准予扣除已纳税款＝当期准予扣除的外购应税消费品数量×适用税额

3. 连续生产扣税的扣除方法实例

(1) 进口货物实例：进口高档香水精消费税 100 万元，70%用于连续生产高档香水。

扣税＝100×70%＝70(万元)

(2) 外购货物实例：外购烟丝期初库存 15 万元，本期购进 30 万元，期末库存 6 万元，消费税税率为 30%。

扣税＝(15＋30－6)×30%＝11.7(万元)

接上例，假设本期非正常损失的外购烟丝成本为3.5万元(含运费0.5万元)，则

扣税＝(15＋30－6－3)×30%＝10.8(万元)

(3) 委托加工货物实例：本期发出材料成本76万元，支付加工费不含税8万元，委托加工一批高档香粉，收回后90%用于连续生产高档化妆品。

扣税＝(78＋8)÷(1－15%)×15%×90%＝13.66(万元)

(4) 委托加工收回实例：高档香粉期初库存10万元，本期新增委托收回20万元，期末库存5万元。

扣税＝(10＋20－5)×15%＝3.75(万元)

【小知识】

纳税人用委托加工收回的已税珠宝玉石生产的改在零售环节征收消费税的金银首饰(镶嵌首饰)，在计税时一律不得扣除委托加工收回的珠宝玉石的已纳消费税税款。委托加工应税消费品已纳税款为代扣代缴税款凭证注明的受托方代收代缴的消费税税额。

【实例3-24·多选题】下列情形中，可以扣除外购应税消费品已纳消费税的有(　　)。

A. 以已税烟丝生产的卷烟
B. 以已税白酒为原料生产的白酒
C. 以已税杆头为原料生产的高尔夫球杆
D. 以已税珠宝玉石生产的贵重珠宝首饰
E. 以已税实木地板为原料生产的实木地板

【解析】ACDE。用已税消费品连续生产应税消费品的，允许抵扣税额的税目从大类上看，原则上不包括酒(葡萄酒除外)、小汽车、摩托车、高档手表、游艇、电池、涂料。从允许抵扣项目的子目上看不包括雪茄烟、溶剂油、航空煤油。

【实例3-25·多选题】某工艺品厂外购已税珠宝玉石用于加工各种饰品，允许从应征消费税中扣除外购已税珠宝玉石已纳消费税的有(　　)。

A. 外购已税玉石用于镶嵌纯金戒指
B. 外购已税玉石用于镶嵌镀金手链
C. 外购已税珍珠用于加工珍珠项链
D. 外购已税钻石用于镶嵌白金首饰
E. 外购已税玉石用于镶嵌纯金项链

【解析】BC。外购已税珠宝玉石生产的贵重首饰及珠宝玉石，可以按照当期生产领用量计算准予扣除外购时已纳的消费税税款。

任务实施

【实务操作一】某金店(增值税一般纳税人)2020年5月发生如下业务。

(1) 1—4日，零售纯金首饰取得含税销售额1 200 000元，零售玉石首饰取得含税销售额1 160 000元。

(2) 25日，采取以旧换新方式零售A款纯金首饰，实际收取价款560 000元，同款新纯金首饰零售价为780 000元。

(3) 27日，接受消费者委托加工B款金项链20条，收取含税加工费5800元，无同类金项链销售价格。黄金材料成本30 000元，当月加工完成并交付委托人。

(4) 30日，将新设计的C款金项链发放给优秀员工作为奖励。该批金项链耗用黄金500克，不含税购进价格270元/克，无同类首饰售价。

已知：贵重首饰及珠宝玉石成本利润率为6%；金银首饰消费税税率为5%；其他贵重首饰和珠

宝玉石消费税税率为10%；增值税税率为13%。

要求：根据上述资料，回答下列问题。

(1) 计算2020年5月1—24日，零售纯金首饰、玉石首饰业务应纳消费税额。

(2) 计算2020年5月25日，采取以旧换新方式零售A款纯金首饰应纳消费税额。

(3) 计算2020年5月27日，接受消费者委托加工B款金项链应纳消费税额。

(4) 新设计的C款金项链发放给优秀员工作为奖励，是否应纳消费税？如应纳消费税，其应纳税额是多少？

【解析】

(1) 玉石首饰在零售环节不纳消费税，故只有零售纯金首饰，则

应纳消费税＝1 200 000÷(1＋13%)×5%＝53 097.35(元)

(2) 纳税人采用以旧换新(含翻新改制)方式销售的金银首饰，应按实际收取的不含增值税的全部价款确定计税依据征收消费税。

以旧换新方式零售A款纯金首饰应纳消费税＝560 000÷(1＋13%)×5%＝24 778.76(元)

(3) 带料加工的金银首饰，应按受托方销售同类金银首饰的销售价格确定计税依据征收消费税。没有同类金银首饰销售价格的，按照组成计税价格计算纳税。计算公式如下。

组成计税价格＝(材料成本＋加工费)÷(1－金银首饰消费税税率)

应纳消费税＝[30 000＋5800÷(1＋13%)]÷(1－5%)×5%＝1849.09(元)

(4) 零售单位用于职工福利的金银首饰，应按纳税人销售同类金银首饰的销售价格确定计税依据征收消费税；没有同类金银首饰销售价格的，按照组成计税价格计算纳税。

组成计税价格＝购进原价×(1＋利润率)÷(1－金银首饰消费税税率)

应纳消费税额＝500×270×(1＋6%)÷(1－5%)×5%＝7531.58(元)

【实务操作二】某市甲日化公司为增值税一般纳税人，主要生产高档化妆品，2020年6月发生以下业务。

(1) 从国外进口一批高档香水精，关税完税价格为15万元，关税税率为40%。在海关完税后取得了完税凭证。另将货物运至公司货场支付不含税运费1万元，取得了一般纳税人开具的增值税专用发票。

(2) 购进一批化妆品用农产品，取得小规模纳税人代开的增值税专用发票，注明金额3万元。当月全部领用用于生产高档化妆品。

(3) 委托一县城日化厂乙加工高档化妆品(一般纳税人)，甲提供上月购入的原料，成本为50万元，另支付不含税运费1万元，取得了小规模运输企业代开的增值税专用发票，将货物运至受托方处；支付不含税加工费和辅料费用8.5万元，取得了乙开具的增值税专用发票。乙公司无同类产品的销售价格。本月加工产品已全部收回。

(4) 领用进口高档香水精的80%用于继续生产加工高档香水。

(5) 本月将高档化妆品和普通护肤品组成成套礼盒销售，取得不含税销售额共计220万元，其中普通护肤品的销售额为45万元。

(6) 公司开展促销活动向客户赠送了高档香水100盒，另将50盒高档香水用于奖励公司员工。

已知该香水的每盒平均售价为500元，最高售价为680元。

资料：以上化妆品均为高档化妆品，消费税税率为15%，上月增值税留抵税额为20万元。

提示：平均售价为500元，最高售价为680元均为不含税价格。

要求：

(1) 计算甲日化公司进口环节应纳税额。

(2) 计算乙日化厂应代收代缴的消费税额。

(3) 计算乙日化厂应代收代缴的城建税额。

(4) 甲日化公司7月份应向税务机关申报缴纳的增值税税额是多少？

(5) 甲日化公司7月份应自行向税务机关申报缴纳的消费税额是多少？

【解析】

(1)

进口关税＝15×40%＝6(万元)

进口消费税＝15×(1＋40%)÷(1－15%)×15%＝3.71(万元)

进口增值税＝15×(1＋40%)÷(1－15%)×13%＝3.21(万元)

进口税额合计＝6＋3.71＋3.21＝12.92(万元)

高档香水精进项税额＝3.21＋1×9%＝3.3(万元)

化妆品用农产品进项税额＝3×10%＝0.3(万元)

【提示】2020年4月1日后，从小规模纳税人处购入的农产品取得代开增值税专用发票的，应以专用发票注明的金额×9%作为进项税额抵扣。若该农产品用于生产、委托或受托加工13%税率的货物的，应以专用发票注明的金额×10%作为进项税额抵扣。所以此处不是直接抵扣票面注明的进项税额。

(2)

乙代收代缴消费税＝(50＋1＋8.5)÷(1－15%)×15%＝10.5(万元)

(3)

乙代收代缴城建税＝10.5×5%＝0.53(万元)

进项税额＝1×3%＋8.5×13%＝1.14(万元)

【提示】代收代缴城建税时，使用的是受托方(乙企业)所在地税率。

抵减消费税＝3.71×80%＝2.97(万元)

(4)

增值税销项税额＝220×13%＝28.6(万元)

消费税＝220×15%＝33(万元)

【提示】将消费税应税产品和其他产品组成成套消费品的，应一律征收消费税。将不同税率的消费品组成成套消费品的，无论是否分开核算，销售额一律从高计征消费税。

(5)

增值税销项税额＝(100＋50)×0.05×13%＝0.98(万元)

消费税＝(100＋50)×0.05×15%＝1.13(万元)

【提示】用于赠送和奖励的消费品一律按平均价计算增值税和消费税。

当月应纳增值税＝28.6＋0.98－(3.3＋0.3＋1.14)－20＝4.84(万元)

当月应纳消费税＝33＋1.13－2.97＝31.16(万元)

任务小结

知识点：

能力点：

重　点：

难　点：

任务五　消费税出口退税

任务引例

2020年4月，甲酒厂委托乙外贸公司代理出口了自产白酒2吨，你认为甲酒厂是否需要缴纳消费税？同月，丙外贸公司购进甲酒厂生产的白酒3吨，然后直接出口到境外，请问丙外贸公司是否需要缴纳消费税？

知识学习

纳税人的应税消费品出口与已纳增值税货物的出口一样，国家都给予了退(免)税优惠。出口应税消费品同时涉及退(免)增值税和消费税，并且它们有很多相同的地方。

一、消费税出口退税范围的确定

出口退税的应税消费品必须同时是实行增值税出口退税的货物。由生产企业自营出口应税消费品的，免征消费税；无出口经营权的生产企业委托外贸企业代理出口的，实行先征后退；外贸企业自营出口应税消费品的，准予退税；其他企业出口应税消费品的，不予退税。

二、消费税出口退税率的确定

计算出口应税消费品应退消费税的税率或单位税额，依据税法规定的《消费税税率(税额)表》执行，以及按征税税率执行。这是退(免)消费税与退(免)增值税的一个重要区别。

企业应将不同消费税税率的出口应税消费品分开核算和申报。凡划分不清适用税率的，一律从低适用税率计算应退税税额。

三、消费税出口退税的内容

根据《消费税暂行条例》的规定，除国务院另有规定外，对纳税人出口的应税消费品，免征消费税。消费税出口退税在政策上分为以下几种。

（一）出口免税并退税

有出口经营权的外贸企业购进后直接出口的应税消费品，以及外贸企业受其他外贸企业的委托代理出口的应税消费品，出口免税并退税。

（二）出口免税但不退税

有出口经营权的生产性企业自营出口或生产企业委托外贸企业代理出口自产的应税消费品，依据实际出口的数量免征消费税，但不退税。

（三）出口不免税也不退税

除生产企业、外贸企业以外的其他企业出口的应税消费品，不免税也不退税。

计算出口应税消费品应退消费税的税率或单位税额，依据《消费税暂行条例》所附消费税税目税率(税额)表执行，即退税率等于征税率。企业应将不同消费税税率的出口应税消费品分开核算和申报，凡划分不清适用税率的，一律从低适用税率计算应退消费税税额。

四、消费税出口应税消费品退税额的计算

有出口经营权的外贸企业购进后直接出口的应税消费品，以及外贸企业受其他外贸企业的委托代理出口的应税消费品，出口免税并退税，应退消费税税额的计算分为以下几种情况。

（一）属于从价定率办法征收消费税的应税消费品

属于从价定率办法征收消费税的应税消费品，应依照外贸企业从工厂购进货物时征收消费税的价格计算应退消费税税款。其计算公式如下。

应退消费税税款＝出口货物的工厂销售额×适用的消费税比例税率

（二）属于从量定额办法征收消费税的应税消费品

属于从量定额办法征收消费税的应税消费品，应依照货物购进和报关出口的数量计算应退消费税税款。其计算公式如下。

应退消费税税款＝出口数量×单位税额

（三）属于复合计税办法征收消费税的应税消费品

属于复合计税办法征收消费税的应税消费品，应依照货物购进和报关出口的数量及外贸企业从工厂购进货物时征收消费税的价格计算应退消费税税款，其计算公式如下。

应退消费税税款＝出口货物的工厂销售额×适用消费税比例税率＋出口数量×单位税额

五、出口消费税退(免)消费税后的管理

出口的应税消费品办理退税后发生退关或在国外退货，进口时应予以免税的，报关出口者必须及时向其所在地主管税务机关申报补缴已退的消费税税款。

纳税人直接出口的应税消费品办理免税后发生退关或国外退货，进口时应予以免税的，经所在地主管税务机关批准，可暂不办理补税，待其转为国内销售时，再向其主管税务机关申报补缴消费税。

【实例 3-26·计算题】山河进出口公司 2020 年 2 月从生产企业购进一批高档化妆品，取得增值税专用发票注明价款 300 000 元、增值税 48 000 元；山河进出口公司支付化妆品运费价款 30 000 元，取得运费发票。当月该批化妆品全部出口实现销售额 400 000 元，则该公司出口化妆品应退的消费税是多少？

【解析】应退消费税税额＝300 000×15%＝45 000(元)。

知识点：

能力点：

重　点：

难　点：

任务六　消费税的征收管理与纳税申报

任务引例

2020 年 2 月海宏制船公司与滨江船运公司签订合同，建造机动游艇一艘，工期 18 个月，2020 年 3 月海宏公司收到滨江公司预付款 600 万元，请问海宏公司收到该笔预付款时是否需要缴纳消费税？

要求：根据资料，结合 1＋X 证书的纳税申报平台及税务机关金税工程远程报税系统，填报消费税纳税申报表，模拟纳税申报。

一、消费税的纳税义务发生时间

(1) 纳税人销售应税消费品的，按不同的销售结算方式，其纳税义务发生时间分别如下。

① 采取赊销和分期收款结算方式的，为书面合同约定的收款日期的当天，书面合同没有约定收款日期或无书面合同的，为发出应税消费品的当天。

② 采取预收货款结算方式的，为发出应税消费品的当天。

③ 采取托收承付和委托银行收款方式的，为发出应税消费品并办妥托收手续的当天。

④ 采取其他结算方式的，为收讫销售款或取得索取销售款凭据的当天。

(2) 纳税人自产自用应税消费品的，为移送使用的当天。

(3) 纳税人委托加工应税消费品的，为纳税人提货的当天。

(4) 纳税人进口应税消费品的，为报关进口的当天。

二、纳税期限

消费税的纳税期限分别为 1 日、3 日、5 日、10 日、15 日、1 个月或 1 个季度。纳税人的具体纳税期限由主管税务机关根据纳税人应纳税额的大小分别核定，不能按照固定期限纳税的，可以按次纳税。

纳税人以 1 个月或 1 个季度为一期纳税的，自期满之日起 15 日内申报纳税；以 1 日、3 日、5 日、10 日或 15 日为一期纳税的，自期满之日起 5 日内预缴税款，于次月 1 日起至 15 日内申报纳税并结清上月应纳税款。

纳税人进口应税消费品，应当自海关填发海关进口消费税专用缴款书之日起 15 日内缴纳税款。

三、纳税义务发生地点

根据《消费税暂行条例》与实施细则的规定，对消费税的具体纳税地点分述如下。

(1) 纳税人销售应税消费品及自产自用应税消费品，除国家另有规定外，应当向纳税人机构所在地或居住地的主管税务机关申报纳税。

(2) 纳税人到外县(市)销售或委托外县(市)代销自产应税消费品的，于应税消费品销售后，向机构所在地或居住地主管税务机关申报纳税。

(3) 纳税人的总机构与分支机构不在同一县(市)的，应当分别向各自机构所在地的主管税务机关申报纳税；经财政部、国家税务总局或其授权的财政、税务机关批准，可以由总机构汇总向总机构所在地的主管税务机关申报纳税。

(4) 委托个人加工的应税消费品，由委托方向其机构所在地或居住地主管税务机关申报纳税。除此之外，由受托方向所在地主管税务机关代收代缴消费税税款。

(5) 进口的应税消费品，由进口人或其代理人向报关地海关申报纳税。

(6) 出口的应税消费品办理退税后发生的退关，或者国外退货进口时予以免税的，报关出口者必须及时向其机构所在地或居住地主管税务机关申报补缴已退的消费税税款。

(7) 纳税人销售应税消费品，如果因质量等原因由购买者退回时，经机构所在地或居住地主管税务机关审核批准后，可退还已缴纳的消费税税款。

【实例 3-27 · 单选题】 下列说法中，符合消费税纳税义务发生时间规定的是(　　)。

A. 采取分期收款结算方式的，为发出应税消费品的当天

B. 进口应税消费品的，为报关进口的当天

C. 委托加工应税消费品的，为应付加工费的当天

D. 采取预收货款结算方式，为收到预收款的当天

【解析】 B。选项 A，采取分期收款结算方式的，为书面合同约定的收款日期的当天；选项 C，委托加工应税消费品的，为纳税人提货的当天；选项 D，采取预收货款结算的，为发出应税消费品的当天。

四、消费税纳税申报

消费税纳税申报是指消费税纳税人依照税收法律法规规定的申报期限，及时向主管税务机关办理消费税纳税申报的业务，如实填写并报送消费税纳税申报表等申报材料。国家税务总局制定了烟类应税消费品消费税纳税申报表、酒类应税消费品消费税纳税申报表、成品油应税消费品消费税纳税申报表、小汽车消费税纳税申报表、其他应税消费品消费税纳税申报表、电池消费税纳税申报表、涂料消费税纳税申报表。烟类应税消费品消费税纳税申报材料及申报表具体如表 3.10、表 3.11 所示。

表3.10　烟类应税消费品消费税申报资料

序　号	材料名称	数　量	备　注
1	《烟类应税消费品消费税纳税申报表》及其附报资料	2 份	从事烟类应税消费品生产的纳税人提供
2	《卷烟批发环节消费税纳税申报表》及其附报资料	2 份	从事卷烟应税消费品批发的纳税人提供
以下为条件报送资料			
外购已税烟丝用于连续生产卷烟的纳税人，还应报送	外购应税消费品增值税专用发票抵扣联复印件	1 份	
	外购应税消费品增值税专用发票(汇总填开)销货清单复印件	1 份	
委托加工收回应已税烟丝用于连续生产卷烟的纳税人，还应报送	《代扣代收税款凭证》复印件	1 份	
进口已税烟丝用于连续生产卷烟的纳税人，还应报送	《海关进口消费税专用缴款书》复印件	1 份	
委托方以高于受托方的计税价格出售应税消费品时，还应报送	《代扣代收税款凭证》复印件	1 份	

表3.11　卷烟批发环节消费税纳税申报表

税款所属期：　　　　　　　年　月　日至　　年　月　日

纳税人名称(公章)：　　纳税人识别号：

填表日期：　年　月　日　　　　　　　　　　　　　单位：万支、元(列至角分)

应税消费品名称	适用税率		销售数量	销售额	应纳税额
	定额税率	比例税率			
卷烟	50元/万支	11%			
合计	——	——			

期初未缴税额：	声明 此纳税申报表是根据国家税收法律、法规规定填报的，我确定它是真实的、可靠的、完整的。 经办人(签章)： 财务负责人(签章)： 联系电话：
本期缴纳前期应纳税额：	
本期预缴税额：	(如果你已委托代理人申报，请填写) 授权声明 为代理一切税务事宜，现授权____________(地址)____________为本纳税人的代理申报人，任何与本申报表有关的往来文件，都可寄予此人。 授权人签字：
本期应补(退)税额：	
期末未缴税额：	

以下由税务机关填写

受理人(签章)：　　　　受理日期：　年　月　日　　　　受理税务机关(章)：

链接1＋X实务操作

远程网络报税操作界面如图3.2所示。

远程网络报税操作流程如下。

功能入口：【我要办税】→【税费申报及缴纳】→【消费税及附加税费申报】，按本单位涉税业务分别进行以下申报。

1) 成品油消费税申报

填写申报表，选择本期减免税额明细表，以及填写本期准予扣除税额计算表、本期委托加工情况报告表。所需报表填写完成后，单击“申报”按钮，系统后台会进行窗式比对，比对失败可在申报结果查询界面查看申报失败原因；比对成功系统自动跳转至附加税申报界面，填写好申报数据进行申报，申报成功后可在申报结果查询界面进行缴款/查询、下载申报表、申报作废操作。

图3.2　远程网络报税操作界面

2) 烟类应税消费品消费税申报

填写烟类应税消费品消费税纳税申报表、本期准予扣除税额计算表、本期代收代缴税额计算表，选择本期减(免)税额明细表，单击“申报”按钮后，系统自动跳转到附加税申报界面。

3) 酒类应税消费品消费税申报

填写酒类应税消费品消费税纳税申报表、本期准予抵减(扣)税额计算表、本期代收代缴税额计算表、已核定最低计税价格白酒清单，选择本期减(免)税额明细表，单击“申报”按钮后，系统自动跳转到附加税申报界面。

4) 小汽车消费税申报

填写小汽车消费税纳税申报表(本表仅限小汽车消费税纳税人使用)。“期初未缴税额”填写本期期初累计应缴未缴的消费税额，多缴为负数，其数值等于上期“期末未缴税额”；“本期缴纳前期应纳税额”填写本期实际缴纳入库的前期消费税额；“本期预缴税额”填写纳税申报前已预先缴纳入库的本期消费税额。本期应补(退)税额”，多缴为负数，计算公式如下：本期应补(退)税额＝应纳税额(合计栏金额)－本期减(免)税额－本期预缴税额。“期末未缴税额”，多缴为负数，计算公式如下：期末未缴税额＝期初未缴税额＋本期应补(退)税额－本期缴纳前期应纳税额。

(1) 填写本期代收代缴税额计算表，本表作为《小汽车消费税纳税申报表》的附报资料，由小汽车受托加工方填写，完成后，单击“保存”按钮，进行保存。

(2) 填写本期准予扣除税额计算表，本表作为消费税纳税申报表的附列资料，由符合消费税减免税政策规定的纳税人填报。不含暂缓征收的项目，未发生减(免)消费税业务的纳税人和受托加工方不填报本表，完成该页面后保存，并单击“申报”按钮。

(3) 当所需报表填写完成后，可提交申报。单击“确定”按钮后，系统自动跳转到附加税申报界面。

5) 卷烟批发消费税申报

填写卷烟批发环节消费税纳税申报表、卷烟批发企业月份销售明细清单，当所需报表填写完成后，可提交申报。单击“确定”按钮后，系统自动跳转到附加税申报界面。

6) 电池消费税申报

填写电池消费税纳税申报表、本期减(免)税额计算表、本期减(免)税额计算表，选择本期减(免)

税额明细表。

7) 涂料消费税申报

填写涂料消费税纳税申报表、涂料消费税本期减(免)税额计算表、涂料消费税本期代收代缴税额计算表，选择本期减(免)税额明细表。

8) 其他类消费税申报

填写其他应税消费品消费税纳税申报表、本期准予扣除税额计算表、准予扣除消费税凭证明细表、本期代收代缴税额计算表，选择本期减(免)税额明细表。

任务小结

知识点：

能力点：

重　点：

难　点：

【综合技能训练】

一、单项选择题

1. 依据消费税法律制度规定，下列项目应缴纳消费税的是(　　)。

A. 超豪华小汽车　B. 竹制筷子　C. 普通护肤护发品　D. 电动汽车

2. 纳税人将应税消费品与非应税消费品，以及适用税率不同的应税消费品组成套装进行销售的，应按(　　)。

A. 应税消费品的最高税率计征

B. 应税消费品的平均税率计征

C. 应税消费品的最低税率计征

D. 应税消费品的不同税率分别计征

3. 下列各项中，应同时征收增值税和消费税的是(　　)。

A. 批发的白酒　B. 零售的卷烟

C. 批发的啤酒　D. 零售的金银首饰

4. 收取的下列款项，在纳税人销售应税消费品时，应计入消费税计税依据的是(　　)。

A. 违约金　B. 符合条件的代为收取的行政事业性收费

C. 增值税销项税额　D. 未逾期的高档化妆品包装物押金

5. 根据消费税法律制度规定，下列关于消费税特点表述正确的是(　　)。

A. 消费税的税率系单一的比率税率形式

B. 生产企业没有对外销售的应税消费品不征消费税

C. 消费税实行多环节课征制度

D. 消费税税收负担具有转嫁性

6. 下列关于消费税纳税人的说法正确的是(　　)。

A. 粮食批发企业　　B. 家电零售企业

C. 金银首饰零售企业　　D. 服装生产企业

7. 根据《中华人民共和国消费税暂行条例》的规定，下列各项中，纳税人不缴纳消费税的是(　　)。

A. 将自产的应税消费品用于职工福利

B. 随同应税消费品销售而取得的包装物作价收入

C. 将自产的应税消费品用于连续生产应税消费品

D. 销售应税消费品而收取的超过一年以上的包装物押金

8. 下列关于消费税征税环节特殊规定的表述，正确的是(　　)。

A. 金银首饰在生产环节征收消费税，税率为5%

B. 卷烟只在批发环节征收消费税，税率为56%

C. 卷烟消费税在生产和批发两个环节征收后，批发企业在计算纳税时不得扣除已含的生产环节的消费税税款

D. 委托加工金银首饰的，委托方是纳税人

9. 下列属于委托加工应税消费品的是(　　)。

A. 委托方提供原料和主要材料，受托方代垫辅助材料并收取加工费

B. 委托方支付加工费，受托方提供原料或主要材料

C. 委托方支付加工费，受托方以委托方的名义购买原料或主要材料

D. 委托方支付加工费，受托方购买原料或主要材料再卖给委托方进行加工

10. 关于现行消费税的纳税地点，下列说法不正确的是(　　)。

A. 纳税人销售应税消费品，一般应当向纳税人机构所在地的主管税务机关申报纳税

B. 卷烟批发企业，总分机构不在同一地区的，应在各分支机构所在地申报纳税

C. 纳税人到外县(市)销售应税消费品的，于应税消费品销售后，向机构所在地或居住地主管税务机关申报纳税

D. 委托加工的应税消费品，受托方为企业等单位的，由受托方向所在地主管税务机关申报缴纳消费税

二、多项选择题

1. 下列消费品中，属于消费税征税范围的有(　　)。

A. 石脑油　　B. 出厂含税价12 000元的手表

C. 游艇　　D. 黄酒

E. 高尔夫球包

2. 根据消费税的有关规定，下列各项中，应在零售环节征收消费税的有(　　)。

A. 每辆零售价格130万元(不含增值税)以上的小汽车

B. 卷烟

C. 金银首饰

D. 玛瑙首饰

E. 金银镶嵌首饰

3. 根据消费税的有关规定，纳税人销售的应税消费品，以外汇结算销售额的，其销售额的人民币折合率的规定，下列说法正确的有(　　)。

A. 折合率可以选择结算当天的国家外汇牌价

B. 折合率可以选择结算当月1日的国家外汇牌价

C. 折合率可以选择结算当月末的国家外汇牌价

D. 纳税人应当在事先确定采用何种折合率，确定后一年内不得变更

E. 纳税人应当在事先确定采用何种折合率，确定后两年内不得变更

4. 下列各项中，适用消费税出口免税并退税的情形有(　　)。

A. 有出口经营权的外贸企业购进应税消费品直接出口

B. 外贸企业受其他外贸企业委托代理出口应税消费品

C. 有出口经营权的生产性企业自营出口

D. 生产企业委托外贸企业代理出口自产的应税消费品

E. 一般商贸企业委托外贸企业代理出口应税消费品

5. 某鞭炮厂(增值税一般纳税人)用外购已税的焰火继续加工高档焰火。2020 年 5 月销售高档焰火，开具增值税专用发票注明销售额 1000 万元；本月外购焰火 400 万元，取得增值税专用发票，月初库存外购焰火 60 万元，月末库存外购焰火50 万元，相关发票当月已认证，则下列说法正确的有(　　)。(焰火消费税税率为 15%，上述价格均不含增值税)

A. 该鞭炮厂计算缴纳消费税时，可以按照本月生产领用数量计算扣除外购已税鞭炮焰火已纳的消费税

B. 该鞭炮厂计算缴纳消费税时，可以按照当月购进的全部已税焰火数量计算扣除已纳的消费税

C. 该鞭炮厂计算缴纳增值税时，当月购进的全部已税焰火支付的进项税额可以从当期销项税额中抵扣

D. 该鞭炮厂计算缴纳增值税时，按照本月生产领用外购已税鞭炮焰火支付的进项税额从当期销项税额中抵扣

E. 当月该鞭炮厂应纳消费税 88.5 万元

6. 在税务检查中发现，A 市的甲公司委托 B 县的乙企业加工 A 型实木地板，同时委托 C 县的个体户张三加工 B 型实木地板。甲公司已将实木地板收回并销售，但未入账，也不能出示消费税完税证明。下列关于税务机关征管行为的表述中，正确的有(　　)。

A. 要求甲公司补缴税款

B. A 型实木地板的城建税纳税地点在 B 县

C. 可对乙企业处以未代收代缴消费税税额 0.5 倍至 3 倍的罚款

D. 甲公司的所有地板应纳的城建税的税率都是 5%

E. 甲公司需要就 A 型和 B 型地板补缴消费税，但不需补缴城建税

7. 下列叙述中应按照“其他酒”10%的适用税率征收消费税的有(　　)。

A. 以蒸馏酒为酒基，具有国家相关部门批准的国食健字文号，且酒精度低于38度

B. 以食用酒精为酒基，具有国家相关部门批准的卫食健字文号，且酒精度低于38度

C. 以发酵酒为酒基，酒精度低于20度(含)的配制酒

D. 以白酒为酒基，加入药材、补品等配制的泡制酒

E. 果啤

8. 下列行为中，既缴纳增值税又缴纳消费税的有(　　)。

A. 酒厂将自产的白酒赠送给协作单位

B. 卷烟厂将自产的烟丝移送用于生产卷烟

C. 日化厂将自产的香水精移送用于生产护肤品

D. 汽车厂将自产的应税小汽车赞助给某艺术节组委会

E. 某地板厂收回委托加工生产的实木地板

9. 根据消费税现行政策的有关规定，下列说法正确的有(　　)。

A. 纳税人通过自设非独立核算门市部销售的自产应税消费品，应当按照门市部对外销售额或销售数量计算征收消费税

B. 既销售金银首饰，又销售非金银首饰的生产经营单位，不能分别核算两类商品，在生产环节销售的，一律按金银首饰征收消费税

C. 计算啤酒出厂价格时，包装物押金中不包括重复使用的塑料周转箱的押金

D. 卷烟在批发环节按照5%的税率和每标准箱150元的税额计征消费税

E. 成套销售的高级化妆品应分别按照单件化妆品的销售额计征消费税

10. 下列关于消费税纳税义务发生时间的陈述，说法正确的有(　　)。

A. 某汽车厂销售汽车采用赊销方式，合同规定收款日期为10月，实际收到货款为11月，纳税义务发生时间为11月

B. 某汽车厂采用预收货款方式结算，其纳税义务发生时间为预收货款的当天

C. 某汽车厂采用分期收款结算方式销售汽车，无书面合同的，其纳税义务发生时间为发出汽车的当天

D. 某金银珠宝店销售首饰，已收取价款，其纳税义务发生时间为收款当天

E. 某实木地板生产厂，委托甲企业加工实木地板一批，其纳税义务发生时间为收回委托加工地板当天

三、计算选择题

1. 假日旅游有限责任公司 2020 年 7 月从海昌船舶股份有限公司购进游艇一艘，取得的增值税专用发票注明价款 180 万元、税额 23.4 万元；从奔腾汽车贸易公司购进一辆小汽车，取得增值税机动车统一销售发票注明价款 28 万元、税额 3.64 万元。游艇的消费税税率为 10%，小汽车消费税税率为 5%。根据上述经济业务，下列相关纳税事项表述正确的是(　　)。

A. 汽车贸易公司应缴纳消费税3万元

B. 游艇生产企业应缴纳消费税18万元

C. 旅游公司应缴纳游艇车辆购置税18万元

D. 旅游公司应缴纳小汽车的车辆购置税10万元

2. 太极集团 2020 年 11 月购买了三台豪华轿车，其中：一台系从 4S 店购入的含增值税价 339 万元的保时捷；一台为从一家贸易公司购入的不含税价 110 万元的宾利；一台为从某汽车厂家购买的定制款汽车，排量均 4.0 以上，不含税出厂价为 360 万元。小汽车的生产环节消费税税率为 4.0

升以上40%，则相关各方总计应缴纳的消费税为(　　)万元。

A. 210　　B. 170　　C. 150　　D. 30

3. 太白酒厂用外购粮食白酒为原料，生产浓香型白酒100吨，当月全部对外赊销，该批白酒不含税价款1480万元暂未收到，则该厂上述业务应纳消费税为(　　)万元。

A. 121　　B. 112　　C. 306　　D. 103

4. 吉利汽车制造厂以自产小汽车30辆投资高斯广告公司取得30%的股份，双方确认价值1125万元。该厂生产的同一型号的小汽车售价分别为50万元/辆、46万元/辆、45万元/辆，则用作投资入股的小汽车应缴纳的消费税为(　　)万元。(消费税税率为5%，以上售价均为不含税价格)

A. 75　　B. 80　　C. 70　　D. 0

5. 重庆啤酒厂销售给泰鑫商贸有限公司啤酒20吨，取得不含税销售额60 000元，代垫运费2000元，则重庆啤酒厂应缴纳的消费税为(　　)元。

A. 5000　　B. 4500　　C. 4800　　D. 4900

6. 某高尔夫球具厂接受某俱乐部委托加工一批高尔夫球具，俱乐部提供的主要材料不含税成本为8000元，球具厂收取含税加工费和代垫辅料费2712元，球具厂没有同类球具的销售价格，则该俱乐部应缴纳的消费税为(　　)元。

A. 1155.56　　B. 1123.56　　C. 1150　　D. 1213.56

7. 大自然地板系生产企业，为增值税一般纳税人，2020年5月销售漆饰地板取得了不含税销售额450万元，该漆饰地板是由未经涂饰的素板加工而成，上月外购素板取得增值税专用发票注明价款360万元，本月生产领用80%，则该企业2020年5月应缴纳消费税(　　)万元。(消费税税率为5%)

A. 22.50　　B. 8.10　　C. 11.70　　D. 10.80

8. 顺达卷烟批发公司(增值税一般纳税人)2020年5月批发销售给卷烟零售企业卷烟12标准箱，取得含税收入240万元，则该企业当月应纳消费税(　　)万元。

A. 115.04　　B. 74.02　　C. 115.18　　D. 23.66

9. 春娟日化厂为增值税一般纳税人。2020年3月发生以下经济业务：10日销售高档化妆品600箱，每箱不含税价500元；12日销售同类高档化妆品500箱，每箱不含税价450元。当月以300箱同类高档化妆品与某公司换取精油。该厂当月应纳消费税(　　)元。(高档化妆品消费税税率为15%)

A. 169 500　　B. 205 500　　C. 207 000　　D. 101 250

10. 甲企业为增值税一般纳税人，2020年8月外购一批木材，取得增值税专用发票注明价款60万元、税额7.8万元；将该批木材运往乙企业委托其加工木制一次性筷子，取得税务局代开的小规模纳税人运输专用发票注明运费2万元、税额0.06万元，支付不含税委托加工费7万元。假定乙企业无同类产品对外销售，木制一次性筷子消费税税率为5%，则乙企业当月应代收代缴的消费税为(　　)万元。

A. 3.65　　B. 2.67　　C. 3.63　　D. 2.95

四、综合实务

1. 嘉欣外贸公司2020年10月从生产企业购进一批高档化妆品，取得增值税专用发票注明价款18万元、增值税2.34万元，支付购货运费2万元，当月将此批高档化妆品全部出口，取得销售收入30万元。

要求：计算该外贸公司出口化妆品应退消费税税额。

2. 上海百雀羚日化厂为增值税一般纳税人，于2020年10月发生如下业务。

(1) 为甲企业加工一批高档化妆品，甲企业提供的原材料成本 45 万元，加工结束后开具增值税专用发票，注明收取加工费及代垫辅助材料价款共计 18 万元，增值税 2.34 万元。

(2) 进口一批化妆品作为原材料，关税完税价格为 60 万元，关税为 12 万元；支付不含税运费 3 万元，取得货运增值税专用发票，当月生产领用进口化妆品的 90%。

(3) 将护肤品和化妆品组成成套高档化妆品销售，某大型商场一次购买 180 套。该企业开具增值税专用发票，注明金额 36 万元，其中包括护肤品 12 万元，化妆品 24 万元。

(4) 销售保湿精华霜取得不含税销售额 90 万元。

(5) 将成本为 2.8 万元的新研发的高档化妆品赠送给消费者使用(化妆品成本利润率为 5%)，当月取得的相关票据均符合税法规定。

要求：根据上述资料计算该企业当月国内销售应纳消费税税额。

3. 富平村酒厂系增值税一般纳税人，主要经营白酒的生产和销售业务，2020 年 11 月发生以下经济业务。

(1) 6 日向某烟酒批发公司销售自产白酒 20 吨，开具普通发票，取得含税收入 56.5 万元，另收取包装物押金 14.13 万元。

(2) 11 日将自产的 15 吨白酒与某企业换取原材料一批，取得对方开具的增值税专用发票上注明价款 37.5 万元、增值税 4.88 万元。已知该批白酒的实际生产成本为 1.2 万元/吨，最低不含税销售价格为 2.2 万元/吨，平均不含税销售价格为 2.5 万元/吨，最高不含税销售价格为 2.8 万元/吨。

(3) 采取分期收款方式向某商场销售自产白酒 10 吨，合同规定不含税销售额共计 25 万元，本月收取 80%的货款，其余货款于下月 10 日收取，由于该单位资金紧张，富平村酒厂本月实际取得价税合计金额 11.3 万元。

(4) 生产一种新型白酒 1 吨，将其全部赠送给关联企业，已知该种白酒没有同类产品的销售价格，生产成本为 1.5 万元。

(5) 进口一辆小汽车，海关审定的关税完税价格为 45 万元，关税税率为 30%，缴纳进口环节税金取得完税凭证后将小汽车运回企业，将其作为固定资产供管理部门使用。(小汽车的消费税税率为 9%；白酒的消费税税率为 20%加 0.5 元/500 克，成本利润率为 10%)

要求：根据上述资料计算如下。

(1) 富平村酒厂当月国内销售应纳消费税额。

(2) 进口环节应纳消费税额。

项目四

关税法规与实务

知识目标

1. 了解关税的概念及特点；
2. 了解关税的纳税人、征税对象及其分类；
3. 掌握关税完税价格的计算方法；
4. 掌握关税应纳税额的计算方法；
5. 熟悉关税的税收优惠政策和征收管理方法。

技能目标

1. 会根据纳税人的进出口业务，计算进出口货物和物品的完税价格，并能计算出应纳关税税额；
2. 掌握1+X证书中进口关税的计算。

素质目标

了解关税在国际贸易中的影响，能使用关税做出正确的政策分析，诚信缴纳关税。

项目知识结构

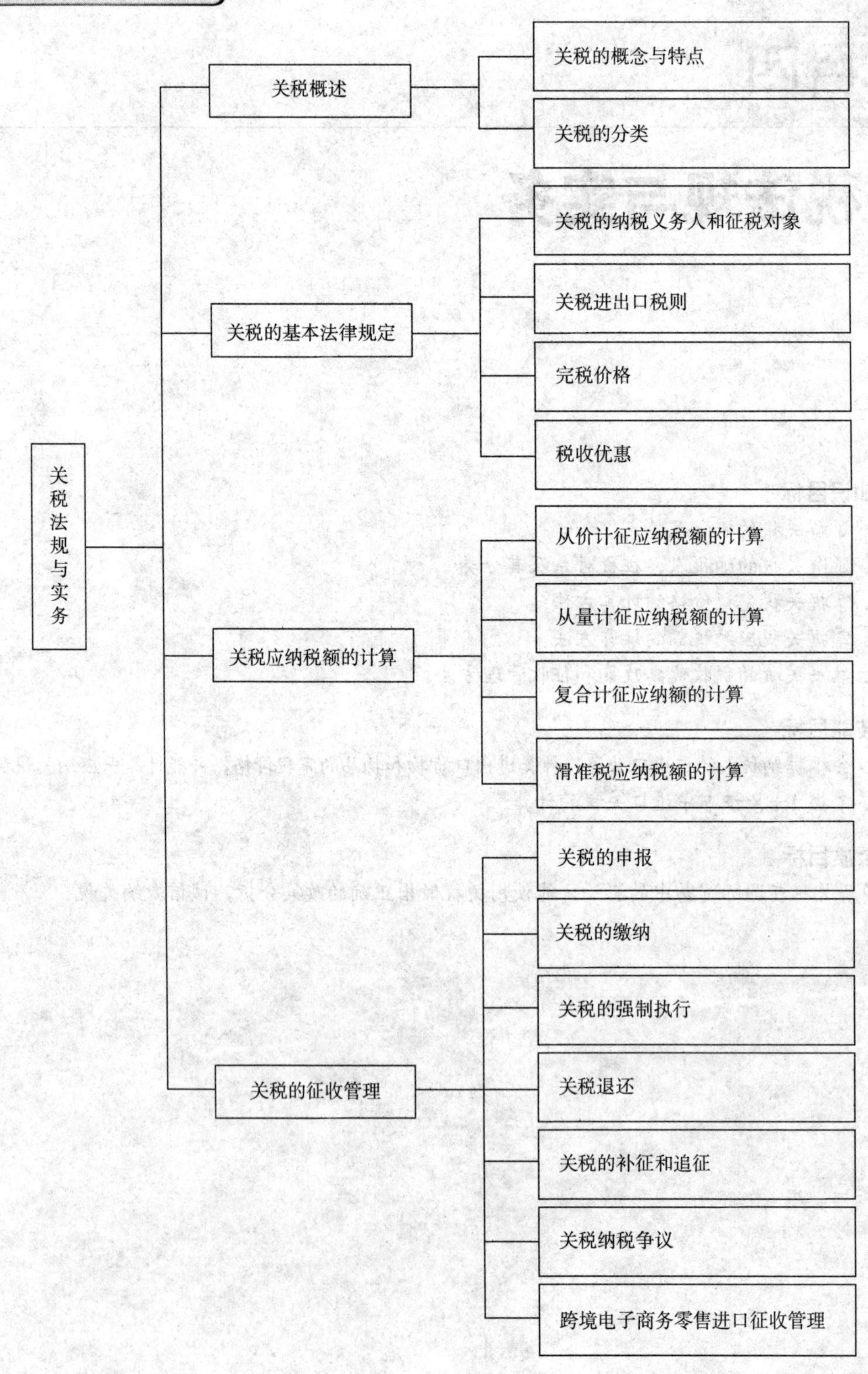
关税法规与实务
关税概述
关税的概念与特点
关税的分类
关税的基本法律规定
关税的纳税义务人和征税对象
关税进出口税则
完税价格
税收优惠
关税应纳税额的计算
从价计征应纳税额的计算
从量计征应纳税额的计算
复合计征应纳额的计算
滑准税应纳税额的计算
关税的征收管理
关税的申报
关税的缴纳
关税的强制执行
关税退还
关税的补征和追征
关税纳税争议
跨境电子商务零售进口征收管理

为逃海关，游客竟将275万元的百达翡丽戴手上

一名旅客经深圳福田口岸入境，海关关员查看X光机检图像时发现其行李箱内有一个空表盒，遂让其接受海关检查。经检查，该空表盒为百达翡丽表盒。同时，海关关员发现该旅客手上佩戴的手表正是百达翡丽手表。经过询问，该男子承认其手上所佩戴手表即为行李箱里表盒所对应的手表，价值275万元，其通过将表和表盒分开携带入境，企图逃避海关检查、偷逃税款。目前，该案已移交海关缉私部门处理。该男子或面临3到10年有期徒刑。

思考：我国关税的征收对象有哪些？

任务一　关税概述

小聪认为关境即为国境，小明认为关境有时大于国境，小朱认为国境有时大于关境。你认为他们的说法正确吗？

一、关税的概念与特点

（一）关税的概念

关税是由海关按照国家相关法律规定，以出国境或关境的货物和物品为征税对象而征收的一种商品税。

通常情况下，一国关境与国境是一致的，包括国家全部的领土、领海、领空，但两者又不完全相同。当某一国家在国境内设立了自由港、自由贸易区、保税仓库或出口加工区等时，这些区域就进出口关税而言处在关境之外，这时，该国家的关境小于国境。例如，我国根据《中华人民共和国香港特别行政区基本法》《中华人民共和国澳门特别行政区基本法》，香港和澳门保持自由港地位，为我国单独关境区，因而我国的国境大于关境。相反，一些建立关税同盟的国家，由于参加同盟的成员国之间取消了关税，彼此自由贸易，只对非成员国货物和物品的进出才征收关税，其领土合为一个统一的关境，即关境等于各同盟国国境之和，这时关境就大于任何成员国的各自国境，如欧盟成员国。

【实例4-1·单选题】当几个国家组成关税同盟时，成员国之间相互取消关税，对外实行共同的关税税则，对成员国而言(　　)。

A. 关境等于国境　　　　B. 关境小于国境

C. 关境大于国境　　　　D. 无法确定关境和国境的大小

【解析】C。

（二）关税的特点

关税是一个比较特殊的税种，除了具有一般税收的特点外，还具有下述特点。

1. 关税的征税对象是进出国境或关境的货物和物品

关税只能对各种有形的货物和物品途经海关通道进出口征税，对进出关境的无形资产，如专利权等则无法征税。属于贸易性进出口的商品称为货物；属于入境旅客携带的、个人邮递的、运输工具服务人员携带的，以及用其他方式进口个人自用的非贸易性商品称为物品。

2. 关税是单一环节的价外税

货物和物品在进出关境环节征收过关税后，在国内流通环节就不再征收关税了，所以关税属于单一环节税。

关税是以不包含关税的货物和物品的成交价格作为计税依据的，所以属于价外税。但海关代为征收增值税、消费税时，其计税依据包括关税在内。

3. 关税有较强的涉外性

关税是对进出关境的货物征税，会间接涉及国外贸易伙伴的利益，进而影响国与国之间的贸易关系，是一个国家的重要税种。国家征收关税既是为了满足政府财政上的需要，更是利用关税来贯彻执行统一的对外经济政策，实现国家的政治经济目的。我国是世界贸易组织(WTO)的正式成员国，国际贸易关系的调整也会影响我国关税的征收范围、税率、减免等法律内容的制定。

4. 关税由海关征收

中华人民共和国海关是国家的进出关境监督管理机关，关税由海关总署及其所属机构(简称海关)具体管理和征收。

5. 关税实行复式税则

我国关税实行复式税则。复式税则又称多栏税则，是指一个税目设有两个或两个以上的税率，根据进口货物原产国的不同，分别适用高低不同的税率。复式税则是一个国家对外贸易政策的体现。目前，在国际上除极个别国家外，各国关税普遍实行复式税则。

二、关税的分类

按照不同的标准，可以将关税划分为不同的类型，我们只介绍其主要分类。

（一）按征税对象分类

1. 进口关税

通常所称的关税主要指进口关税，进口关税是一个国家的海关对进口的货物和物品所征收的关税。它是关税中最主要的一种，是主要的贸易措施。

征收进口关税会增加进口货物的成本，提高进口货物的市场价格，影响外国货物进口数量。适当地使用进口关税可以保护本国工农业生产，也可以作为一种经济杠杆调节本国的生产和经济的发展。

2. 出口关税

出口关税是指对本国出口货物和物品在运出国境时所征收的关税。有部分国家基于限制本国某些产品或自然资源的输出等原因，对部分出口货物征收出口关税。我国仅限于对少数商品出口征收出口关税，主要包括：盈利特别高而且利润比较稳定的大宗商品；在国际市场上，我国的出口数量已占相当比重的商品；国际市场上容量有限而盲目出口容易在国外形成削价竞销的商品；国内紧缺需要大量进口的商品及国家控制出口的商品。

3. 过境关税

过境关税是指一国海关对通过本国国境或关境，销往第三国的外国货物征收的一种关税。19世纪50年代后期，各国相继取消过境关税。

在通常情况下，一国关境与国境是一致的，包括国家全部的领土、领海、领空。

【实例 4-2・单选题】征收目的在于保护本国市场和增加财政收入的关税类型是(　　)。

A. 进口税　　B. 出口税　　C. 过境关税　　D. 滑动关税

【解析】A。征收进口税的目的在于保护本国市场和增加财政收入。

（二）按征税标准分类

1. 从价关税

从价关税是以货物和物品的价格为计税标准而计算征收的一种关税。价格，即关税完税价格。目前，我国海关主要实行从价关税。从价关税具有如下特点。

(1) 税负比较合理。同一种进口商品，质量高，价格高，税额也高，质次价廉的税额也低。

(2) 对各种商品均适用。艺术、珍物等价格变化很大的商品，以及税则中未列出的新产品等，不适宜使用从价关税。

(3) 物价上涨或下落时，按税则中规定的税率计征，税额相应增加或减少，关税的财政作用和保护作用均不被影响。

(4) 从价税率以百分数表示。对关税的保护程度或关税水平等做数量上的计算与衡量，有利于对各国的关税进行比较和在国际间关税谈判时应用。

(5) 海关估价工作比较复杂，需要一定的专业技术。

2. 从量关税

从量关税是以货物的数量、重量、体积等为计征标准而计算征收的一种关税，如我国对出口煤炭曾按重量计征出口关税等。从量关税与从价关税相比，从量关税因其征税手续简便，在过去的一个很长的历史阶段中曾被各国大量使用。目前大多数国家都是从价关税，或者以从价关税为主，从量关税为辅。有些国家对个别税目使用从价、从量复合税或选择税。

3. 复合关税

复合关税是在税则的同一税目中有从量税和从价税两种税率，征税时混合使用两种税率计征。由于从价关税和从量关税都存在一定的缺点，因此，关税的征收方法在从量计征和从价计征的基础上又产生了复合计征。复合关税计征手续较为烦琐，但在物价波动时，可以减少对财政收入的影响。

4. 滑准关税

滑准关税是一种关税税率随进口商品价格由高至低而由低至高设置计征关税的方法。滑准关税的主要特点是可保持应税商品的国内市场价格相对稳定，其目的是防止某些进口商品在本国市场低价销售而影响国内相关产业。

（三）按征税性质分类

1. 普通关税

普通关税又称一般关税，是指一国政府对与本国没有签署贸易或经济互惠等友好协定的国家和地区按普遍税率征收的关税。普通关税与优惠关税的税率差别一般较大。目前仅有个别国家对极少数国家的出口商品实行这种税率，大多数只是将其作为其他优惠税率减税的基础。

2. 优惠关税

优惠关税又称优惠税率，是指对来自特定受惠国的进口货物征收的低于普通关税税率的优惠税率的关税。优惠关税一般有特定优惠关税、普遍优惠关税和最惠国待遇3种。

3. 差别关税

差别关税实际上是保护主义政策的产物，是保护一国产业所采取的特别手段。一般意义上的差别关税主要分为加重关税(反补贴关税、反倾销关税)、报复关税等。

1) 加重关税

加重关税是指对某些输出国、生产国的进口货物，因某种原因(如歧视、报复、保护和经济方面的需要等)，使用比正常税率较高的税率所征收的关税，也称歧视关税。在歧视关税中，使用较多的是反补贴关税和反倾销关税。

(1) 反补贴关税。反补贴关税又称抵销关税，它是对接受任何津贴或补贴的外国进口货物所附加征收的一种关税，是差别关税的重要形式之一。

(2) 反倾销关税。反倾销关税是指进口国海关对外国的倾销货物，在征收关税的同时附加征收的一种特别关税，其目的在于抵制倾销，保护国内产业。

2) 报复关税

报复关税是指对违反与本国签订或共同参加的贸易协定及相关协定，对本国在贸易方面采取禁止、限制、加征关税，或者其他影响正常贸易的国家或地区所采取的一种进口附加税。

（四）按保护形式和程度分类

1. 关税壁垒

关税壁垒亦称“关税战”，是以高额关税作为限制商品进口的一种措施。对外国商品征收高额进口关税，以提高其成本和削弱其竞争能力，从而达到限制这些商品进口，保护本国产品在国内市场上竞争优势的目的。

2. 非关税壁垒

非关税壁垒是指一国或地区在限制进口方面采取的除关税以外的所有措施，它是相对于关税而言的。这种措施可以通过国家法律、法令及各种行政措施的形式来实现。

知识点：

能力点：

重　点：

难　点：

任务二　关税的基本法律规定

2020 年 12 月 6 日，小王携带鱼油、胶囊、游戏机等货物从福田口岸入境时，未向海关申报，被海关检获。

思考：小王是关税的纳税义务人吗？

一、关税的纳税义务人和征税对象

（一）关税的纳税义务人

进口货物的收货人、出口货物的发货人、进出境物品的所有人和推定所有人，是关税的纳税人。进出口货物的收、发货人是指依法取得对外贸易经营权，并进口或出口货物的法人或其他社会团体，包括：外贸进出口公司；工贸或农贸结合的进出口公司；其他经批准经营进出口商品的企业。进出境物品的所有人包括该物品的所有人和推定为所有人的人，包括：入境旅客随身携带的行李、物品的持有人；各种运输工具上服务人员入境时携带自用物品的持有人；馈赠物品及其他方式入境个人物品的所有人；个人邮递物品的收件人。

（二）关税征税对象

关税的征税对象是准许进出境的货物和物品。凡准许进出口的货物，除国家另有规定的以外，均应由海关征收进口或出口关税。

【实例 4-3・多选题】根据关税法律制度的规定，下列属于进境物品的纳税义务人的是(　　)。

A. 个人邮递物品的收件人　　　　B. 外贸进出口公司
C. 携带物品进境的入境人员　　　　D. 馈赠物品入境的物品所有人

【解析】ABCD。

二、关税进出口税则

（一）进出口税则

我国关税的税率体现在海关进出口税则中。海关进出口税则，是指一个国家通过一定的立法程序公布实施的进出口货物和物品应税的关税税率表。进出口税则以税率表为主体，通常还包括实施税则的法令、使用税则的有关说明和附录等。《中华人民共和国进出口税则》(以下简称《进出口税则》)是我国海关凭以征收关税的法律依据，也是我国关税政策的具体体现。

税率表作为税则主体，包括税则商品分类目录和税率栏两大部分。税则商品分类目录是把种类繁多的商品加以综合，按照其不同特点分门别类简化成数量有限的商品类目，分别编号按序排列，称为税则号码，简称税号，并逐个列出该税号中应列入的商品名称。税率栏是按商品分类目录逐项定出的税率栏目。我国现行进口税则为四栏税率，出口税则为一栏税率。

（二）税则归类

税则归类，就是按照税则的规定，将每项具体进出口商品按其特性在税则中找出其最适合的某一个税号，即“对号入座”，以便确定其适用的税率，计算关税税负。税则归类错误会导致关税的计算错误，从而导致关税的多征或少征，影响关税作用的发挥，如进口地海关无法解决的税则归类问题，应报海关总署明确。

现行税则是以《商品名称及编码协调制度》为基础，结合我国进出口商品的实际情况而编排的。《进出口税则》中税目的数目不是固定不变的，国家会随着经济发展和国际局势的变化及国家对外经济政治政策需要不断调整。

（三）税率的种类

1. 进口税率

我国进口税率分为最惠国税率、协定税率、特惠税率、普通税率、关税配额税率等税率，对进口货物在一定期限内可以实行暂定税率。进口货物适用何种关税税率是以进口货物的原产地为标准的。适用最惠国税率、协定税率、特惠税率的国家或地区名单，由国务院关税税则委员会决定，报国务院批准后执行。

1) 最惠国税率

最惠国税率适用原产于与我国共同适用最惠国待遇条款的 WTO 成员方的进口货物，或者原产于与我国签订有相互给予最惠国待遇条款的双边贸易协定的国家或地区进口的货物，以及原产于我国境内的进口货物。

2) 协定税率

协定税率适用原产于我国参加的含有关税优惠条款的区域性贸易协定的有关缔约方的进口货物。

3) 特惠税率

特惠税率适用原产于与我国签订有特殊优惠关税协定的国家或地区的进口货物。

4) 普通税率

普通税率适用于原产于上述国家或地区以外的其他国家或地区的进口货物，以及原产地不明的进口货物。按照普通税率征税的进口货物，经国务院关税税则委员会特别批准，可以适用最惠国税率。

5) 暂定税率

在最惠国税率的基础上，对于一些国内需要降低进口关税的货物，以及出于国际双边关系的考虑需要个别安排的进口货物，可实行暂定税率。

6) 关税配额税率

关税配额税率是进口国限制进口货物数量的措施，把征收关税和进口配额相结合以限制进口，对于在配额内进口货物可以适用较低的关税配额税率，对于配额之外的则适用较高税率。

【实例 4-4・单选题】根据关税法律制度的规定，进口原产于与我国签订含有特殊关税优惠条款的贸易协定的国家的货物，适用的关税税率是(　　)。

A. 最惠国税率　　B. 协定税率　　C. 特惠税率　　D. 关税配额税率

【解析】C。

2. 出口关税税率

我国出口税则为一栏税率，即出口税率。国家仅对少数资源性产品及易于竞相杀价、盲目进口、需要规范出口秩序的半制成品征收出口关税。

3. 税率的确定

进出口货物，应当依照税则规定的归类原则归入合适的税号，并按照适用的税率征税。《中华人民共和国进出口关税条例》(以下简称《进出口关税条例》)和《中华人民共和国海关进出口货物征税管理办法》(以下简称《进出口货物征税管理办法》)对税率的运用做出了明确规定，具体如下。

(1) 进出口货物，应当按照收发货人或者他们的代理人申报进口或者出口之日实施的税率。

(2) 进口货物到达前，经海关核准先行申报的，应当适用装载此货物的运输工具申报进境之日实施的税率。

(3) 进出口货物的补税和退税，适用该进出口货物原申报进口或者出口之日实施的税率，但下列情况除外。

① 按照特定减免税办法批准予以减免税的进口货物，后因情况改变经海关批准转让或者出售需予补税的，应按其原进口之日实施的税率征税。

② 加工贸易进口料、件等属于保税性质的进口货物，如经批准转为内销，应按向海关申报转为内销当日实施的税率征税；如未经批准擅自转为内销的，则按海关查获日期所施行的税率征税。

③ 对经批准缓税进口的货物以后交税时，不论是分期或者一次交清税款，都应按货物原进口之日实施的税率计征税款。

④ 分期支付租金的租赁进口货物，分期付税时，都应按该项货物原进口之日实施的税率征税。

⑤ 溢卸、误卸货物事后确定需予征税时，应按其原运输工具申报进口日期所实施的税率征税。如原进口日期无法查明的，可按确定补税当天实施的税率征税。

⑥ 对由于《海关进出口税则》归类的改变、完税价格的审定或者其他工作差错而需补征税款的，应按原征税日期实施的税率征税。

⑦ 查获的走私进口货物需予补税时，应按查获日期实施的税率征税。

⑧ 暂时进口货物转为正式进口需予补税时，应按其转为正式进口之日实施的税率征税。

【实例 4-5 · 多选题】下列关于进口货物关税税率的表述，正确的有(　　)。

A. 按照特定减免税办法批准予以减免税的进口货物，后因情况改变需予补税的，应按其原进口之日实施的税率征税

B. 属于保税性质的进口货物，如未经批准擅自转为内销的，则按海关查获日期所施行的税率征税

C. 暂时进口货物转为正式进口需予补税时，应按其申报暂时进口之日实施的税率征税

D. 溢卸、误卸货物事后确定需征税时，如原进口日期无法查明的，可按确定补税当天实施的税率征税

【解析】ABD。选项C，暂时进口货物转为正式进口需予补税时，应按其转为正式进口之日实施的税率征税。

三、完税价格

《中华人民共和国海关法》(以下简称《海关法》)规定，进出口货物的完税价格，由海关以该货物的成交价格为基础审查确定。成交价格不能确定时，完税价格由海关依法估定。《进出口关税条例》规定：①进口货物以进口货物运达我国输入地点货物起卸前的到岸价格为完税价格，也就是 CIF 价格；②出口货物完税价格是以出口商将货物运至出口港装货以前所有的费用作为计价基础的价格，也就是 FOB 价格。但只有当进出口商申报的价格被海关接受后才能成为进出口货物的完税价格。

（一）进口货物的完税价格

1. 一般进口货物的完税价格

一般贸易项下进口的货物以海关审定的成交价格为基础的到岸价格作为完税价格。

1) 成交价格

成交价格是一般贸易项下进口货物的买方为购买该项货物向卖方实际支付或应当支付的价格。

2) 到岸价格

到岸价格包括：货价及货物运抵我国关境内输入地点起卸前的包装费、运费、保险费和其他劳务费等费用；为了在境内生产、制造、使用或出版、发行的目的而向境外支付的与该进口货物有关的专利、商标、著作权，以及专有技术、计算机软件和资料等费用。

3) 佣金、回扣、违约罚款的处理

(1) 在货物成交过程中，进口人在成交价格外另支付给卖方的佣金，应计入成交价格，而向境外采购代理人支付的买方佣金则不能列入，如已包括在成交价格中应予以扣除。

(2) 卖方付给进口人的正常回扣，应从成交价格中扣除。

(3) 卖方违反合同规定延期交货的罚款，在货价中冲减时，不能从成交价格中扣除。

进口货物完税价格中包含了保险费、运费和其他费用。当一般进口货物运费无法确定，或者保险费无法确定或未实际发生时，海关应当按照该货物进口同期的正常运输成本审查确定，即为(货价＋运费)×3‰。

2. 特殊进口货物的完税价格

对于某些特殊、灵活的贸易方式下进口的货物，在进口时没有“成交价格”可作依据，《进出口关税条例》对这些进口货物制定了确定其完税价格的方法，主要如下。

(1) 运往境外修理的货物，出境时已向海关报明并在海关规定的期限内复运进境的，以经海关审定的境外修理费、料件费作为完税价格。

(2) 运往境外加工的货物，出境时已向海关报明并在海关规定期限内复运进境的，以境外加工费和料件费以及复运进境的运输及其相关费用和保险费审查确定完税价格。

(3) 以租赁方式进口的货物，以海关审查确定的该货物的租金作为完税价格。

(4) 对于国内单位留购的进口货样、展览品和广告陈列品，以海关审定的留购价格为完税价格。

(5) 对于经海关批准暂时进口的货物，如施工机械、工程车辆、供安装使用的仪器和工具等，入境若超过半年仍留在国内使用的，应自第7个月起，按月征收进口关税，其完税价格按原货进口时的到岸价格确定，每月的税额计算公式如下。

每月关税＝货物原到岸价格×关税税率÷48

(6) 予以补税的减免税货物。按照特定减免税办法批准予以减免税进口的货物，在转让或出售而需补税时，可按海关审定的原进口时的到岸价格来确定其完税价格。其计算公式如下。

完税价格＝原入境到岸价格×[1－补税时实际已进口的时间(月)÷(监管年限×12)]

【实例4-6・单选题】某进出口公司进口货物一批，经海关审定的货价为100万美元，另外，还有运抵我国关境内输入地点起卸前发生的包装费6万美元，运输费4万美元，保险费2万美元，购货佣金3万美元，则该公司进口该批货物的关税完税价格为(　　)万美元。

A. 100　　B. 112　　C. 115　　D. 110

【解析】B。购货佣金是境内企业支付给境外的自己的采购代理人的佣金，境外代理人常年为企业服务，给其支付的佣金不是单独为此笔进口货物发生的，所以不能计入此笔进口货物的完税价格中。货物运抵我国关境内输入地点起卸前的包装费(6万美元)、运费(4万美元)、保险费(2万美元)和其他劳务费等费用均应计入关税完税价格。

【小知识】

进口货物的成交价格，因有不同的成交条件而有不同的价格形式，常用的价格条款有FOB、CFR和CIF 3种。

(1) “FOB”又称“离岸价格”，指卖方在合同规定的装运港把货物装上买方指定的船上，并负责货物装上船为止的一切费用和风险。

(2) “CFR”又称“离岸加运费价格”，指卖方负责将合同规定的货物装上买方指定运往目的港的船上，负责货物装上船为止的一切费用和风险，并支付运费。公式为FOB＋运费＝CFR。

(3) “CIF”又称“到岸价格”，指卖方负责将合同规定的货物装上买方指定运往目的港的船上，办理保险手续，并负责支付运费和保险费。

GIF成交的价格符合规定成交价格的，直接计算税款。FOB和CFR条件成交的进口货物，在计算税款时应先把进口货物的申报价格折算成CIF价，然后计算税款。

（二）出口货物的完税价格

出口货物的完税价格应当以海关审定的货物售予境外的离岸价格，扣除出口关税后作为完税价格。计算公式如下。

出口货物完税价格＝离岸价格÷(1＋出口税率)

当离岸价格不能确定时，完税价格由海关估定。

下列税收、费用不计入出口货物的完税价格。

- 出口关税。
- 在货物价款中单独列明的货物运至中华人民共和国境内输出地点装载后的运输及其相关费用、保险费(出口货物的运保费最多算至离境口岸)。
- 在货物价款中单独列明由卖方承担的佣金。

（三）进出口货物完税价格的审定

1. 当出现以下情形的，需要进行完税价格的审定

(1) 对于进出口货物的收发货人或其代理人向海关申报进出口货物的成交价格明显偏低，而又不能提供合法证据和正当理由的。

(2) 申报价格明显低于海关掌握的相同或类似货物的国际市场上公开成交货物的价格，而又不能提供合法证据和正当理由的。

(3) 申报价格经海关调查认定买卖双方之间有特殊经济关系或对货物的使用、转让互相订有特殊条件或特殊安排影响成交价格的，以及其他特殊成交情况海关认为需要估价的。

2. 海关估价方法确定完税价格

对于进出口货物的成交价格出现上述情形不能确定的，海关认为需要估价的，依次以下列价格审查确定该货物的完税价格。

(1) 以从同一出口国家或地区购进的相同货物的成交价格作为被估货物完税价格的价格依据。

(2) 以从同一出口国家或地区购进的类似货物的成交价格作为被估货物完税价格的价格依据。

(3) 以进口货物的相同或类似货物在国际市场上公开的成交价格作为该进口货物完税价格的价格依据。

(4) 以进口货物的相同或类似货物在国内市场上的批发价格，扣除合理的税、费、利润后的价格。

如果按照上述几种方法仍无法确定其完税价格时，则可由海关按照合理方法估定。

四、税收优惠

关税减免是对某些纳税人和征税对象给予鼓励和照顾的一种特殊调节手段，是贯彻国家关税政策的一项重要措施。关税减免分为法定减免税、特定减免税和临时减免税。

（一）法定减免税

法定减免税是税法中明确列出的减税或免税。符合税法规定可予减免税的进出口货物，纳税义务人无须提出申请，海关可按规定直接予以减免税。海关对法定减免税货物一般不进行后续管理。

我国《海关法》和《进出口关税条例》中规定的，主要有下列货物、物品予以减免关税。

(1) 关税税额、进口环节增值税或消费税税额在人民币50元以下的一票货物。

(2) 无商业价值的广告品和货样。

(3) 外国政府、国际组织无偿赠送的物资。

(4) 进出境运输工具装载的途中必需的燃料、物料和饮食用品。

(5) 因故退还的中国出口货物，经海关审查属实，可予免征进口关税，但已征收的出口关税不予退还。

(6) 因故退还的境外进口货物，经海关审查属实，可予免征出口关税，但已征收的进口关税不予退还。

(7) 为境外厂商加工、装配成品和为制造外销产品而进口的原料、辅料、零件、部件、配套件和包装物料，海关按照实际加工出口的成品数量免征进口关税；或者对进口料、件先征进口关税，按照实际加工出口的成品数量予以退税。

(8) 进口货物如有以下情形，经海关查明属实，可酌情减免进口关税。

① 在境外运输途中或在起卸时，遭受到损坏或损失的。

② 起卸后海关放行前，因不可抗力遭受损坏或损失的。

③ 海关查验时已经破漏、损坏或腐烂，经证明不是保管不慎造成的。

(9) 我国缔结或参加的国际条约规定减征、免征关税的货物、物品按照规定予以减免关税。

（二）特定减免税

特定减免税在法定减免税之外，国家按照国际通行规则和我国实际情况，制定发布的有关进出口货物减免关税的政策，称为特定或政策性减免税。特定减免税货物一般有地区、企业和用途的限制，海关需要进行后续管理，也需要减免税统计。下列货物、物品予以减免税。

(1) 科教用品。

(2) 残疾人专用品。

(3) 慈善性捐赠。

(4) 加工贸易产品。

(5) 边境贸易进口物资。

(6) 保税区进出口货物。

(7) 出口加工区进出口货物。

(8) 进口设备。

(9) 适用特定行业或用途的减免税政策的货物。

(10) 特定地区的减免税政策。

（三）临时减免税

临时减免税是指以上法定和特定减免税以外的其他减免税，即由国务院对某某类商品、某个项目或某批进出口货物的特殊情况，给予特别照顾，一案一批，专文下达的减免税。

【实例 4-7 · 单选题】下列各项中不属于关税特定减免税范围的是(　　)。

A. 进出境运输工具装载的途中必需的燃料、物料和饮食用品

B. 科教用品

C. 扶贫、慈善性捐赠物资

D. 加工贸易产品

【解析】A。选项 A 属于法定减免税的范围。

任务小结

知识点：

能力点：

重　点：

难　点：

任务三　关税应纳税额的计算

任务引例

某公司 2016 年以 200 万元的价格进口了一台风力发电设备。2020 年 7 月因出现故障运往德国修理(出境时已向海关报明)。2020 年 11 月，按海关规定的期限复运进境，此时，该设备的国际市场价格已为 500 万元。若经海关审定的修理费和辅料费为 88 万元，进口运费 2 万元，进口关税税率为 8%。

要求：计算该设备复运进境时应纳的关税税额。

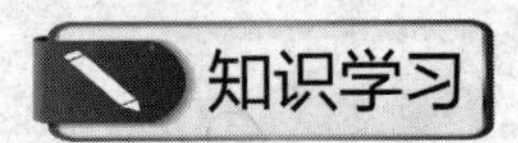

一、从价计征应纳税额的计算

从价计征应纳税额的计算公式如下。

应纳关税税额＝进(出)口应税货物数量×单位完税价格×适用税率

上述公式中的单位完税价格如果是以外汇表示的，则应先将其折合成人民币，外币折合率由海关按照填发税款缴款书之日国家外汇管理部门公布的人民币外汇牌价表的买卖中间价计算。

二、从量计征应纳税额的计算

从量计征应纳税额的计算公式如下。

应纳税额＝进(出)口应税货物数量×单位货物税额

三、复合计征应纳税额的计算

我国目前实行的复合计征关税都是先从量计征关税，再从价计征关税，计算公式如下。

应纳关税税额＝进(出)口应税货物数量×单位货物税额＋进(出)口应税货物数量×单位完税价格×适用税率

四、滑准税应纳税额的计算

滑准税是指关税的税率随着进口商品价格的变动而反方向变动的一种税率形式，即价格越高，税率(为比例税率)越低。对实行滑准税率的进口商品应纳关税税额的计算方法与从价税的计算方法相同。

【实例 4-8・计算题】某公司从国外进口一批货物，海关审定的货价为人民币 3000 万元，运费和保险费为 23 万元，该批货物适用关税税率为 10%，则该公司应该缴纳的关税税额是多少？

【解析】应纳关税税额＝(3000＋23)×10%＝302.3(万元)

任务小结

知识点：

能力点：

重　点：

难　点：

任务四　关税的征收管理

任务引例

某公司进口货物一批，经海关审定的成交价格及境外运保费折合人民币为 570 万元，单独计价并经海关审核属实的进口后装配调试费用 28 万元，该货物进口关税税率为 6%，海关填发税款缴纳书的日期为 2020 年 10 月 1 日。

思考：该公司最迟应该在哪一日缴纳关税税款？如果该公司在 10 月 27 日才缴纳税款，海关会对其加收多少滞纳金？

一、关税的申报

进口货物应自运输工具申报进境之日起 14 日内，由纳税人向货物进境地海关申报；出口货物应自货物运抵海关监管区后装货的 24 小时以前，由纳税人向货物出境地海关申报。

二、关税的缴纳

海关根据税则归类和完税价格计算应缴纳的关税和进口环节代征税，并填发税款缴款书。纳税义务人应当自海关填发税款缴款书之日起 15 日内，向指定银行缴纳税款。关税纳税义务人因不可抗力或在国家税收政策调整的情形下，不能按期缴纳税款的，经海关批准，可以延期缴纳税款，但最长不得超过 6 个月。

三、关税的强制执行

纳税义务人未在关税缴纳期限内缴纳税款，即构成关税滞纳的，《海关法》赋予海关对滞纳关税的纳税义务人强制执行的权利。强制措施主要有以下两类。

（一）关税滞纳金

逾期不缴的，除依法追缴外，由海关自到期次日起至缴清税款之日止，按日征收欠缴税额 0.5‰的滞纳金。

关税滞纳金金额＝滞纳关税税额×滞纳金征收比率×滞纳天数

滞纳金的起征点为 50 元。

（二）强制征收

如果纳税义务人自缴款期限届满之日起 3 个月仍未缴纳税款，经海关关长批准，海关可以采取强制扣缴、变价抵缴等强制措施。

四、关税退还

关税的退还是指关税纳税义务人按海关核定的税额缴纳关税后，因某种原因，海关将实际征收多于应当征收的税额(称为溢征关税)退还给原纳税义务人的一种行政行为。根据《海关法》的规定，海关发现多征税款的，应当立即通知纳税义务人办理退税手续，纳税义务人应当自收到海关通知之日起 3 个月内办理有关退税手续。根据我国《关税条例》的规定，有下列情形之一的，进出口货物的纳税义务人可以自缴纳税款之日起 1 年内，书面声明理由，连同原纳税收据向海关申请退税，并加算银行同期活期存款利息，逾期不予受理。

- 因海关误征，多纳税款的。

- 海关核准免验进口的货物，在完税后发现有短缺情况经海关审查认可的。
- 已征出口关税的货物，因故未将其运输出口，申报退关，经海关查验属实的。

五、关税的补征和追征

因纳税人违反海关规定造成短征关税的，称为关税的追征，非因纳税人违反海关规定造成短征关税的，称为关税的补征。

根据《海关法》的规定，进出境货物和物品放行后，海关发现少征或漏征税款，应当自缴纳税款或货物、物品放行之日起 1 年内，向纳税人补征；因纳税人违反规定而造成的少征或漏征，海关在 3 年内可以追征，并从缴纳税款之日起按日加收少征或漏征税款 0.5‰的滞纳金。

【实例 4-9・多选题】下列关于关税征收管理的说法，正确的是(　　)。

A. 进口货物自运输工具申报进境之日起 14 日内，向货物进境地海关申报纳税

B. 出口货物在货物运抵海关监管区后装货的 24 小时以后，向货物出境地海关申报纳税

C. 关税的延期缴纳税款期限，最长不得超过 6 个月

D. 进出境货物和物品放行后，海关发现少征或漏征税款，应当自缴纳税款或货物、物品放行之日起 2 年内，向纳税义务人补征关税

【解析】AC。选项 B，出口货物在货物运抵海关监管区后装货的 24 小时以前，向货物出境地海关申报纳税；选项 D，进出境货物和物品放行后，海关发现少征或漏征税款，应当自缴纳税款或货物、物品放行之日起 1 年内，向纳税义务人补征关税。

六、关税纳税争议

为保护纳税人的合法权益，我国《海关法》和《进出口关税条例》都规定了纳税义务人对海关确定的进出口货物的征税、减税、补税或退税等有异议时，有提出申诉的权利。在纳税义务人同海关发生纳税争议时，可以向海关申请复议，但同时应当在规定期限内按海关核定的税额缴纳关税，逾期则构成滞纳，海关有权按规定采取强制执行措施。

纳税争议的内容一般为进出境货物和物品的纳税义务人对海关在原产地认定，税则归类，税率或汇率适用，完税价格确定，关税减征、免征、追征、补征和退还等征税行为是否合法或适当，是否侵害了纳税义务人的合法权益，而对海关征收关税的行为表示异议。

纳税争议的申诉程序：纳税义务人应向原征税海关的上一级海关书面申请复议。逾期申请受议的，海关不予受理；海关应当自收到复议申请之日起 60 日内做出复议决定，并以复议决定书的形式正式答复纳税义务人；纳税义务人对海关复议决定仍然不服的，可以自收到复议决定书之日起 15 日内，向人民法院提起诉讼。

七、跨境电子商务零售进口征收管理

自 2019 年 1 月 1 日起，将跨境电子商务零售进口商品的单次交易限值提高至人民币 5000 元，年度交易限值提高至人民币 26 000 元。

(1) 完税价格超过 5000 元单次交易限值，但低于 26 000 元年度交易限值，并且订单下仅一件商品时，可以自跨境电商零售渠道进口，按照货物税率全额征收关税和进口环节增值税、消费税，

交易额计入年度交易总额，但年度交易总额超过年度交易限值的，应按一般贸易管理。

(2) 已经购买的电商进口商品属于消费者个人使用的最终商品，不得进入国内市场再次销售；原则上不允许网购保税进口商品在海关特殊监管区域外开展“网购保税＋线下自提”模式。

知识点：

能力点：

重　点：

难　点：

【实务操作一】请根据项目引例计算缴纳税费。

【项目引例分析】海关关税的征收对象包括进出口货物和进出境物品，行邮税的征收对象是超过海关总署规定数额但仍在合理数量以内的个人自用进境物品，具体是指旅客行李物品、个人邮递物品及其他个人自用物品。凡准许应税进境的旅客行李物品、个人邮递物品及其他个人自用物品，除另有规定的以外，均按《中华人民共和国进出口关税条例》征收进口税。根据我国法律规定，除海关规定应当征税的20种商品外，普通进境居民旅客携带在境外获取的个人自用进境物品，总值超过5000元人民币的；普通非居民旅客携带拟留在中国境内的个人自用进境物品，总值超过2000元人民币的，应主动向海关申报，根据自用、合理数量原则办理相关征税、退运等手续。

【实务操作二】坐落在市区的某日化厂为增值税一般纳税人，2020年9月进口一批高档香水精，出口地离岸价格为95万元，境外运费及保险费共计5万元，海关于9月15日开具了完税凭证，日化厂缴纳进口环节税金后海关放行；日化厂将进口的高档香水精的80%用于生产高档化妆品。本月从国内购进材料取得增值税专用发票，注明价款120万元、增值税15.6万元，销售高档化妆品取得不含税销售额500万元。

要求：计算该日化厂本月销售环节应纳税金及附加(本月取得的增值税抵扣凭证合规并在本月抵扣，高档化妆品消费税税率为15%，关税税率为50%，不考虑地方教育附加)。

【解析】进口关税＝(95＋5)×50%＝50(万元)；

进口环节消费税＝(100＋50)÷(1－15%)×15%＝26.47(万元)；

进口环节增值税＝(100＋50)÷(1－15%)×13%＝22.94(万元)；

销售环节缴纳的增值税＝500×13%－22.94－15.6＝26.46(万元)；

销售环节缴纳的消费税＝500×15%－26.47×80%＝53.824(万元)；
缴纳城市维护建设税和教育费附加＝(26.46＋53.824)×(7%＋3%)＝8.0284(万元)；
本月销售环节应纳税金及附加合计＝26.46＋53.824＋8.028 4＝88.3124(万元)。

【综合技能训练】

一、单项选择题

1. 下列关于关税特点的说法，正确的是(　　)。
A. 关税是对进出境的劳务征税
B. 关税是单一环节的价外税
C. 关税是对进出境的货物和物品征税
D. 关税是多环节价内税

2. 根据关税法律制度的规定，原产地不明的进口货物适用的关税税率是(　　)。
A. 协定税率　　B. 普通税率　　C. 特惠税率　　D. 最特惠税率

3. 某贸易企业海运进口一批货物，进口货价 3000 万元，抵达我国输入地点起卸前的运费折合人民币 15 万元，保险费无法获得，该批货物进口关税税率为 10%，则该企业应纳关税(　　)万元。
A. 289　　B. 302.41　　C. 301.5　　D. 256

4. 下列各项中，经海关审查无误后可以免征关税的是(　　)。
A. 外国公司无偿赠送的物资
B. 关税税额为人民币 100 元的一票货物
C. 广告品和货样
D. 进出境运输工具装载的途中必需的燃料、物料和饮食用品

二、多项选择题

1. 下列属于关税的征税对象的是(　　)。
A. 出境的贸易性商品
B. 境内个人之间转让的位于境外的不动产
C. 入境的旅客随身携带的行李物品
D. 在海关放行前损失的货物

2. 下列各项中应计入关税完税价格的有(　　)。
A. 买方为购买进口货物向代表买卖双方利益的经纪人支付的劳务费用
B. 货物运抵我国关境内输入地点起卸前的运费
C. 为在国内使用而向境外支付的与该进口货物有关的专利权费用
D. 货物运抵我国关境内输入地点起卸前的保险费

3. 甲公司为增值税一般纳税人，主要从事高档化妆品生产和销售业务。2020 年 1 月进口一批高档香水精，海关审定的货价 260 万元，运抵我国关境内输入地点起卸前的包装费 10 万元、运输费 18 万元、保险费 5 万元。甲公司的下列各项支出中，应计入进口货物关税完税价格的是(　　)。
A. 运输费 18 万元　　B. 货价 260 万元
C. 保险费 5 万元　　D. 包装费 10 万元

4. 根据关税法律制度的规定，下列进口货物中，实行从量计征关税的有(　　)。

A. 原油　　B. 摄像机　　C. 汽车　　D. 啤酒

5. 按规定有下列情形之一的，进出口货物的纳税义务人可以自缴纳税款之日起 1 年内，书面声明理由，向海关申请退税并加算银行同期活期存款利息的有(　　)。

A. 因海关误征，多纳税款的

B. 海关核准免验进口的货物，在完税后发现有短缺情形，经海关审查认可的

C. 因残损被免费更换的原进口货物

D. 已征出口关税的货物，因故未将其运出口，申报退关，经海关查验属实的

三、判断题

1. 关税的征税主体是国家。　(　　)

2. 按征税标准分类，可将关税分为价外税、从量税。　(　　)

3. 对从境外采购进口的原产于中国境内的货物，应按规定征收进口关税。　(　　)

4. 无商业价值的广告品及货样，经海关审核无误后可以免征关税。　(　　)

项目五

企业所得税法规与实务

知识目标

1. 了解企业所得税的概念、特点;
2. 掌握企业所得税法的基本内容;
3. 了解并熟悉企业所得税的税收优惠政策;
4. 掌握企业所得税应纳税所得额的计算;
5. 了解资产的税务处理和特别纳税调整事项;
6. 掌握企业所得税纳税申报;
7. 了解企业所得税征收管理规定。

技能目标

1. 准确计算企业所得税应纳税所得额;
2. 正确计算企业所得税应纳所得税额;
3. 掌握1+X证书中企业所得税纳税申报技能。

素质目标

通过案例讨论等，培养学生自主学习能力、团队合作能力及对工作认真负责的态度，树立依法纳税的职业精神。

项目知识结构

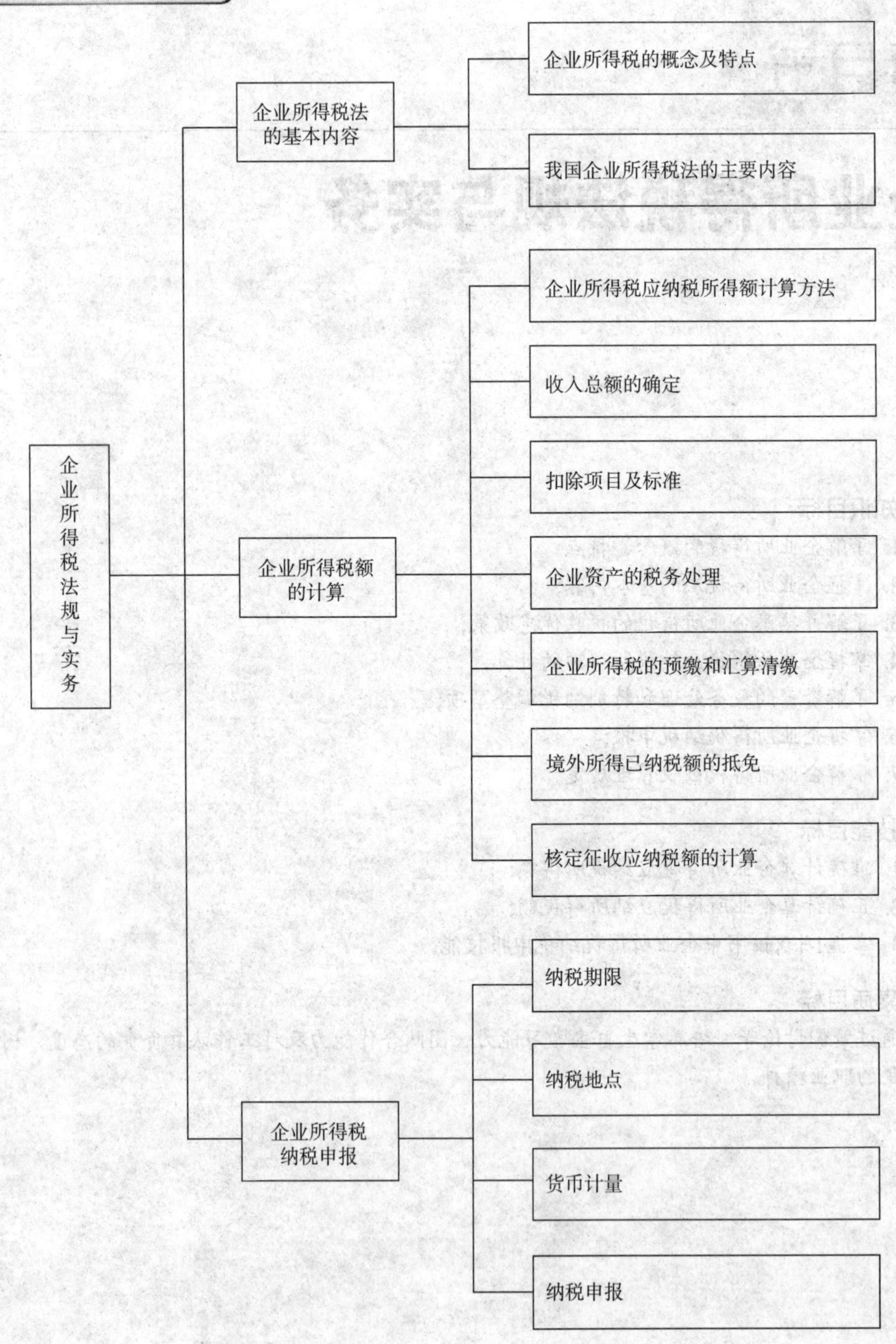
企业所得税法规与实务
企业所得税法的基本内容
企业所得税的概念及特点
我国企业所得税法的主要内容
企业所得税额的计算
企业所得税应纳税所得额计算方法
收入总额的确定
扣除项目及标准
企业资产的税务处理
企业所得税的预缴和汇算清缴
境外所得已纳税额的抵免
核定征收应纳税额的计算
企业所得税纳税申报
纳税期限
纳税地点
货币计量
纳税申报

项目引例

华宇有限责任公司于2018年3月在中国杭州注册成立并进行生产经营，系增值税一般纳税人。2020年度生产经营情况如下。

销售产品取得不含税收入8000万元；产品销售成本3000万元；税金及附加100万元；销售费用2000万元(其中广告费100万元)；财务费用350万元；投资收益50万元(其中国债持有期间的利息收入20万元)；管理费用1700万元(其中业务招待费80万元)；营业外支出800万元(其中公益性捐赠20万元)。

另外，全年实际支付工资支出共计2000万元，列支职工福利性支出120万元，职工教育费支出60万元，拨缴工会经费20万元，税收滞纳金10万元(假设无其他纳税调整事项)。

要求：计算华宇有限责任公司2020年度应缴纳的企业所得税。

任务一　企业所得税法的基本内容

任务引例

张某、李某、王某和赵某四人欲成立一家皮鞋制作公司，四人出资额相等，均享有25%份额，现有两种方案可供选择。

方案一：成立有限责任公司，每年利润总额1200万元，没有其他纳税调整项目，并且净利润提取公积金后均分配给股东个人。

方案二：成立合伙企业，每年利润总额1200万元，四位合伙人平均分配利润。

要求：简要分析上述两种方案分别涉及的所得税类型。

知识学习

一、企业所得税的概念及特点

(一) 概念

根据《中华人民共和国企业所得税法》(以下简称《企业所得税法》)规定，企业所得税是指国家以在中国境内企业和其他区的收入的组织的生产经营所得和其他所得(包括来源于中国境内、境外所得)为征税对象而依法征收的一种税。其中，“企业”是指按国家规定注册、登记的企业；“有生产经营所得和其他所得的其他组织”，是指经国家有关部门批准，依法注册、登记的，有生产经营所得和其他所得的事业单位、社会团体等组织。

(二) 特点

1. 企业所得税以纳税人一定期间内的收益额或净所得为计税依据

企业所得税的计税依据为纳税人的应税所得额，不等于企业实现的会计利润，也不是企业的增值额，而是以纳税人应税收入扣除各项成本、费用、税金、损失及税法允许弥补的以前年度亏损后的净所得为计税依据。

2. 以量能负担为征税原则

企业所得税以其净所得为征税依据，所得越多征税越多，所得越少征税越少，无所得税则不征收所得税，充分体现量能负担的税收原则，有利于纳税人税负公平。

3. 所得税属于直接税税种

企业所得税是对取得净所得纳税人征税，由纳税人直接承担、缴纳，一般不易转嫁。

4. 企业所得税计算较为复杂

企业应税所得的确定，是依据税法上收入、成本、费用、税金、损失等来确定，实务中是以会计利润为基础，对税法与会计的差异进行纳税调整，因此，企业所得税应税所得额确定方法相对复杂。

5. 按年计征、分期预缴的征管办法

我国采用日历年度标准计征企业所得税。为了保证纳税人各期所得税入库的均衡性，所得税法规定实行按年计征、分期预缴的管理办法，要求企业按月或季度预缴、年度终了汇算清缴，多退少补。

二、我国企业所得税法的主要内容

（一）纳税义务人

企业所得税纳税人，是指在中国境内的企业和其他取得收入的组织(个人独资企业、合伙企业除外)，包括各类企业、事业单位、社会团体、民办非企业单位和从事经营活动的其他组织等。

我国企业所得税法采用法人所得税模式，按此标准，将独立注册登记的企业作为企业所得税纳税主体，而企业设有多个不具有法人资格营业机构的，应由法人汇总计算并缴纳企业所得税。以独立法人为纳税人，法人是相对于自然人的另一个民事主体，即以独立法人为一个纳税单位缴纳企业所得税，不具有法人资格应汇总计算缴纳企业所得税。

为有效行使税收管辖权，最大限度地维护国家税收利益，合理界定纳税人义务，我国企业所得税法对所得税纳税人采用居民企业和非居民企业的分类认定办法，以此判别纳税人身份，明确各类企业不同纳税义务。

1. 居民企业

居民企业，是指依法在中国境内成立，或者依照外国(地区)法律成立但实际管理机构在中国境内的企业。

(1) 登记注册地标准，是指企业依照国家有关规定登记注册的住所地。其主要包括以下两类情形。

① 依法在中国境内成立的企业，包括依照中国法律、行政法规在中国境内成立的企业、事业单位、社会团体及其他取得收入的组织。

② 依照外国(地区)法律成立的企业，包括依照外国(地区)法律成立的企业和其他取得收入的组织。

(2) 实际管理机构，是指对企业的生产经营、人员、账务、财产等实施实质性全面管理和控制的机构。对实际管理机构的判定，应遵循实质重于形式的原则。

对于境外中资企业，按同时满足以下条件来判定实际管理机构在中国境内的居民企业。

(1) 企业负责实施日常生产经营管理运作的高层管理人员及其高层管理部门履行职责的场所主要位于中国境内。

(2) 企业的财务决策(如借款、放款、融资、财务风险管理等)和人事决策(如任命、解聘和薪酬等)由位于中国境内的机构或人员决定，或者需要得到位于中国境内的机构或人员批准。

(3) 企业主要财产、会计账簿、公司印章、董事会和股东会议纪要等档案等位于或存放于中国境内。

(4) 企业1/2(含)以上有投票权的董事或高层管理人员经常居住于中国境内。

居民企业承担无限纳税义务，应当就其来源于中国境内、境外的所得缴纳企业所得税。在我国，居民企业主要包括以下两种：一是将在我国境内依法注册成立的企业认定为居民企业；二是将在外国依法注册但其实际管理机构在中国境内的企业认定为居民企业。

2. 非居民企业

非居民企业，是指依照外国(地区)法律成立且实际管理机构不在中国境内，但在中国境内设立机构、场所的，或者在中国境内未设立机构、场所，但有来源于中国境内所得的企业。

非居民企业承担有限纳税义务，仅就其取得的来源于中国境内的所得缴纳所得税，具体分以下两种情况。

- 非居民企业在中国境内设立机构、场所的，应当就其所设机构、场所取得的来源于中国境内的所得，以及发生在中国境外但与其机构、场所有实际联系的所得，缴纳企业所得税。其中，实际联系是指非居民企业在中国境内设立的机构、场所拥有据以取得的股权、债权，以及拥有、管理、控制据以取得所得的财产等。
- 非居民企业在中国境内未设立机构、场所的，或者虽设立机构、场所但取得的所得与其所设机构、场所没有实际联系的，应当就其来源于中国境内的所得缴纳企业所得税。此种情况下，征收的企业所得税称为预提所得税，预提所得税是一种税款的缴纳方式，而非单独的税种。

3. 两类不属于企业所得税纳税人的企业

根据个人独资企业、合伙企业相关规定，个人独资企业、合伙企业的股东承担无限责任，个人财产和企业财产无法明确区分，两者均不属于法人，也不属于企业所得税纳税主体，其所得缴纳个人所得税。

合伙企业合伙人是企业法人和其他组织时，应缴纳企业所得税，其所得包括合伙企业分配给所有合伙人的所得和企业当年留存的所得(利润)。

【实例5-1·多选题】依据企业所得税法的规定，判定居民企业的标准有(   )。

A. 登记注册地标准　　　　B. 所得来源地标准

C. 经营行为实际发生地标准　　　　D. 实际管理机构所在地标准

【解析】AD。依法在中国境内成立，或者依照外国(地区)法律成立但实际管理机构在中国境内的企业为居民企业。

(二) 企业所得税的征收范围

1. 应税所得范围及类别

企业所得税应税所得包括销售货物所得、提供劳务所得、转让财产所得、股息红利等权益性投资所得、利息所得、租金所得、特许权使用费所得、接受捐赠所得和其他所得。所得税法对上述所得项目具体规定如下。

1) 销售货物所得

销售货物所得是指企业销售商品、产品、原材料、包装物、低值易耗品及其他存货所取得的所得。

2) 提供劳务所得

提供劳务所得是指企业从事建筑安装、修理修配、交通运输、仓储租赁、金融保险、邮电通信、咨询经纪、文化体育、科学研究、技术服务、教育培训、餐饮住宿、中介代理、卫生保健、社区服务、旅游、娱乐、加工及其他劳务服务活动所取得的所得。

3) 转让财产所得

转让财产所得是指企业转让固定资产、生物资产、无形资产、股权投资、债权投资等财产取得的所得。

4) 股息红利等权益性投资所得

股息红利等权益性投资所得是指企业作为权益投资方，按其投资比例从被投资方所分享的股利、利润等所得。

5) 利息所得

利息所得是指企业将资金提供给他人使用或因他人占用本企业资金而取得的资金使用价格，包括存款利息、贷款利息、债券利息、欠款利得等所得。

6) 租金所得

租金所得是指企业有偿提供固定资产、包装物或其他资产使用权所取得的使用费性质的所得。

7) 特许权使用费所得

特许权使用费所得是指企业提供专利权、非专利技术、商标权、著作权及其他特许使用权所取得的所得。

8) 接受捐赠所得

接受捐赠所得是指企业接受的来自其他企业、组织或个人无偿给予的货币性资产、非货币性资产。

9) 其他所得

其他所得包括企业资产溢余所得、债务重组所得、补贴所得、违约金所得、汇兑收益等。

需要说明的是，根据所得税法，企业涉及视同销售情形时，也应视为取得所得，计征所得税。《企业所得税法实施条例》规定：企业发生非货币性资产交换，以及将货物、财产、劳务用于捐赠、偿债、赞助、集资、广告、样品、职工福利或者利润分配等用途的，应当视同销售货物、转让财产或者提供劳务，但国务院财政、税务主管部门另有规定的除外。

2. 应税所得来源地标准的确定

企业所得税法将应税所得按其来源地为划分标准，规定来源于中国境内、境外所得，按以下原则确定。

(1) 销售货物所得，按照交易活动发生地确定。

(2) 提供劳务所得，按照劳务发生地确定。

(3) 转让财产所得。不动产转让所得，按照不动产所在地确定；转让动产所得，按照转让动产的企业或机构、场所所在地确定；权益性资产转让所得，按照被投资企业所在地确定。

(4) 股息、红利等权益性投资所得，按照分配所得的企业所在地确定。

(5) 利息所得、租金所得、特许权使用费所得，按负担、支付利息(租金、特许权使用费等)所得的企业或机构、场所所在地确定，或者按照负担、支付所得的个人的住所地确定。

(6) 其他所得，由国务院财政、税务主管部门确定。

【实例 5-2・多选题】依据企业所得税相关规定，下列对所得来源地的确定，正确的有(　　)。

A. 提供劳务所得，按照劳务发生地确定

B. 不动产转让所得，按照不动产所在地确定

C. 动产转让所得，按照转让动产的企业或机构、场所所在地确定

D. 股息、红利等权益性投资所得，按照分配所得的企业所在地确定

【解析】ABCD。根据所得来源地确定的税法规定，上述全部选项说法均正确。

（三）企业所得税税率

企业所得税法将我国企业所得税适用税率分为两类，一类是法定税率；一类是优惠税率。

1. 法定税率

1) 25%法定基本税率

所得税法规定，我国居民企业适用法定基本税率为 25%。对于在中国境内设立机构、场所且取得的所得与其所设机构、场所有实际联系的非居民企业，就其来源于中国境内、境外所得缴纳企业所得税，亦适用 25%法定基本税率。

2) 20%法定基本税率

所得税法规定，非居民企业在中国境内未设立机构、场所的，或者虽设有机构、场所但取得的所得与其所设机构、场所没有实际联系的，应当就其来源于中国境内的所得缴纳企业所得税，适用 20%法定基本税率。

2. 优惠税率

我国企业所得税法针对不同情形，规定了 20%、15%、10% 3 种优惠税率，具体规定如下。

(1) 为鼓励小型微型企业发展壮大，税法规定凡符合条件的小型微型企业，按 20%优惠税率征收企业所得税。

(2) 为鼓励高新技术企业发展，税法规定对符合国家高新技术企业认定标准的，按 15%优惠税率征收企业所得税。

(3) 对在中国境内未设立机构、场所的，或者虽设立机构、场所但所得与其所设机构、场所没有实际联系的，应当就其源于中国境内所得，减按 10%优惠税率征收企业所得税。

【实例 5-3・单选题】下列企业适用 25%的所得税税率的是(　　)。

A. 国家重点扶持的高新技术企业

B. 在中国境内未设有机构的非居民企业

C. 在中国境内设有机构且所得与机构有关联的非居民企业

D. 小型微利企业

【解析】C。国家重点扶持的高新技术企业适用税率为 15%，小型微利企业适用税率为 20%。非居民企业适用税率分为两种情况：一是在中国境内未设有机构，或者在中国境内虽设有机构但所得与机构没有实际联系的，适用税率为 10%，二是在中国境内设有机构且所得与机构有关联的，适用税率为 25%。

（四）优惠政策

企业同时从事适用不同企业所得税待遇项目的，其优惠项目应当单独计算所得，并合理分摊企业的期间费用；没有单独计算的，不得享受企业所得税优惠。

1. 免税优惠

1) 国债利息收入

国债利息收入，是指企业持有国务院财政部门发行的国债取得的利息收入。

2) 符合条件的居民企业之间的股息、红利等权益性投资收益

符合条件的居民企业之间的股息、红利等权益性投资收益，是指居民企业直接投资于其他居民企业取得的投资收益，但是不包括连续持有居民企业公开发行并上市流通的股票不足 12 个月取得的投资收益。

3) 在中国境内设立机构、场所的非居民企业从居民企业取得与该机构、场所有实际联系的股息、红利等权益性投资收益

4) 符合条件的非营利性组织

符合条件的非营利性组织所取得的收入免税，但不包括非营利性组织从事营利性活动取得的收入。

5) 我国台湾航运公司海峡两岸海上直航的优惠政策

自 2008 年 12 月 15 日起，对我国台湾航运公司从事海峡两岸海上直航业务取得的来源于大陆的所得，免征企业所得税。

2. 定期或定额减税、免税

1) 企业从事农、林、牧、渔业项目的所得，可以免征、减征企业所得税

企业从事下列项目的所得，免征企业所得税：蔬菜、谷物、薯类、油料、豆类、棉花、麻类、糖料、水果、坚果的种植；农作物新品种的选育；中药材的种植；林木的培育和种植；牲畜、家禽的饲养；林产品的采集、灌溉；农产品初加工、兽医、农技推广、农机作业和维修等农、林、牧、渔服务业项目；远洋捕捞。

企业从事下列项目的所得，减半征收企业所得税：花卉、茶及其他饮料作物和香料作物的种植；海水养殖、内陆养殖。

企业从事国家限制和禁止发展的项目，不得享受上述企业所得税优惠。

2) 从事国家重点扶持的公共基础设施项目投资经营所得，可以免征、减征企业所得税

国家重点扶持的公共设施项目，是指《公共基础设施项目企业所得税优惠目录》规定的港口码头、机场、铁路、公路、城市公共交通、电力、水利等项目。具体规定如下。

(1) 企业从事上述国家重点扶持的公共基础设施项目的投资经营的所得，自项目取得第 1 笔生产经营收入所属纳税年度起，第 1 年至第 3 年免征企业所得税，第 4 年至第 6 年减半征收企业所得税，简称“三免三减半”。享受税收优惠的企业，从其取得第 1 笔生产经营收入所属纳税年度起计算减免税起始日。

(2) 企业承包经营、承包建设和内部自建自用上述项目，不得享受上述企业所得税优惠。

3) 从事符合条件的环境保护、节能节水项目的所得

(1) 企业从事符合条件的环境保护、节能节水项目的所得，自项目取得第 1 笔生产经营收入所属纳税年度起，第 1 年至第 3 年免征企业所得税，第 4 年至第 6 年减半征收企业所得税。

(2) 享受上述减免税优惠的项目，在减免税期限内转让的，受让方自受让之日起，可以在剩余期限内享受规定的减免税优惠；减免税期限届满后转让的，受让方不得就该项目重复享受减免税优惠。

4) 符合条件的技术转让所得

(1) 技术转让的范围。包括居民企业转让专利技术、计算机软件著作权、集成电路布图设计权、植物新品种、生物医药新品种，以及财政部和国家税务总局确定的其他技术。

(2) 对符合条件的居民企业技术转让所得不超过500万元的部分，免征企业所得税；超过500万元的部分，减半征收企业所得税。

(3) 享受减免企业所得税优惠的技术转让应符合以下条件：享受优惠的技术转让主体是企业所得税法规定的居民企业；技术转让属于财政部、国家税务总局规定的范围；境内技术转让经省级以上科技部门认定；向境外转让技术经省级以上商务部门认定；国务院税务主管部门规定的其他条件。

(4) 享受技术转让所得减免企业所得税优惠的企业，应单独计算技术转让所得，并合理分摊企业的期间费用；没有单独计算的，不得享受技术转让所得企业所得税优惠。

5) 经营性文化事业单位转制为企业的优惠政策

(1) 经营性文化事业单位转制为企业，自转制注册之日起5年内免征企业所得税。

(2) 由财政部门拨付事业经费的文化单位转制为企业，自转制注册之日起 5 年内对其自用房产免征房产税。

(3) 党报、党刊将其发行、印刷业务及相应的经营性资产剥离组建的文化企业，自注册之日起所取得的党报、党刊发行收入和印刷收入免征增值税。

(4) 对经营性文化事业单位转制中资产评估增值、资产转让或划转涉及的企业所得税、增值税、城市维护建设税、契税、印花税等，符合现行规定的享受相应税收优惠政策。

上述税收政策执行期限为2019年1月1日至2023年12月31日。

【实例5-4·多选题】企业取得的下列收入中，属于企业所得税免税收入的有(　　)。

A. 国债利息收入

B. 企业综合利用资源，生产符合国家产业政策规定的产品所取得的收入

C. 居民企业直接投资于其他居民企业取得的投资收益

D. 在中国境内设立机构、场所的非居民企业连续持有居民企业公开发行并上市流通的股票1年以上取得的投资收益

【解析】ACD。选项B，企业综合利用资源，生产符合国家产业政策规定的产品所取得的收入不属于免税收入，可以在计算应纳税所得额时减计收入。

【实例5-5·单选题】我国某居民企业，所得项目在会计上分开核算，2020年取得技术转让所得额580万元，取得其他应纳税所得额600万元，则该企业2020年应纳所得税额为(　　)万元。

A. 147.5　　B. 158　　C. 160　　D. 225

【解析】C。居民企业的技术转让所得不超过500万元的部分，免征企业所得税，超过500万元的部分，减半征收企业所得税。企业2020年应纳所得税额＝[(580－500)÷2＋600]×25%＝160(万元)。

3. 低税率优惠

1) 小型微利企业

自2019年1月1日至2021年12月31日，对小型微利企业年应纳税所得额不超过100万元的部分，减按25%计入应纳税所得额，按20%的税率缴纳企业所得税；对年应纳税所得额超过100

万元但不超过300万元的部分，减按50%计入应纳税所得额，按20%的税率缴纳企业所得税。

上述小型微利企业是指从事国家非限制和禁止行业，且同时符合年度应纳税所得额不超过300万元、从业人数不超过300人、资产总额不超过5000万元3个条件的企业。

2) 国家重点扶持的高新技术企业

对国家重点扶持的高新技术企业，减按15%的税率征收企业所得税。

3) 技术先进型服务企业(服务贸易类)

自2018年1月1日起，对经认定的技术先进型服务企业(服务贸易类)，减按15%的税率征收企业所得税。

4. 在中国境内未设立机构、场所的，或者虽设立机构、场所但取得的所得与其所设机构、场所没有实际联系的企业税收优惠

所得税法规定，该类情形应当就其来源于中国境内的所得，减按10%的税率征收企业所得税。

此外，下列所得可以免征企业所得税。

(1) 外国政府向中国政府提供贷款取得的利息所得。

(2) 国际金融组织向中国政府和居民企业提供优惠贷款取得的利息所得。

(3) 经国务院批准的其他所得。

5. 区域税收优惠

1) 民族地区税收优惠

民族自治地方的自治机关对本民族自治地方的企业应缴纳的企业所得税中属于地方分享的部分，可以决定减征或免征。

2) 国家西部大开发税收优惠

自2011年至2020年，对设在西部地区以《西部地区鼓励类产业目录》中规定的产业项目为主营业务，且当年度主营业务收入占企业收入总额70%以上的企业，可减按15%税率征收企业所得税。

自2012年1月1日至2020年12月31日，对设在赣州市的鼓励类产业的内资企业和外商投资企业减按15%的税率征收企业所得税。

注意：

根据《财政部 税务总局 国家发展改革委关于延续西部大开发企业所得税政策的公告》(财政部公告2020年第23号)，上述2)政策到期后将延续10年，即2021年1月1日至2030年12月31日。

6. 特殊行业的优惠

1) 关于集成电路企业和软件企业的优惠政策

依法成立且符合条件的集成电路设计企业和软件企业，在2018年12月31日前自获利年度起计算优惠期，第1年至第2年免征企业所得税，第3年至第5年按照25%的法定税率减半征收企业所得税，并享受至期满为止。

2) 关于鼓励证券投资基金发展的优惠政策

(1) 对证券投资基金从证券市场中取得的收入，包括：买卖股票、债券的差价收入，股权的股息红利，债券的利息收入及其他收入，等等，暂不征收企业所得税。

(2) 对投资者从证券投资基金分配中取得的收入，暂不征收企业所得税。

(3) 对证券投资基金管理人运用基金买卖股票、债券的差价收入，暂不征收企业所得税。

3) 节能服务公司的税收优惠

自 2011 年 1 月 1 日起，对符合条件的节能服务公司实施合同能源管理项目，符合企业所得税税法有关规定的，自项目取得第 1 笔生产经营收入所属纳税年度起三免三减半。

4) 电网企业电网新建项目享受所得税的优惠政策

自 2013 年 1 月 1 日起，对企业电网新建项目，暂以资产比例法，即以企业新增输变电固定资产原值占企业总输变电固定资产原值的比例，合理计算电网新建项目的应纳税所得额，并据此享受三免三减半的企业所得税优惠政策。

7. 特别项目税收优惠

1) 加计扣除税收优惠

企业为开发新技术、新产品、新工艺发生的研究开发费用，未形成无形资产计入当期损益的，在按照规定据实扣除的基础上，按照研究开发费用的 50%加计扣除；形成无形资产的，按照无形资产成本的 150%摊销。

在 2018 年 1 月 1 日至 2020 年 12 月 31 日期间，对上述研发费用未形成无形资产计入当期损益的，在按照规定据实扣除的基础上，再按照研究开发费用的 75%加计扣除；形成无形资产的，按照无形资产成本的 175%税前摊销。

下列行业不适用税前加计扣除政策：烟草制造业；住宿和餐饮业；批发和零售业；房地产业；租赁和商务服务业；娱乐业；财政部和国家税务总局规定的其他行业。

2) 安置残疾人员及国家鼓励安置的其他就业人员税收优惠

按照企业安置残疾人员数量，在企业支付给残疾职工工资据实扣除的基础上，按照支付给残疾职工工资的 100%加计扣除。

企业享受安置残疾职工工资 100%加计扣除应同时具备如下条件。

(1) 依法与安置的每位残疾人签订了 1 年以上(含 1 年)的劳动合同或服务协议，并且安置的每位残疾人在企业实际上岗工作。

(2) 为安置的每位残疾人按月足额缴纳国家政策规定的基本养老保险、基本医疗保险、失业保险和工伤保险等社会保险。

(3) 定期通过银行等金融机构向安置的每位残疾人实际支付了不低于经省级人民政府批准的最低工资标准的工资。

(4) 具备安置残疾人上岗工作的基本设施。

3) 创投企业投资抵免优惠

创业投资企业采取股权投资方式直接投资，其企业所得税优惠政策主要包括以下几方面。

(1) 公司制创业投资企业采取股权投资方式直接投资于种子期、初创期科技型企业(以下简称初创科技型企业)满 2 年(24 个月，下同)的，可以按照投资额的70%在股权持有满 2 年的当年抵扣该公司制创业投资企业的应纳税所得额；当年不足抵扣的，可以在以后纳税年度结转抵扣。

(2) 有限合伙制创业投资企业采取股权投资方式直接投资于初创科技型企业满 2 年的，对于法人合伙人，可以按照对初创科技型企业投资额的 70%抵扣法人合伙人从合伙创投企业分得的应纳税所得额；当年不足抵扣的，可以在以后纳税年度结转抵扣。

(3) 有限合伙制创业投资企业采取股权投资方式投资于未上市的中小高新技术企业满2年的，其法人合伙人可按照对未上市中小高新技术企业投资额的 70%抵扣该法人合伙人从该有限合伙制创业投资企业分得的应纳税所得额；当年不足抵扣的，可以在以后纳税年度结转抵扣。

4) 减计收入

企业以《资源综合利用企业所得税优惠目录》规定的资源作为主要原材料，生产国家非限制和禁止并符合国家和行业相关标准的产品取得的收入，减按90%计入收入总额。其中，原材料占生产产品材料的比例不得低于前述优惠目录规定的标准。

5) 抵免应纳税额

企业购置并实际使用《环境保护专用设备企业所得税优惠目录》《节能节水专用设备企业所得税优惠目录》和《安全生产专用设备企业所得税优惠目录》规定的环境保护、节能节水、安全生产等专用设备的，该专用设备的投资额的10%可以从企业当年的应纳税额中抵免；当年不足抵免的，可以在以后5个纳税年度结转抵免。

享受上述企业所得税优惠的企业，应当实际购置并自身实际投入使用符合上述规定的专用设备；企业购置上述专用设备在5年内转让、出租的，应当停止享受企业所得税优惠，并补缴已经抵免的企业所得税税款。

6) 加速折旧

企业固定资产由于技术进步等原因，确需加速折旧的，可以采取缩短折旧年限或加速折旧的方法。采取缩短折旧年限方法的，最低折旧年限不得低于税法规定折旧年限的60%；采取加速折旧方法的，可以采取双倍余额递减法或年数总和法。

(1) 2019年1月1日起，制造业、信息传输、软件和信息技术服务业等行业企业，新购进的固定资产(包括自行建造)，允许按不低于企业所得税法规定折旧年限的60%缩短折旧年限，或者选择采取双倍余额递减法或年限总和法进行加速折旧。

(2) 2019年1月1日起，所有行业企业购进并专门用于研发活动的仪器、设备，单位价值不超过100万元的，可以一次性在计算应纳税所得额时扣除；单位价值超过100万元的，允许按不低于企业所得税法规定折旧年限的60%缩短折旧年限，或者选择采取双倍余额递减法或年数总和法进行加速折旧。

(3) 2019年1月1日起，制造业、信息传输、软件和信息技术服务业等行业小型微利企业，购进研发和生产经营共用的仪器、设备，单位价值不超过100万元的，可以一次性在计算应纳税所得额时扣除；单位价值超过100万元的，允许按不低于企业所得税法规定折旧年限的60%缩短折旧年限，或者选择采取双倍余额递减法或年数总和法进行加速折旧。

(4) 自2019年1月1日起，上述固定资产加速折旧优惠政策扩大至全部制造业领域的企业。

(5) 2019年1月1日起，所有行业企业持有的固定资产，单位价值不超过5000元的，可以一次性在计算应纳税所得额时扣除。

(6) 企业在2018年1月1日至2020年12月31日期间新购进(包括自行建造)的设备、器具(除房屋、建筑物以外的固定资产)，单位价值不超过500万元的，允许一次性计入当期成本费用在计算应纳税所得额时扣除，不再分年度计算折旧。

(7) 自2020年1月1日起至新冠肺炎疫情结束，对疫情防控重点保障物资生产企业为扩大产能新购置的相关设备，允许一次性计入当期成本费用在企业所得税税前扣除。

【实例5-6·单选题】以下关于企业所得税优惠政策正确的是(　　)。

A. 企业综合资源，生产符合国家产业政策规定的产品所取得的收入，可以在计算应纳税所得额时减按90%计入收入总额

B. 创投子夜从事国家需要扶持和鼓励的创业投资，可按投资额的70%在当年及以后年度应

纳税额中抵免

C. 企业购置用于环境保护、节能节水、安全生产等专用设备的投资额，可以按设备投资额的10%抵免当年及以后年度的应纳税所得额

D. 企业安置残疾人员，所支付工资，按照支付给残疾人工资的50%加计扣除

【解析】A。根据前述企业所得税相关优惠政策。

任务小结

知识点：

能力点：

重　点：

难　点：

任务二　企业所得税额的计算

任务引例

某公司(不满足小型微利企业条件)2020年实现主营业务收入2800万元，其他业务收入200万元，当年营业成本为2200万元，税金及附加为130万元，其他业务成本为120万元，财务费用为15万元，管理费用为200万元，销售费用为300万元，会计利润为30万元。经过税务师审计，发现主要涉及以下涉税事项。

(1) 支付工资总额230万元(税务机关认定该企业支付的工资属于合理工资支出)。

(2) 向工会组织拨付了5万元职工工会经费，实际支出25万元职工福利费，发生职工教育经费支出19.8万元。

(3) 支付财产保险费和运输保险费15万元。

(4) 管理费用中支付业务招待费50万元。

(5) 销售费用中列支广告费200万元。

(6) 营业外支出中，通过中国减灾委员会向灾区捐款5万元。

(7) 全年累计预缴所得税12万元。

要求：根据上述业务计算该企业2020年度应纳企业所得税额(适用25%企业所得税率)。

知识学习

一、企业所得税应纳税所得额计算方法

在实际工作中，应纳税所得额的计算有直接计算法和间接计算法两种方法。

（一）直接计算法

该方法是根据企业所得税法规定，以企业每一纳税年度收入总额，扣除不征税收入、免税收入、各项扣除，以及允许所得税前弥补的以前年度亏损后的余额，作为企业所得税应纳税所得额。计算公式如下。

应纳税所得额＝收入总额－不征税收入－免税收入－各项扣除－以前年度亏损

根据上述公式计算应纳税所得额为负数，表明企业当年发生亏损，不承担企业所得税纳税义务。这里的亏损，是指根据企业所得税法确定的亏损，而非根据财务会计制度计算的亏损。

（二）间接计算法

该方法也称会计利润调整法，其具体计算方法是：企业按照财务会计制度的规定进行核算确定会计利润，然后根据税法规定对税法与财务会计制度之间的差异进行相应纳税调整，以此确定企业应纳税所得额。计算公式如下。

应纳税所得额＝会计利润＋纳税调整增加额－纳税调整减少额

（三）企业应纳税所得额确定的一般原则

1. 权责发生制原则

属于当期的收入和费用，不论该款项是否收到、支付，均应作为当期的收入和费用；不属于当期的收入和费用，即使该款项已经收到、支付，均不应作为当期的收入和费用，但税法另有规定的除外。

2. 税法优先原则

在计算企业所得税应纳税所得额时，企业财务会计制度与企业所得税税收法律法规的规定不一致的，应当依照税收法律法规的规定计算。

二、收入总额的确定

企业以货币形式和非货币形式从各种来源取得的收入为收入总额，包括应税收入、不征税收入和免税收入。

企业取得货币形式的收入，包括现金、存款、应收款项、应收票据、持有至到期投资债券及债务(豁免)重组等；企业取得非货币性形式收入，包括固定资产、生物资产、无形资产、股权投资、存货、不准备持有至到期的债券投资、劳务及有关权益等所得。

企业取得非货币形式收入，需按一定标准折算为确定收入金额。在征税时为准确计量收入，税法规定，企业以非货币形式取得的收入，应当按照其公允价值确定收入金额。

（一）收入确认的原则

企业收入一般按权责发生制原则确认，强调企业收入与费用的时间配比，要求收入、费用的确认时间不得提前或延后。此外，税法对一些特殊收入采用收付实现制确认，如股息红利、利息收入、租金收入、特许权使用费收入、接受捐赠收入等。

以分期收款方式销售货物或提供劳务的，按照合同约定的收款日期确认相应期间收入的实现。

企业接受委托加工制造大型机械设备、船舶、飞机，以及从事建筑、安装、装配工程业务或提供其他劳务等，持续时间超过 12 个月的，按照纳税年度完工进度或完成工作量等，采用完工百分比法确认各期实现收入金额。

采取产品分成方式取得收入的，按照双方分成协议约定分得产品的日期确认收入的实现，其相应收入额按照分成产品的公允价值确定。

（二）应税收入

1. 销售货物收入

除法律法规另有规定的外，企业销售货物收入的确定，必须遵循权责发生制原则和实质重于形式原则。

(1) 企业销售货物一般性收入，在同时满足下列条件时确认其收入实现。

① 货物销售合同已经签订，企业已经将货物所有权相关的主要风险和报酬转移给购货方。

② 企业对已经售出的货物，既没有保留通常与所有权相联系的继续管理权，也没有实际实施有效控制的货物。

③ 收入的金额能够可靠地计量。

④ 已发生或将发生的销售方相应货物的成本能够可靠地核算。

(2) 对于企业特殊销售方式的，应按以下规定确认收入实现时间。

① 采用托收承付方式销售货物的，在办妥托收手续时确认收入实现。

② 采取预收货款方式销售货物的，在发出货物时确认收入实现。

③ 销售货物需安装、检验的，在购买方接受货物、安装检验完毕时，确认收入实现。对安装、检验程序比较简单的，在发出货物时确认收入实现。

④ 采用委托代销方式的，在收到代销清单时确认收入实现。

(3) 其他销售形式收入的确定。

① 售后回购方式销售货物。销售的货物按售价确认收入，回购的货物作为购进处理。但是，有证据表明不符合销售收入确认条件的，如具有融资性质的售后回租，收到款项应确认为负债，回购价格大于原售价的差额，确认为回购期间的利息费用。

② 以旧换新方式销售货物。应按照销售货物收入确认条件确认收入，回购的货物按购进货物处理。

③ 商业折扣销售货物。采用商业折扣方式销售货物的，应当按照扣除商业折扣后的金额确认销售收入金额。

④ 销售货物涉及现金折扣条件。销售货物涉及现金折扣的，应当按照未扣除现金折扣金额确认销售收入，现金折扣实际给予时作为财务费用项目扣除。

⑤ 销售涉及销售折让。企业因售出货物质量、品种等不符合要求等原因而发生退货，企业应

当在实际发生销售退回当期冲减当期销售收入，即以扣除退回销售货物部分收入后的销售净额作为退回当期销售收入。

⑥ 涉及实物折扣的销售方式。对于企业采用买一赠一等组合销售货物的，其赠品不属于捐赠，应按各项货物的价格比例来分摊确认各项收入，以其公允价格来确定销售和赠送货物的销售收入。

2. 提供劳务收入

企业提供劳务收入，是指企业从事建筑安装、修理修配、交通运输、仓储租赁、金融保险、邮电通信、咨询经纪、文化体育、科学研究、技术服务、教育培训、餐饮住宿、中介代理、卫生保健、社区服务、旅游、娱乐、加工及其他劳务服务活动所取得的所得。

(1) 企业提供劳务，在纳税期末应合理确定其收入和劳务成本费用，可采用完工进度法来确定，包括已完工作量(已提供劳务量、已完工成本等)占总工作量(总劳务量、总劳务成本等)比例等。

(2) 企业应按合同或协议总价款，按照完工程度确认当期提供劳务收入，同时确认提供劳务成本。

(3) 企业应按照从接受劳务方已收或应收合同或协议价款确定劳务收入总额，各纳税期末以劳务收入总额乘以完工百分比，再扣除以前纳税年度累计已确认劳务收入后的余额，作为当期劳务收入；同时，以预计劳务总成本乘以完成百分比，再扣除以前纳税年度累计已确认劳务成本后的余额，作为当期劳务成本。

(4) 各类提供劳务业务收入确认具体方法。

① 安装业务。根据安装完工进度确认收入，对货物销售附带安装劳务的，安装业务收入应在货物销售实现时确认。

② 宣传媒介等业务。在相关广告或商业行为呈现于公众时确认其收入实现，应根据制作广告的完工进度确认收入金额。

③ 软件业务。为特定客户提供软件开发服务的，应根据开发软件的完工进度确认收入实现期间和金额。

④ 服务业务。对于销售货物同时还需提供相关服务，且服务价格包含在销售收入中并可区分的，在提供劳务的期间分期确认服务收入。

⑤ 艺术表演、招待宴会和其他特殊活动。在这类活动发生时确认收入，收费涉及几项活动的，预收的款项应采取合理方法分配给各项活动，分别确认收入。

⑥ 会员费。对只取得会籍而不享受连续服务的，在取得会费时确认收入；对一次取得会费而需分期连续提供会员服务的，应在整个受益期内分期确认会费收入。

⑦ 特许权服务。对于提供设备及其他有形资产特许权，应在交付资产或转移资产所有权时确认收入；对于提供初始及后续服务的特许权，在提供服务时确认收入。

⑧ 劳务费。为客户长期提供重复性劳务，在相关劳务活动实际发生时确认相应收入。

3. 其他业务收入

1) 转让财产收入

转让财产收入，是指企业转让固定资产、生物资产、无形资产、股权投资、债权投资等财产取得的收入。

企业转让股权投资、债权投资收入，应于转让协议生效，且完成股权(债权)变更手续时，确认收入，股权(债权)转让收入扣除为取得该项投资所发生的成本后，即为股权(债权)转让所得。

2) 股息、红利等权益性投资收益

对于股息、红利等权益性投资收益，除国务院财政、税务主管部门另有规定外，按照被投资方做出利润分配决定的日期确认收入实现。被投资企业将股权溢价所形成的资本公积转增为股本的，不作为投资方企业的股息、红利收入，投资方也不得因此增加该项权益性投资的计税基础。

3) 利息收入

利息收入是指企业将资金提供给他人使用或因他人占用本企业资金而取得的资金使用价格，包括存款利息、贷款利息、债券利息、欠款利得等所得。利息收入按照合同约定的债务人应付利息的时间确认收入的实现。

4) 租金收入

租金收入是指企业有偿提供固定资产、包装物或其他资产使用权所取得的使用费性质的所得。租金收入按照合同约定的承租方应付租金的日期确认收入的实现。

如果租赁协议约定租赁期限跨越纳税年度，并且租金提前一次性支付的，应根据收入与费用配比原则，在租赁期内，出租企业应分期均匀计入相关年度收入。

5) 特许权使用费所得

特许权使用费所得是指企业提供专利权、非专利技术、商标权、著作权及其他特许使用权所取得的所得。特许权使用费收入，应按照合同协议约定的特许权使用人应付使用费的日期确认收入的实现。

6) 接受捐赠收入

接受捐赠收入是指企业接受的来自其他企业、组织或个人无偿给予的货币性资产、非货币性资产。接受捐赠收入，按照实际收到捐赠资产的日期确认收入的实现，这里的实际收到资产需区分受赠资产类型，表现为转移占有、完成过户登记等法定程序。

7) 其他收入

其他收入主要包括企业资产溢余收入、逾期未退包装物押金收入、确实无法偿付的应付款项、已确认坏账损失处理后又收回的应收款项、债务重组收入、补贴收入、违约金收入、汇兑损益等。对于该类收入，在上述业务实际发生时确认收入实现。

8) 视同销售收入

企业将资产移送他人的下列情形，资产所有权属发生改变，应按规定视同销售收入。

(1) 用于市场推广或销售。

(2) 用于交际应酬。

(3) 用于职工奖励或福利。

(4) 用于股息分配。

(5) 用于对外捐赠。

(6) 其他改变资产所有权属的用途。

【实例 5-7 · 多选题】企业所得税纳税人下列行为视同销售确认所得税收入的有(　　)。

A. 将货物用于对外投资　　B. 将外购商品用于捐赠

C. 将资产产品用于职工福利　　D. 将外购货物用于在建工程

【解析】ABC。根据企业所得税法规对视同销售行为界定。

（三）不征税收入

不征税收入，不属于企业营利性活动带来的经济利益，是单位组织专门从事特定职责而取得的收入，不应列入企业应税所得额。企业不征税收入主要包括财政拨款、依法收取并纳入财政管理的行政事业性收费、政府性基金及国务院规定的其他不征税收入。

1. 财政拨款

财政拨款，一般是指各级政府对纳入预算管理的事业单位、社会团体等组织拨付的财政性资金。

财政性资金是企业取得的来源于政府及其有关部门的财政补助、补贴、贷款贴息，以及其他各类财政专项资金，包括直接减免税，即征即退、先征后退、先征后返的各种税收，但不包括出口退税。

税法规定，企业的不征税收入用于支出所形成的费用，不得在计算应纳税所得额时扣除；企业的不征税收入用于支出所形成的资产，其计算的折旧、摊销不得在计算应纳税所得额时扣除。

2. 依法收取并纳入财政管理的行政事业性收费、政府性基金

行政事业性收费，是指依照法律法规等有关规定，按照国务院规定程序批准，在实施社会公共管理，以及在向公民、法人或其他组织提供特定公共服务过程中，向特定对象收取并纳入财政管理的费用。

政府性基金，是指企业依照法律、行政法规等有关规定，代政府收取的具有专项用途的财政资金。

(1) 企业按照规定缴纳的、由国务院或财政批准设立的财政性基金，以及由国务院和省、自治区、直辖市人民政府及其财政、价格主管部门批准设立的行政事业性收费，准予在计算应纳税所得额时扣除。

(2) 企业收取的各种基金、收费，应计入企业当年收入总额。

(3) 对企业依照法律、法规及国务院有关规定收取并上缴财政的政府性基金和行政事业性收费，作为不征税收入，在上缴财政的当年在计算应纳税所得额时从收入总额中减除，未上缴财政的部分，不得从收入总额中扣减。

3. 国务院规定的其他不征税收入

其他不征税收入主要包括以下几项。

(1) 企业取得的各类财政性资金，除国家投资和资金使用后要求归还本金外，均应计入企业当年收入总额。

(2) 对企业取得的由国务院、税务主管部门规定专项用途并经国务院批准的财政性资金，准予作为不征税收入，在计算应纳税所得额时从收入总额中扣减。

(3) 纳入预算管理的事业单位、社会团体等组织按照核定的预算和经费报领关系收到的由财政部门或上级单位拨入的政府补助收入，准予作为不征税收入，另有规定的除外。

(4) 2018 年 9 月 20 日起，对全国社会保障基金理事会及基本养老保险基金投资管理机构在国务院批准的投资范围内，运用养老基金投资取得的归属于养老基金的投资收入，作为不征税收入。

(5) 2018 年 9 月 10 日起，对全国社会保障基金取得的直接股权投资收益、股权投资基金收益，作为不征税收入。

（四）免税收入

免税收入，是纳税人应税收入的组成部分，是国家为了实现经济社会目的，在特定时期对特定企业、特定项目所取得的经济利益给予不予征税的税收优惠。

现行企业所得税法规规定的免税收入主要包括国债(含地方债)利息收入、符合条件的居民企业之间的股息红利等权益性投资收益、非居民企业从居民企业取得的股息红利等权益性投资收益、符合条件的非营利性组织的相关收入等。

1. 国债利息收入

2. 地方债利息收入

企业持有 2012 年及以后年度发行的地方政府债券利息收入，免征企业所得税。

3. 符合条件的居民企业之间的股息红利等权益性投资收益

4. 非居民企业从居民企业取得的股息红利等权益性投资收益

5. 符合条件的非营利性组织的下列收入，免征企业所得税

(1) 接收其他单位或个人捐赠的收入。

(2) 按照省级以上民政、财政部门规定收取的会费。

(3) 不征税收入和免税收入孳生的银行存款利息收入。

(4) 财政部、国家税务总局规定的其他收入。

【实例 5-8・单选题】下列收入中，属于企业所得税不征税收入的是(　　)。

A. 符合条件的非营利性组织收入

B. 居民企业直接投资于其他居民企业取得的投资收益

C. 企业取得的，经国务院批准的财政、税务主管部门规定专项用途的财政性资金

D. 国债利息收入

【解析】C。

三、扣除项目及标准

(一) 扣除项目税前扣除原则

1. 权责发生制原则

纳税人应在费用发生时而不是实际支付时确认扣除。

2. 配比原则

纳税人发生的费用应当与其收入配比扣除，纳税年度的可扣除费用不得提前或延后申报扣除。

3. 确定性原则

纳税人可扣除的费用不论何时支付，其金额必须是确定的。

4. 相关性原则

纳税人可扣除的费用从性质和根源上必须与取得的应收收入相关。

5. 合理性原则

纳税人可扣除费用的计算和分配方法应符合生产经营活动常规。

（二）一般扣除项目

一般税前扣除项目，是指企业实际发生的与取得收入有关的、合理的支出，包括成本、费用、税金、损失和其他支出，准予在计算应纳税所得额时扣除。

1. 成本与费用

成本，是指企业在生产经营活动中发生的销售成本、销货成本、业务支出及其他耗费；费用，是指企业在生产经营活动中发生的销售费用、管理费用和财务费用，但已计入成本的有关费用除外。

1) 工资、薪金支出

准予扣除的合理工资、薪金，是指企业每一纳税年度支付给本企业任职或受雇的员工的所有现金形式或非现金形式的劳动报酬，包括基本工资、奖金、津贴、补贴、年终加薪、加班工资，以及与员工任职或受雇有关的支出。

合理的工资、薪金，是指企业按照股东大会、董事会、薪酬委员会或相关管理机构制定的工资薪金制度实际发放给职工的工资薪金。

企业因雇用季节工、临时工、实习生、返聘离退休人员及接受外部劳务派遣用工所实际发生的费用，应区分为工资薪金支出和职工福利费支出，并按规定在企业所得税前扣除。其中属于工资薪金支出的，准予计入企业工资薪金总额的基数，作为计算其他各项相关费用扣除的依据。

属于国有性质的企业，其工资薪金不得超过政府有关部门给予的限定数额，超过部分，不得计入企业工资薪金总额，也不得在计算企业应纳税所得额时扣除。

【实例 5-9 · 单选题】某服装厂为居民纳税人，2020 年计入成本、费用的实发工资总额为 500 万元，支出职工福利费 75 万元(不包括列入企业员工工资薪金制度、固定与工资薪金一起发放的福利性补贴)、职工教育经费 10 万元，拨缴职工工会经费 50 万元，该企业 2020 年计算应纳税所得额时准予在税前扣除三项经费合计是(　　)万元。

A. 88.4　　B. 108.4　　C. 118.4　　D. 128.4

【解析】C。职工福利费扣除限额＝500×14%＝70 万元，由于实际发生额为 75 万元，所以可以扣除金额为 70 万元；职工教育经费扣除限额＝500×8%＝40 万元，实际发生的 50 万元可以据实扣除；职工工会经费扣除限额＝500×2%＝10 万元，实际发生额为 8.4 万元，所以实际发生额可以据实扣除。三项经费扣除合计＝70＋40＋8.4＝118.4 万元。

2) 业务招待费

企业发生的与生产经营活动有关的业务招待费，按照其发生额的 60%扣除，但最高不得超过当年销售(营业)收入的 5‰，超过部分不得递延扣除。对从事股权投资业务的企业(包括集团公司总部、创业投资企业等)，其从被投资企业所分配的股息、红利及股权转让收入，可以按规定的比例计算业务招待费扣除限额。

上述销售(营业)收入包括主营业务收入、其他业务收入和视同销售收入，不包括营业外收入。

【实例 5-10 · 单选题】某设备生产企业 2020 年营业收入为 1500 万元，广告费支出为 52 万元。2019 年超标广告费 90 万元，则 2020 年税前准允扣除的广告费是(　　)万元。

A. 52　　B. 142　　C. 135　　D. 225

【解析】B。2020 年广告费税前扣除限额＝1500×15%＝225(万元)，实际支出 52 万元，尚结余税前扣除指标 173 万元，2019 年超标的广告费 90 万元小于 173 万元，超标的广告费 90 万元可以在本年全部扣除。则 2020 年税前准许扣除的广告费＝52＋90＝142(万元)。

3) 利息费用

(1) 一般规定。

企业、生产经营活动中发生的利息支出，包括：非金融企业向金融企业借款的利息支出、金融企业的各项存款利息支出和同业拆借利息支出、企业经批准发行债券的利息支出；非金融企业向非金融企业借款的利息支出，不超过按照金融企业同期同类贷款利率计算的数额部分；等等。

(2) 特殊规定。

企业投资者在规定期限内未缴足其应缴资本额的，该企业对外借款所发生的利息，相当于投资者实缴资本额与在规定期限内应缴资本额的差额应计付的利息，其不属于企业合理的支出，应由企业投资者负担，不得在计算企业应纳税所得额时扣除。

企业向股东或其他与企业有关联关系的自然人借款的利息支出，应根据《企业所得税法》及《财政部 国家税务总局关于企业关联方利息支出税前扣除标准有关税收政策问题的通知》的规定，计算企业所得税扣除额。

企业向除股东或其他与企业有关联关系的自然人以外的内部职工或其他人员借款的利息支出，其借款情况符合相关条件的，其利息支出在不超过按照金融企业同期同类贷款利率计算的数额的部分，准予扣除。

4) 非居民企业相关成本费用扣除

非居民企业在中国境内设立的机构、场所，就其中国境外总机构发生的与该机构、场所生产经营有关的费用，能够提供总机构出具的费用汇集范围、定额、分配依据和方法等证明文件，并合理分摊的，准予扣除。

5) 与免税收入相关的成本费用扣除

企业取得的各项免税收入所对应的各项成本费用，除另有规定者外，可以在计算企业应纳税所得额时扣除。

【实例 5-11・多选题】在企业所得税中，下列费用的支出如果超过当年费用扣除标准，可以结转在以后年度扣除的有(　　)。

A. 职工教育经费　　B. 职工福利费

C. 广告费　　D. 业务宣传费

【解析】ACD。职工教育经费、广告费和业务宣传费超标准的部分可结转。

2. 税金

税金，是指企业发生的除企业所得税和允许抵扣的增值税以外的各项税金及其附加，主要包括纳税人按照规定缴纳的消费税、资源税、土地增值税、关税、城市维护建设税、教育费附加，以及发生的房产税、车船税、土地使用税、印花税等税金及附加等准予扣除。

【实例 5-12・多选题】根据企业所得税法律制度的规定，企业缴纳的下列税金中，准予在计算企业所得税应纳税所得额时扣除的有(　　)。

A. 增值税　　B. 土地增值税

C. 城镇土地使用税　　D. 城市维护建设税

【解析】BCD。

3. 损失

损失，是指企业在生产经营活动中发生的固定资产和存货的盘亏、毁损、报废损失，转让财产损失，呆账损失，坏账损失，自然灾害等不可抗力因素造成的损失，以及其他损失。所得税税法规定，上述损失准予扣除，其中，企业发生的损失，减除责任人赔偿和保险赔款后的余额，依照国务院财政、税务主管部门的规定扣除。

企业已经作为损失处理的资产，在以后纳税年度又全部收回或部分收回时，应当计入当期收入。企业从事生产经营之前进行筹办活动期间发生的筹办费用支出，不得计算为当期的亏损。

4. 其他支出

其他支出，是指企业除成本、费用、税金、损失外，在生产经营活动中发生的与生产经营活动有关的、合理的支出准予扣除。

(1) 企业在生产经营活动中发生的合理的不需要资本化的借款费用，准予扣除。企业为购置、建造固定资产、无形资产和经过 12 个月以上的建造才能达到预定可销售状态的，在有关资产购置、建造期间发生的合理的借款费用，应当作为资本性支出计入有关资产的成本，并依照有关规定扣除。

(2) 企业参加财产保险，按照有关规定缴纳的保险费，准予扣除。

(3) 企业依照国家有关规定提取的用于环境保护、生态恢复等方面的专项资金，准予扣除。上述专项资金提取后改变用途的，不得扣除。

(4) 企业发生的合理的劳动保护支出，准予扣除。自 2011 年 7 月 1 日起，企业根据其工作性质和特点，由企业统一制作并要求员工工作时统一着装所发生的工作服饰费用，可以作为企业合理的支出给予税前扣除。

(5) 企业发生与生产经营有关的手续费及佣金支出，不超过规定计算限额以内的部分，准予扣除；超过部分，不得扣除。

(6) 手续费及佣金支出。

① 2019 年 1 月 1 日起，保险企业发生与其经营活动有关的手续费及佣金支出，不超过当年全部保费收入扣除退保金等后余额的 18%(含本数)的部分，在计算应纳税所得额时准予扣除；超过部分，允许结转以后年度扣除。

② 其他企业：按与具有合法经营资格的中介服务机构或个人(不含交易双方及其雇员、代理人和代表人等)所签订服务协议或合同确认的收入金额的 5%计算限额。

③ 从事代理服务、主营业务收入为手续费、佣金的企业(如证券、期货、保险代理等企业)，其为取得该类收入而实际发生的营业成本(包括手续费及佣金支出)，准予在企业所得税前据实扣除。

(7) 有关资产的费用。

① 企业转让各类固定资产发生的费用，允许扣除。

② 企业按规定计算的固定资产的折旧费、无形资产和递延资产的摊销费，准予扣除。

(8) 其他项目。

① 如会员费、合理的会议费、差旅费、违约金、诉讼费用等，准予扣除。

② 对企业依据财务会计制度规定，并实际在财务会计处理上已确认的支出，凡没有超过税法规定税前扣除范围和标准的，可按企业实际会计处理确认的支出，在企业所得税税前扣除，计算其应纳税所得额。

(三) 特殊扣除项目

1. 公益性捐赠支出

企业通过公益性社会组织或县级(含县级)以上人民政府及其组成部门和直属机构，用于慈善活动、公益事业的捐赠支出，在年度利润总额 12%以内的部分，准予在计算应纳税所得额时扣除；

超过年度利润总额12%的部分，准予结转以后3年内在计算应纳税所得额时扣除。

上述年度利润总额，是指企业依照国家统一会计制度的规定计算的大于零的数额。

企业在对公益性捐赠支出计算扣除时，应先扣除以前年度结转的捐赠支出，再扣除当年发生的捐赠支出。

公益性捐赠，是指企业通过公益性社会团体或县级以上人民政府及其部门，用于《公益事业捐赠法》规定的公益事业的捐赠。用于公益事业的捐赠支出，是指《公益事业捐赠法》所规定的向公益事业的捐赠支出，具体范围如下。

(1) 救助灾害、救济贫困、扶助残疾人等困难的社会群体和个人的活动。

(2) 教育、科学、文化、卫生、体育事业。

(3) 环境保护、社会公共设施建设。

(4) 促进社会发展和进步的其他社会公共和福利事业。

此外，自2019年1月1日至2022年12月31日，企业通过公益性社会组织或县级(含县级)以上人民政府及其组成部门和直属机构，用于目标脱贫地区的扶贫捐赠支出，准予在计算企业所得税应纳税所得额时据实扣除。

2. 经营租赁方式租入固定资产发生的租赁费支出

企业以经营租赁方式租入固定资产发生的租赁费支出，按照租赁期限均匀扣除；对以融资租赁方式租入固定资产发生的租赁费支出，按照规定构成融资租入固定资产价值的部分当期应当提取折旧费用，分期扣除。

3. 外币货币交易、期末外币计价资产负债所产生的汇兑损失

企业在货币交易中，以及纳税年度终了时将人民币以外的货币性资产、负债按照期末即期人民币汇率中间价折算为人民币时产生的汇兑损失，除已经计入有关资产成本及与向所有者进行利润分配相关的部分外，准予扣除。

4. 环境保护专项资金

企业依法提取的用于环境保护、生态恢复等方面的专项资金准予扣除；上述专项资金提取后改变用途的，不得扣除。

5. 企业维简费支出

按照有关规定预提的维简费，不得在当期税前扣除；实际发生的维简费支出，属于收益性支出的，可作为当期费用税前扣除；属于资本性支出的，计入有关资产成本，按规定计提折旧或摊销费用在税前扣除。

6. 棚户区改造支出

企业参与政府统一组织的工矿(含中央下放煤矿)棚户区改造、林区棚户区改造、垦区危房改造并同时符合一定条件的棚户区改造支出，准予在企业所得税前扣除。

7. 总机构分摊的费用

非居民企业在中国境内设立的机构、场所，就其中国境外总机构发生的与该机构、场所生产经营有关的费用，能够提供总机构出具的费用汇集范围、定额、分配依据和方法等证明文件，并合理分摊的，准予扣除。

8. 亏损弥补

企业所得税法规定，应纳税所得额小于零，即为亏损，不需缴纳企业所得税。企业纳税年度发生的亏损额，准予向以后年度结转，可用以后纳税年度所得弥补，整个结转年限不得超过5年。

此外，自2018年1月1日起，具备高新技术企业或科技型中小企业资格的企业，其具备资格年度之前5个年度发生的尚未弥补完的亏损，准予结转以后年度弥补，最长结转年限由5年延长至10年。受新冠疫情影响较大的困难行业企业2020年度发生的亏损，最长结转年限由5年延长至8年。

（四）禁止扣除项目

所得税法规定，以下项目不得在企业所得税前扣除。

(1) 向投资者支付的股息、红利等权益性投资收益款项。

(2) 企业所得税税款。

(3) 各类税收滞纳金。

(4) 因违法行为所支付的罚金、罚款和被没收财物的损失。指企业因违反相关法律法规规章所支付的罚金、罚款及被没收财产损失，但不包括纳税人按照经济合同规定支付的违约金(包括银行罚息)、罚款和诉讼费。

(5) 国家规定的公益性捐赠支出以外的捐赠支出。指不属于《公益事业捐赠法》所规定的向公益事业的捐赠支出。

(6) 赞助支出。指企业发生的与生产经营活动无关的各种非广告性质支出。

(7) 未经核定的准备金支出。企业提取的未经税务机关核定的各类准备金不得在税前扣除。

(8) 与取得收入无关的其他支出。企业之间支付的管理费、企业内营业机构之间支付的租金和特许权使用费，以及非银行企业内营业机构之间支付的利息，均不得在税前扣除。

【实例 5-13·单选题】根据企业所得税法律制度的规定，企业发生的下列支出中，在计算企业所得税应纳税所得额时可以扣除的是(　　)。

A. 税收滞纳金　　　　B. 企业所得税税款

C. 经营过程中支付的违约金　　　　D. 向投资者支付的权益性投资收益款项

【解析】C。根据规定，违约金可以在计算企业所得税应纳税所得额时扣除。选项ABD属于不得扣除项目。

四、企业资产的税务处理

企业资产，是指企业拥有或控制的、用于经营管理活动且与取得应税收入有关的资产。税法所称企业的各项资产，包括固定资产、无形资产、长期待摊费用、生物资产、对外投资资产、存货等。

（一）固定资产

在计算应纳税所得额时，企业按照规定计算的固定资产折旧，准予扣除。

固定资产，是指企业为生产产品、提供劳务、出租或经营管理而持有的、使用时间超过12个月的非货币性资产，包括房屋、建筑物、机器、机械、运输工具及其他与生产经营活动有关的设备、器具、工具等。

1. 下列固定资产不得计算折旧扣除

(1) 房屋、建筑物以外未投入使用的固定资产。

(2) 以经营租赁方式租入的固定资产。

(3) 以融资租赁方式租出的固定资产。

(4) 已足额提取折旧仍继续使用的固定资产。

(5) 与经营活动无关的固定资产。

(6) 单独估价作为固定资产入账的土地。

(7) 其他不得计算折旧扣除的固定资产。

2. 固定资产按照以下方法确定计税基础

固定资产一般以“历史成本”或“公允价值＋相关税费”为计税基础，具体规定如下。

(1) 外购的固定资产，以购买价款和支付的相关税费及直接归属于使该资产达到预定用途发生的其他支出为计税基础。

(2) 自行建造的固定资产，以竣工结算前发生的支出为计税基础。

(3) 融资租入的固定资产，以租赁合同约定的付款总额和承租人在签订租赁合同过程中发生的相关费用为计税基础；租赁合同未约定付款总额的，以该资产的公允价值和承租人在签订租赁合同过程中发生的相关费用为计税基础。

(4) 盘盈的固定资产，以同类固定资产的重置完全价值为计税基础。

(5) 通过捐赠、投资、非货币性资产交换、债务重组等方式取得的固定资产，以该资产的公允价值和支付的相关税费为计税基础。

(6) 改建的固定资产，除法定的支出外，以改建过程中发生的改建支出增加计税基础。企业固定资产投入使用后，由于工程款项尚未结清而未取得全额发票的，可暂按合同规定的金额计入固定资产计税基础计提折旧，待发票取得后进行调整。但该项调整应在固定资产投入使用后12个月内进行。

3. 固定资产按照直线法计算的折旧，准予扣除

(1) 企业应当自固定资产投入使用月份的次月起计算折旧；停止使用的固定资产，应当自停止使用月份的次月起停止计算折旧。

(2) 企业应当根据固定资产的性质和使用情况，合理确定固定资产的预计净残值。固定资产的预计净残值一经确定，不得变更。

(3) 固定资产按照直线法计算的折旧，准予扣除。

4. 其他固定资产的折旧计算

除国务院财政、税务主管部门另有规定外，固定资产计算折旧的最低年限如下。

(1) 房屋、建筑物，为20年。

(2) 飞机、火车、轮船、机器、机械和其他生产设备，为10年。

(3) 与生产经营活动有关的器具、工具、家具等，为5年。

(4) 飞机、火车、轮船以外的运输工具，为4年。

(5) 电子设备，为3年。

【实例5-14・多选题】关于固定资产计税基础，下列说法正确的有(　　)。

A. 自行建造的固定资产，以竣工结算前发生的支出为计税基础

B. 盘盈的固定资产，以同类固定资产的重置完全价值为计税基础

C. 通过投资方式取得的固定资产，以该资产的公允价值和支付的相关税费为计税基础

D. 融资租入的固定资产，以该资产的公允价值和承租人在签订租赁合同过程中发生的相关费用为计税基础

【解析】 ABC。融资租入的固定资产，以合同约定的付款总额和承租人在签订租赁合同过程中发生的相关费用为计税基础，租赁合同未约定付款总额的，以该资产的公允价值和承租人在签订租赁合同过程中发生的相关费用为计税基础。

（二）无形资产

在计算应纳税所得额时，企业按照规定计算的无形资产摊销费用，准予扣除。无形资产，是指企业为生产产品、提供劳务、出租或经营管理而持有的、没有实物形态的非货币性长期资产，包括专利权、商标权、著作权、土地使用权、非专利技术、商誉等。

(1) 下列无形资产不得计算摊销费用扣除。

① 自行开发的支出已在计算应纳税所得额时扣除的无形资产。

② 自创商誉。

③ 与经营活动无关的无形资产。

④ 其他不得计算摊销费用扣除的无形资产。

(2) 无形资产按照以下方法确定计税基础。

① 外购的无形资产，以购买价款和支付的相关税费及直接归属于使该资产达到预定用途发生的其他支出为计税基础。

② 自行开发的无形资产，以开发过程中该资产符合资本化条件后至达到预定用途前发生的支出为计税基础。

③ 通过捐赠、投资、非货币性资产交换、债务重组等方式取得的无形资产，以该资产的公允价值和支付的相关税费为计税基础。

(3) 无形资产按照直线法计算的摊销费用准予扣除。

(4) 无形资产的摊销年限不得低于10年。作为投资或受让的无形资产，有关法律规定或合同约定了使用年限的，可以按照规定或约定的使用年限分期摊销。

(5) 外购商誉，在企业整体转让或清算时准予扣除。

【实例5-15·单选题】 根据企业所得税法律制度的规定，无形资产的摊销年限不得低于(　　)年。

A. 5　　B. 7　　C. 10　　D. 20

【解析】 C。根据税法规定，无形资产的摊销年限不得低于10年。

(三) 长期待摊费用

企业发生的下列支出作为长期待摊费用，按照规定摊销的，准予在计算应纳税所得额时扣除。

(1) 已足额提取折旧的固定资产的改建支出，按照固定资产预计尚可使用年限分期摊销。

(2) 经营租入固定资产的改建支出，按照合同约定的剩余租赁期限分期摊销。

(3) 固定资产的大修理支出。大修理支出是指同时符合下列条件的支出。

① 修理支出达到取得固定资产时计税基础的50%以上。

② 修理后固定资产的使用年限延长2年以上。

对满足上述条件的固定资产大修理支出，按照固定资产尚可使用年限分期摊销。

(4) 财政部和国家税务总局规定的其他应当作为长期待摊费用的支出。自支出发生月份的次

月起分期摊销，摊销年限不得低于3年。

【实例 5-16 · 多选题】根据企业所得税法律制度的规定，下列选项中，属于长期待摊费用的有(　　)。

A. 购入固定资产的支出　　B. 固定资产的大修理

C. 租入固定资产的改建支出　　D. 已足额提取折旧的固定资产的改建支出

【解析】BCD。在计算应纳税所得额时，企业发生的下列支出作为长期待摊费用，按照规定摊销的，准予扣除：①已足额提取折旧的固定资产的改建支出，按照固定资产预计尚可使用的年限分期摊销；②租入固定资产的改建支出，按照合同约定的剩余租赁期限分期摊销；③固定资产的大修理支出，按照固定资产尚可使用的年限分期摊销。

（四）生物资产

生物资产分为消耗性生物资产、生产性生物资产、公益性生物资产三类。下面具体介绍生产性生物资产。

生产性生物资产，是指企业为生产农产品、提供劳务或出租等而持有的生物资产，包括经济林、薪炭林、产畜和役畜等。

(1) 生产性生物资产按照以下方法确定计税基础。

① 外购的生产性生物资产，以购买价款和支付的相关税费为计税基础。

② 通过捐赠、投资、非货币性资产交换、债务重组等方式取得的生产性生物资产，以该资产的公允价值和支付的相关税费为计税基础。

(2) 生产性生物资产按照直线法计算的折旧，准予扣除。

(3) 生产性生物资产计算折旧的最低年限如下。

① 林木类生产性生物资产，为10年。

② 畜类生产性生物资产，为3年。

（五）对外投资资产

(1) 企业对外投资期间，投资资产的成本在计算应纳税所得额时不得扣除。

(2) 对外投资资产，是指企业对外进行权益性投资和债权性投资形成的资产。企业在转让或处置投资资产时，投资资产的成本准予扣除。

投资资产按照以下方法确定成本。

(1) 通过支付现金方式取得的投资资产，以购买价款为成本。

(2) 通过支付现金以外的方式取得的投资资产，以该资产的公允价值和支付的相关税费为成本。

（六）存货

企业使用或销售存货，按照规定计算的存货成本，准予在计算应纳税所得额时扣除。

企业使用或销售的存货的成本计算方法，可以在先进先出法、加权平均法、个别计价法中选用一种。计价方法一经选用，不得随意变更。

（七）资产损失

资产损失，是指企业在生产经营活动中实际发生的、与取得应税收入有关的资产损失，包括：现金、银行存款、应收及预付款项等货币性资产，存货、固定资产、无形资产、在建工程、生产性生物资产等非货币性资产，债权性投资和股权(权益)性投资损失，自然灾害等不可抗力因素造成的损失，以及其他损失。

企业发生上述资产损失，应在按税法规定实际确认或实际发生的当年申报扣除，不得提前或延后扣除。

企业以前年度发生的资产损失未能在当年税前扣除的，可以按规定向税务机关说明并进行专项申报扣除。其中，属于实际资产损失的，准予追补至该项损失发生年度扣除，其追补确认期限一般不得超过 5 年。企业因以前年度实际资产损失未在税前扣除而多缴的企业所得税税款，可在追补确认年度企业所得税应纳税款中予以抵扣，不足抵扣的，向以后年度递延抵扣。

五、企业所得税的预缴和汇算清缴

（一）预缴企业所得税额的计算

纳税人按月或季度预缴企业所得税，可以按上年度实际缴纳所得税额的平均额进行计算，也可以按当年实际会计利润作为应纳税所得额进行计算。

(1) 按上年度实际缴纳所得税额计算预缴所得税额，计算公式如下。

分月(或季度)应预缴所得税额＝上年度实际缴纳所得税额÷上年度月数或季数

(2) 以当年实际会计利润作为应纳税所得额计算预缴所得税额，计算公式如下。

当月(或季度)累计应预缴所得税额＝当月(或季度)累计会计利润×所得税税率

本月(或季度)应预缴所得税额＝当月(或季度)累计应预缴所得税额－以前月度(或季度)累计已预缴所得税额

（二）年终汇算清缴所得税额的计算

年度终了之日起 5 个月内，纳税人应完成企业所得税汇算清缴，其企业所得税计算公式如下。

纳税年度应纳所得税额＝纳税年度应纳税所得额×所得税税率－减免税额－抵免税额

纳税年度应补缴(或退还)所得税额＝纳税年度应纳所得税额－纳税年度累计已预缴所得税额

【实例 5-17 · 多选题】企业所得税采取按月预缴时，其预缴所得税的依据可以是(　　)。

A. 企业当月实际利润额　　B. 企业上一年度应纳税所得额的 1/12

C. 当年预计利润额的 1/12　　D. 税务机关核定当月利润额

【解析】AB。根据企业所得税预缴规定。

六、境外所得已纳税额的抵免

（一）抵免范围

我国对居民企业来源于境外的所得采用限额抵免法，即企业来源于中国境外的所得，依照我国相关税法规定计算的应纳税额。我国居民企业取得的以下列所得已在境外缴纳或负担的所得税额，可以从其当期应纳所得税额中抵免，抵免限额为该项所得依照税法规定计算的应纳税额。

(1) 居民企业来源于中国境外的应税所得。

(2) 非居民企业在中国境内设立机构、场所，取得发生在中国境外但与该机构、场所有实际联系的应税所得。

（二）抵免限额计算方法

企业可以选择按国(地区)别分别计算(即“分国(地区)不分项”)，或者不按国(地区)别汇总计算(即“不分国(地区)不分项”)其来源于境外的应纳税所得额，按照规定的税率分别计算其可抵免境外所得税税额和抵免限额。上述方式一经选择，5年内不得改变。

1. 分国别不分项

抵免限额＝中国境内、境外所得依照税法规定计算的应纳税总额×
来源于某国(地区)的应纳税所得额÷中国境内、境外应纳税所得总额

上述公式可简化为：

抵免限额＝来源于某国(地区)的应纳税所得额×《企业所得税法》规定的税率

2. 不分国别不分项

抵免限额＝来源境外全部应税所得额×《企业所得税法》规定的税率

纳税人来源于境外所得在境外实际缴纳的税款，低于上述公式计算的抵免限额的，可以从应纳税额中据实扣除，超过抵免限额的，其超过部分不得在本年度应纳税额中扣除，也不得列为费用支出，可以在以后5个年度内，用每年度抵免限额抵免当年应抵税额后的余额进行抵补。

【实例5-18·计算题】境内居民企业H公司在美国设立了分支机构A公司，在印度设立了分支机构B公司。2020年度，H公司来源于境内所得的企业所得税应纳税所得额为1000万元，适用企业所得税税率为25%；按《企业所得税法》计算的分支机构A、B公司企业所得税应纳税所得额分别为100万元和200万元。分支机构A、B公司依据美国和印度的税法规定，2020年度分别计算并缴纳的企业所得税税款为21万元和70万元。H公司来源于美国和印度的所得，适用哪种税收抵免计算方式比较划算？

【解析】

方案一：分国不分项

“分国(地区)不分项”计算方式以一个国家为维度，计算可抵免境外所得税额和抵免限额。同一投资架构层级且位于不同国家的企业之间，盈亏不得相互弥补。

2020年度，H公司来源于中国境内、境外所得，依照我国《企业所得税法》及其实施条例的规定计算，应纳税总额＝(1000＋100＋200)×25%＝325(万元)。

由于A公司在美国实际缴纳了企业所得税税款21万元，小于该抵免限额，故可全额抵免；H公司来源于印度的所得，企业所得税抵免限额＝325×200÷(1000＋100＋200)＝50(万元)。由于B公司在印度实际缴纳了企业所得税税款70万元，大于其抵免限额，故可抵免50万元，超过抵免限额的20万元可在2019—2023年，用每年度抵免限额抵免当年应抵税额后的余额进行抵补。

根据相关规定，H公司2020年度实际应缴纳企业所得税＝325－21－50＝254(万元)。

方案二：不分国不分项

“不分国(地区)不分项”计算方法以同一投资架构层级为维度，计算可抵免境外所得税额和抵免限额。同一投资架构层级且位于不同国家的企业之间，盈亏是可以相互弥补的。

按照84号文件第一条的规定，H公司全部来源于境外的所得的抵免限额＝(100＋200)×25%＝

75(万元)。由于A、B公司按照美国、印度税法共计缴纳了企业所得税＝21＋70＝91(万元)，大于境外可抵免限额75万元。因此，在2020年度计算企业所得税时，H公司只能抵免75万元，超过抵免限额的16万元，可在2019—2023年，用每年度抵免限额抵免当年应抵税额后的余额进行抵补。

据此，H公司2020年度实际应缴企业所得税＝325－75＝250(万元)。

【实例5-19·单选题】某居民企业在A、B两国设有分支机构，2020年该企业境内应纳税所得额为1000万元，在A国和B国各取得应纳税所得额400万元和600万元，分别按各国税法规定缴纳了所得税，A国所得税税率为28%，B国所得税税率为20%。2020年该企业在中国境内共应缴纳所得税(　　)万元。

A. 260　　B. 280　　C. 300　　D. 320

【解析】B。境外所得抵扣税额计算。A国抵免限额：400×25%＝100(万元)，实际已纳税：400×28%＝112(万元)，仅能就抵免限额抵免100万元；B国抵免限额：600×25%＝150(万元)，实际已纳税：600×20%＝120(万元)，低于抵免限额，已纳税全额抵免。境内、外所得应纳税额：(1000＋400＋600)×25%－100－120＝280(万元)。

七、核定征收应纳税额的计算

1. 核定征收企业所得税的范围

(1) 依法可以不设置账簿的。

(2) 依法应当设置但未设置账簿的。

(3) 擅自销毁账簿或拒不提供纳税资料的。

(4) 虽设置账簿，但账目混乱或成本资料、收入凭证、费用凭证残缺不全，难以查账的。

(5) 发生纳税义务，未按照规定的期限办理纳税申报，经税务机关责令限期申报，逾期仍不申报的。

(6) 申报的计税依据明显偏低，又无正当理由的。

2. 核定征收的办法

核定征收方式包括定额征收和核定应税所得率征收两种，以及其他合理的办法。

1) 定额征收

定额征收是指税务机关按照一定标准、程序和方法，直接核定纳税人年度应纳企业所得税税额，由纳税人按规定进行申报缴纳的办法。

2) 核定应税所得率征收

核定应税所得率征收是指税务机关按照一定的标准、程序和办法，预先核定纳税人的应税所得率，由纳税人根据纳税年度内的收入总额或成本费用等项目的实际发生额，按预先核定的应税所得率计算缴纳企业所得税的办法。

应纳所得税额＝应纳税所得额×适用税率

应纳税所得额＝收入总额×应税所得率

＝成本费用支出额÷(1－应税所得率)×应税所得率

采用核定征收办法的企业，其一律适用25%基本税率，暂不适用小型微利企业优惠税率。应税所得率按规定标准执行，不同行业应税所得率如表5.1所示。

表5.1　不同行业应税所得率

行　业	应税所得率
农、林、牧、渔业	3%～10%
制造业	5%～15%
批发和零售贸易业	4%～15%
交通运输业	7%～15%
建筑业	8%～20%
饮食业	8%～25%
娱乐业	15%～30%
其他行业	10%～30%

任务小结

知识点：

能力点：

重　点：

难　点：

任务三　企业所得税纳税申报

任务引例

案例素材见任务二。

要求：根据素材，结合企业所得税纳税申报平台，填报纳税人企业所得税年度纳税申报表。

知识学习

一、纳税期限

企业所得税按年计征，分月或分季度预缴，年终汇算清缴，多退少补。

纳税年度自公历 1 月 1 日起至 12 月 31 日止。企业在一个纳税年度中间开业，或者终止经营活动，使该纳税年度的实际经营期不足 12 个月的，应当以其实际经营期为 1 个纳税年度。企业依法清算时，应当以清算期间作为一个纳税年度。

二、纳税地点

（一）居民企业纳税地点

居民企业以企业登记注册地为纳税地点，登记注册地在境外的，以实际管理机构所在地为纳税地点。

居民企业汇总计算并缴纳企业所得税时，应当统一核算应纳税所得额，具体办法由国务院财政、税务主管部门另行规定。

（二）非居民企业纳税地点

(1) 非居民企业在中国境内设立机构、场所而取得来源于中国境内的所得，以及发生在中国境外但与其在中国境内所设机构、场所有实际联系的所得，其纳税地点为所设的境内机构、场所所在地。

(2) 非居民企业在中国境内有两个或两个以上机构、场所的，经税务机关审核批准，可以选择由其主要机构、场所汇总缴纳企业所得税。

(3) 非居民企业在中国境内未设立机构、场所，或者所设立机构、场所但所得与其所设机构、场所没有实际联系的来源于中国境内的所得，以扣缴义务人所在地为纳税地点。

三、货币计量

依法缴纳的企业所得税，以人民币计量。所得以人民币以外的货币计算的，应当折合成人民币计算并缴纳税款。

企业所得税以人民币以外的货币计量计算的，预缴企业所得税时，应当按照月度或季度最后一日的人民币汇率中间价，折合成人民币计算应纳税所得额。年度终了汇算清缴时，对已经按照月度或季度预缴税款的，不再重复折合计算，只就该纳税年度内未缴纳企业所得税的部分，按照纳税年度最后一日的人民币汇率中间价，折合成人民币计算应纳税所得。

四、纳税申报

自年度终了之日5个月内，向主管税务机关报送年度企业所得税纳税申报表。少缴的所得税款，应在下一年度内补缴，多预缴的所得税款，可在下一年度抵缴。

企业在年度中间终止经营活动的，应当自实际经营终止之日起60日内，向税务机关办理当期企业所得税汇算清缴。

企业在报送企业所得税纳税申报表时，应按照规定附送财务会计报告和其他有关资料。

（一）预缴所得税

纳税人按月或按季度预缴企业所得税，应当自月份或季度终了之日起15日内，向税务机关报送预缴企业所得税纳税申报表、预缴企业所得税。

企业分月或分季预缴企业所得税时，应当按照月度或季度的实际利润额预缴；按照月度或季度的实际利润额预缴有困难的，可以按照上一纳税年度应纳税所得额的月度或季度平均额预缴，或者按照经税务机关认可的其他方法预缴。预缴方法一经确定，该纳税年度内不得随意变更。

（二）年终汇算清缴所得税

企业应当自年度终了之日起 5 个月内，向税务机关报送年度企业所得税申报表，并汇算清缴，结清应交或应退税款。纳税人办理企业所得税年度纳税申报时，应如实填写和报送包括但不限于以下有关资料。

(1) 企业所得税年度纳税申报表及其附表。

(2) 财务报表。

(3) 备案事项相关资料。

(4) 主管税务机关要求报送的其他有关资料。

（三）企业所得税纳税申报涉及相关申报表

企业所得税纳税申报分为居民企业和非居民企业，其中非居民企业纳税申报表填报相对简单，因此，本书只介绍居民企业纳税申报表。

1. 预缴所得税纳税申报表

预缴所得税纳税申报表如表 5.2 所示。

表5.2　中华人民共和国企业所得税月(季)度预缴纳税申报表(A类，2018年版)

<table>
<tr><td colspan="10">税款所属期间：　年　月　日至　年　月　日</td></tr>
<tr><td colspan="4">纳税人识别号(统一社会信用代码)：</td><td colspan="6">□□□□□□□□□□□□□□□□□□</td></tr>
<tr><td colspan="6">纳税人名称：</td><td colspan="4">金额单位：人民币元(列至角分)</td></tr>
<tr><td>预缴方式</td><td colspan="3">□ 按照实际利润额预缴</td><td colspan="3">□ 按照上一纳税年度应纳税所得额平均额预缴</td><td colspan="3">□ 按照税务机关确定的其他方法预缴</td></tr>
<tr><td>企业类型</td><td colspan="3">□ 一般企业</td><td colspan="3">□ 跨地区经营汇总纳税企业总机构</td><td colspan="3">□ 跨地区经营汇总纳税企业分支机构</td></tr>
<tr><td colspan="10">按季度填报信息</td></tr>
<tr><td rowspan="2">项目</td><td colspan="2">一季度</td><td colspan="2">二季度</td><td colspan="2">三季度</td><td colspan="2">四季度</td><td rowspan="2">季度平均值</td></tr>
<tr><td>季初</td><td>季末</td><td>季初</td><td>季末</td><td>季初</td><td>季末</td><td>季初</td><td>季末</td></tr>
<tr><td>从业人数</td><td></td><td></td><td></td><td></td><td></td><td></td><td></td><td></td><td></td></tr>
<tr><td>资产总额(万元)</td><td></td><td></td><td></td><td></td><td></td><td></td><td></td><td></td><td></td></tr>
<tr><td>国家限制或禁止行业</td><td colspan="4">□ 是　□ 否</td><td colspan="4">小型微利企业</td><td>□ 是　□ 否</td></tr>
<tr><td colspan="10">预缴税款计算</td></tr>
<tr><td>行次</td><td colspan="8">项目</td><td>本年累计金额</td></tr>
<tr><td>1</td><td colspan="8">营业收入</td><td></td></tr>
<tr><td>2</td><td colspan="8">营业成本</td><td></td></tr>
<tr><td>3</td><td colspan="8">利润总额</td><td></td></tr>
<tr><td>4</td><td colspan="8">加：特定业务计算的应纳税所得额</td><td></td></tr>
</table>

(续表)

行 次	项 目		本年累计金额
5	减：不征税收入		
6	减：免税收入、减计收入、所得减免等优惠金额(填写 A201010)		
7	减：资产加速折旧、摊销(扣除)调减额(填写 A201020)		
8	减：弥补以前年度亏损		
9	实际利润额(3＋4－5－6－7－8) \ 按照上一纳税年度应纳税所得额平均额确定的应纳税所得额		
10	税率(25%)		
11	应纳所得税额(9×10)		
12	减：减免所得税额(填写 A201030)		
13	减：实际已缴纳所得税额		
14	减：特定业务预缴(征)所得税额		
L15	减：符合条件的小型微利企业延缓缴纳所得税额(是否延缓缴纳所得税 □ 是 □ 否)		
15	本期应补(退)所得税额(11－12－13－14－L15) \ 税务机关确定的本期应纳所得税额		
汇总纳税企业总分机构税款计算			
16	总机构填报	总机构本期分摊应补(退)所得税额(17＋18＋19)	
17		其中：总机构分摊应补(退)所得税额(15×总机构分摊比例__%)	
18		财政集中分配应补(退)所得税额(15×财政集中分配比例__%)	
19		总机构具有主体生产经营职能的部门分摊所得税额(15×全部分支机构分摊比例__%×总机构具有主体生产经营职能部门分摊比例__%)	
20	分支机构填报	分支机构本期分摊比例	
21		分支机构本期分摊应补(退)所得税额	
附报信息			
高新技术企业	□ 是 □ 否	科技型中小企业	□ 是 □ 否
技术入股递延纳税事项	□ 是 □ 否		
谨声明：本纳税申报表是根据国家税收法律法规及相关规定填报的，是真实的、可靠的、完整的。 纳税人(签章)： 年 月 日			
经办人： 经办人身份证号： 代理机构签章： 代理机构统一社会信用代码：		受理人： 受理税务机关(章)： 受理日期： 年 月 日	
国家税务总局监制			

《中华人民共和国企业所得税月(季)度预缴纳税申报表(A 类)》填报说明(略)。

2. 年终汇算清缴申报相关表格

1) 企业所得税年度纳税申报表填报表单

企业所得税年度纳税申报表填报表单如表 5.3 所示。

表5.3　企业所得税年度纳税申报表填报表单(2019年版)

表单编号	表单名称	是否填报
A000000	企业所得税年度纳税申报基础信息表	□
A100000	中华人民共和国企业所得税年度纳税申报表(A类)	□
A101010	一般企业收入明细表	□
A101020	金融企业收入明细表	□
A102010	一般企业成本支出明细表	□
A102020	金融企业支出明细表	□
A103000	事业单位、民间非营利性组织收入、支出明细表	□
A104000	期间费用明细表	□
A105000	纳税调整项目明细表	□
A105010	视同销售和房地产开发企业特定业务纳税调整明细表	□
A105020	未按权责发生制确认收入纳税调整明细表	□
A105030	投资收益纳税调整明细表	□
A105040	专项用途财政性资金纳税调整明细表	□
A105050	职工薪酬支出及纳税调整明细表	□
A105060	广告费和业务宣传费等跨年度纳税调整明细表	□
A105070	捐赠支出及纳税调整明细表	□
A105080	资产折旧、摊销及纳税调整明细表	□
A105090	资产损失税前扣除及纳税调整明细表	□
A105100	企业重组及递延纳税事项纳税调整明细表	□
A105110	政策性搬迁纳税调整明细表	□
A105120	特殊行业准备金及纳税调整明细表	□
A106000	企业所得税弥补亏损明细表	□
A107010	免税、减计收入及加计扣除优惠明细表	□
A107011	符合条件的居民企业之间的股息、红利等权益性投资收益优惠明细表	□
A107012	研发费用加计扣除优惠明细表	□
A107020	所得减免优惠明细表	□
A107030	抵扣应纳税所得额明细表	□
A107040	减免所得税优惠明细表	□
A107041	高新技术企业优惠情况及明细表	□
A107042	软件、集成电路企业优惠情况及明细表	□
A107050	税额抵免优惠明细表	□
A108000	境外所得税收抵免明细表	□
A108010	境外所得纳税调整后所得明细表	□
A108020	境外分支机构弥补亏损明细表	□
A108030	跨年度结转抵免境外所得税明细表	□
A109000	跨地区经营汇总纳税企业年度分摊企业所得税明细表	□

(续表)

表单编号	表单名称	是否填报
A109010	企业所得税汇总纳税分支机构所得税分配表	□
说明：企业应当根据实际情况选择需要填报的表单		

《企业所得税年度纳税申报表填报表单(2019 年版)》填报说明(略)。

2) 企业所得税年度纳税申报基础信息表

企业所得税年度纳税申报基础信息表如表 5.4 所示。

表5.4　企业所得税年度纳税申报基础信息表(2019年版)

基本经营情况(必填项目)			
101 纳税申报企业类型(填写代码)		102 分支机构就地纳税比例(%)	
103 资产总额(填写平均值，单位：万元)		104 从业人数(填写平均值，单位：人)	
105 所属国民经济行业(填写代码)		106 从事国家限制或禁止行业	□是□否
107 适用会计准则或会计制度(填写代码)		108 采用一般企业财务报表格式(2019 年版)	□是□否
109 小型微利企业	□是□否	110 上市公司	□是(□境内 □境外) □否
有关涉税事项情况(存在或发生下列事项时必填)			
201 从事股权投资业务	□是	202 存在境外关联交易	□是
203 选择采用的境外所得抵免方式	□分国(地区)不分项　□不分国(地区)不分项		
204 有限合伙制创业投资企业的法人合伙人	□是	205 创业投资企业	□是
206 技术先进型服务企业类型(填写代码)		207 非营利性组织	□是
208 软件、集成电路企业类型(填写代码)		209 集成电路生产项目类型	□130 纳米 □65 纳米
210 科技型中小企业　210-1 年(申报所属期年度)入库编号 1		210-2 入库时间 1	
210 科技型中小企业　210-3 年(所属期下一年度)入库编号 2		210-4 入库时间 2	
211 高新技术企业申报所属期年度有效的高新技术企业证书　211-1 证书编号 1		211-2 发证时间 1	
211 高新技术企业申报所属期年度有效的高新技术企业证书　211-3 证书编号 2		211-4 发证时间 2	
212 重组事项税务处理方式	□一般性 □特殊性	213 重组交易类型(填写代码)	
214 重组当事方类型(填写代码)		215 政策性搬迁开始时间	年　月

(续表)

<table>
<tr><td colspan="6">有关涉税事项情况(存在或发生下列事项时必填)</td></tr>
<tr><td>216 发生政策性搬迁且停止生产经营无所得年度</td><td>□是</td><td colspan="3">217 政策性搬迁损失分期扣除年度</td><td>□是</td></tr>
<tr><td>218 发生非货币性资产对外投资递延纳税事项</td><td>□是</td><td colspan="3">219 非货币性资产对外投资转让所得递延纳税年度</td><td>□是</td></tr>
<tr><td>220 发生技术成果投资入股递延纳税事项</td><td>□是</td><td colspan="3">221 技术成果投资入股递延纳税年度</td><td>□是</td></tr>
<tr><td>222 发生资产(股权)划转特殊性税务处理事项</td><td>□是</td><td colspan="3">223 债务重组所得递延纳税年度</td><td>□是</td></tr>
<tr><td colspan="6">主要股东及分红情况(必填项目)</td></tr>
<tr><td>股东名称</td><td>证件种类</td><td>证件号码</td><td>投资比例(%)</td><td>当年(决议日)分配的股息、红利等权益性投资收益金额</td><td>国籍(注册地址)</td></tr>
<tr><td></td><td></td><td></td><td></td><td></td><td></td></tr>
<tr><td></td><td></td><td></td><td></td><td></td><td></td></tr>
<tr><td></td><td></td><td></td><td></td><td></td><td></td></tr>
<tr><td></td><td></td><td></td><td></td><td></td><td></td></tr>
<tr><td></td><td></td><td></td><td></td><td></td><td></td></tr>
<tr><td></td><td></td><td></td><td></td><td></td><td></td></tr>
<tr><td></td><td></td><td></td><td></td><td></td><td></td></tr>
<tr><td>其余股东合计</td><td>——</td><td>——</td><td></td><td></td><td>——</td></tr>
</table>

《企业所得税年度纳税申报基础信息表》填报说明(略)。

3) 企业所得税年度纳税申报表

企业所得税年度纳税申报表如表5.5所示。

表5.5　中华人民共和国企业所得税年度纳税申报表(A类，2019年版)

行　次	类　别	项　目	金　额
1	利润总额计算	一、营业收入(填写A101010\101020\103000)	
2		减：营业成本(填写A102010\102020\103000)	
3		减：税金及附加	
4		减：销售费用(填写A104000)	
5		减：管理费用(填写A104000)	
6		减：财务费用(填写A104000)	
7		减：资产减值损失	
8		加：公允价值变动收益	
9		加：投资收益	
10		二、营业利润(1－2－3－4－5－6－7＋8＋9)	
11		加：营业外收入(填写A101010\101020\103000)	

(续表)

行　次	类　别	项　目	金　额
12	利润总额计算	减：营业外支出(填写 A102010\102020\103000)	
13		三、利润总额(10＋11－12)	
14	应纳税所得额计算	减：境外所得(填写 A108010)	
15		加：纳税调整增加额(填写 A105000)	
16		减：纳税调整减少额(填写 A105000)	
17		减：免税、减计收入及加计扣除(填写 A107010)	
18		加：境外应税所得抵减境内亏损(填写 A108000)	
19		四、纳税调整后所得(13－14＋15－16－17＋18)	
20		减：所得减免(填写 A107020)	
21		减：弥补以前年度亏损(填写 A106000)	
22		减：抵扣应纳税所得额(填写 A107030)	
23		五、应纳税所得额(19－20－21－22)	
24	应纳税额计算	税率(25%)	
25		六、应纳所得税额(23×24)	
26		减：减免所得税额(填写 A107040)	
27		减：抵免所得税额(填写 A107050)	
28		七、应纳税额(25－26－27)	
29		加：境外所得应纳所得税额(填写 A108000)	
30		减：境外所得抵免所得税额(填写 A108000)	
31		八、实际应纳所得税额(28＋29－30)	
32		减：本年累计实际已缴纳的所得税额	
33		九、本年应补(退)所得税额(31－32)	
34		其中：总机构分摊本年应补(退)所得税额(填写 A109000)	
35		财政集中分配本年应补(退)所得税额(填写 A109000)	
36		总机构主体生产经营部门分摊本年应补(退)所得税额(填写 A109000)	

《中华人民共和国企业所得税年度纳税申报表(A 类，2019 年版)》填报说明(略)。

4) 附表(略)

引例解析—实务操作解析

1) 操作流程

纳税申报操作流程如图 5.1 所示。

2) 纳税申报表填报

纳税申报表及其他申报资料填写如表 5.6～表 5.10 所示。

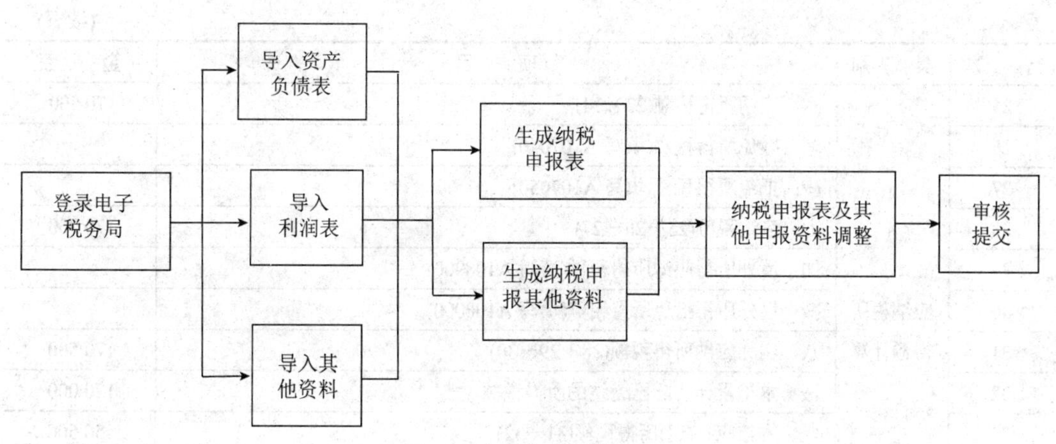

图5.1　纳税申报操作流程

表5.6　A100000中华人民共和国企业所得税年度纳税申报表(A类)

行次	类别	项目	金额
1	利润总额计算	一、营业收入(填写A101010\101020\103000)	30 000 000
2		减：营业成本(填写A102010\102020\103000)	23 200 000
3		减：税金及附加	1 300 000
4		减：销售费用(填写A104000)	3 000 000
5		减：管理费用(填写A104000)	2 000 000
6		减：财务费用(填写A104000)	150 000
7		减：资产减值损失	
8		加：公允价值变动收益	
9		加：投资收益	
10		二、营业利润(1－2－3－4－5－6－7＋8＋9)	350 000
11		加：营业外收入(填写A101010\101020\103000)	
12		减：营业外支出(填写A102010\102020\103000)	50 000
13		三、利润总额(10＋11－12)	300 000
14	应纳税所得额计算	减：境外所得(填写A108010)	
15		加：纳税调整增加额(填写A105000)	382 000
16		减：纳税调整减少额(填写A105000)	
17		减：免税、减计收入及加计扣除(填写A107010)	
18		加：境外应税所得抵减境内亏损(填写A108000)	
19		四、纳税调整后所得(13－14＋15－16－17＋18)	
20		减：所得减免(填写A107020)	
21		减：弥补以前年度亏损(填写A106000)	
22		减：抵扣应纳税所得额(填写A107030)	
23		五、应纳税所得额(19－20－21－22)	682 000
24		税率(25%)	

(续表)

行　次	类　别	项　目	金　额
25		六、应纳所得税额(23×24)	170 500
26		减：减免所得税额(填写 A107040)	
27		减：抵免所得税额(填写 A107050)	
28		七、应纳税额(25－26－27)	170 500
29		加：境外所得应纳所得税额(填写 A108000)	
30	应纳税所得额计算	减：境外所得抵免所得税额(填写 A108000)	
31		八、实际应纳所得税额(28＋29－30)	170 500
32		减：本年累计实际已缴纳的所得税额	120 000
33		九、本年应补(退)所得税额(31－32)	50 500
34		其中：总机构分摊本年应补(退)所得税额(填写 A109000)	
35		财政集中分配本年应补(退)所得税额(填写 A109000)	
36		总机构主体生产经营部门分摊本年应补(退)所得税额(填写 A109000)	

表5.7　A105000纳税调整项目明细表

行次	项　目	账载金额	税收金额	调增金额	调减金额
		1	2	3	4
1	**一、收入类调整项目(2＋3＋…＋8＋10＋11)**	*	*		0
2	(一) 视同销售收入(填写 A105010)	*			*
3	(二) 未按权责发生制原则确认的收入(填写 A105020)				
4	(三) 投资收益(填写 A105030)	*	*		*
5	(四) 按权益法核算长期股权投资对初始投资成本调整确认收益	*	*	*	
6	(五) 交易性金融资产初始投资调整	*	*		*
7	(六) 公允价值变动净损益		*		
8	(七) 不征税收入	*	*		
9	其中：专项用途财政性资金(填写 A105040)	*	*		
10	(八) 销售折扣、折让和退回				
11	(九) 其他				
12	**二、扣除类调整项目(13＋14＋…＋24＋26＋27＋28＋29＋30)**	5 498 000	5 116 000	382 000	
13	(一) 视同销售成本(填写 A105010)	*		*	
14	(二) 职工薪酬(填写 A105050)	2 798 000	2 780 000	18 000	
15	(三) 业务招待费支出	500 000	150 000	350 000	*
16	(四) 广告费和业务宣传费支出(填写 A105060)	2 000 000	200 000	0	
17	(五) 捐赠支出(填写 A105070)	50 000	36 000	140 00	
18	(六) 利息支出	150 000	150 000	0	
19	(七) 罚金、罚款和被没收财物的损失		*		*

(续表)

行次	项　　目	账载金额	税收金额	调增金额	调减金额
		1	2	3	4
20	(八) 税收滞纳金、加收利息		*		*
21	(九) 赞助支出		*		*
22	(十) 与未实现融资收益相关在当期确认的财务费用				
23	(十一) 佣金和手续费支出(保险企业填写 A105060)				
24	(十二) 不征税收入用于支出所形成的费用	*	*		*
25	其中：专项用途财政性资金用于支出所形成的费用(填写 A105040)	*	*		*
26	(十三) 跨期扣除项目				
27	(十四) 与取得收入无关的支出		*		*
28	(十五) 境外所得分摊的共同支出	*	*		*
29	(十六) 党组织工作经费				
30	(十七) 其他				
31	**三、资产类调整项目(32＋33＋34＋35)**	*	*		
32	(一) 资产折旧、摊销(填写 A105080)				
33	(二) 资产减值准备金		*		
34	(三) 资产损失(填写 A105090)				
35	(四) 其他				
36	**四、特殊事项调整项目(37＋38＋…＋43)**	*	*		
37	(一) 企业重组及递延纳税事项(填写 A105100)				
38	(二) 政策性搬迁(填写 A105110)	*	*		
39	(三) 特殊行业准备金(填写 A105120)				
40	(四) 房地产开发企业特定业务计算的纳税调整额(填写 A105010)	*			
41	(五) 合伙企业法人合伙人应分得的应纳税所得额				
42	(六) 发行永续债利息支出				
43	(七) 其他	*	*		
44	**五、特别纳税调整应税所得**	*	*		
45	**六、其他**	*	*		
46	合计(1＋12＋31＋36＋44＋45)	5 498 000	5 116 000	382 000	

表5.8　A105050职工薪酬支出及纳税调整明细表

行次	项　目	账载金额	实际发生额	税收规定扣除率	以前年度累计结转扣除额	税收金额	纳税调整金额	累计结转以后年度扣除额
		1	2	3	4	5	6(1－5)	7(1＋4－5)
1	一、工资薪金支出	2 300 000	2 300 000	*	*	2 300 000	0	*
2	其中：股权激励			*	*			*

(续表)

行次	项目	账载金额	实际发生额	税收规定扣除率	以前年度累计结转扣除额	税收金额	纳税调整金额	累计结转以后年度扣除额
		1	2	3	4	5	6(1－5)	7(1＋4－5)
3	二、职工福利费支出	250 000	250 000	14%	*	250 000	0	*
4	三、职工教育经费支出	198 000	198 000	*		184 000	14 000	14 000
5	其中：按税收规定比例扣除的职工教育经费	198 000	198 000	8%	0	184 000	14 000	14 000
6	按税收规定全额扣除的职工培训费用				*			*
7	四、工会经费支出	50 000	50 000	2%	*	46 000	4000	*
8	五、各类基本社会保障性缴款			*	*			*
9	六、住房公积金			*	*			*
10	七、补充养老保险				*			*
11	八、补充医疗保险				*			*
12	九、其他			*	*			*
13	合计(1＋3＋4＋7＋8＋9＋10＋11＋12)	2 798 000	2 798 000	*	0	2 780 000	18 000	14 000

表5.9　A105060广告费和业务宣传费等跨年度纳税调整明细表

行次	项目	广告费和业务宣传费	保险企业手续费及佣金支出
		1	2
1	一、本年支出	2 000 000	
2	减：不允许扣除的支出	0	
3	二、本年符合条件的支出(1−2)	2 000 000	
4	三、本年计算扣除限额的基数	30 000 000	
5	乘：税收规定扣除率	15%	
6	四、本企业计算的扣除限额(4×5)	4 500 000	
7	五、本年结转以后年度扣除额(3>6，本行＝3－6；3≤6，本行＝0)	0	

(续表)

行次	项　目	广告费和业务宣传费	保险企业手续费及佣金支出
		1	2
8	加：以前年度累计结转扣除额	0	
9	减：本年扣除的以前年度结转额 [3>6，本行=0；3≤6，本行=8与(6−3)孰小值]	0	
10	**六、按照分摊协议归集至其他关联方的金额(10≤3与6孰小值)**		*
11	按照分摊协议从其他关联方归集至本企业的金额		*
12	**七、本年支出纳税调整金额** (3>6，本行=2+3−6+10−11；3≤6，本行=2+10−11−9)		
13	**八、累计结转以后年度扣除额(7+8−9)**	0	

表5.10　A105070捐赠支出及纳税调整明细表

行次	项　目	账载金额	以前年度结转可扣除的捐赠额	按税收规定计算的扣除限额	税收金额	纳税调增金额	纳税调减金额	可结转以后年度扣除的捐赠额
		1	2	3	4	5	6	7
1	一、非公益性捐赠		*	*	*		*	*
2	二、全额扣除的公益性捐赠		*	*		*	*	*
3	其中：扶贫捐赠		*	*		*	*	*
4	三、限额扣除的公益性捐赠(5+6+7+8)							
5	前三年度(2017年)	*		*	*	*		*
6	前二年度(2018年)	*		*	*	*		
7	前一年度(2019年)	*		*	*	*		
8	本年(2020年)	50 000	*	36 000	36 000	14 000	*	14 000
9	合计(1+2+4)	50 000		36 000	36 000	14 000		14 000
附列资料	2015年度至本年发生的公益性扶贫捐赠合计金额		*	*		*	*	*

任务小结

知识点：

能力点：

重　点：

难　点：

任务实施

【实务操作】请根据【项目引例】计算应缴纳的企业所得税。

【解析】

(1) 利润总额＝8000－3000－100－2000－350＋50－1700－800＝100(万元)。

(2) 广告费扣除限额＝8000×15%＝1200(万元)，不需要纳税调整。

(3) 业务招待费限额＝40(万元) (8000×5‰＝40＜80×60%＝48 万元)。

两者比较，可扣除 40 万元。

调增不允许扣除的业务招待费＝80－40＝40(万元)。

(4) 当年公益性捐赠支出扣除限额＝100×12%＝12(万元)。

(5) 调增当年不允许扣除的捐赠支出＝20－12＝8(万元)。

(6) 工资及三项经费不需要纳税调整。

(7) 税收滞纳金不得扣除，全额调增。

(8) 应纳税所得额＝100－20(国债利息)＋40(招待费)＋8(捐赠)＋10(税收滞纳金)＝138(万元)。

(9) 应纳所得税额＝138×25%＝34.5(万元)。

【综合技能训练】

一、单项选择题

1. 小型微利企业，2020 年度应纳税所得额为 40 万元，税率为 20%，则企业所得税应纳税额为(　　)万元。

A. 8　　B. 6　　C. 4　　D. 2

2. 根据企业所得税法律制度的规定，下列关于确定销售收入实现时间的表述中，正确的是(　　)。

A. 销售商品采用托收承付方式的，在收到货款时确认收入

B. 销售商品需要安装和检验的，在销售合同签订时确认收入

C. 销售商品采用支付手续费方式委托代销的，在发出代销商品时确认收入

D. 销售商品采用预收款方式的，在发出商品时确认收入

3. 根据企业所得税法律制度，下列各项中属于不征税收入的是(　　)。

A. 国债利息　　B. 违约金收入　　C. 财政拨款　　D. 股息收入

4. 根据企业所得税法律制度的规定，下列各项中属于免税收入的是(　　)。

A. 财政拨款　　B. 国债利息收入　　C. 接受捐赠收入　　D. 转让股权收入

5. 根据企业所得税法律制度的规定，下列固定资产中可以计提折旧扣除的是(　　)。

A. 以融资租赁方式租出的固定资产

B. 以经营租赁方式租入的固定资产

C. 已足额提取折旧仍继续使用的固定资产

D. 未投入使用的厂房

6. 甲公司2020年应纳税所得额为1000万元，减免税额为10万元，抵免税额为20万元，所得税税率为25%，则下列企业所得税应纳税额的计算公式中，正确的是(　　)。

A. 1000×25%－20　　B. 1000×25%－10－20

C. 1000×25%－10　　D. 1000×25%

7. 根据企业所得税法律制度的规定，企业应当自纳税年度终了之日起一定期限内，向税务机关报送年度企业所得税纳税申报表(　　)个月。

A. 3　　B. 4　　C. 5　　D. 6

二、多项选择题

1. 根据企业所得税法律制度的规定，下列各项中属于来源于中国境内所得的有(　　)。

A. 甲国企业在中国境内提供咨询服务取得的收入

B. 乙国企业转让中国境内公司股权取得的收入

C. 丁国企业在中国境外为中国公司技术人员提供培训服务取得的收入

D. 丙国企业通过其代理商在中国境内销售货物取得的收入

2. 根据企业所得税法律制度的规定，下列各项中属于企业取得收入的货币形式的有(　　)。

A. 股权投资　　B. 应收票据　　C. 银行存款　　D. 应收账款

3. 根据企业所得税法律制度规定，以下属于转让财产收入的有(　　)。

A. 转让股权收入　　B. 转让固定资产收入

C. 转让土地使用权收入　　D. 转让债权收入

4. 根据企业所得税法律制度的规定，下列各项中应视同销售货物的有(　　)。

A. 将自产货物用于广告　　B. 将自产用于捐赠

C. 将外购货物用于偿债　　D. 将外购货物用于赞助

5. 根据企业所得税法律制度的规定，企业缴纳的下列税金中，准予在计算企业所得税应纳税所得额时扣除的有(　　)。

A. 印花税　　B. 消费税　　C. 增值税　　D. 资源税

6. 根据企业所得税法律制度的规定，下列各项中，计算企业所得税可以抵扣的是(　　)。

A. 基本养老保险　　B. 基本医疗保险

C. 补充商业保险　　D. 住房公积金

7. 根据企业所得税法律制度的规定，下列选项中属于长期待摊费用的有(　　)。

A. 购入固定资产的支出　　B. 固定资产的大修理

C. 租入固定资产的改建支出　　D. 已足额提取折旧的固定资产的改建支出

三、判断题

1. 企业发生的公益救济性捐赠，在应纳税所得额12%以内的部分，准予在计算应纳税所得额时扣除。(　　)

2. 企业以非货币形式取得的收入，应当按照公允价值确定收入额。(　　)

3. 金融企业的各项存款利息支出和同业拆借利息支出，准予扣除。(　　)

4. 实际管理机构，是指对企业的生产经营、人员、账务、财产等实施实质性全面管理和控制的机构。(　　)

5. 企业参加财产保险，按照规定缴纳的保险费，准予扣除。(　　)

6. 企业发生的赞助支出准予扣除。(　　)

7. 企业在汇总计算缴纳企业所得税时，其境外营业机构的亏损可以抵减境内营业机构的盈利。（ ）

8. 股息、红利等权益性投资所得，按照分配所得的企业所在地确定。（ ）

9. 国债利息收入属于不征税收入。（ ）

10. 纳税人直接向受赠人的捐赠不允许扣除。（ ）

四、计算题

1. 华伟有限公司2020年实现利润总额为80万元。经过税务机关检查发现，该企业当年有以下几项支出均已列支：①支付职工工资总额80万元，发生职工福利费20万元，拨缴工会经费2万元，发生教育经费4万元；②税收滞纳金5万元；③取得国库券利息收入6万元。

要求：计算该公司当年应纳的企业所得税。

2. 华宇有限责任公司2020年度生产经营情况如下。

销售产品取得不含税收入7000万元；产品销售成本2000万元；税金及附加100万元；销售费用2000万元(其中广告费100万元)；财务费用250万元；投资收益50万元(其中国债持有期间的利息收入15万元)；管理费用1700万元(其中业务招待费80万元)；营业外支出800万元(其中公益性捐赠40万元)。

另外，全年实际支付工资支出共计2000万元，列支职工福利性支出120万元，职工教育费支出60万元，拨缴工会经费20万元，税收滞纳金5万元(假设无其他纳税调整事项)。

要求：计算华宇有限责任公司2020年度应缴纳的企业所得税。

项目六

个人所得税法规与实务

知识目标

1. 了解企业所得税的概念、特点；
2. 掌握个人所得税法的基本内容；
3. 了解并熟悉个人所得税的税收优惠政策；
4. 掌握居民个人所得税各项所得应纳税额的计算；
5. 掌握居民个税综合所得个税预扣预缴纳税申报；
6. 了解和熟悉个人所得税征收管理规定。

技能目标

1. 能正确计算个人所得预扣预缴税额；
2. 能正确处理个人所得应纳税额(含汇算清缴)；
3. 掌握1＋X证书中居民个人所得税纳税申报技能。

素质目标

培养遵守个人所得税法律法规，依法申报缴纳个人所得税。

项目知识结构

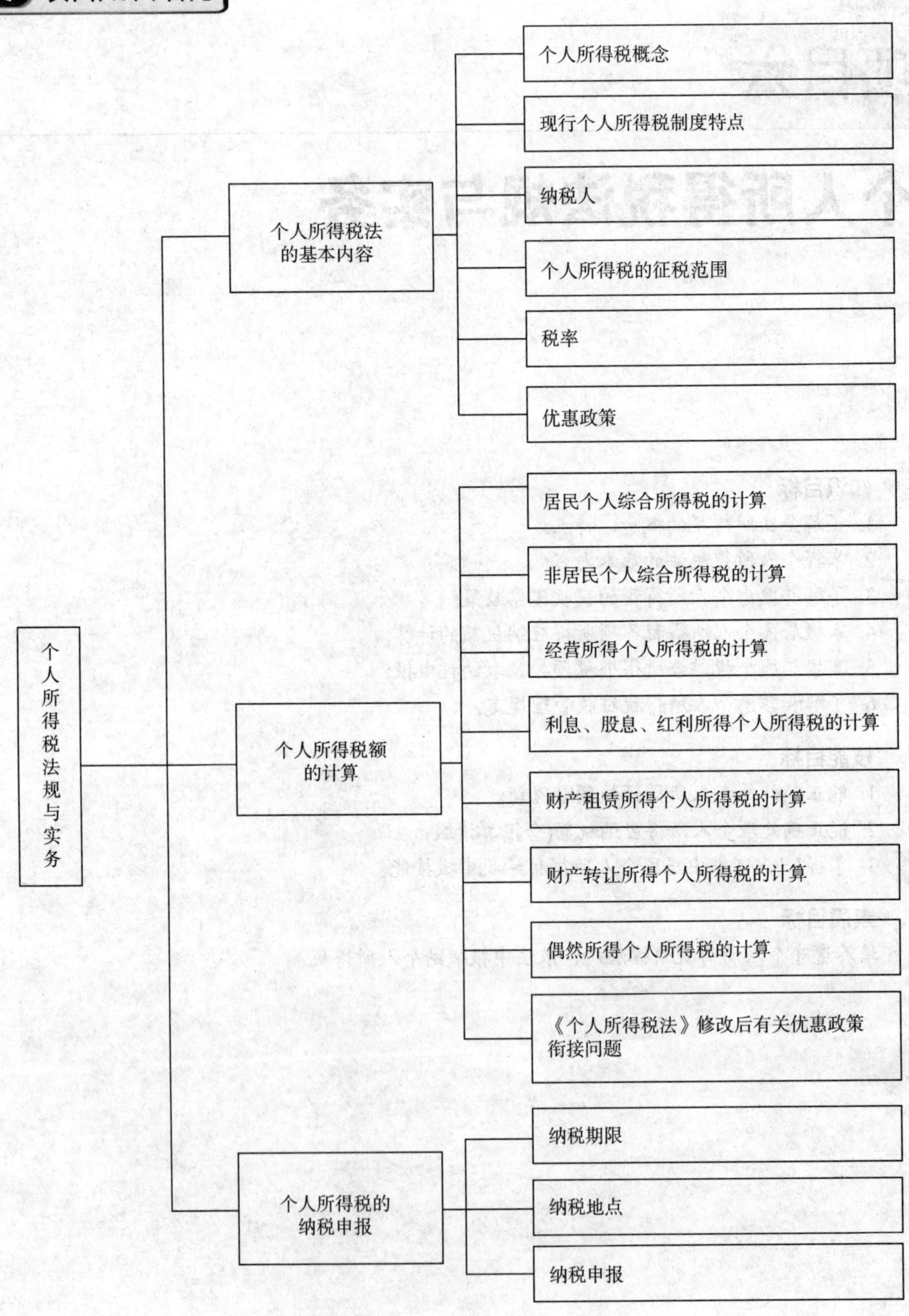
个人所得税法规与实务
个人所得税法的基本内容
个人所得税概念
现行个人所得税制度特点
纳税人
个人所得税的征税范围
税率
优惠政策
个人所得税额的计算
居民个人综合所得税的计算
非居民个人综合所得税的计算
经营所得个人所得税的计算
利息、股息、红利所得个人所得税的计算
财产租赁所得个人所得税的计算
财产转让所得个人所得税的计算
偶然所得个人所得税的计算
《个人所得税法》修改后有关优惠政策衔接问题
个人所得税的纳税申报
纳税期限
纳税地点
纳税申报

项目引例

中国公民李某是国内甲公司的工程师，2020 年全年收入主要涉及以下项目。

(1) 每月工资、薪金收入 15 000 元，其中，个人承担五险一金 3000 元，子女教育、赡养老人两项专项扣除每月合计 2000 元。

(2) 3 月为乙公司提供产品设计服务，取得收入 50 000 元。

(3) 6 月出版自传一部，取得高稿酬 20 000 元。

(4) 8 月以 2000 元购买福利彩票，取得中奖收入 20 000 元。

(5) 9 月取得企业债券利息收入 2000 元，获得机动车保险赔偿 4000 元。

(6) 10 月取得专利使用费收入 6000 元。

(7) 12 月开始将自有房屋出租(非住房)，每月取得租金收入 8500 元(不含增值税)，出租前修缮房屋发生费用 1000 元。假设房产税率为 10%，不考虑其他税费。

(8) 12 月销售两年前购置商品房(不符合免税条件)，取得转让收入 200 万元(不含增值税)，该房屋购置成本为 185 万元，缴纳流转环节税费(城市维护建设税、教育费附加、印花税、土地增值税)共计 3.5 万元。

要求：分析李某 2020 年度各项收入个人所得税税目归属。

任务一　个人所得税法的基本内容

某公司美籍雇员汤姆 2020 年 1 月 1 日入境我国，1 月 1 日至 7 月 15 日期间，其出入境情况如下。

第一次：3 月 30 日离境;

第二次：4 月 1 日入境，5 月 31 日离境;

第三次：6 月 11 日入境，7 月 15 日离境。

要求：

(1) 判断汤姆 2020 年在中国境内居住天数。

(2) 判断汤姆 2020 年属于我国居民个人还是非居民个人。

一、个人所得税概念

个人所得税，是一国对居民个人的境内外、非居民个人的境内取得的各类应税所得征税征收的一种所得税。我国自 1980 年颁布《中华人民共和国个人所得税法》(以下简称《个人所得税法》)以来，已修订七次，最新个人所得税法于 2018 年 8 月 31 日第十三届全国人民代表大会常务委员会第五次会议通过，规定从 2019 年 1 月 1 日起实施，这次修正最大的变化就是将分类所得税制改革为综合与分类相结合的所得税制。

二、现行个人所得税制度特点

（一）综合所得税制与分类所得税制相结合

现行《个人所得税法》采取了综合所得税制与分类所得税制相结合的税制，将个人应税所得划分为 9 个税目，采取分项扣除、分项定率、分项征收与综合征收的模式，对不同类型所得，分别设计不同税率，规定不同费用扣除标准，也规定了不同的纳税期限和纳税方法。

（二）相关支出项目可抵税

现行《个人所得税法》规定，居民个人综合所得，每一纳税年度收入额除可以减除 6 万元基本费用(每月按 5000 元扣除标准计)和“三险一金”等专项扣除项目外，还增加了包括子女教育、继续教育、大病医疗、住房贷款利息、房租、赡养老人等专项附加扣除项目。

（三）超额累进税率与比例税率并用

现行个人所得税税率有两类：超额累进税率和比例税率。对综合所得(包括工资薪金、劳务报酬、稿酬和特许权使用费四类所得)实行七级超额累进税率，对经营所得(包括承包承租经营所得、个体工商户经营所得)实行五级超额累计税率，其他税目则实行比例税率。

（四）费用扣除差异化

现行个人所得税的费用扣除针对不同税目，采用不同的费用扣除办法和标准。费用扣除主要包括定额扣除、定额与定率相结合扣除、核算扣除和无费用扣除四类。

（五）采取源泉扣缴和自行申报相结合的征税方式

现行《个人所得税法》规定，对纳税人的应纳税额分别采取由支付单位源泉扣缴和纳税人自行申报缴纳两种方法。

三、纳税人

个人所得税的纳税义务人是指中国公民、个体工商户和在中国有所得的外籍人员(包括无国籍人员)，以及中国香港、澳门、台湾地区，包括个人独资企业和个人合伙企业。

（一）个人所得税纳税人划分标准

我国个人所得税法参照国际惯例，按照属地原则和属人原则来确定税收管辖权，同时采用住所标准和时间标准来确定居民个人和非居民个人。

1. 住所标准

住所标准，指以住所所在地为标准来判断自然人的居民身份。住所，一般是指一个自然人固定的或永久性的居住地。

按照现行《个人所得税法》规定，在中国境内有住所的个人属于个人所得税的纳税人。在中国境内有住所的个人，是指因户籍、家庭、经济利益关系而在中国境内习惯性居住的个人。其中，“习惯性居住”是指个人因学习、工作、探亲、旅游等原因消除后，没有理由在其他地方继续居留时所要回到的地方，而不是实际居住或在某一特定时期内的居住地。因此，一个纳税人如果其习惯性居住地在中国境内，即为中国的居民纳税人，而无论其是否实际在中国境内居住。

2. 时间标准

时间标准，是指以一个自然人在一个国家居住或停留的时间为标准，来判断自然人的居民身份。按照现行个人所得税法规定，在中国境内居住满 183 天的个人即为中国的居民纳税人。其中：对于居民临时离境一次不超过 30 日或多次离境累计不超过 90 日的，应视同在中国居住，不扣减其在中国居住的日数。“在中国境内”是指在中国内地地区，不包括中国香港、澳门、台湾地区。

（二）个人所得税居民与非居民纳税人

1. 居民个人

居民个人，是指在中国境内有住所，或者无住所而在纳税年度内在中国境内居住满 183 天的个人。上述的住所标准和时间标准中，只要符合其中一条标准，就属于居民纳税人。具体包括以下两类。

(1) 在中国境内定居的中国公民和外国侨民，但不包括虽具有中国国籍，却没有在中国内地定居，而是侨居海外的华侨和居住在中国香港、澳门、台湾地区的同胞。

(2) 居住在中国境内的外国人、海外侨胞，以及中国香港、澳门、台湾地区同胞。这些人如果在某一个纳税年度内，一次离境不超过 30 日，或者多次离境累计不超过 90 日，仍应当被视为全年在中国境内居住，从而应被判定为居民纳税义务人。

居民个人承担无限纳税义务，即就源于我国境内、境外全部所得申报缴纳个人所得税。

2. 非居民个人

非居民个人，是指在中国境内无住所又不居住，或者无住所且居住不满 183 天的个人。具体包括以下几种情形。

(1) 在中国境内无住所又不居住在中国的自然人。

(2) 在中国境内无住所且居住不满 183 天的自然人。

(3) 在中国境内无住所，但居住满 183 天，且在一个纳税年度内一次离境超过 30 日的自然人。

(4) 在中国境内无住所，但居住满 183 天，且在一个纳税年度内多次离境累计超过 90 天的自然人。

非居民个人承担有限纳税义务，即只就来源于中国境内的所得申报纳税。

3. 扣缴义务人

为便于征收管理、源泉控制税源，我国个人所得税实行自行申报和源泉扣缴相结合的征收办法。对除个体工商业户生产经营所得以外的其他各项应税所得，其应纳个人所得税均以支付所得的单位或个人为扣缴义务人。

【实例 6-1·判断题】在中国境内无住所的哈姆 2019 年 5 月 1 日入境，2020 年 4 月 30 离境，根据我国个人所得税法律制度的规定，无住所而一个纳税年度内在中国境内居住累计满 183 天的个人为居民纳税人，因此 2020 年度哈姆从中国境内和境外取得的所得按规定缴纳个人所得税（　　）。

【解析】×。哈姆在2020年度并没有在中国居住满183天，不属于居民个人，只就中国境内所得缴纳个人所得税。

（三）个人所得来源地认定

我国现行个人所得税法遵循国际通常做法，按以下原则确定所得来源地。

(1) 任职、受雇和提供劳务取得的所得，以任职、受雇和提供劳务所在地为所得来源地。

(2) 生产、经营所得，以从事生产、经营的所在地为所得来源地。

(3) 出租财产取得的所得，以被出租财产的使用地为所得来源地。

(4) 转让房屋、建筑物等不动产的所得，以转让不动产坐落地为所得来源地。

(5) 提供特许权使用取得的所得，以特许权的使用地为所得来源地。

(6) 利息、股息、红利所得，以使用资金并支付利息或分配股息、红利的公司、企业、经济组织或个人的所在地为所得来源地。

(7) 得奖、中奖、中彩所得，以所得产生地为所得来源地。

四、个人所得税的征税范围

我国现行个人所得税实行综合所得与分类所得相结合的课税制度，设置6项所得项目，其范围和具体内容如下。

（一）综合所得

综合所得包括：工资、薪金所得，劳务报酬所得，稿酬所得，特许权使用费所得。

1. 工资、薪金所得

工资、薪金所得是指个人因任职或受雇而取得的工资、薪金、年终加薪、劳动分红、津贴、补贴，以及与任职或受雇有关的其他所得。

根据我国目前个人收入的构成情况，税法规定对一些不属于工资、薪金性质的补贴、津贴或不属于纳税人本人工资、薪金所得项目的收入，不予征税。这些项目主要包括以下几项。

(1) 独生子女补贴。

(2) 执行公务员工资制度纳入基本工资总额的补贴、津贴差额和家属成员的副食补贴。

(3) 托儿补贴费。

(4) 差旅费津贴、误餐补助。其中，误餐补助是指按照财政部规定，个人因公在城区、郊区工作，未能在工作单位或返回就餐的，根据实际误餐顿数，按规定标准领取的午餐费。单位以误餐补助名义发放的补贴、津贴不包括在内。

此外，单位职工取得的用于购买企业国有股权的劳动分红，按工资、薪金所得项目计征个人所得税。

根据《关于个人取得有关收入适用个人所得税应税所得项目的公告》(财政部 税务总局公告2019年第74号)，税收递延型商业养老保险的养老金收入作为工资、薪金所得计税。

2. 劳务报酬所得

劳务报酬所得是指个人独立从事各种非雇佣的劳务所取得的所得，包括设计、安装、制图、化验、测试、医疗、法律、会计、咨询、讲学、新闻、翻译、书画等项目。

实际工作中，劳务报酬所得和工资、薪金所得在某些情况下不易划分。这两种所得的区别主要在于：劳务报酬所得一般是个人独立从事各种技艺、提供各种劳务服务而获得的报酬；工资、薪金所得是个人在企事业单位、机关、团体、部队、学校及其他组织中任职、受雇，而取得的报酬，属于非独立个人的劳动。

3. 稿酬所得

稿酬所得是指个人因其作品以图书、报刊等形式出版、发表而取得的所得。这里的作品，包括文学作品、书画作品、摄影作品及其他作品。

4. 特许权使用费所得

特许权使用费所得是指个人提供专利权、商标权、著作权、非专利技术及其他特许权的使用权取得的所得。

提供著作权的使用权取得的所得，不包括稿酬所得。作者将自己的文字作品手稿原件或复印件公开拍卖(竞价)取得的所得，属于提供著作权的使用所得，应按特许权使用费所得项目征收个人所得税。

（二）经营所得

经营所得主要包括以下几方面。

(1) 个体工商户从事生产、经营活动的所得，个人独资企业投资人、合伙企业的个人合伙人来源于境内注册的个人独资企业、合伙企业生产、经营所得。

(2) 个人依法从事办学、医疗、咨询及其他有偿服务活动取得的所得。

(3) 个人对企业、事业单位承包经营、承租经营及转包、转租取得的所得。

(4) 个人从事其他生产、经营活动取得的所得。

其中，个人独资企业和合伙企业投资者的生产经营所得，比照个体工商户生产、经营所得项目征收个人所得税。

（三）利息、股息、红利所得

利息、股息、红利所得是指个人拥有债权、股权而取得的利息、股息、红利所得。其中，利息一般是指存款、贷款和债券的利息；个人拥有股权取的公司、企业分红，按照一定比例派发的每股息金，称为股息；公司、企业分配的、超过股息部分的利润，按股派发的红股，称为红利。

（四）财产租赁所得

财产租赁所得是指个人出租不动产、机器设备、车船及其他财产取得的所得。

（五）财产转让所得

财产转让所得是指个人转让有价证券、股权、合伙企业中的财产份额、不动产、机器设备、车船及其他财产取得的所得。

（六）偶然所得

偶然所得是指个人得奖、中奖、中彩及其他偶然性质的所得。个人的偶然所得应当缴纳个人所得税。

个人偶然所得主要包括以下几方面。

(1) 个人中奖、中彩所得。

(2) 个人获奖所得。

(3) 个人无偿受赠房屋取得的受赠收入。

(4) 个人为单位或他人提供担保获得报酬。

(5) 个人无偿获得赠送的礼品(包括网络红包)。

【实例 6-2·单选题】根据个人所得税法律制度的规定，证券经纪人从证券公司取得的佣金收入在计缴个人所得税时适用的税目是(　　)。

A. 个体工商户的生产、经营所得　　B. 劳动报酬所得

C. 特许权使用费所得　　D. 工资、薪金所得

【解析】B。证券经纪人从证券公司取得的佣金收入，按照“劳务报酬所得”项目缴纳个人所得税。

【实例 6-3·多选题】个税改革后，下列属于分类所得的是(　　)。

A. 稿酬所得　　B. 偶然所得

C. 其他所得　　D. 工资、薪金所得

【解析】AD。综合所得包括工资薪金、劳务报酬、特许权使用费和稿酬四类所得。

五、税率

（一）工资、薪金所得

工资、薪金所得使用 3%～45%的七级超额累进与扣率，个人所得税预扣率如表 6.1 所示。

表6.1　个人所得税预扣率表一

(居民个人工资、薪金所得预扣预缴适用)

级数	累计预扣预缴应纳税所得额	预扣率(%)	速算扣除数
1	不超过 36 000 元	3	0
2	超过 36 000 元至 144 000 元的部分	10	2520
3	超过 144 000 元至 300 000 元的部分	20	16 920
4	超过 300 000 元至 420 000 元的部分	25	31 920
5	超过 420 000 元至 660 000 元的部分	30	52 920
6	超过 660 000 元至 960 000 元的部分	35	85 920
7	超过 960 000 元的部分	45	181 920

（二）劳务报酬所得

劳务报酬所得按此次征收是使用个人所得税预扣率表二，如表 6.2 所示。对劳务报酬所得一次收入畸高的，实行加成征收。根据个人所得税法规定，劳务报酬所得一次收入畸高是指个人一次取得劳务报酬，其应纳税所得额超过 20 000 元。对应纳税所得额超过 20 000 元至 50 000 元的部分，依照税法规定计算应纳税额后再按照应纳税额加征五成；超过 50 000 元的部分，加征十成。因此，劳务报酬所得实际适用 20%、30%、40%三档超额累进税率。

表6.2 个人所得税预扣率表二

(居民个人劳务报酬所得预扣预缴适用)

级数	预扣预缴应纳税所得额	预扣率(%)	速算扣除数
1	不超过 20 000 元	20	0
2	超过 20 000 元至 50 000 元的部分	30	2000
3	超过 50 000 元的部分	40	7000

（三）稿酬所得

稿酬所得按次征收，适用 20%预扣率，所得的收入额减按 70%计算。

（四）特许权使用费

特许权使用费按次征收，适用 20%预扣率。

（五）非居民个人综合所得

非居民个人工资、薪金所得，劳务报酬所得，稿酬所得，特许权使用费所得适用七级超额累计税率。非居民个人所得税税率表如表 6.3 所示。

表6.3 个人所得税税率表一

(非居民个人工资、薪金所得，劳务报酬所得，稿酬所得，特许权使用费所得适用)

级数	应纳税所得额	税率(%)	速算扣除数
1	不超过 3000 元	3	0
2	超过 3000 元至 12 000 元的部分	10	210
3	超过 12 000 元至 25 000 元的部分	20	1410
4	超过 25 000 元至 35 000 元的部分	25	2660
5	超过 35 000 元至 55 000 元的部分	30	4410
6	超过 55 000 元至 80 000 元的部分	35	7160
7	超过 80 000 元的部分	45	15 160

（六）经营所得

个体工商户的生产、经营所得和对企事业单位的承包经营、承租经营所得，适用 5%～35%五级超额累进税率。经营所得个人所得税税率如表 6.4 所示。

表6.4 个人所得税税率表二

(个体工商户生产、经营所得和对企事业单位承包经营、承租经营所得适用)

级数	全年应纳税所得额	税率(%)	速算扣除数
1	不超过 30 000 元	3	0
2	超过 30 000 元至 90 000 元的部分	10	1500
3	超过 90 000 元至 300 000 元的部分	20	10 500
4	超过 300 000 元至 500 000 元的部分	30	40 500
5	超过 500 000 元的部分	35	65 500

【小知识】

本表所称全年应纳税所得额是指依照税法规定，以每一纳税年度的收入总额减除成本、费用及损失后的余额。

(七) 利息、股息、红利所得等

利息、股息、红利所得，财产租赁所得，财产转让所得，偶然所得适用比例税率为20%。

【实例6-4·多选题】个税改革后，下列适用超额累进税率的选项有(　　)。

A. 综合所得汇算清缴　　B. 稿酬所得个税预扣预缴

C. 劳务报酬所得个税预扣预缴　　D. 股息、红利所得个税计算

【解析】AC。根据个人所得税计算相关规定，稿酬所得预扣预缴个税适用20%税率，股息、红利所得个税适用20%税率。

六、优惠政策

(一) 免征个人所得税政策

(1) 省级人民政府、国务院部委和中国人民解放军及以上单位，以及外国组织颁发的科学、教育、技术、文化、卫生、体育、环境保护等方面的奖金。

(2) 国债、地方政府债券利息和国家发行的金融债券利息。

(3) 按国家统一规定发给的补贴、津贴。

(4) 福利费(生活补助费)、抚恤金、救济金(生活困难补助费)。

(5) 保险赔款。

(6) 军人的转业费、复员费。

(7) 按国家统一规定发给干部、职工的安家费、退职费、离退休工资、离休生活补助费。

(8) 对达到离休、退休年龄，但确因工作需要，适当延长离休、退休年龄的高级专家，其在延长离休、退休期间的工资、薪金所得，视同退休工资、离休工资免征个人所得税。

(9) 符合条件的见义勇为者的奖金或奖品，经主管税务机关核准，免征个人所得税。

(10) 个人举报、协查各种违法、犯罪行为而获得的奖金。

(11) 对个人按《廉租住房保障办法》规定取得的廉租住房货币补贴，免征个人所得税；对于所在单位以廉租住房名义发放的不符合规定的补贴，应征收个人所得税。

(12) 外籍个人从外商投资企业取得的股息、红利所得。

(13) 凡符合规定条件的外籍专家取得的工资、薪金所得可免征个人所得税。

(14) 依照有关法律规定应予免税的各国驻华使馆、领事馆的外交代表、领事官员和其他人员的所得。

(15) 中国政府参加的国际公约、签订的协议中规定免税的所得。

(16) 对由亚洲开发银行支付给我国公民或国民(包括为亚行执行任务的专家)的薪金和津贴，凡经亚洲开发银行确认这些人员为亚洲开发银行雇员或执行项目专家的，其取得的符合我国税法规定的有关薪金和津贴等报酬，免征个人所得税。

(二) 暂免征收个人所得税

(1) 对居民储蓄存款利息，以及证券市场个人投资者取得的证券交易结算资金利息所得，暂

免征收个人所得税。

(2) 储蓄机构内从事代扣代缴工作的办税人员取得的扣缴利息税手续费所得，个人办理代扣代缴税款手续，按规定取得的扣缴手续费，免征个人所得税。

(3) 企业和个人按照省级以上人民政府规定的比例缴付的住房公积金、医疗保险金、基本养老保险金、失业保险金，允许在个人应纳税所得额中扣除。

(4) 生育妇女按照县级以上人民政府根据国家有关规定制定的生育保险办法，取得的生育津贴、生育医疗费或其他属于生育保险性质的津贴、补贴。

(5) 对工伤职工及其近亲亲属按照《工伤保险条例》规定取得的工伤保险待遇。

(6) 对个体工商户或个人，以及个人独资企业和合伙企业从事种植业、养殖业、饲养业和捕捞业(以下简称“四业”)，取得的“四业”所得暂不征收个人所得税。

(7) 个人转让自用达 5 年以上并且是唯一的家庭居住用房取得的所得。

(8) 对个人投资者从投保基金公司取得的行政和解金。

(9) 股权分置改革中非流通股股东通过对价方式向流通股股东支付的股份、现金等收入。

(10) 对个人转让上市公司股票、全国中小企业股份转让系统挂牌公司非原始股(2018.11.1)取得的所得暂免。

(11) 自原油期货对外开放之日起，对境外个人投资者投资中国境内原油期货取得的所得，3 年内暂免征收个人所得税。

(12) 对受北京冬奥组委邀请的，在北京2022 年冬奥会、冬残奥会、测试赛期间临时来华，从事奥运相关工作的外籍顾问及裁判员等外籍技术官员取得的由北京冬奥组委、测试赛赛事组委会支付的劳务报酬免征个人所得税。

(13) 个人取得的下列中奖所得，暂免征收个人所得税。

① 单张有奖发票奖金所得不超过 800 元(含 800 元)的，暂免征收个人所得税；个人取得单张有奖发票奖金所得超过 800 元的，应全额按照个人所得税法规定的“偶然所得”税目征收个人所得税。

② 购买社会福利有奖募捐奖券、体育彩票一次中奖收入不超过10 000 元的暂免征收个人所得税，对一次中奖收入超过 10 000 元的，应按税法规定全额征税。

(14) 乡镇企业的职工和农民取得的青苗补偿费，暂不征收个税。

(15) 自 2018 年 1 月 1 日至 2020 年 12 月 31 日，对易地扶贫搬迁贫困人口按规定取得的住房建设补助资金、拆旧复垦奖励资金等与易地扶贫搬迁相关的货币化补偿和易地扶贫搬迁安置住房，免征个税。

(三) 减征个人所得税

(1) 残疾、孤老人员和烈属的所得。

(2) 因自然灾害遭受重大损失的。

国务院可以规定其他减税情形，报全国人民代表大会常务委员会备案。

【实例 6-5・多选题】下列所得，应按照财产转让所得缴纳个人所得税的有(　　)。

A. 赵某持有的甲公司股权被司法强制过户取得的所得

B. 钱某终止投资，从被投资方乙企业收回的款项

C. 孙某转让持有的上市公司股票取得的所得

D. 李某转让持有的国债取得的所得

【解析】ABD。选项 C，个人转让上市公司股票取得的所得暂免征收个人所得税。

任务小结

知识点：

能力点：

重　点：

难　点：

任务二　个人所得税额的计算

素材见项目引例。

要求：请计算李某 2020 年各项所得应缴纳(含预缴)个人所得税额。

一、居民个人综合所得税的计算

现行个人所得税法采用扣缴义务人对居民个人的工资薪金所得、劳务报酬所得、稿酬所得和特许权使用费所得采取累计预扣预缴个人所得税的计算方法，年度预扣预缴税额与年度应纳税额不一致的，由居民个人于次年 3 月 1 日至 6 月 30 日向主管税务机关办理综合所得年度汇算清缴，税款多退少补。

累计预扣法，是指扣缴义务人在一个纳税年度内，以截至当前月份累计支付的工资薪金所得收入额减除累计基本减除费用、累计专项扣除、累计专项附加扣除和依法确定的累计其他扣除后的余额为预缴应纳税所得额。

（一）工资、薪金所得

1. 工资、薪金所得预扣预缴个人所得税额计算公式

本期应预扣预缴税额＝(累计预缴应纳税所得额×税率－速算扣除数)－已预扣预缴税额

累计预缴应纳税所得额＝累计收入－累计免税收入－累计基本减除费用－累计专项扣除－累计专项附加扣除－累计依法确定的其他扣除

2. 工资、薪金所得预扣预缴个人所得税计算公式中相关参数的规定

本期应预扣预缴余额为负数时，暂不退税。纳税年度终了，余额仍为负数的，由纳税人通过办理综合所得年度汇算清缴，税款多退少补。

1) 累计收入

累计收入按照每月工资、薪金收入乘以纳税人当年截至本月在本单位任职受雇的月份数计算。

2) 累计免税收入

累计免税收入按照每月免税收入乘以纳税人当年截至本月在本单位的任职受雇月份数计算。

3) 累计基本减除费用

累计基本减除费用按照5000元/月乘以纳税人当年截至本月在本单位的任职受雇月份数计算。

4) 累计专项扣除

专项扣除项目主要包括基本养老保险、基本医疗保险、失业保险等社会保险费及住房公积金等，即三险一金。累计专项扣除按照每月“三险一金”金额乘以当年截至本月在本单位的任职受雇月份数计算。

5) 累计专项附加扣除

专项附加扣除主要包括子女教育、继续教育、大病医疗、住房贷款利息、住房租金、赡养老人等。各扣除项目构成内容及扣除标准规定如下。

(1) 子女教育专项附加扣除。

纳税人的子女接受学前教育和学历教育的相关支出，按照每个子女每年 12 000 元(每月1000元)的标准定额扣除。

上述“学前教育”包括年满 3 岁至小学入学前教育。学历教育包括义务教育(小学和初中教育)、高中阶段教育(普通高中、中等职业教育)、高等教育(大学专科、大学本科、硕士研究生、博士研究生教育)。

受教育子女的父母分别按扣除标准的 50%扣除；经父母约定，也可以选择由其中一方按扣除标准的 100%扣除。具体扣除方式在一个纳税年度内不得变更。

(2) 继续教育专项附加扣除。

纳税人接受学历继续教育的支出，在学历教育期间按照每年 4800 元(每月 400 元)定额扣除，扣除期限不超过 48 个月。纳税人接受技能人员职业资格继续教育、专业技术人员职业资格继续教育支出，在取得相关证书的年度，按照每年 3600 元定额扣除。

(3) 大病医疗专项附加扣除。

一个纳税年度内，在纳税人负担超过 15 000 元的医药费用支出部分，为大病医疗支出，可以按照每年 80 000 元标准限额据实扣除。大病医疗专项附加扣除由纳税人办理汇算清缴时扣除。

可扣除的医疗费用支出包括纳税人本人或其配偶、未成年子女发生的医药费支出。纳税人应当留存医疗服务收费相关票据原件(或复印件)。

(4) 住房贷款利息专项附加扣除。

纳税人本人或配偶使用商业银行或住房公积金个人住房贷款为本人或其配偶购买住房，发生的首套住房贷款利息支出，在偿还贷款期间，可以按照每年 12 000 元(每月1000 元)标准定额扣除，扣除期限最长不超过 240 个月。

非首套住房贷款利息支出，纳税人不得扣除。纳税人只能享受一套首套住房贷款利息扣除。经夫妻双方约定，可以选择由其中一方扣除，具体扣除方式在一个纳税年度内不得变更。

(5) 住房租金专项附加扣除。

纳税人本人及配偶在纳税人的主要工作城市没有住房，而在主要工作城市租赁住房发生的租金支出。在直辖市、省会城市、计划单列市及国务院确定的其他城市的，每月按1500元标准扣除；在市辖区户籍人口超过100万的其他城市，每月按1000元标准扣除；在市辖区户籍人口不超过100万(含)的其他城市，每月按800元标准扣除。

夫妻双方主要工作城市相同的，只能由一方扣除。纳税人及其配偶不得同时分别享受住房贷款利息专项附加扣除和住房租金专项附加扣除。

(6) 赡养老人专项附加扣除。

纳税人赡养年满60岁父母的支出，或者祖父母、外祖父母的子女已经去世，纳税人赡养年满60岁的祖父母或外祖父母的支出可以扣除。

纳税人属于独生子女的，按每月2000元扣除；属于非独生子女的，与其兄弟姐妹分摊每月2000元的扣除额度，其中，每人分摊扣除额度不得超过1000元。

【项目引例分析(1)】

【解析】

业务(1)：每月工资、薪金收入15 000元，其中，个人承担五险一金3000元，子女教育、赡养老人两项专项扣除每月合计2000元，根据累计预扣法，各月预扣预缴个人所得税额计算如下：(以1—3月为例)

1月：应纳税所得额＝15 000－5000－3000－2000＝5000(元)；税额＝5000×3%＝150(元)

2月：应纳税所得额＝15 000×2－5000×2－3000×2－2000×2＝10 000(元)；税额10 000×3%－150＝150(元)

3月：应纳税所得额＝15 000×3－5000×3－3000×3－2000×3＝15 000(元)；税额15 000×3%－150－150＝150(元)

1—12月预扣预缴所得税额＝(15 000×12－5000×12－3000×12－2000×12)×10%－2520＝3480(元)

（二）劳务报酬所得、稿酬所得和特许权使用费所得

根据现行个人所得税法规定，扣缴义务人向居民个人支付劳务报酬、稿酬、特许权使用费时，按次或按月预扣预缴纳税义务人个人所得税，年度终了，由纳税义务人按综合所得进行汇算清缴。

1. 劳务报酬所得预扣预缴个人所得税额的计算

纳税义务人劳务报酬所得预扣预缴个人所得税计算公式如下。

预扣预缴应纳税额＝预扣预缴应纳税所得额×预扣税率－速算扣除数

上述公式中“预扣税率”适用20%～40%的超额累进预扣率。

上述公式中“预扣预缴应纳税所得额”有以下两种具体计算情形。

(1) 劳务报酬所得每次收入小于等于4000元时，减除费用为800元。

预扣预缴应纳税所得额＝每次收入－800

(2) 劳务报酬所得每次收入大于4000元时，按20%减除费用。

预扣预缴应纳税所得额＝每次收入×(1－20%)

对于劳务报酬所得，在税务核算上，现行个人所得税法规定如下。

(1) 只有一次性收入的，以取得该项收入为一次，如从事设计、安装、装帧、化验、实验等劳务，按照客户要求，完成一次劳务就获得收入。对于该类一次性收入，以每次提供劳务取得收入为一次所得计算预扣预缴个人所得税。

(2) 属于同一事项连续取得收入的，以一个月内取得的收入为一次。例如，个人受聘长期从事培训工作，应视为同一事项的连续性收入，以其一个月内取得的收入为一次劳务报酬所得计算预扣预缴个人所得税。

【项目引例分析(2)】

业务(2)：3月为乙公司提供产品设计服务，取得收入50 000元。

该笔劳务报酬所得预扣预缴应纳税所得额＝50 000×(1－20%)＝40 000(元)

该笔劳务报酬所得应预扣预缴税额＝40 000×30%－2000＝10 000(元)

2. 稿酬所得

稿酬所得适用20%预扣率，并减按70%计算预扣预缴税款，其计算公式如下。

预扣预缴应纳税额＝预扣预缴应纳税所得额×20%×70%

上述公式中“预扣预缴应纳税所得额”有以下两种具体计算情形。

(1) 稿酬所得每次收入小于等于4000元时，减除费用为800元。

预扣预缴应纳税所得额＝每次收入－800

(2) 稿酬所得每次收入大于4000元时，按20%减除费用。

预扣预缴应纳税所得额＝每次收入×(1－20%)

对于稿酬所得，在税务核算上，现行个人所得税法规定如下。

(1) 同一作品再版取得的所得，应视为另一次稿酬所得计征个人所得税。

(2) 同一作品先在报刊上连载然后出版，或者先出版再在报刊上连载的，应该视为两次稿酬所得计税。

(3) 同一作品在报刊上连载取得收入的，以连载完成后取得的所有收入合并为一次计税。

(4) 同一作品在出版和发表时，以预付稿酬或分次支付稿酬等形式取得稿酬的，应合并为一次计税。

(5) 同一作品出版、发表后因添加印数而追加稿酬的应与以前出版、发表时取得的稿酬合并为一次。

【项目引例分析(3)】

任务(3)：6月出版自传一部，取得高稿酬20 000元。

稿酬所得预扣预缴应纳税所得额＝20 000×(1－20%)×70%＝11 200(元)

稿酬所得预扣预缴税额＝11 200×20%＝2240(元)

3. 特许权使用费所得

特许权使用费所得，是以某项使用权的一次转让所取得的收入为一次，采取按次征税方式(预扣预缴)，如果该次转让取得的收入是分笔支付的，则应将各笔收入合并为一次收入计税。特许权使用费所得适用 20%预扣率，其预扣预缴税款计算公式如下。

预扣预缴应纳税额＝预扣预缴应纳税所得额×20%

上述公式中预扣预缴应纳税所得按以下方式确定。

(1) 特许权使用费所得每次收入小于等于 4000 元时，减除费用为 800 元。

预扣预缴应纳税所得额＝每次收入－800

(2) 特许权使用费所得每次收入大于 4000 元时，按 20%减除费用。

预扣预缴应纳税所得额＝每次收入×(1－20%)

【项目引例分析(6)】

任务(6)：10 月取得专利使用费收入 6000 元。

特许权使用费所得预扣预缴应纳税所得额＝6000×(1－20%)＝4800(元)

特许权使用费所得预扣预缴税额＝4800×20%＝960(元)

（三）年度中间首次取得工资、薪金所得等个人所得税预扣预缴

根据《国家税务总局关于完善调整部分纳税人个人所得税预扣预缴方法的公告》(国家税务总局公告 2020 年第 13 号文)规定，对于纳税年度内首次取得工资、薪金所得的居民个人，以及接受全日制学历教育的学生因实习取得劳务报酬所得的个人，在计算其应预缴个人所得税时，可以单独采用以下办法。

(1) 对一个纳税年度内首次取得工资、薪金所得的居民个人，扣缴义务人在预扣预缴个人所得税时，可按照 5000 元/月乘以纳税人当年截至本月月份数计算累计减除费用。

根据《个人所得税法》第六条规定，居民个人的综合所得，以每一纳税年度的收入额减除费用六万元，以及专项扣除、专项附加扣除和依法确定的其他扣除后的余额为应纳税所得额。因此，上述规定仅是提前当年未工作月份的减除费用扣除，纳税人一个纳税年度可以且仅可以扣除 60 000 元的减除费用。

【实例 6-6・计算题】2020 年 9 月小张大学毕业进入一家公司上班，10 月初公司预扣预缴其个人所得税时，可税前扣除的基本减除费用为多少？

【解析】根据规定，小李 2020 年首次就业，首次取得工资、薪金时，采取累计预扣计算预扣预缴所得个人所得税，对于累计基本扣除费用，按照 2020 年 1 月起算，算至就业当月(即 9 月)，因此，本例计算预扣预缴个税时，可一次性扣除 9 个月 5000 元/月的基本减除费用，即 45 000 元。

(2) 对正在接受全日制学历教育的学生因实习所取得的劳务报酬所得，扣缴义务人预扣预缴个人所得税时，可按照《国家税务总局关于发布〈个人所得税扣缴申报管理办法(试行)〉的公告》(2018 年第 61 号)规定的累计预扣法计算、预扣预缴税款。

根据个人所得税法及其实施条例有关规定，对正接受全日制学历教育学生的劳务报酬所得，采取累计预扣法计算预扣个人所得税时，其具体计算公式如下。

本期应预扣预缴税额＝(累计收入额－累计减除费用)×预扣率－速算扣除数－累计减免税额－累计已预扣预缴税额

其中，累计减除费用按照5000元/月乘以纳税人在本单位开始实习月份起至本月的实习月份数计算。

【实例 6-7·计算题】在校大学生小王 2020 年 7 月份在某公司实习，取得劳务报酬 3000 元，试比较国家税务总局公告 2020 年第 13 号文前、后两种计算预扣预缴个人所得税额的差异。

【解析】扣缴单位在为在校大学生小王预扣预缴劳务报酬所得个人所得税时，有以下两种计算方法。

(1) 采取累计预扣法预扣预缴税款。根据该方法规定，大学生小王 7 月份劳务报酬收入应按扣除 5000 元减除费用后计算，因此，无须预扣预缴税款。

(2) 采取国家税务总局公告 2020 年第 13 号文前计算办法。大学生小王 7 月份劳务报酬收入低于 4000 元，按减除 800 元费用为计算基数，适用 20%税率，因此，其预扣预缴个人所得税为：(3000－800)×20%＝440 元。

综上，较劳务报酬所得个人所得税预扣预缴计算方法调整前，小王 7 月份少预缴个人所得税 440 元。

（四）综合所得年度汇算清缴

综合所得年度汇算是指纳税人在纳税年度终了后规定时期内，依照税法规定，自行汇总计算全年取得的综合所得(工资、薪金所得，劳务报酬所得，稿酬所得，特许权使用费所得)收入额，汇总后适用统一的扣除规定，按照适用的税率计算应纳税额，结合已预扣预缴税额，确定该年度应补缴或退还税额，并填写个人所得税纳税申报表，向主管税务机关办理年度纳税申报、结清全年税款的行为。

1. 取得综合所得需办理年度汇算清缴的情形

(1) 在一个纳税年度中从两处或两处以上取得综合所得，且综合所得年收入额减去“三险一金”等专项扣除后的余额超过 6 万元的。

(2) 取得劳务报酬所得、稿酬所得、特许权使用费所得中的一项或多项所得，且四项综合所得年收入额减去“三险一金”等专项扣除后的余额超过 6 万元的。

(3) 在一个纳税年度内，预扣预缴的税额低于依法计算出的应纳税额。

(4) 纳税人申请退税的。

2. 居民个人取得综合所得，需要办理汇算清缴的，应当在取得所得的次年3月1日至6月30日期间进行办理

3. 居民个人综合所得年度汇算清缴的计算公式

综合所得年度汇算清缴应补(退)税额＝综合所得全年应纳税额－全年累计已预扣预缴税额

综合所得全年应纳税额＝全年综合所得应纳税所得额×适用税率－速算扣除数

全年综合所得应纳税所得额＝全年综合所得收入总额－全年扣除项目总额

上述公式中“收入总额”包括：工资、薪金所得收入额，劳务报酬所得收入额，稿酬所得收入额，特许权使用费所得收入额。其中，工资、薪金所得收入额为工资、薪金所得，劳务报酬所得收入额按“劳务报酬所得×(1－20%)”计算，稿酬所得收入额按“稿酬所得×(1－20%)×70%”计算，特许权使用费所得收入额按“特许权使用费所得×(1－20%)”。

上述公式中“全年扣除项目总额”包括以下项目：基本减除费用(每月 5000 元，年度 60 000 元)、专项扣除(三险一金等)、专项附加扣除(子女教育费等)、其他扣除(免税收入等)。

居民个人综合所得适用个人所得税税率表如表 6.5 所示。

表6.5　居民个人综合适用个人所得税税率表

级数	全年应纳税所得额	税率(%)	速算扣除数
1	不超过 36 000 元的部分	3	0
2	超过 36 000 元至 144 000 元的部分	10	2 520
3	超过 144 000 元至 300 000 元的部分	20	16 920
4	超过 300 000 元至 420 000 元的部分	25	31 920
5	超过 420 000 元至 660 000 元的部分	30	52 920
6	超过 660 000 元至 960 000 元的部分	35	85 920
7	超过 960 000 元的部分	45	181 920

【项目引例分析—年度综合所得应纳税额计算】

该纳税人年度综合所得应纳税额计算:

年度综合所得应纳税所得额＝15 000×12＋50 000×(1－20%)＋20 000×(1－20%)×70%＋6000×(1－20%)－5000×12－3000×12－2 000×12＝116 000(元)

年度综合所得应纳税额＝116 000×10%－2520＝9080(元)

汇算清缴应补缴(退还)税额＝9080－3480－10 000－2240－960＝-7600(元)

因此，纳税人当年综合所得汇算清缴时可退还个人所得税 7600 元。

二、非居民个人综合所得税的计算

非居民个人取得工资、薪金所得，劳务报酬所得，稿酬所得和特许权能使用费所得，有扣缴义务人的，由扣缴义务人按月或按此代扣代缴税款，不办理汇算清缴。扣缴义务人按以下方法计算应代扣代缴个人所得税额。

1. 非居民个人综合所得个人所得税计算公式

非居民个人工资、薪金所得，劳务报酬所得，稿酬所得和特许权能使用费所得应纳税额＝应纳税所得额×适用税率－速算扣除数。

2. 非居民个人综合所得应纳税所得额的确定

(1) 非居民个人取得的工资、薪金所得，以每月收入额减除费用 5000 元后余额为应纳税所得额。

(2) 非居民个人取得劳务报酬所得、稿酬所得、特许权使用费所得，以每次收入额作为应纳税所得额。其中，劳务报酬所得、稿酬所得、特许权使用费所得以收入扣除 20%费用后余额作为收入额，并且稿酬所得以其收入额减按 70%计算。

3. 非居民个人综合所得适用税率

非居民个人综合所得适用按月换算后的非居民个人月度税率表(见表 6.3)。

三、经营所得个人所得税的计算

纳税人取得经营所得，按年计征个人所得税，由纳税人在月度或季度终了后 15 日向主管税务机关申报预缴。年度终了，在次年3月31日前向主管税务机关办理经营所得汇算清缴。

1. 经营所得应纳税所得额的确定

经营所得应纳税所得额＝每一年纳税年度收入总额－成本、费用、税金等－基本减除费用(年度6万元)－专项扣除－专项附加扣除

对上述公式，现行个人所得税法规定如下。

(1) 个人在生产、经营过程中发生的与家庭生活混用的费用，由主管税务机关核定分摊比例，据此计算确定属于生产经营过程中发生的费用准予扣除。

(2) 业主的工资、薪金不能扣除，但是其他从业人员工资、广告及业务宣传费、业务招待费、职工工会经费、职工福利费、职工教育经费、借款利息、租赁费、亏损弥补等，比照企业所得税规定扣除。

(3) 取得经营所得的纳税人，没有综合所得的，每一纳税年度可以扣除基本减除费用 60 000元(5000元/月)、专项扣除、专项附加扣除及依法确定的其他项目。

(4) 专项附加扣除在办理汇算清缴时进行减除。

(5) 个人独资企业、合伙企业应纳税所得额的确定。

① 查账征收的个人独资企业和合伙企业的扣除项目比照个体工商户个人所得税计税办法来确定。

② 个人独资企业的投资者以全部生产经营所得为应纳税所得额；合伙企业的投资者按照合伙企业的全部生产经营所得和合伙协议约定的分配比例确定应纳税所得额，合伙协议没有约定分配比例的，以全部生产经营所得按合伙人数量平均分配计算每个投资人的应纳税所得额。

(6) 生产经营所得，既包括企业分配给投资者个人的所得，也包括企业当年留存的所得(利润)。

2. 经营所得应纳税额的计算

按上述规定计算经营所得应纳税所得额后，按以下公式计算应纳个人所得税额。

经营所得应纳税额＝经营所得应纳税所得额×适用税率－速算扣除数

其中，适用税率、速算扣除数根据表6.4确定。

【实例6-8·计算题】2020年1月1日，某人于一事业单位签订承包合同经营招待所，承包期3年，2020年招待所实现承包经营利润250 000元(未扣除承包人工资、薪金)，按合同规定承包人每年上缴承包费30 000元。不考虑专项扣除、专项附加扣除等。

要求：计算该承包人2020年承包经营所得应交个人所得税。

【解析】

该承包人2020年应纳税所得额＝250 000－30 000－60 000＝160 000(元)

该承包人2020年承包经营所得应交个人所得税额＝160 000×20%－10 500＝21 500(元)

四、利息、股息、红利所得个人所得税的计算

(1) 利息、股息、红利所得，按次纳税，以每次收入额为应纳税所得额，这三类所得以支付时取得的收入为一次。

(2) 个人从公开发行和转让市场取得的上市公司股票，持有期限在1个月以内(含)的，其股息

红利所得全额计入应纳税所得；持有期限在 1 个月以上至 1 年(含)的，暂按 50%计入应纳税所得额；自 2015 年 9 月 8 日起，对个人从公开发行和转让市场取得的上市公司股票，持股期限超过 1 年的，股息红利所得免征个人所得税。

(3) 利息、股息、红利所得应纳税额计算公式。

应纳税额＝应纳税所得额×适用税率(20%)

【项目引例分析(4)、(5)】

【解析】

任务(4)：8 月以 2000 元购买福利彩票，取得中奖收入 20 000 元。

根据个人所得税优惠政策规定：纳税人取得社会福利有奖募捐奖券，一次中奖收入超过 10 000 元的，应按税法规定全额征税。因此，该笔收入应纳个人所得税额＝20 000×20%＝2400(元)。

任务(5)：9 月取得企业债券利息收入 2000 元，获得机动车保险赔偿 4000 元。

根据个人所得税优惠政策规定，保险赔偿所得免征个人所得税，因此，该笔业务只就投资债券利息收入计税，应纳税额＝2000×20%＝400(元)。

五、财产租赁所得个人所得税的计算

财产租赁所得，每次收入不超过 4000 元的，减除费用 800 元；超过 4000 元的，减除 20%的费用后的余额作为应纳税所得额。

1. 财产租赁所得应纳税所得额的确定

(1) 财产租赁所得按次纳税，一般以一个月内取得的租赁收入作为一次。

(2) 在确定财产租赁所得应纳税所得额时，对纳税人在租赁过程中缴纳的相关税金(如房产税、城市维护建设税等)和教育费附加，可凭完税凭证从财产租赁收入中扣除。

(3) 准予扣除的项目，还包括出租财产实际开支的修缮费用，每次以 800 元为限，一次扣除不完的，准予在下一期继续扣除，直至扣完为止。

2. 财产租赁所得应纳税额的计算

财产租赁所得适用 20%税率，但是对于个人按市场价格出租居住用房取得的租金所得，暂按 10%计征个人所得税。

财产租赁所得应纳税额计算公式如下。

(1) 每次(月)收入不超过 4000 元。

应纳税额＝[每次(月)收入－800－修缮费用(以 800 元为限)]×适用税率(20%或 10%)

(2) 每次(月)收入超过 4000 元。

应纳税额＝[每次(月)收入－修缮费用(以 800 元为限)]×(1－20%)×适用税率(20%或 10%)

【项目引例分析(7)】

【解析】

任务(7)：12 月开始将自有房屋出租(非住房)，每月取得租金收入 8500 元(不含增值税)，出租前修缮房屋发生费用 1000 元。假设房产税率为 10%，不考虑其他税费。

根据租赁所得税个人所得税计算方法，该笔业务 12 月应纳税所得额＝(8500－8500×10%－

800)×(1－20%)＝5480(元)。

应纳所得税额＝5480×20%＝1096(元)

六、财产转让所得个人所得税的计算

（一）财产转让所得应纳税所得额确定

1. 财产转让所得

按照收入总额减除财产原值和合理费用后的余额，为应纳税所得额。

2. 财产原值

财产原值，根据以下方法确定。

(1) 有价证券，为买入价加上买入时发生的相关费用。

(2) 建筑物，为建造费用或购进价格加上其他有关费用。

(3) 土地使用权，为取得土地使用权所支付的金额，加上开发成本及其他有关费用。

(4) 机器设备、车船，为购进价格、运输费、安装费及其他有关费用的合计。

纳税人未提供完整、准确的财产原值凭证，不能按照上述方法确定财产原值的，由主管税务核定财产原值。

3. 合理费用

（二）转让所得应纳税额的计算

财产转让所得应纳税额计算公式如下。

财产转让所得应纳税额＝应纳税所得额×20%

＝(收入总额－原值－合理费用)×20%

【项目引例分析(8)】

【解析】

任务(8): 12月销售两年前购置商品房(不符合免税条件),取得转让收入200万元(不含增值税),该房屋购置成本为185万元，缴纳流转环节税费(城市维护建设税、教育费附加、印花税、土地增值税)共计3.5万元。

该笔业务应纳税所得额＝200－185－3.5＝11.5(万元)

应纳税额＝11.5×20%＝2.3(万元)

七、偶然所得个人所得税的计算

偶然所得，按次纳税，以每次收入额为应纳税所得额，应纳税额计算公式如下。

偶然所得应纳税额＝应纳税所得额×适用税率＝每次收入额×20%

八、《个人所得税法》修改后有关优惠政策衔接问题

(一) 全年一次性奖金个人所得税政策

1. 单独计税

居民个人取得全年一次性奖金，在2021年12月31日前，可以选择采取不并入综合所得计税方式，以全年一次性奖金除以12个月得到的数额，按照综合所得税率表，确定适用税率和速算扣除数，单独计算应纳税额。计算公式如下。

全年一次性奖金应纳税额＝全年一次性奖金收入×税率－速算扣除数

本法确定全年一次性奖金应纳税额的具体步骤如下。

(1) 将雇员当月取得的全年一次性奖金除以12个月，按其商数确定适用税率和速算扣除数。

(2) 分以下两种情形。

① 如果雇员当月工资、薪金所得高于或等于税法规定的费用扣除额(5000元)，则采用如下公式计算应纳税额。

应纳税额＝当月取得全年一次性奖金×税率－速算扣除数

② 如果雇员当月工资、薪金所得低于税法规定的费用扣除额(5000元)，则采用如下公式计算应纳税额。

应纳税额＝(当月取得全年一次性奖金－当月工资薪金所得与费用扣除额的差额)×税率－速算扣除数

【小知识】

对于该类计税办法，说明以下几点。

① 一次性奖金包括年终加薪、实行年薪制和绩效工资办法的单位根据考核情况兑现的年薪和绩效工资。

② 在一个纳税年度内，对每一个纳税人，该计算方法只允许采用一次。

③ 除全年一次性奖金外，雇员取得的半年奖、季度奖、加班奖、先进奖、考勤奖等，一律并入当月工资、薪金收入，按税法规定计算缴纳个人所得税。

2. 合并计税

居民个人取得全年一次性奖金，可以选择并入当年综合所得计算纳税。自2022年1月1日起，居民个人取得全年一次性奖金，应并入取得当月综合所得(工资、薪金所得)，按照前述工资、薪金所得项目，采取累计预扣法计算当月应预扣预缴个人所得税额。

【实例6-9·计算题】 李强每月工资为14 000元，2020年12月三险一金专项扣除为1500元，子女教育费扣除1000元，取得全年一次性奖金120 000元，假设前11个月已预扣预缴税额为3555元。

要求：

1. 假设将年终一次性奖金并入综合所得。

(1) 计算李强12月预扣预缴的个人所得税额。

(2) 计算李强全年应纳税额。

2. 假设将年终一次性奖金单独计税。

(1) 计算李强12月预扣预缴的个人所得税额。

(2) 计算李强全年应纳税额。

【解析】

1. 假设将年终一次性奖金并入综合所得。

12月份预扣预缴个人所得税如下。

(1) 12月份预扣预缴应纳税所得额＝14 000×12－5000×12－1500×12－1000×12＋120 000＝198 000(元)。

适用预扣率20%和速算扣除数16 920元。

(2) 12月份预扣预缴个人所税额＝(198 000×20%－16 920)－3555＝19 125(元)。

全年应纳税额＝3555＋19 125＝22 680(元)。

2. 假设将年终一次性奖金单独计税。

12月份工资、薪金预扣预缴个人所得税如下。

(1) 工资、薪金所得应纳税所得＝14 000×12－5000×12－1500×12－1000×12＝78 000(元)。

(2) 工资、薪金所得应纳税额＝78 000×10%－2520－3555＝1725(元)。

12月份取得年终一次性奖金应纳个人所得税如下。

(1) 确定适用税率和速算扣除数：120 000÷12＝10 000元，适用税率10%、速算扣除数210元。

(2) 应纳税额＝120 000×10%－210＝11 790(元)。

全年应纳税额＝3555＋1725＋11 790＝17 070(元)。

（二）上市公司股权激励所得个人所得税政策

居民个人取得股票期权、股票增值权、限制性股票、股权奖励等股权激励(以下简称股权激励)，符合《财政部 国家税务总局关于个人股票期权所得征收个人所得税问题的通知》(财税〔2005〕35号)、《财政部 国家税务总局关于股票增值权所得和限制性股票所得征收个人所得税有关问题的通知》(财税〔2009〕5号)、《财政部 国家税务总局关于将国家自主创新示范区有关税收试点政策推广到全国范围实施的通知》(财税〔2015〕116号)第四条、《财政部 国家税务总局关于完善股权激励和技术入股有关所得税政策的通知》(财税〔2016〕101号)第四条第(一)项规定的相关条件的，在2021年12月31日前，不并入当年综合所得，全额单独适用综合所得税率表，计算纳税。

计算公式如下。

应纳税额＝股权激励收入×适用税率－速算扣除数

（三）保险营销员、证券经纪人佣金收入个人所得税政策

保险营销员、证券经纪人取得的佣金收入属于劳务报酬所得，以不含增值税的收入减除20%的费用后的余额为收入额，收入额减去展业成本及附加税费后，并入当年综合所得计算缴纳个人所得税。保险营销员、证券经纪人展业成本按照收入额的25%计算。

扣缴义务人向保险营销员、证券经纪人支付佣金收入时，应按照规定的累计预扣法计算预扣税款。

（四）领取企业年金、职业年金个人所得税政策

个人达到国家规定的退休年龄，领取的企业年金、职业年金，符合《财政部 人力资源社会保障部 国家税务总局关于企业年金职业年金个人所得税有关问题的通知》(财税〔2013〕103号)规定的，不并入综合所得，全额单独计算应纳税款。其中按月领取的，适用月度税率表计算纳税；按季领取的，平均分摊计入各月，按每月领取额适用月度税率表计算纳税；按年领取的，适用综合所得税率表计算纳税。

个人因出境定居而一次性领取的年金个人账户资金，或者个人死亡后，其指定的受益人或法定继承人一次性领取的年金个人账户余额，适用综合所得税率表计算纳税。对个人除上述特殊原因外一次性领取年金个人账户资金或余额的，适用月度税率表计算纳税。

（五）解除劳动关系、提前退休、内部退养一次性补偿收入个人所得税政策

个人与用人单位解除劳动关系取得一次性补偿收入(包括用人单位发放的经济补偿金、生活补助费和其他补助费)，在当地上年职工平均工资3倍数额以内的部分，免征个人所得税；超过3倍数额的部分，不并入当年综合所得，单独适用综合所得税率表，计算纳税。

个人办理提前退休手续而取得的一次性补贴收入，应按照办理提前退休手续至法定离退休年龄之间实际年度数平均分摊，确定适用税率和速算扣除数，单独适用综合所得税率表，计算纳税。

计算公式如下。

应纳税额＝{[(一次性补贴收入÷办理提前退休手续至法定退休年龄的实际年度数)－费用扣除标准]×适用税率－速算扣除数}×办理提前退休手续至法定退休年龄的实际年度数

（六）关于单位低价向职工售房的政策

单位按低于购置或建造成本价格出售住房给职工，职工因此而少支出的差价部分，符合《财政部 国家税务总局关于单位低价向职工售房有关个人所得税问题的通知》(财税〔2007〕13号)第二条规定的，不并入当年综合所得，以差价收入除以12个月得到的数额，按照月度税率表确定适用税率和速算扣除数，单独计算纳税。

计算公式如下。

应纳税额＝职工实际支付的购房价款低于该房屋的购置或建造成本价格的差额×适用税率－速算扣除数

（七）关于外籍个人有关津补贴的政策

2019年1月1日至2021年12月31日期间，外籍个人符合居民个人条件的，可以选择享受个人所得税专项附加扣除，也可以选择按照《财政部 国家税务总局关于个人所得税若干政策问题的通知》(财税〔1994〕20号)、《国家税务总局关于外籍个人取得有关补贴征免个人所得税执行问题的通知》(国税发〔1997〕54号)和《财政部 国家税务总局关于外籍个人取得港澳地区住房等补贴征免个人所得税的通知》(财税〔2004〕29号)规定，享受住房补贴、语言训练费、子女教育费等津补贴免税优惠政策，但不得同时享受。外籍个人一经选择，在一个纳税年度内不得变更。

自2022年1月1日起，外籍个人不再享受住房补贴、语言训练费、子女教育费津补贴免税优

惠政策，应按规定享受专项附加扣除。

（八）关于商业健康保险的政策

取得工资、薪金所得，取得连续性劳务报酬所得，以及取得个体工商户的生产经营所得、对企业事业单位承包承租经营所得的个体工商户业主、个人独资企业投资者、合伙企业合伙人等，对其购买符合规定的商业健康保险产品支出，可按标准在个人所得税前扣除。

对于个人购买符合规定的商业健康保险产品的支出，允许在当年(月)计算应纳税所得额时予以税前扣除，扣除限额为2400元/年(200元/月)。单位统一为员工购买符合规定的商业健康保险产品的支出，应分别计入员工个人工资、薪金，视为个人购买，按上述限额准予扣除。

（九）关于科技人员取得职务科技成果转化现金奖励的政策

依法批准设立的非营利性研究开发机构和高等学校根据《中华人民共和国促进科技成果转化法》规定，从事职务科技成果转化收入中给予科技人员的现金奖励，可减按50%计入科技人员当月工资、薪金所得，依法计缴个人所得税。

知识点：

能力点：

重　点：

难　点：

任务三　个人所得税的纳税申报

飞扬有限责任公司(部分职工)2020年12月职工的工资、社保、住房公积金、专项附加扣除、其他扣除等数据如图6.1所示。

*姓名	部门	*证件类型	*证件号码	收入信息		收入总额	专项扣除				其他扣除	准予扣除的捐赠	本期免税收入	减免税额	其他扣款	备注
				基本工资	岗位津贴		基本养老保险	基本医疗保险	失业保险费	住房公积金						
李×龙	人力资源部	居民身份证	341221198812081313	5000.00	200.00	5200.00	289.04	111.14	7.23	300.00						
张×彪	行政部	居民身份证	341221198812081315	5000.00	200.00	5200.00	289.04	111.14	7.23	300.00						
孔×	财务部	居民身份证	341221198812081316	5000.00	200.00	5200.00	289.04	111.14	7.23	300.00						
赵×	总裁办	居民身份证	341221198812081317	5000.00	200.00	5200.00	289.04	111.14	7.23	300.00						
楚×飞	销售部	居民身份证	341221198812081318	5000.00	200.00	5200.00	289.04	111.14	7.23	300.00						
魏×尚	采购部	居民身份证	341221198812081319	5000.00	200.00	5200.00	289.04	111.14	7.23	300.00						
田×	运营部	居民身份证	341221198812081320	5000.00	200.00	5200.00	289.04	111.14	7.23	300.00						
李×才	研发部	居民身份证	341221198812081321	5000.00	200.00	5200.00	289.04	111.14	7.23	300.00						
韩×子	生产部	居民身份证	341221198812081322	5000.00	200.00	5200.00	289.04	111.14	7.23	300.00						
范×	人力资源部	居民身份证	341221198812081323	5000.00	200.00	5200.00	289.04	111.14	7.23	300.00						
商×	行政部	居民身份证	341221198812081324	5000.00	200.00	5200.00	289.04	111.14	7.23	300.00						
白×	财务部	居民身份证	341221198812081325	5000.00	200.00	5200.00	289.04	111.14	7.23	300.00						

图6.1　飞扬有限责任公司的工资数据表(部分职工)

要求：请对飞扬公司2020年12月份职工工资、薪金所得预扣预缴个人所得税进行纳税申报，假设扣缴申报填表时间为2021年1月12日。

知识学习

一、纳税期限

(1) 居民个人取得综合所得，按年计算个人所得税；有扣缴义务人的，由扣缴义务人按月或按次预扣预缴税款；需要办理汇算清缴的，应当在取得所得的次年3月1日至6月30日内办理汇算清缴。

(2) 纳税人经营所得，按年计算个人所得税，由纳税人在月度或季度终了后15日内向税务机关报送纳税申报表，预缴税款；在次年3月31日前办理汇算清缴。

(3) 纳税人取得利息、股息、红利所得，财产租赁所得，财产转让所得和偶然所得，按月或按次计算个人所得税，有扣缴义务人的，由扣缴义务人按月或按次代扣代缴税款。扣缴义务人未扣缴税款的，纳税人应当在取得所得的次年6月30日前申报缴纳税款。

(4) 纳税人取得应税所得没有扣缴义务人的，应当在取得所得的次月15日内向主管税务机关纳税申报，缴纳税款。

(5) 居民个人从中国境外取得所得的，应当在取得所得的次年3月1日至6月30日内申报纳税。

(6) 非居民个人在中国境内从两处取得工资、薪金所得的，应当在取得所得的次月15日内申报纳税。

(7) 纳税人移居境外注销中国户籍的，应当在注销中国户籍前办理税款清算。

(8) 扣缴义务人每月或每次预扣、代扣的税款，应当在次月15日前缴入国库，并向税务机关报送扣缴个人所得税申报表。

二、纳税地点

(1) 纳税人在两处以上任职、受雇的，选择向其中一处任职、受雇单位所在地主管税务机关办理纳税申报。

(2) 纳税人取得应税所得，但没有任职、受雇单位的，向其户籍所在地或经常居住地主管税务机关办理纳税申报。

(3) 纳税人取得经营所得，按年计算个人所得税的，纳税人向经营管理所在地主管税务机关办理预缴纳税申报；从两处及以上取得经营所得的，选择向其中一处经营管理所在地主管税务机关办理年度汇算申报。

(4) 居民个人从中国境外取得所得的，向中国境内任职、受雇单位所在地主管税务机关办理纳税申报；在中国境内没有任职、受雇单位的，向户籍所在地或中国境内经常居住地主管税务机关办理纳税申报；户籍所在地与在中国境内经常居住地不一致的，选择其中一地主管税务机关办理纳税申报；在中国境内没有户籍的，向中国境内经常居住地主管税务机关办理纳税申报。

(5) 纳税人移居境外注销中国户籍的，应当在申请注销中国户籍前，向户籍所在地主管税务机关办理纳税申报，进行税款清算。

(6) 非居民个人在中国境内从两处以上取得工资、薪金所得的，应当向其中一处任职、受雇单位所在地主管税务机关办理纳税申报。

三、纳税申报

（一）自行纳税申报

1. 自行纳税申报的范围

有下列情形之一的，纳税人应该依法办理纳税申报(自行纳税申报)。

(1) 取得综合所得需要办理汇算清缴。

(2) 取得应税所得预缴税额低于应纳税额。

(3) 取得应税所得，扣缴义务人未扣缴税款。

(4) 取得境外所得。

(5) 因移民境外而注销中国户籍。

(6) 非居民个人在中国境内从两处以上取得工资、薪金所得。

(7) 国务院规定的其他情形。

2. 自行纳税申报具体规定

1) 取得综合所得需要办理汇算清缴的纳税申报

取得综合所得需要办理汇算清缴，具体包括以下几种情形。

(1) 从两处以上取得综合所得，且综合所得年收入额减除专项扣除的余额超过6万元。

(2) 取得劳务报酬所得、稿酬所得、特许权使用费所得中一项或多项所得，且综合所得年收入额减除专项扣除的余额超过6万元。

(3) 纳税年度内预缴税额低于应纳税额。

(4) 纳税人申请退税。

需要办理汇算清缴的纳税人，应当在次年3月1日至6月30日内，向任职、受雇单位所在地主管税务机关办理纳税申报，报送《个人所得税年度自行纳税申报表》。

纳税人办理综合所得汇算清缴，应当准备与收入、专项扣除、专项附加扣除、依法确定的其他扣除、捐赠、享受税收优惠等相关资料，按规定留存备查或报送。

居民个人办理年度综合所得汇算清缴时，应当依法计算劳务报酬所得、稿酬所得、特许权使用费所得的收入额，并入年度综合所得计算应纳税额，税款多退少补。

2) 取得经营所得的纳税申报

纳税人取得经营所得，按年计算个人所得税，由纳税人在月度或季度终了后15日内，向经营管理所得在主管税务机关办理预缴纳税申报，并报送《个人所得税经营所得纳税申报表(A表)》。次年3月31日前，办理汇算清缴，并报送《个人所得税经营所得纳税申报表(B表)》；从两处以上取得经营所得的，选择向其中一处经营管理所在主管税务机关办理年度汇算申报，报送《个人所得税经营所得纳税申报表(C表)》。

3) 取得应税所得没有扣缴义务人的纳税申报

纳税人取得应税所得没有扣缴义务人的，应当在取得的次月15日内向税务机关报送纳税申报表，并缴纳税款。个人所得税年度自行纳税申报表及相关报表如表6.6～表6.10所示。

表6.6　个人所得税年度自行纳税申报表

税款所属期：　　年　月　日至　年　月　日

纳税人姓名：

纳税人识别号：□□□□□□□□□□□□□□□□□□□□□□　　金额单位：人民币元(列至角分)

项　目	行　次	金　额
一、收入合计(1=2+3+4+5)	1	
(一) 工资、薪金所得	2	
(二) 劳务报酬所得	3	
(三) 稿酬所得	4	
(四) 特许权使用费所得	5	
二、费用合计	6	
三、免税收入合计	7	
四、减除费用	8	
五、专项扣除合计(9=10+11+12+13)	9	
(一) 基本养老保险费	10	
(二) 基本医疗保险费	11	
(三) 失业保险费	12	
(四) 住房公积金	13	
六、专项附加扣除合计(14=15+16+17+18+19+20)	14	
(一) 子女教育	15	
(二) 继续教育	16	
(三) 大病医疗	17	
(四) 住房贷款利息	18	
(五) 住房租金	19	
(六) 赡养老人	20	

(续表)

七、其他扣除合计(21＝22＋23＋24＋25＋26)	21	
(一) 年金	22	
(二) 商业健康保险	23	
(三) 税延养老保险	24	
(四) 允许扣除的税费	25	
(五) 其他	26	
八、准予扣除的捐赠额	27	
九、应纳税所得额(28＝1－6－7－8－9－14－21－27)	28	
十、税率(%)	29	
十一、速算扣除数	30	
十二、应纳税额(31＝28×29－30)	31	
十三、减免税额	32	
十四、已缴税额	33	
十五、应补/退税额(34＝31－32－33)	34	
无住所个人附报信息		
在华停留天数		已在华停留年数
谨声明：本表是根据国家税收法律法规及相关规定填报的，是真实的、可靠的、完整的。 纳税人签字：　　　　年　月　日		
经办人签字： 经办人身份证件号码： 代理机构签章： 代理机构统一社会信用代码：	受理人： 受理税务机关(章)： 受理日期：　　年　月　日	

国家税务总局监制

填表说明略。

表6.7　个人所得税经营所得纳税申报表(A表)

税款所属期：　　年　月　日至　　年　月　日

纳税人姓名：

纳税人识别号：□□□□□□□□□□□□□□□□□□□□□□□□□　　　　金额单位：人民币元(列至角分)

被投资单位信息	名称		纳税人识别号 (统一社会信用代码)	
征收方式	□查账征收(据实预缴)　□查账征收(按上年应纳税所得额预缴) □核定应税所得率征收　□核定应纳税所得额征收 □税务机关认可的其他方式 ______			

(续表)

项　　目	行　次	金额/比例
一、收入总额	1	
二、成本费用	2	
三、利润总额(3＝1－2)	3	
四、弥补以前年度亏损	4	
五、应税所得率(%)	5	
六、合伙企业个人合伙人分配比例(%)	6	
七、允许扣除的个人费用及其他扣除(7＝8＋9＋14)	7	
(一) 投资者减除费用	8	
(二) 专项扣除(9＝10＋11＋12＋13)	9	
1. 基本养老保险费	10	
2. 基本医疗保险费	11	
3. 失业保险费	12	
4. 住房公积金	13	
(三) 依法确定的其他扣除(14＝15＋16＋17)	14	
1.	15	
2.	16	
3.	17	
八、应纳税所得额	18	
九、税率(%)	19	
十、速算扣除数	20	
十一、应纳税额(21＝18×19－20)	21	
十二、减免税额(附报《个人所得税减免税事项报告表》)	22	
十三、已缴税额	23	
十四、应补/退税额(24＝21－22－23)	24	
谨声明：本表是根据国家税收法律法规及相关规定填报的，是真实的、可靠的、完整的。 纳税人签字:　　　　年　月　日		
经办人: 经办人身份证件号码: 代理机构签章: 代理机构统一社会信用代码:	受理人: 受理税务机关(章): 受理日期:　　年　月　日	

国家税务总局监制

填表说明略。

表6.8　个人所得税扣缴申报表

税款所属期：　年　月　日至　年　月　日

扣缴义务人名称：

扣缴义务人纳税人识别号(统一社会信用代码)：□□□□□□□□□□□□□□□□□□□□　　　　金额单位：人民币元(列至角分)

序号	姓名	身份证件类型	身份证件号码	纳税人识别号	是否为非居民个人	所得项目	本月(次)情况														累计情况									减按计税比例	准予扣除的捐赠额	税款计算							备注
							收入额计算			减除费用	专项扣除				其他扣除						累计收入额	累计减除费用	累计专项扣除	累计专项附加扣除					累计其他扣除			应纳税所得额	税率/预扣率	速算扣除数	应纳税额	减免税额	已缴税额	应补/退税额	
							收入	费用	免税收入		基本养老保险费	基本医疗保险费	失业保险费	住房公积金	年金	商业健康保险	税延养老保险	财产原值	允许扣除的税费	其他				子女教育	赡养老人	住房贷款利息	住房租金	继续教育											
1	2	3	4	5	6	7	8	9	10	11	12	13	14	15	16	17	18	19	20	21	22	23	24	25	26	27	28	29	30	31	32	33	34	35	36	37	38	39	40
会计合计																																							

谨声明：本表是根据国家税收法律法规及相关规定填报的，是真实的、可靠的、完整的。

扣缴义务人(签章)：　　年　月　日

经办人签字： 经办人身份证件号码： 代理机构签章： 代理机构统一社会信用代码：	受理人： 受理税务机关(章)： 受理日期：　年　月　日

填表说明略。

表6.9　个人所得税基础信息表(A表)

(适用于扣缴义务人填报)

扣缴义务人名称：

扣缴义务人纳税人识别号(统一社会信用代码)：□□□□□□□□□□□□□□□□□□

序号	纳税人基本信息(带*必填)						任职受雇从业信息					联系方式					银行账户		投资信息		其他信息		华侨、港澳台、外籍个人信息(带*必填)					备注
	纳税人识别号	*纳税人姓名	*身份证件类型	*身份证件号码	*出生日期	*国籍/地区	类型	职务	学历	任职受雇从业日期	离职日期	手机号码	户籍所在地	经常居住地	联系地址	电子邮箱	开户银行	银行账号	投资额(元)	投资比例	是否残疾/孤老/烈属	残疾/烈属证号	*出生地	*性别	*首次入境时间	*预计离境时间	*涉税事由	
1	2	3	4	5	6	7	8	9	10	11	12	13	14	15	16	17	18	19	20	21	22	23	24	25	26	27	28	29

谨声明：本表是根据国家税收法律法规及相关规定填报的，是真实的、可靠的、完整的。

扣缴义务人(签章)：　　　　年　　月　　日

经办人签字： 经办人身份证件号码： 代理机构签章： 代理机构统一社会信用代码：	受理人： 受理税务机关(章)： 受理日期：　　　年　　月　　日

国家税务总局监制

填表说明略。

表6.10　个人所得税扣缴申报表

税款所属期：2019 年 12 月 01 日至 2020 年 12 月 31 日

扣缴义务人名称：飞扬有限责任公司

扣缴义务人纳税人识别号(统一社会信用代码)：××××××××××××××××××××

金额单位：人民币元(列至角分)

							本月(次)情况														累计情况(工资、薪金)									减按计税比例	准予扣除的捐赠额	税款计算							
							收入额计算				专项扣除				其他扣除									累计专项附加扣除															
序号	姓名	身份证件类型	身份证件号码	纳税人识别号	是否为非居民个人	所得项目	收入	费用	免税收入	减除费用	基本养老保险费	基本医疗保险费	失业保险费	住房公积金	年金	商业健康保险	税延养老保险	财产原值	允许扣除的税费	其他	累计收入额	累计减除费用	累计专项扣除	子女教育	赡养老人	住房贷款利息	住房租金	继续教育	累计其他扣除			应纳税所得额	税率/预扣率	速算扣除数	应纳税额	减免税额	已缴税额	应补/退税额	备注
1	2	3	4	5	6	7	8	9	10	11	12	13	14	15	16	17	18	19	20	21	22	23	24	25	26	27	28	29	30	31	32	33	34	35	36	37	38	39	40
1	李×龙	身份证	341221198812081313	341221198812081313	否	工资薪金	5200			5000	289.04	111.14	7.23	300							5200	500	707.406									0							
2	本行及以后(略)																																						
会计合计																																							

谨声明：本表是根据国家税收法律法规及相关规定填报的，是真实的、可靠的、完整的。

扣缴义务人(签章)：　　2021 年 01 月 12 日

经办人签字： 经办人身份证件号码： 代理机构签章： 代理机构统一社会信用代码：	受理人： 受理税务机关(章)： 受理日期：　　年　　月　　日

引例解析—实务操作解析

(1) 操作流程。

个人所得税纳税申报操作流程如图6.2所示。

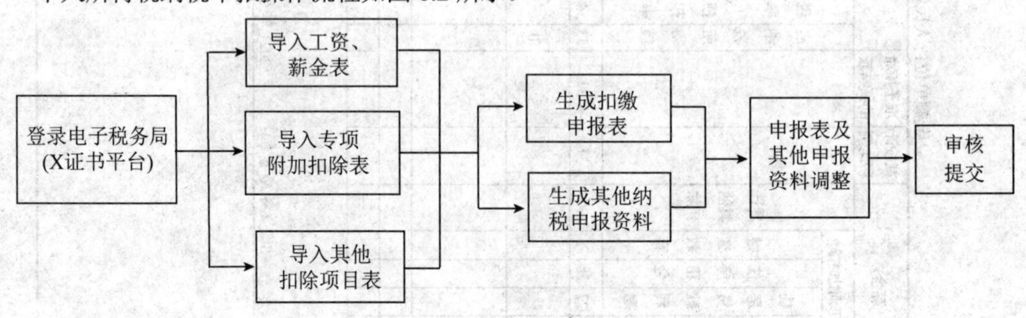

图6.2 个人所得税纳税申报操作流程

(2) 按平台模板导入职工工资、薪金表格。

(3) 按平台模板导入专项附加扣除项目表格、其他扣除项目表格。

(4) 平台生成个人所得税扣缴申报表。

(5) 工资、薪金预扣预缴个人所得税申报其他表格(略)。

任务小结

知识点：

能力点：

重　点：

难　点：

【综合技能训练】

一、分别对本项目三项任务知识进行梳理、归纳，画出思维导图

二、根据任务一、任务二完成任务三(即个人所得税纳税申报)

三、单项选择题

1. 某高校外语教师李某，在工作之余受托翻译一部外国小说，取得稿酬5000元，对李某该项收入计缴个人所得税的下列表述中，正确的是(　　)。

A. 按“劳务报酬所得”税目计个人所得税

B. 按“工资、薪金所得”税目计个人所得税
C. 按“特许权使用费所得”税目计个人所得税
D. 按“稿酬所得”税目计个人所得税

2. 作家王某的小说在2020年1月出版，获得稿酬所得50 000元，则该笔稿酬所得在计入综合所得应纳税所得额时应确认收入总额为(　　)元

A. 28 000　　B. 35 000　　C. 40 000　　D. 50 000

3. 根据个人所得税法律制度的规定，居民个人张某2020年1月取得的下列各项收入中，需要缴纳个人所得税的是(　　)。

A. 国债利息收入3000元　　B. 任职单位发放的全年一次性奖金12 000元
C. 一年期银行存款储蓄利息500元　　D. 购买福利彩票中奖收入8000元

4. 外籍歌手May是非居民个人，其与一歌厅签约，2020年4月每天到歌厅唱歌一次，每次取得报酬100元，则May本月该项所得应缴纳个人所得税(　　)元。

A. 100　　B. 440　　C. 480　　D. 680

5. 某个体工商户张某2020年销售收入总额200万元，实际发生符合条件的广告和业务宣传费支出40万元，张某在计算个人所得税应纳税所得额时，允许扣除的广告费和业务宣传费是(　　)万元。

A. 21　　B. 24　　C. 30　　D. 38

6. 根据个人所得税法律制度的规定，股息、红利、利息所得的应纳税所得额是(　　)。

A. 每年收入额　　B. 每季收入额　　C. 每次收入额　　D. 每月收入额

四、多项选择题

1. 计算个体工商户生产经营所得时，下列税金允许扣除的有(　　)。

A. 房产税　　B. 城市维护建设税　　C. 增值税　　D. 个人所得税

2. 下列所得中，适用超额累进税率的有(　　)。

A. 综合所得　　B. 经营所得　　C. 偶然所得　　D. 财产转让所得

3. 下列各项中，属于个人所得税纳税义务人的有(　　)。

A. 合伙企业中自然人合伙人　　B. 一人有限责任公司
C. 个体工商户　　D. 个人独资企业的投资者个人

4. 下列所得中，在计算个人所得税时，以每次收入额为应纳税所得额的有(　　)。

A. 利息、股息、红利所得　　B. 财产转让所得
C. 财产租赁所得　　D. 偶然所得

五、计算题

中国公民陈某为高校教师，其在2020年收入情况如下。

(1) 每月工资薪金收入10 000元，当地规定个人承担社会保险计缴比例为22.5%(四险一金)。
(2) 3月为乙公司提供产品设计，取得设计收入50 000元。
(3) 6月取得福利彩票中奖收入30 000元。
(4) 8月获得讲学收入5000元。
(5) 10月出版自己作品一部，取得稿酬16 000元。
(6) 取得专利权使用费收入6000元。

此外，陈某每月可扣除房贷1000元，赡养老人2000元，子女教育1000元。

要求：计算陈某当年各项所得分别应缴纳个人所得税额。

项目七

财产税相关法规与实务

知识目标

1. 了解房产税、车船税、契税的概念、特点和作用;
2. 了解房产税、车船税、契税税制要素的基本内容;
3. 了解房产税、车船税、契税的纳税申报;
4. 掌握房产税、车船税、契税征收管理方面的规定。

技能目标

1. 能正确计算房产税的应纳税额并完成纳税申报工作;
2. 能正确计算车船税的应纳税额并完成纳税申报工作;
3. 能正确计算契税的应纳税额并完成纳税申报工作;
4. 掌握 1+X 证书中房产税、车船税、契税的相关技能。

素质目标

能使用资源税的不同税种做出正确的政策分析，能对房产税、车船税、契税进行诚信纳税。

项目知识结构

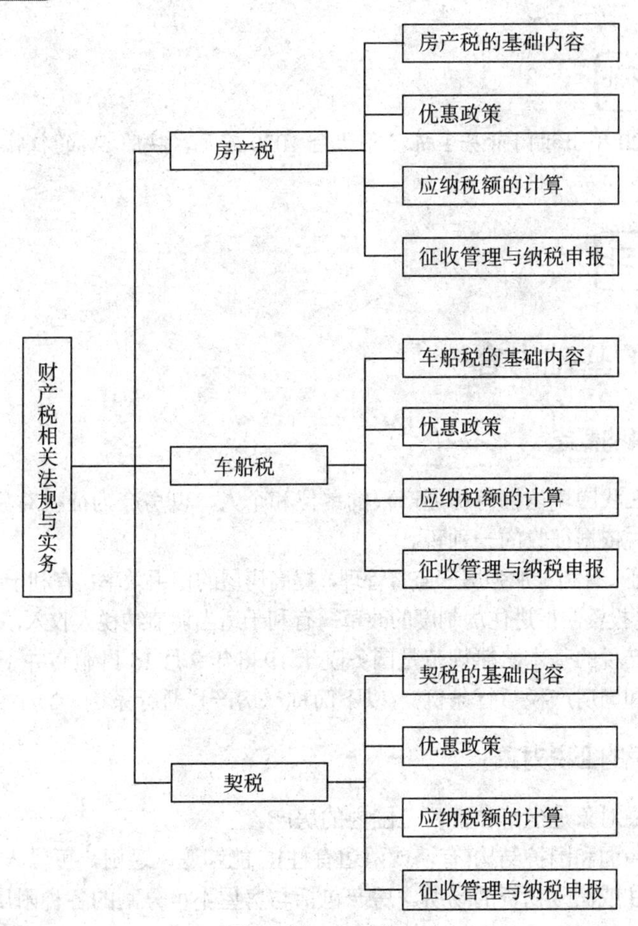

项目引例

华英运输公司2020年年初拥有市区经营用房屋原值8000万元，拥有载货汽车12辆，每辆载货汽车整备质量8吨；商用车客车42座8辆，7座2.5升乘用车20辆。拥有净吨位200吨的机动船舶10艘。2020年2月1日在市区购入门市房一栋，买卖双方成交价格2100万元，并已完成房屋权属变更登记手续。已知当地规定房产税允许减除房产原值的30%，适用税率1.2%。房产增值税征收率为5%，当地契税税率为3%。载货汽车单位税额为60元/吨，商用车客车42座每辆年税额960元，2.5升乘用车单位税额1200元。

要求：

(1) 计算华英运输公司应纳契税税额。

(2) 计算华英运输公司应纳房产税税额。

(3) 计算华英运输公司应纳车船税税额。

任务一　房产税

华英公司 2020 年出租门市房 1 栋，年租金 1050 万元，按照 5%的征收率缴纳增值税。

该公司应纳多少房产税？

一、房产税的基础内容

（一）房产税的概念

房产税是对在我国境内拥有房屋产权的单位和个人，以房产为征税对象，以房产的评估价值或租金收入为计税依据征收的一种税。

房产税的开征，有利于加强房产监督管理，提高房屋的使用效率；有利于贯彻执行国家的房产政策，控制固定资产投资，促进住房制度的改革；有利于适当调节纳税人收入，增加地方财政收入。

我国现行房产税的基本法律规范是国务院于 1986 年 9 月 15 日颁布并于同年 10 月 1 日起施行的《中华人民共和国房产税暂行条例》(以下简称《房产税暂行条例》)。

（二）房产税的征税对象

房产税的征税对象是坐落在征税范围内的房产。

房产是指有屋面和围护结构(有墙或两边有柱)，能够遮风避雨，可供人们在其中生产、学习、工作、娱乐、居住或储藏物资的场所。房产包括与房屋不可分割的各种附属设备或一般不单独计价的配套设施。

（三）房产税的征税范围

房产税的征税范围为城市、县城、建制镇和工矿区。其中：城市是指经国务院批准设立的市；县城是指县人民政府所在地；建制镇是指经省、自治区、直辖市人民政府批准设立的建制镇；工矿区是指工商业比较发达、人口比较集中、符合国务院规定的建制镇标准，但尚未设立建制镇的大中型工矿企业所在地。对工矿区开征房产税，需经省、自治区、直辖市人民政府批准。

现行房产税的征税范围不包括农村，主要是为了减轻农民的负担。

【实例 7-1 · 多选题】房产税的征税范围包括(　　)。

A. 城市　　B. 县城　　C. 建制镇　　D. 工矿区　　E. 农村

【解析】ABCD。根据房产税暂行条例规定，现行房产税的征税范围为城市、县城、建制镇和工矿区，不包括农村。

（四）房产税的纳税人

房产税以征税范围内房屋的产权所有人为纳税人。产权属于国家所有的，由经营管理单位纳税；产权属于集体和个人所有的，由集体单位和个人纳税；产权出典的，由承典人纳税；产权所有人、承典人不在房产所在地的，或者产权未确定及租典纠纷未解决的，以房产代管人或使用人为纳税人。

产权所有人，简称产权人、业主或房东，是指拥有房产的单位和个人，即房产的使用、收益、出卖、赠送等权力归其所有的单位和个人。

经营管理单位是指虽不具有房屋产权但拥有其经营管理权的单位。

承典人是指以押金形式并付出一定费用，在一定的期限内享有典当房产使用权、收益权的人。

代管人是接受产权所有人、承典人的委托代为管理房产或虽未受委托而在事实上已代管房产的人。

房产使用人是直接使用房产的人。

（五）税率

房产税税率采用比例税率，计税依据是房产的计税余值或房产的租金收入。按照房产计税余值征收的称为从价计征；按照房产租金收入计征的称为从租计征。

从价计征的，按照房产计税余值计征，税率为1.2%。

从租计征的，按照房产租金收入计征，税率为12%。

自2008年3月1日起，对个人按市场价格出租的居民住房，按4%的税率征收房产税。

二、优惠政策

房产税的税收优惠内容如下。

（一）国家机关、人民团体、军队自用的房产免征房产税

上述免税单位的出租房产及非自身业务用的生产、营业用房不属于免税范围。

（二）由国家财政部门拨付事业经费的单位自用的房产免征房产税

该房产指学校、医疗卫生单位、托儿所、幼儿园、敬老院、文化、体育、艺术等事业单位。事业单位自用的房产是指这些单位本身的业务用房，其所属的附属工厂、商店、招待所等不属于单位公务、业务用房，不属于免征房产税的范围，应照章纳税。由国家财政部门拨付事业经费的单位既包括由国家财政部门拨付事业经费，实行全额预算管理的事业单位，也包括实行差额预算管理的事业单位。

（三）宗教寺庙、公园、名胜古迹自用的房产免征房产税

宗教寺庙自用的房产是指举行宗教仪式等的房屋和宗教人员使用的生活用房屋。公园、名胜古迹自用的房产是指供公共参观游览的房屋及其管理单位的办公用房屋。但上述免税单位中附设的营业单位，如影剧院、饮食部、茶社、照相馆等所使用的房产及出租的房产，不属于免税范围，应征收房产税。

（四）个人所有非营业用房免征房产税

个人所有的非营业用房是指居民住房，个人所有的营业用房及出租的房产，应照章征税。

（五）对行使国家行政管理职能的中国人民银行总行（含国家外汇管理局）所属分支机构自用的房产，免征房产税

（六）经财政部批准免税的其他房产

《房产税暂行条例》还规定：除上述规定者外，纳税人纳税确有困难的，可由省、自治区、直辖市人民政府确定，定期减征或免征房产税。

【实例 7-2·多选题】下列项目中符合房产税税收优惠免征房产税的有(　　)。

A. 学校附属的工厂房产

B. 敬老院附属的商店

C. 宗教寺庙自用的房产

D. 名胜古迹自用的房产

【解析】CD。根据房产税暂行条例规定：事业单位自用的房产是指这些单位本身的业务用房，其所属的附属工厂、商店、招待所等不属于单位公务、业务用房，不属于免征房产税的范围，应照章纳税。宗教寺庙、公园、名胜古迹自用的房产免征房产税。

三、应纳税额的计算

房产税依照房产原值一次减除 10%至 30%后的余值计算缴纳。具体减除幅度，由省、自治区、直辖市人民政府规定。没有房产原值作为依据的，由房产所在地税务机关参考同类房产核定。房产出租的，以房产租金收入为房产税的计税依据。

（一）从价计征

《房产税暂行条例》规定，房产税依照房产原值一次减除 10%至 30%后的余值计算缴纳，其减除的具体幅度，由省、自治区、直辖市人民政府规定。其计算公式如下。

应纳税额＝应税房产原值×(1－扣除比例)×1.2%(适用税率)

公式中的“扣除比例”为 10%至 30%，具体比例由省、自治区、直辖市人民政府根据当地的实际情况确定。

应税房产原值是指纳税人按照会计制度规定，在会计账簿的“固定资产”科目中记载的房屋原值，包括与房屋不可分割的各种附属设备或一般不单独计算价值的配套设备，以及给排水、采暖、消防、中央空调、电气及智能化楼宇设备等房屋内不可随意移动的附属设备和配套设施的价值。对更换房屋附属设备和配套设施的，可扣减已计入房产原值相应设备和设施的价值；对附属设备和配套设施中易损坏、需要经常更换的零配件，更新后不再计入房产原值。

【实例 7-3·计算题】A 公司 2020 年经营用房屋原值 6000 万元，当地规定房产税允许减除房产原值的 30%，适用税率 1.2%，计算该公司应纳的房产税额。

【解析】

A 公司经营用房屋应纳的房产税，采用从价计征，依照房产原值一次减除 30%后的余值计算缴纳。

A 公司应纳税额＝6000×(1－30%)×1.2% = 50.4(万元)

（二）从租计征

房产出租的，以房产租金收入为房产税的计税依据。房产租金收入是指房屋产权所有人出租房产使用权所得的报酬，包括货币收入和实物收入。当其取得劳务或其他形式的报酬时，应根据当地同类房产的租金水平，确定一个标准租金额从租计征。从租计征房产税的租金收入不含增值税。

$$应纳税额=租金收入\times 12\%(个人出租住房为4\%)$$

【实例 7-4·计算题】 B公司2020年出租门市房5栋，年租金525万元，按照5%的征收率缴纳增值税，房产税适用税率12%，计算该公司应纳的房产税额。

【解析】

B公司出租门市房应纳的房产税，采用从租计征，依照不含增值税的房产租金收入计算缴纳。

$$B公司应纳税额=525\div(1+5\%)\times 12\%=60(万元)$$

四、征收管理与纳税申报

（一）纳税义务发生时间

(1) 纳税人将原有房产用于生产经营，从生产经营之月起缴纳房产税。

(2) 纳税人自行新建房屋用于生产经营，从建成之次月起缴纳房产税。

(3) 纳税人委托施工企业建设的房屋，从办理验收手续之次月起缴纳房产税。纳税人在办理验收手续前，已经使用或出租、出借的新建房屋，应从使用或出租、出借的当月起缴纳房产税。

(4) 纳税人购置新建商品房，从房屋交付使用之次月起缴纳房产税。

(5) 纳税人购置存量房，自办理房屋权属转移、变更登记手续，房地产权属登记机关签发房屋权属证书之次月起缴纳房产税。

(6) 纳税人出租、出借房产，自交付出租、出借房产之次月起缴纳房产税。

(7) 房地产开发企业自用、出租、出借本企业建造的商品房，自房屋使用或交付之次月起缴纳房产税。

（二）纳税期限

房产税按年征收、分期缴纳，具体纳税期限由省、自治区、直辖市人民政府规定。

（三）纳税地点

房产税在房产所在地缴纳。纳税人房产不在同一地点的，应按房产的坐落地点分别向房产所在地的税务机关缴纳。

（四）纳税申报

在城市、县城、建制镇、工矿区范围内的房产税纳税义务人，应当在省、自治区、直辖市人民政府规定的纳税期限内办理房产税申报。

任务小结

知识点：

能力点：

重　点：

难　点：

任务二　车船税

任务引例

小张大学毕业后，购买了一辆1.8升的小汽车作为每天上下班的交通工具。

要求：请计算小张每年需要缴纳的车船税。

知识学习

一、车船税的基础内容

（一）车船税的概述

车船税是对在我国境内依法应当在车船登记管理部门登记的机动车辆和船舶，以及依法不需要在车船登记管理部门登记的在单位内部场所行驶或作业的机动车辆和船舶，按照规定的计税单位和年税额标准对车船的所有人或管理人征收的一种税。

车船税具有财产税的性质，实行分类、分级定额税率。车船税的征收，可以提高车船使用效率；可以开辟财源、增加财政收入；可以加强车船管理，引导车船的生产和消费。

我国现行车船税的基本规范是2011年2月25日第十一届全国人民代表大会常务委员会第十九次会议通过，并自2012年1月1日起施行的《中华人民共和国车船税法》(以下简称《车船税法》)和2011年11月23日国务院第182次常务会议通过并公布，且自2012年1月1日起施行的《中华人民共和国车船税法实施条例》(以下简称《车船税法实施条例》)。

（二）车船税的征税对象和范围

车船税的征税对象是车船税法所附的车船税税目税额表中的车辆、船舶(以下简称车船)。车辆、船舶是指依法应当在车船登记管理部门登记的机动车辆和船舶，以及依法不需要在车船登记管理部门登记的在单位内部场所行驶或作业的机动车辆和船舶。其具体内容包括以下几类。

1. 乘用车

乘用车指在设计和技术特性上主要用于载运乘客及随身行李，核定载客人数包括驾驶员在内不超过 9 人的汽车。

2. 商用车

商用车指除乘用车外，在设计和技术特性上用于载运乘客、货物的汽车，划分为客车和货车。

3. 半挂牵引车

半挂牵引车指装备有特殊装置用于牵引半挂车的商用车。

4. 三轮汽车

三轮汽车指最高设计车速不超过每小时 50 千米，具有 3 个车轮的货车。

5. 低速载货汽车

低速载货汽车指以柴油机为动力，最高设计车速不超过每小时 70 千米，具有 4 个车轮的货车。

6. 挂车

挂车指就其设计和技术特性需由汽车或拖拉机牵引，才能正常使用的一种无动力的道路车辆。

7. 专用作业车

专用作业车指在其设计和技术特性上用于特殊工作的车辆。

8. 轮式专用机械车

轮式专用机械车指有特殊结构和专门功能，装有橡胶车轮可以自行行驶，最高设计车速大于每小时 20 公里的轮式工程机械车。

9. 摩托车

摩托车指无论采用何种驱动方式，最高设计车速大于每小时 50 千米，或者使用内燃机，其排量大于 50 毫升的两轮或三轮车辆。

10. 船舶

船舶指各类机动、非机动船舶及其他水上移动装置，但是船舶上装备的救生艇筏和长度小于 5 米的艇筏除外。其中，机动船舶是指用机器推进的船舶；拖船是指专门用于拖(推)动运输船舶的专业作业船舶；非机动驳船，是指在船舶登记管理部门登记为驳船的非机动船舶；游艇是指具备内置机械推进动力装置，长度在 90 米以下，主要用于游览观光、休闲娱乐、水上体育运动等活动，并应当具有船舶检验证书和适航证书的船舶。

（三）纳税人

在中华人民共和国境内属于车船税法所附的车船税税目税额表规定的车辆、船舶的所有人或管理人，为车船税的纳税义务人。其中，所有人是指在我国境内拥有车船的单位和个人；管理人是指对车船具有管理权或使用权，不具有所有权的单位。单位是指在我国境内成立的企业单位、事业单位、行政机关、社会团体及其他组织；个人是指个体工商户及其他个人。

从事机动车第三者责任强制保险业务的保险机构为机动车车船税的扣缴义务人。机动车车船税扣缴义务人在代收车船税时，应当在机动车交通事故责任强制保险的保险单及保费发票上注明已收税款的信息，作为代收税款凭证。

(四) 税率(税额)

车船税实行幅度税额。车辆的具体适用税额由省、自治区、直辖市人民政府依照《车船税法》所附《车船税税目税额表》规定的税额幅度和国务院的规定确定。船舶的具体适用税额由国务院在《车船税法》所附《车船税税目税额表》规定的税额幅度内确定。车船税税目税额表如表7.1所示。

表7.1 车船税税目税额表

序 号	税 目	计 税 单 位	年基准税额(元)	备 注
1	乘用车(按发动机气缸容量分档)			
1.1	1.0升(含)以下的	每辆	60～360	
1.2	1.0升以上至1.6升(含)的	每辆	300～540	
1.3	1.6升以上至2.0升(含)的	每辆	360～660	核定载客人数9人(含)以下
1.4	2.0升以上至2.5升(含)的	每辆	660～1200	
1.5	2.5升以上至3.0升(含)的	每辆	1200～2400	
1.6	3.0升以上至4.0升(含)的	每辆	2400～3600	
1.7	4.0升以上的	每辆	3600～5400	
2	商用车			
2.1	客车	每辆	480～1440	核定载客人数9人以上，包括电车
2.2	货车	整备质量每吨	16～120	包括半挂牵引车、三轮汽车和低速载货汽车等
3	挂车	整备质量每吨	按照货车税额的50%计算	
4	其他车辆			
4.1	专业作业车	整备质量每吨	16～120	不包括拖拉机
4.2	轮式专用机械车	整备质量每吨	16～120	不包括拖拉机
5	摩托车	每辆	36～180	
6	机动船舶			
6.1	净吨位不超过200吨的	净吨位每吨	3	
6.2	净吨位超过200吨但不超过2000吨的	净吨位每吨	4	拖船按照发动机功率每1千瓦折合净吨位0.67吨计算征收车船税
6.3	净吨位超过2000吨但不超过10 000吨的	净吨位每吨	5	
6.4	净吨位超过10 000吨的	净吨位每吨	6	
7	游艇			
7.1	艇身长度不超过10米的	艇身长度每米	600	
7.2	艇身长度超过10米但不超过18米的	艇身长度每米	900	
7.3	艇身长度超过18米但不超过30米的	艇身长度每米	1300	

(续表)

序 号	税 目	计税单位	年基准税额(元)	备 注
7.4	艇身长度超过 30 米的	艇身长度每米	2000	
7.5	辅助动力帆艇	艇身长度每米	600	
注：客货两用汽车按照载货汽车的计税单位的税额标准计征车船税				

二、优惠政策

（一）免征车船税

1. 捕捞、养殖渔船

捕捞、养殖渔船，是指在渔业船舶登记管理部门登记为捕捞船或养殖船的船舶。

2. 军队、武装警察部队专用的车船

军队、武装警察部队专用的车船，是指按照规定在军队、武装警察部队车船登记管理部门登记，并领取军队、武警牌照的车船。

3. 警用车船

警用车船，是指公安机关、国家安全机关、监狱、劳动教养管理机关和人民法院、人民检察院领取警用牌照的车辆和执行警务的专用船舶。

4. 悬挂应急救援专用号牌的国家综合性消防救援车辆和国家综合性消防救援专用船舶

5. 依照法律规定应当予以免税的外国驻华使领馆、国际组织驻华代表机构及其有关人员的车船

（二）特定减免

对节约能源、使用新能源的车船可以减征或免征车船税；对受严重自然灾害影响纳税困难及有其他特殊原因确需减税、免税的，可以减征或免征车船税。具体办法由国务院规定，并报全国人民代表大会常务委员会备案。

省、自治区、直辖市人民政府根据当地实际情况，可以对公共交通车船，以及农村居民拥有并主要在农村地区使用的摩托车、三轮汽车和低速载货汽车定期减征或免征车船税。

【实例 7-5 · 多选题】下列车船免征车船税的有( )。

A. 捕捞渔船　　B. 养殖渔船　　C. 军队专用的车船　　D. 警用车船

【解析】ABCD。根据车船税法规定，下列车船免征车船税：捕捞、养殖渔船；军队、武装警察部队专用的车船；警用车船。

三、应纳税额的计算

（一）计税依据

《车船税法》和《车船税法实施条例》所涉及的排气量、整备质量、核定载客人数、净吨位、千瓦、艇身长度，以车船登记管理部门核发的车船登记证书或行驶证所载数据为准。

依法不需要办理登记的车船和依法应当登记而未办理登记或不能提供车船登记证书、行驶证的车船，以车船出厂合格证明或进口凭证标注的技术参数、数据为准；不能提供车船出厂合格证明或进口凭证的，由主管税务机关参照国家相关标准核定，没有国家相关标准的参照同类车船核定。

（二）计算公式

车船税以应税车辆的数量或整备质量和应纳税船舶净吨位或艇身长度为计税依据，根据适用税额标准计算应纳税额。

1. 乘用车、商用车客车、摩托车车船税应纳税额的计算公式

乘用车、商用车客车、摩托车车船税应纳税额的计算公式如下。

应纳税额＝应税车辆数×单位税额

2. 商用车货车、挂车、专用作业车、轮式专用机械车车船税应纳税额的计算公式

商用车货车、挂车、专用作业车、轮式专用机械车车船税应纳税额的计算公式如下。

应纳税额＝整备质量吨数×单位税额

3. 机动船舶(不含游艇)车船税应纳税额的计算公式

机动船舶(不含游艇)车船税应纳税额的计算公式如下。

应纳税额＝净吨位数×单位税额

4. 游艇车船税应纳税额的计算公式

游艇车船税应纳税额的计算公式如下。

应纳税额＝艇身长度数×单位税额

【实例 7-6・计算题】C运输公司拥有载货汽车10辆，每辆载货汽车整备质量都是8吨；商用车客车41座30辆，7座2.5升乘用车8辆，5座1.8升乘用车7辆。假设载货汽车单位税额为60元/吨，商用车客车41座每辆年税额960元，2.5升乘用车单位税额1200元，1.8升乘用车单位税额360元。计算C运输公司应纳车船税税额。

【解析】

商用车货车车船税以整备质量为计税依据，应纳税额＝整备质量吨数×单位税额。

C运输公司载货汽车应纳税额＝60×8×10＝4800(元)

商用车客车以应税车辆数为计税依据，应纳税额＝应税车辆数×单位税额。

C运输公司商用车客车应纳税额＝960×30＝28 800(元)

乘用车按发动机气缸容量分档，应纳税额＝应税车辆数×单位税额。

C运输公司乘用车应纳税额＝1200×8＋360×7＝12 120(元)

C运输公司全年应纳车船税税额合计＝4800＋28 800＋12 120＝45 720(元)

【实例 7-7・计算题】D航运公司拥有机动船舶22艘，其中，净吨位200吨的12艘，净吨位1500吨的8艘，净吨位4000吨的2艘。计算D航运公司应纳车船税税额。

【解析】机动船舶(不含游艇)车船税以净吨位数为计税依据，应纳税额＝净吨位数×单位税额。因此，D航运公司应纳车船税税额＝3×200×12＋4×1500×8＋5×4000×2＝95 200(元)。

四、征收管理与纳税申报

（一）纳税义务发生时间

车船税纳税义务发生时间为取得车船所有权或管理权的当月。取得车船所有权或管理权的当月，应当以购买车船的发票或其他证明文件所载日期的当月为准。

（二）纳税期限

车船税按年申报，分月计算，一次性缴纳。纳税年度为公历 1 月 1 日至 12 月 31 日。具体申报纳税期限由省、自治区、直辖市人民政府规定。

（三）车船税的纳税地点

车船税的纳税地点为车船的登记地或车船税扣缴义务人所在地。依法不需要办理登记的车船，车船税的纳税地点为车船的所有人或管理人所在地。

（四）纳税申报

扣缴义务人已代收代缴车船税的，纳税人不再向车辆登记地的主管税务机关申报缴纳车船税。没有扣缴义务人的，纳税人应当向主管税务机关自行申报缴纳车船税。

纳税人缴纳车船税时，应当提供反映排气量、整备质量、核定载客人数、净吨位、千瓦、艇身长度等与纳税相关信息的相应凭证，以及税务机关根据实际需要要求提供的其他资料。纳税人以前年度已经提供前款所列资料信息的，可以不再提供。

车船税的征收管理，依照《中华人民共和国车船税法》和《中华人民共和国税收征收管理法》的规定执行。

知识点：

能力点：

重　点：

难　点：

任务三　契税

小张大学毕业两年，在市区新购买了一套商品房，合同总价款126万元(含增值税)，当地契税税率为3%。

思考：小张需要缴纳多少契税？

一、契税的基础内容

（一）契税概述

契税是对在我国境内转移土地、房屋权属的承受单位和个人征收的一种税。契税的征税对象是我国境内转移的土地、房屋权属。

契税征收有利于公平税负，规范房地产市场交易，促进房地产经济发展、增加财政收入。

我国现行契税的基本规范是国务院于1997年7月7日颁布并于同年10月1日起施行的《中华人民共和国契税暂行条例》(以下简称《契税暂行条例》)和同年10月28日财政部发布的《中华人民共和国契税暂行条例实施细则》(以下简称《契税暂行条例实施细则》)。

《中华人民共和国契税法》已由中华人民共和国第十三届全国人民代表大会常务委员会第二十一次会议于2020年8月11日通过，自2021年9月1日起施行，同时1997年7月7日国务院发布的《中华人民共和国契税暂行条例》废止。本项目依据《中华人民共和国契税法》编写。

（二）征税对象和范围

契税的征税对象是我国境内转移土地、房屋权属。转移土地、房屋权属是指下列行为。

1. 土地使用权出让

土地使用权出让是指土地使用者向国家交付土地使用权出让费用，国家将土地使用权在一定年限内让予土地使用者的行为。

2. 土地使用权出售、赠与和互换

土地使用权出售、赠与和互换是指土地使用者以出售、赠与、互换或者其他方式将土地使用权转移给其他单位和个人的行为。土地使用权出售，是指土地使用者以土地使用权作为交易条件，取得货币、实物、无形资产或者其他经济利益的行为。土地使用权赠与是指土地使用者将其土地使用权无偿转让给受赠者的行为。土地使用权互换是指土地使用者之间相互交换土地使用权的行为。土地使用权转让，不包括土地承包经营权和土地经营权的转移。

3. 房屋买卖

房屋买卖是指房屋所有者将其房屋出售，由承受者交付货币、实物、无形资产或者其他经济利益的行为。

4. 房屋赠与

房屋赠与是指房屋所有者将其房屋无偿转让给受赠者的行为。

5. 房屋互换

房屋互换是指房屋所有者之间相互交换房屋的行为。

以作价投资(入股)、偿还债务、划转、奖励等方式转移土地、房屋权属的，应当依照《中华人民共和国契税法》规定征收契税。

（三）纳税人

在中华人民共和国境内转移土地、房屋权属，承受的单位和个人为契税的纳税人。承受是指以受让、购买、受赠、互换等方式取得土地、房屋权属的行为。土地、房屋权属是指土地使用权、房屋所有权。单位是指企业单位、事业单位、国家机关、军事单位和社会团体及其他组织。个人是指个体经营者及其他个人。

（四）税率(税额)

契税税率为 3%～5%。契税的具体适用税率，由省、自治区、直辖市人民政府在规定的税率幅度内提出，报同级人民代表大会常务委员会决定，并报全国人民代表大会常务委员会和国务院备案。

省、自治区、直辖市可以依照规定的程序对不同主体、不同地区、不同类型的住房的权属转移确定差别税率。

二、优惠政策

（一）免征契税情形

(1) 国家机关、事业单位、社会团体、军事单位承受土地、房屋权属用于办公、教学、医疗、科研和军事设施。

其中，用于办公，是指办公室(楼)及其他直接用于办公的土地、房屋；用于教学，是指教室(教学楼)及其他直接用于教学的土地、房屋；用于医疗，是指门诊部及其他直接用于医疗的土地、房屋；用于科研，是指科学试验的场所及其他直接用于科研的土地、房屋；用于军事设施，是指地上和地下的军事指挥作战工程，军用的机场、港口、码头，军用的库房、营区、训练场、试验场，军用的通信、导航、观测台站，其他直接用于军事设施的土地、房屋。

(2) 非营利性的学校、医疗机构、社会福利机构承受土地、房屋权属用于办公、教学、医疗、科研、养老、救助。

(3) 承受荒山、荒地、荒滩土地使用权用于农、林、牧、渔业生产。

(4) 婚姻关系存续期间夫妻之间变更土地、房屋权属。

(5) 法定继承人通过继承承受土地、房屋权属。

(6) 依照法律规定应当予以免税的外国驻华使馆、领事馆和国际组织驻华代表机构承受土地、房屋权属。

根据国民经济和社会发展的需要，国务院对居民住房需求保障、企业改制重组、灾后重建等情形可以规定免征或者减征契税，报全国人民代表大会常务委员会备案。

（二）省、自治区、直辖市可以决定对下列情形免征或者减征契税

(1) 因土地、房屋被县级以上人民政府征收、征用，重新承受土地、房屋权属。

(2) 因不可抗力灭失住房，重新承受住房权属。

免征或减征契税的具体办法，由省、自治区、直辖市人民政府提出，报同级人民代表大会常务委员会决定，并报全国人民代表大会常务委员会和国务院备案。

纳税人改变有关土地、房屋的用途，或者有其他不再属于《中华人民共和国契税法》规定的免征、减征契税情形的，应当缴纳已经免征、减征的税款。

【实例 7-8 • 多选题】下列项目免征契税的有(　　)。

A. 国家机关承受房屋用于办公的

B. 学校承受房屋用于教学的

C. 军事单位承受房屋用于军事设施的

D. 纳税人承受荒山土地使用权用于林业生产的

【解析】ABCD。根据契税法规定：国家机关、事业单位、社会团体、军事单位承受土地、房屋用于办公、教学、医疗、科研和军事设施的，免征契税；承受荒山、荒地、荒滩土地使用权用于农、林、牧、渔业生产的，免征契税。

三、应纳税额的计算

（一）计税依据

契税的计税依据是土地使用权、房屋所有权发生转移，权属承受人应支付的价格，但计征契税的成交价格不含增值税。根据不动产转移方式不同，契税的计税依据具体规定如下。

(1) 土地使用权出让、出售，房屋买卖，为土地、房屋权属转移合同确定的成交价格，包括应交付的货币及实物、其他经济利益对应的价款。

(2) 土地使用权互换、房屋互换，为所互换的土地使用权、房屋价格的差额。

(3) 土地使用权赠与、房屋赠与，以及其他没有价格的转移土地、房屋权属行为，为税务机关参照土地使用权出售、房屋买卖的市场价格依法核定的价格。

纳税人申报的成交价格、互换价格差额明显偏低且无正当理由的，由税务机关依照《中华人民共和国税收征收管理法》的规定核定。

（二）计算公式

契税的应纳税额，依照规定的税率和规定的计税依据计算征收。应纳税额的计算公式如下。

应纳税额＝计税依据×税率

应纳税额以人民币计算。转移土地、房屋权属以外汇结算的，按照纳税义务发生之日中国人民银行公布的人民币市场汇率中间价将其折合成人民币，再计算应纳契税税额。

【实例 7-9 • 计算题】E 公司 2020 年 12 月购入门市房一栋，买卖双方成交价格为 2310 万元，增值税征收率为 5%，当地契税税率为 3%，计算应纳契税税额。

【解析】在中华人民共和国境内转移房屋权属，承受的单位和个人为契税的纳税人。房屋买卖的计税依据为成交价格，应纳税额＝计税依据×税率。

E 公司应纳契税税额＝2310÷(1＋5%)×3%＝66(万元)

【实例 7-10・计算题】 F 公司以一栋房屋交换 G 公司的一栋厂房，房屋契约上列明：F 公司以一栋房屋(价值 3000 万元)和银行存款(2000 万元)互换 G 公司的一栋厂房(价值 5000 万元)。经税务机关核定两栋房产的价值与房屋契约上列明的价值相符。当地契税税率为 5%，指出纳税人并计算应纳契税额。

【解析】 房屋互换，契税计税依据为所互换的房屋价格的差额，由多交付货币、实物、无形资产或其他经济利益的一方缴纳税款。此项房屋互换的契税纳税人为 F 公司。契税应纳税额＝计税依据×税率。

F 公司应纳契税税额＝(5000－3000)×5%＝100(万元)

四、征收管理与纳税申报

（一）纳税义务发生时间

契税的纳税义务发生时间为纳税人签订土地、房屋权属转移合同的当日，或者纳税人取得其他具有土地、房屋权属转移合同性质凭证的当日。

纳税人因改变土地、房屋用途应当补缴已经减征、免征契税的，其纳税义务发生时间为改变有关土地、房屋用途的当日。

（二）纳税期限

纳税人应当在依法办理土地、房屋权属登记手续前申报缴纳契税。

纳税人应当自纳税义务发生之日起 10 日内，向土地、房屋所在地的契税征收机关办理纳税申报，并在契税征收机关核定的期限内缴纳税款。

纳税人符合减征或免征契税规定的，应当在签订土地、房屋权属转移合同后 10 日内，向土地、房屋所在地的契税征收机关办理减征或免征契税手续。

（三）纳税地点

契税在土地、房屋所在地的税务机关缴纳。

（四）征收管理

纳税人办理纳税事宜后，税务机关应当向纳税人开具契税完税凭证。纳税人办理土地、房屋权属登记，不动产登记机构应当查验契税完税、减免税凭证或有关信息。未按照规定缴纳契税的，不动产登记机构不予办理土地、房屋权属登记。

（五）纳税申报

在中华人民共和国境内转移土地、房屋权属、承受的单位或个人，应向土地、房屋所在地税务机关办理契税申报。

任务小结

知识点：

能力点：

重　点：

难　点：

【综合技能训练】

一、单项选择题

1. 下列各项中，符合房产税纳税义务人规定的是(　　)。

A. 房屋产权属于国家所有的，不缴纳房产税

B. 房屋产权出典的，由承典人缴纳房产税

C. 房屋产权出典的，由出典人缴纳房产税

D. 产权纠纷未解决的，暂不缴纳房产税

2. 某企业2020年委托施工企业修建材料仓库一栋，6月底建成并办理验收手续，工程总成本400万元，并以此成本计入固定资产原值。假设当地政府规定的扣除比例为30%，则该企业材料仓库当年应缴纳的房产税为(　　)万元。

A. 1.68　　B. 2.4　　C. 3.36　　D. 4.8

3. 契税的适用税率为(　　)。

A. 12%　　B. 1.2%　　C. 3%～5%　　D. 10%～30%

4. 纳税人应当自纳税义务发生之日起(　　)日内，向土地、房屋所在地的契税征收机关办理纳税申报，并在契税征收机关核定的期限内缴纳税款。

A. 5　　B. 7　　C. 10　　D. 15

5. 车船税的税率实行(　　)。

A. 比例税率　　B. 累进税率

C. 复合税率　　D. 定额税率

二、多项选择题

1. 下列关于房产原值的说法中，错误的有(　　)。

A. 房产原值是指纳税人按照会计制度规定，在账簿“固定资产”科目中记载的房屋原价

B. 房产原值不包括各种附属设备或配套设施

C. 纳税人对原有房屋进行改建、扩建的，要相应增加房屋的原值

D. 房产原值指的是扣除折旧、减值准备后的金额

2. 下列各项中，符合房产税纳税义务发生时间规定的有( )。
   A. 纳税人购置新建商品房，自房屋交付使用之次月起
   B. 纳税人自行新建房产用于生产经营，从建成之次月起
   C. 纳税人出借房产，自交付出借房产之次月起
   D. 纳税人委托施工企业建设的房产，从办理验收手续之次月起
3. 以下属于车船税纳税人的有( )。
   A. 车辆的所有人
   B. 船舶的所有人
   C. 对车船具有管理使用权，不具有所有权的单位
   D. 车船的抵押权人
4. 下列对车船税计税依据阐述正确的有( )。
   A. 乘用车、商用车客车以应税车辆数为计税依据
   B. 商用车货车、专用作业车、轮式专用机械车以整备质量吨数为计税依据
   C. 机动船舶(不含游艇)以净吨位数为计税依据
   D. 游艇以艇身长度数为计税依据
5. 契税的计税依据具体规定( )。
   A. 土地使用权出让、房屋买卖，计税依据为成交价格
   B. 房屋赠与由税务机关参照房屋买卖的市场价格核定
   C. 房屋互换计税依据为所互换房屋价格的差额
   D. 成交价格明显低于市场价格并且无正当理由的，由税务机关参照市场价格核定

三、判断题

1. 房地产开发企业建造的商品房在出售前，不征收房产税，但对出售前房地产开发企业已使用或出租、出借的房产应按规定征收房产税。 ( )

2. 土地使用权互换的，其契税的计税依据是所互换的土地使用权的价格。 ( )

3. 从价计征房产税的，按照房产原值每年减除10%～30%后的余值计算缴纳。具体扣除比例由当地税务机关确定。 ( )

4. 转让不动产活动中契税的纳税人是转让方和承受方。 ( )

5. 新购置车船当年应缴纳的车船税额自纳税义务发生的次月起按月计算。 ( )

四、计算题

1. 长城公司2020年经营用房屋原值4000万元，当地规定房产税允许减除房产原值的20%，适用税率1.2%，计算该公司应纳的房产税额。

2. 长城公司2020年出租门市房5栋，年租金630万元，按照5%的征收率缴纳增值税，房产税适用税率12%，计算该公司应纳的房产税额。

3. 长发运输公司拥有载货汽车10辆，6辆载货汽车整备质量8吨，4辆载货汽车整备质量5吨；商用车客车52座20辆，7座2.5升乘用车4辆，5座1.8升乘用车12辆。假设载货汽车单位税额为60元/吨，商用车客车52座每辆年税额1080元，2.5升乘用车单位税额1200元，1.8升乘用车单位税额360元。计算长发运输公司应纳车船税税额。

4. 长发航运公司拥有机动船舶25艘，其中：净吨位200吨的18艘，净吨位1600吨的5艘，净吨位5000吨的2艘。拥有游艇5艘，艇身长度16米。计算长发航运公司应纳车船税税额。

5. 长庆公司 2020 年 12 月购入市区门市房两栋，买卖双方成交价格 2625 万元，增值税征收率为 5%，当地契税税率为 4%，计算应纳契税额。

6. 长庆公司以市区一栋闲置厂房互换乙公司某块土地使用权，互换契约上列明：长庆公司以厂房价值 3200 万元，银行存款 300 万元交换乙公司的土地使用权价值 3500 万元。经税务机关核定厂房、土地使用权的价值与互换契约上列明的价值基本相符。当地契税税率为4%，指出纳税人并计算应纳契税税额。

项目八

行为目的税相关法规与实务

【知识目标】

1. 了解行为目的税及包括的主要税种;

2. 了解城市维护建设税、教育费附加、印花税、车辆购置税、环境保护税的概念及特点;

3. 熟悉城市维护建设税、教育费附加、印花税、车辆购置税、环境保护税的纳税义务人、征税对象、税率和税收优惠政策;

4. 掌握城市维护建设税、教育费附加、印花税、车辆购置税、环境保护税的应纳税额的计算;

5. 了解城市维护建设税、教育费附加、印花税、车辆购置税、环境保护税的征收管理;

6. 掌握城市维护建设税、教育费附加、印花税、车辆购置税、环境保护税申报及缴纳实务。

【技能目标】

1. 会计算城市维护建设税、教育费附加、印花税、车辆购置税、环境保护税的应纳税额;

2. 掌握1+X证书中城市维护建设税、教育费附加、印花税、车辆购置税、环境保护税的纳税申报技能。

【素质目标】

能使用行为目的税的不同税种做出正确的政策分析，能够诚信缴纳城市维护建设税、教育费附加、印花税、车辆购置税和环境保护税。

项目知识结构

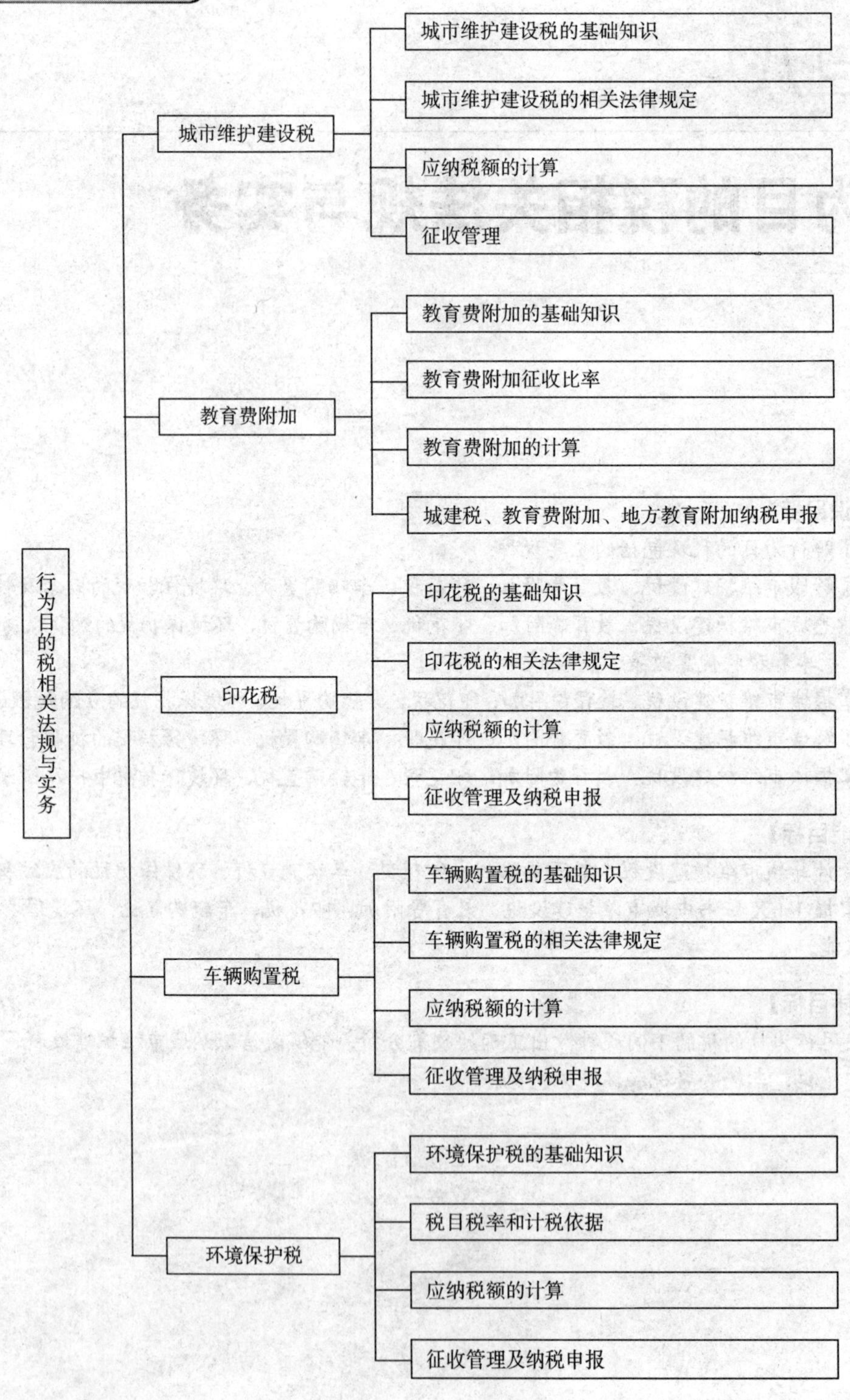
行为目的税相关法规与实务
城市维护建设税
城市维护建设税的基础知识
城市维护建设税的相关法律规定
应纳税额的计算
征收管理
教育费附加
教育费附加的基础知识
教育费附加征收比率
教育费附加的计算
城建税、教育费附加、地方教育附加纳税申报
印花税
印花税的基础知识
印花税的相关法律规定
应纳税额的计算
征收管理及纳税申报
车辆购置税
车辆购置税的基础知识
车辆购置税的相关法律规定
应纳税额的计算
征收管理及纳税申报
环境保护税
环境保护税的基础知识
税目税率和计税依据
应纳税额的计算
征收管理及纳税申报

项目引例

明德公司是位于市区的增值税一般纳税人，2020 年 2 月份向税务机关实际缴纳的增值税为 40 000 元，同时缴纳的消费税为 160 000 元；向海关缴纳进口环节增值税 40 000 元、消费税 30 000 元。3 月份该公司受托为 N 县乙企业加工一批高档化妆品，签订的合同注明由乙企业提供原材料 40 万元，明德公司提供辅料 5 万元，取得不含增值税加工费 30 万元，代收代缴消费税 12 万元。

要求：根据上述资料，回答下列问题。

(1) 计算该企业 2 月份应纳城市维护建设税税额、教育费附加、地方教育费附加。

(2) 计算该企业 3 月份应纳印花税。

(3) 计算明德公司就 3 月份的该笔业务代收代缴城市维护建设税税额。

任务一　城市维护建设税

某公司为增值税一般纳税人，在本年的 1 月份，有 80 万元的出口产品退还了增值税。

思考：该公司是否可以要求同时退还城市维护建设税、教育费附加？

知识学习

行为目的税是以纳税人的某些特定行为为课税对象。世界各国由于实际情况不同，选择的课税行为也不同。我国现行的城市维护建设税、烟叶税、印花税、车辆购置税、环境保护税等都属于这类税种。

一、城市维护建设税的基础知识

（一）城市维护建设税的概念

城市维护建设税是以纳税人实际缴纳的增值税、消费税税额为计税依据所征收的一种税种，主要目的是筹集城镇设施建设和维护的资金。现行城市维护建设税的基本规范是 2020 年 8 月 11 日第十三届全国人民代表大会常务委员会第二十一次会议通过，自 2021 年 9 月 1 日起施行的《中华人民共和国城市维护建设税法》，1985 年 2 月 8 日国务院发布的《中华人民共和国城市维护建设税暂行条例》同时废止。

（二）城市维护建设税的特点

1. 税款专款专用

所征税款用来保证城市的公用事业和公共设施的维护与建设。

2. 属于附加税

城市维护建设税与其他税种不同，没有独立的征税对象或税基，而是以“两税”实际缴纳的税额之和为计税依据，随“两税”同时征收，其征管方法也完全比照“两税”的有关规定办理。

3. 根据城镇规模设计税率

根据纳税人所在城镇的规模及其资金需要设计不同的比例税率，较好地照顾了城市建设的不同需要。

4. 征收范围较广

除了减免税等特殊情况以外，任何从事生产经营活动的企业单位和个人，只要缴纳了增值税和消费税中的任一税种，都要缴纳城市维护建设税。

二、城市维护建设税的相关法律规定

（一）纳税义务人

城市维护建设税的纳税义务人是指在我国境内缴纳增值税、消费税的单位和个人，包括各类企业(含外商投资企业、外国企业)、行政单位、事业单位、军事单位、社会团体及其他单位，以及个体工商户和其他个人(含外籍个人)。增值税、消费税的扣缴义务人也是城市维护建设税的扣缴义务人。

（二）税率

1. 税率的具体规定

城市维护建设税的税率实行地区差别比例税率。按照纳税人所在地的不同，税率分别规定为7%、5%、1%三个档次。具体规定如下。

(1) 纳税人所在地在市区的，税率为7%。

(2) 纳税人所在地为县城、镇的，税率为5%。

(3) 纳税人所在地不在城市市区、县城或镇的，税率为1%。

前款所称纳税人所在地，是指纳税人住所地或与纳税人生产经营活动相关的其他地点，具体地点由省、自治区、直辖市确定。

2. 适用税率的确定

(1) 由受托方代扣代缴、代收代缴“两税”的单位和个人，其代扣代缴、代收代缴的城市维护建设税按受托方所在地适用税率执行。

(2) 流动经营等无固定纳税地点的单位和个人，在经营地缴纳“两税”的，其城市维护建设税的缴纳按照经营地适用税率执行。

（三）税收优惠

城市维护建设税的主要免税、减税规定如下。

(1) 城市维护建设税随同增值税、消费税征收、减免。

(2) 海关对进口产品代征增值税、消费税时，不征收城市维护建设税。

(3) 对出口产品退还增值税、消费税的，不退还已缴纳的城市维护建设税。

(4) 对于增值税、消费税实行先征后返、先征后退、即征即退办法的，除另有规定外，对随增值税、消费税附征的城市维护建设税不予退(返)还。

(5) 根据国民经济和社会发展的需要，国务院对重大公共基础设施建设、特殊产业和群体及重大突发事件应对等情形可以规定减征或免征城市维护建设税，报全国人民代表大会常务委员会备案。

【实例 8-1·多选题】下列属于城市维护建设税纳税义务人的有(　　)。

A. 某外商投资企业已缴纳增值税　　B. 缴纳个人所得税的自然人

C. 缴纳增值税的私营企业　　D. 缴纳消费税的生产企业

【解析】ACD。城市维护建设税的纳税人是负有缴纳增值税、消费税纳税义务的单位和个人，包括外商投资企业和外国企业及外籍个人。

【实例 8-2·多选题】下列各选项中，符合城市维护建设税纳税地点规定的有(　　)。

A. 纳税人出租不动产，为不动产所在地

B. 流动经营无固定地点的单位，为单位注册地

C. 纳税人转让土地使用权，为其机构所在地

D. 代收代扣增值税、消费税的单位和个人，为代收代扣地

【解析】AD。选项 B，对流动经营无固定纳税地点的单位和个人，应随同增值税、消费税在经营地纳税；选项 C，纳税人转让土地使用权，应当向土地所在地主管税务机关申报纳税。

三、应纳税额的计算

(一) 计税依据

城市维护建设税的计税依据为纳税人实际缴纳的增值税、消费税税额之和，纳税人被税务机关查补的增值税、消费税税额，以及出口货物、劳务或跨境销售服务、无形资产增值税免抵税额。

(二) 计算方法

城市维护建设税应纳税额是由纳税人实际缴纳的“两税”税额决定的，其计算公式如下。

应纳税额＝实际缴纳的增值税、消费税税额和出口货物、劳务或跨境销售服务、无形资产增值税免抵税额×适用税率

【实例 8-3·计算题】某县城一家外商生产企业为增值税一般纳税人，主要经营内销和出口业务，2020 年 4 月在国内销售产品缴纳增值税 40 万元、消费税 50 万元，出口货物免抵税额 4 万元。另外，进口货物缴纳增值税 17 万元，缴纳消费税时超过纳税期限 10 天，被罚 0.25 万元。要求计算该企业应纳城市维护建设税。

【解析】自 2010 年 12 月 1 日起，对外商投资企业、外国企业及外籍个人征收城市维护建设税。进口货物不缴纳城市维护建设税，滞纳金不是城市维护建设税的计税依据，销售产品的增值税、消费税、出口货物免抵税额是计税依据。

该企业应纳城市维护建设税＝(40＋50＋4)×5%＝4.7(万元)

四、征收管理

(一) 纳税环节

城市维护建设税的纳税环节，实际就是纳税人缴纳“两税”的环节。城市维护建设税扣缴义

务发生时间为扣缴“两税”的当日。

（二）纳税期限

纳税人应在缴纳“两税”的同时缴纳城市维护建设税，按月或按季计征。不能按固定期限计征的，可以按次计征。

知识点：

能力点：

重　点：

难　点：

任务二　教育费附加

任务引例

某市小规模纳税人按季度纳税，2020 年第 3 季度不含税咨询收入 25 万元。

要求：请计算该纳税人需缴纳的增值税、城建税、教育费附加额。

知识学习

一、教育费附加的基础知识

（一）教育费附加概述

教育费附加和地方教育附加是以单位和个人缴纳的增值税和消费税(以下简称“两税”)税额为计算依据征收的一种附加费，分别与“两税”同时缴纳。其作用是发展地方性教育事业、扩大地方教育经费的资金来源。自 2010 年 12 月 1 日起，对外商投资企业、外国企业和外籍个人开始征收教育费附加。

（二）教育费附加的减免规定

教育费附加的减免，原则上比照增值税、消费税的减免规定。其主要的减免规定如下。

(1) 对海关进口产品征收的增值税、消费税，不征收教育费附加、地方教育附加。

(2) 对由于减免增值税、消费税和发生退税的，可以同时退还已征收的教育费附加和地方教育附加。但对出口产品返还增值税和消费税的，不退还已征的教育费附加、地方教育附加。

(3) 自 2019 年 2 月 1 日起执行，将免征教育费附加、地方教育附加、水利建设基金的范围，由现行按月纳税的月销售额或营业额不超过 3 万元(按季度纳税的季度销售额或营业额不超过 9 万元)的缴纳义务人，扩大到按月纳税的月销售额或营业额不超过 10 万元(按季度纳税的季度销售额或营业额不超过 30 万元)的缴纳义务人。

二、教育费附加征收比率

现行全国教育费附加的征收率为 3%，地方教育附加征收率从 2010 年起统一为 2%。除国务院另有规定外，任何地区、部门不得擅自提高或降低教育费附加率。

三、教育费附加的计算

应纳教育费附加＝(实际缴纳的增值税税额＋实际缴纳的消费税税额)×征收率

【实例 8-4·计算题】某市区一企业 2020 年 3 月实际缴纳增值税 35 万元、消费税 30 万元，计算该企业当月应缴纳的教育费附加和地方教育附加。

【解析】应纳教育费附加＝(35＋30)×3%＝1.95(万元)

应纳地方教育附加＝(35＋30)×2%＝1.3(万元)

【小知识】

城市维护建设税与教育费附加会有相同或相似的减免税政策，可将城建税、教育费附加的优惠政策合并记忆。

四、城建税、教育费附加、地方教育附加纳税申报

【工作任务】A 企业是增值税小规模纳税人，本月企业申报附加税(城市建设税、教育费附加、地方教育费附加)。

链接1＋X平台·操作步骤

登录电子税务局(X证书平台)【我要办税】→【税费申报及缴纳】→【增值税及附加税费申报】→【增值税小规模纳税人申报】。

【小知识】

- 增值税申报成功后界面跳转到附加税费申报界面。
- 系统自动从增值税报表中获取相关数据填写附加税计税(费)依据，不能修改。
- 当申报税额为零时，系统自动零申报附加税。
- 同属期、同税款属性不允许重复申报，若申报人有异议，可以进行申报更正或作废，申报更正只能更正当期的申报；在未扣款情况下，可以进行申报作废，重新申报。

任务小结

知识点：

能力点：

重　点：

难　点：

任务三　印花税

任务引例

A 企业于 2020 年 5 月与其他企业订立转移专有技术使用权书据一份，所载金额 80 万元；订立产品购销合同两份，所载金额 200 万元；订立借款合同一份，所载金额 50 万元。此外，企业的营业账簿中，“实收资本”科目载有资金 700 万元。

要求：计算该企业 2020 年 5 月份应缴纳的印花税额。

知识学习

一、印花税的基础知识

（一）印花税的概念

印花税是对经济活动和经济交往中书立、领受、使用的应税经济凭证征收的一种税。目前，《中华人民共和国印花税法》正在制定过程中，现行的印花税基本规范是 1988 年 8 月 6 日由国务院令第 11 号发布，并于同年 10 月 1 日实施，于 2011 年 1 月 8 日修订并实施的《中华人民共和国印花税暂行条例》(以下简称《印花税暂行条例》)。

（二）印花税的特点

印花税具有征税范围广、税率低、税负轻及纳税人自行完税等特点。

二、印花税的相关法律规定

（一）印花税的纳税义务人

印花税的纳税义务人，是指订立、领受在中华人民共和国境内具有法律效力的应税凭证，或者在中华人民共和国境内进行证券交易的单位和个人。这里的单位包括企业、行政单位、事业单位、军事单位、社会团体及其他单位，个人是指个体工商户和其他个人。

印花税的纳税人按照所书立、领受、使用的应税凭证的不同，可分为以下六类。

(1) 立合同人，是指合同的当事人，即对凭证有直接权利义务关系的单位和个人，但不包括合同的担保人、证人和鉴定人。

(2) 立账簿人，是指设立并使用营业账簿的单位和个人。

(3) 立据人，是指书立各种产权转移书据的单位和个人。若立据人未贴花或少贴花，则书据的持有人应负责(补)贴花。所立书据以合同形式签订的，应由持有书据的各方分别按全额贴花。

(4) 领受人，是指领取并持有权利、许可证照的单位和个人。

(5) 使用人，是指在国外书立、领受，但在国内使用应税凭证的单位和个人。

(6) 各类电子应税凭证的签订人，以电子形式签订的各类应税凭证的当事人为印花税的纳税人。

注意：

如果一份合同或应税凭证由两方或两方以上当事人共同签订，则签订合同或应税凭证的各方均为纳税人(证券交易除外)，应各就其所持合同或应税凭证的计税金额履行纳税义务。

【实例 8-5 · 多选题】根据印花税法律制度的规定，下列选项中属于印花税征税范围的有(　　)。

A. 商品房销售合同　　B. 土地使用权出让合同

C. 土地使用权转让合同　　D. 工商营业执照

【解析】ABCD。以上四项均属于印花税征税范围。土地使用权的出让和转让合同按照“产权转移书据”贴花。

（二）税目与税率

1. 税目

印花税的税目，指印花税法明确规定的应当纳税的项目，它具体划定了印花税的征税范围。现行印花税采取正列举形式，只对法律规定中列举的凭证征收，未列入税目的不征税。印花税共有 13 个税目。

1) 购销合同

购销合同包括：供应、预购、采购、购销结合及协作、调剂、补偿、贸易等合同；出版单位与发行单位之间订立的图书、报纸、期刊和音像制品的应税凭证，如订购单、订数单等；发电厂与电网之间、电网与电网之间签订的购售电合同。但是，电网与用户之间签订的供用电合同不属于印花税列举征税的凭证，不征收印花税。

2) 加工承揽合同

加工承揽合同包括加工、定做、修缮、修理、印刷广告、测绘、测试等合同。

3) 建设工程勘察设计合同

建设工程勘察设计合同包括勘察、设计合同。

4) 建筑安装工程承包合同

建筑安装工程承包合同包括建筑、安装工程承包合同。承包合同，包括总承包合同、分包合同和转包合同。

5) 财产租赁合同

财产租赁合同包括租赁房屋、船舶、飞机、机动车辆、机械、器具、设备等合同，还包括企业、个人出租门店、柜台等签订的合同。

6) 货物运输合同

货物运输合同包括民用航空、铁路运输、海上运输、公路运输和联运合同，以及作为合同使用的单据。

7) 仓储保管合同

仓储保管合同包括仓储、保管合同，以及作为合同使用的仓单、栈单等。

8) 借款合同

借款合同指银行及其他金融组织与借款人(不包括银行同业拆借)所签订的合同，以及只填开借据并作为合同使用、取得银行借款的借据。银行及其他金融机构经营的融资租赁业务，是一种以融物方式达到融资目的的业务，实际上是分期偿还的固定资金借款，因此融资租赁合同也属于借款合同。

9) 财产保险合同

财产保险合同包括财产、责任、保证、信用保险合同，以及作为合同使用的单据。财产保险合同，分为企业财产保险、机动车辆保险、货物运输保险、家庭财产保险和农牧业保险五大类。“家庭财产两全保险”属于家庭财产保险性质，其合同在财产保险合同之列，应照章纳税。

10) 技术合同

技术合同包括技术开发、转让、咨询、服务等合同，以及作为合同使用的单据。

技术转让合同，包括专利申请权转让和非专利技术转让。

技术咨询合同，是当事人就有关项目的分析、论证、预测和调查订立的技术合同。但一般的法律、会计、审计等方面的咨询不属于技术咨询，其所立合同不贴印花。技术服务合同，是当事人一方委托另一方就解决有关特定技术问题，如为改进产品结构、改良工艺流程、提高产品质量、降低产品成本、保护资源环境、实现安全操作、提高经济效益等提出实施方案，实施所订立的技术合同，包括技术服务合同、技术培训合同和技术中介合同，但不包括以常规手段或为生产经营目的进行一般加工、修理、修缮、广告、印刷、测绘、标准化测试，以及勘察、设计等所书立的合同。

11) 产权转移书据

产权转移书据包括财产所有权和版权、商标专用权、专利权、专有技术使用权等转移书据和专利实施许可合同、土地使用权出让合同、土地使用权转让合同、商品房销售合同等权利转移合同。

产权转移书据，是指单位和个人产权的买卖、继承、赠与、交换、分割等所立的书据。“财产所有权”转移书据的征税范围，是指经政府管理机关登记注册的动产、不动产的所有权转移所立的书据，以及企业股权转让所立的书据，并包括个人无偿赠送不动产所签订的“个人无偿赠与不动产登记表”。当纳税人完税后，税务机关(或其他征收机关)应在纳税人印花税完税凭证上加盖“个人无偿赠与”印章。

12) 营业账簿

营业账簿指单位或个人记载生产经营活动的财务会计核算账簿。营业账簿按其反映内容的不同，可分为记载资金的账簿和其他账簿。

记载资金的账簿，是指反映生产经营单位资本金数额增减变化的账簿。其他账簿，是指除上述账簿以外的有关其他生产经营活动内容的账簿，包括日记账簿和各明细分类账簿。

13) 权利、许可证照

权利、许可证照包括政府部门发给的房屋产权证、工商营业执照、商标注册证、专利证、土地使用证。

2. 税率

印花税的税率设计，遵循税负从轻、共同负担的原则。因此，税率比较低；凭证的当事人，即对凭证有直接权利与义务关系的单位和个人均应就其所持凭证依法纳税。

印花税的税率有两种形式，即比例税率和定额税率。

1) 比例税率

在印花税的13个税目中，各类合同及具有合同性质的凭证(含以电子形式签订的各类应税凭证)、产权转移书据、营业账簿中记载资金的账簿，适用比例税率。

2) 定额税率

在印花税的13个税目中，“权利、许可证照”和“营业账簿”税目中的其他账簿，适用定额税率，均为按件贴花，税额为5元。这样规定，主要是考虑上述应税凭证比较特殊，有的是无法计算金额的凭证，如权利、许可证照；有的是虽记载有金额，但以其作为计税依据又明显不合理的凭证，如其他账簿。采用定额税率，便于纳税人缴纳和税务机关征管。

财政部发布关于《中华人民共和国印花税法(征求意见稿)》向社会公开征求意见的通知，与《印花税暂行条例》相比，《征求意见稿》做出调整的税率有两种：一是为简并税率、公平税负，减少因合同类型界定不清在适用税率上引发的争议，将《暂行条例》中原加工承揽合同、建设工程勘察设计合同、货物运输合同的适用税率由万分之五降为万分之三；二是考虑国务院已决定自2018年5月起对资金账簿和其他账簿分别减征和免征印花税，为了与现行政策保持一致，将营业账簿适用税率由实收资本(股本)、资本公积合计金额的万分之五降为万分之二点五。印花税的税目和税率如表8.1所示。

表8.1 印花税的税目和税率

税目		范围	税率	备注
合同	购销合同	包括供应、预购、采购、购销结合及协作、调剂等合同	支付价款的0.3‰	(1) 指动产购销合同； (2) 包括各出版单位与发行单位之间订立的图书、报刊、音像征订凭证
	技术合同	包括技术开发、转让、咨询、服务等合同	支付价款、报酬或使用费的0.3‰	(1) 专利权转让、专利实施许可所书立的合同应属于“产权转移书据”； (2) 一般的法律、会计、审计等方面的咨询不属于技术咨询，其所立合同不贴印花
	建设安装工程承包合同	包括建筑、安装工程承包合同	支付价款的0.3‰	包括总包合同、分包合同和转包合同

(续表)

税目		范围	税率	备注
合同	加工承揽合同	包括加工、定做、修缮、修理、印刷、广告、测绘、测试等合同	支付报酬的0.5‰	受托方提供原材料的加工、定作合同，分别记载加工费与原材料的，应分别按“加工承揽合同”“购销合同”计税，未划分的，应按全部金额依照“加工承揽合同”计税贴花
	建筑工程勘察设计合同	包括勘察、设计合同	支付价款的0.5‰	(1) 包括总包合同、分包合同和转包合同；(2) 计税依据为合同约定的服务费用金额
	货物运输合同	包括民用航空运输、铁路运输、海上运输、内河运输、公路运输	运输费用的0.5‰	指货运合同和多式联运合同，不包括管道运输合同
	仓储保管合同	包括保管合同或作为合同使用的仓单、栈单(入库单)	仓储保管费用的1‰	
	财产保险合同	包括财产、责任、保证、信用等保险	保险费的1‰	不包括再保险合同
	租赁合同	包括租赁房屋、船舶、飞机、机动车辆、机械、器具、设备等合同	租金的1‰	不包括企业与主管部门签订的租赁承包合同
	融资租赁合同		租金的0.5‰	融资租赁合同(含融资性售后回租)，依照“借款合同”税目计税。融资性售后回租业务中，对承租人、出租人因出售租赁资产及购回租赁资产所签订的合同，不征收印花税
	借款合同	包括银行及其他金融组织和借款人(不包括银行同业拆借)所订立的借款合同	借款金额的0.05‰	按年(期)签订，规定最高限额，在规定的期限和最高限额内随借随还。应在签订合同时，按合同规定的最高借款限额计税贴花
产权转移书据		包括土地使用权出让和转让书据；房屋等建筑物、构筑物所有权、股权(不包括上市和挂牌公司股票)、商标专用权、著作权、专利权、专有技术使用权转让书据	支付价款的0.5‰	
权利、许可证照		包括不动产权证书、营业执照、商标注册证、专利证书	每件5元	
营业账簿			实收资本(股本)、资本公积合计金额的0.5‰	其他账簿按件贴花5元
证券交易			成交金额的1‰	对证券交易的出让方征收，不对证券交易的受让方征收

（三）印花税的税收优惠

对印花税的减免税优惠主要如下。

(1) 对已缴纳印花税凭证的副本或抄本免税。

凭证的正式签署本已按规定缴纳了印花税，其副本或抄本对外不发生权利义务关系，只是留存备查。但以副本或抄本视同正本使用的，则应另贴印花。

(2) 对无息、贴息贷款合同免税。

无息、贴息贷款合同，是指我国的各专业银行按照国家金融政策发放的无息贷款，以及由各专业银行发放并按有关规定由财政部门或中国人民银行给予贴息的贷款项目所签订的贷款合同。

一般情况下，无息、贴息贷款体现国家政策，满足特定时期的某种需要，其利息全部或部分是由国家财政负担的，对这类合同征收印花税没有财政意义。

(3) 农民、农民专业合作社、农村集体经济组织、村民委员会购买农业生产资料或销售自产农产品订立的买卖合同和农业保险合同免税。

(4) 对房地产管理部门与个人签订的用于生活居住的租赁合同免税。

(5) 特殊货运凭证免征印花税。铁路、公路、航运、水路承运快件行李、包裹开具的托运单据免征印花税。

(6) 书、报、刊合同免税。书、报、刊发行单位之间，发行单位与订阅单位或个人之间书立的凭证，免征印花税。

(7) 财产所有权人将财产赠与政府、学校、社会福利机构订立的产权转移书据，免征印花税。

(8) 社保基金会、社保基金投资管理人管理的社保基金转让非上市公司股权，免征印花税。社保基金会、养老基金投资管理机构管理的养老基金转让非上市公司股权，免征印花税。

(9) 自 2018 年 5 月 1 日起，对按万分之五税率贴花的资金账簿减半征收印花税，对按件贴花 5 元的其他账簿免征印花税。

【小知识】

印花税的税收优惠很多，根据总局发布的最新减免政策，有效的印花税税收优惠共计 70 项，为方便记忆，可以从八大类去记忆：“普惠类”“促进企业发展类”“与三农相关的优惠”“与住房相关的优惠”“与交通运输、商品储备相关的优惠”“与文化、教育、体育相关的优惠”“社会保障类优惠”“与金融资本相关的优惠”。

三、应纳税额的计算

（一）印花税的计税依据

1. 应税合同的计税依据

(1) 应税合同的计税依据为合同列明的价款或报酬，不包括增值税税款。

(2) 合同中的价款或报酬与增值税税款未分开列明的，按照合计金额确定。具体包括买卖合同和建设工程合同中的支付价款、承揽合同中的支付报酬、租赁合同和融资租赁合同中的租金、运输合同中的运输费用等。

2. 应税产权转移书据的计税依据

(1) 应税产权转移书据的计税依据为产权转移书据列明的价款，不包括增值税税款。

(2) 产权转移书据中价款与增值税税款未分开列明的，按照合计金额确定。

3. 应税营业账簿的计税依据，为营业账簿记载的实收资本(股本)、资本公积合计金额

4. 应税权利、许可证照的计税依据，按件确定

5. 证券交易的计税依据

(1) 一般情况为成交金额。

(2) 以非集中交易方式转让证券时无转让价格的，按照办理过户登记手续前一个交易日收盘价计算确定计税依据；办理过户登记手续前一个交易日无收盘价的，按照证券面值计算确定。

6. 计税依据的其他规定

(1) 同一凭证，载有两个或两个以上经济事项而适用不同税目税率，如分别列明价款或报酬的，应分别计算应纳税额，相加后按合计税额贴花；如未分别列明价款或报酬的，按税率高的计算应纳税额。

(2) 应税合同、产权转移书据未列明价款或报酬的，按照订立合同、产权转移书据时市场价格确定；依法应当执行政府定价的，按照其规定确定；不能按照上述规定的方法确定的，按照实际结算的价款或报酬确定。

(3) 同一应税凭证由两方或两方以上当事人订立的，应当按照各自涉及的价款或报酬分别计算应纳税额。

(4) 未按期兑现合同亦应贴花。应税合同在签订时纳税义务即已产生，应计算应纳税额并贴花。

（二）应纳税额的计算方法

(1) 按比例税率计算应纳税额。其计算公式如下。

应纳税额＝计税金额×适用税率

(2) 按定额税率计算应纳税额。其计算公式如下。

应纳税额＝应税凭证件数×单位税额

四、征收管理及纳税申报

（一）印花税征收管理

1. 纳税义务发生时间

印花税纳税义务发生时间为纳税人订立、领受应税凭证或完成证券交易的当日。如果合同是在国外签订，并且不便在国外贴花的，应在将合同带入境时办理贴花纳税手续。

证券交易印花税扣缴义务发生时间为证券交易完成的当日。证券登记结算机构为证券交易印花税的扣缴义务人。

2. 纳税地点

单位纳税人应当向其机构所在地的主管税务机关申报缴纳印花税；个人纳税人应当向应税凭证订立、领受地或居住地的税务机关申报缴纳印花税。

纳税人出让或转让不动产产权的，应当向不动产所在地的税务机关申报缴纳印花税。

证券交易印花税的扣缴义务人应当向其机构所在地的主管税务机关申报缴纳扣缴的税款。

3. 纳税期限

印花税按季、按年或按次计征。实行按季、按年计征的，纳税人应当于季度、年度终了之日起 15 日内申报并缴纳税款。实行按次计征的，纳税人应当于纳税义务发生之日起 15 日内申报并缴纳税款。

证券交易印花税按周解缴。证券交易印花税的扣缴义务人应当于每周终了之日起 5 日内申报解缴税款及银行结算的利息。

4. 印花税的管理

1) 对印花税应税凭证的管理

印花税应税凭证应按照《税收征管法实施细则》的规定保存 10 年。

2) 对按期汇总缴纳的管理

采用按期汇总缴纳方式的纳税人应事先告知主管税务机关，缴纳方式一经选定，一年内不得改变。主管税务机关应加强对纳税人的日常监督、检查。

3) 对印花税票代售人的管理

各级税务机关应加强对印花税票代售人代售税款的管理。

4) 核定征收印花税

纳税人有下列情形的，税务机关可以核定纳税人印花税计税依据：①未按规定建立印花税应税凭证登记簿，或者未如实登记和完整保存应税凭证的；②拒不提供应税凭证或不如实提供应税凭证致使计税依据明显偏低的；③采用按期汇总缴纳办法的，未按税务机关规定的期限报送汇总缴纳印花税情况报告，经税务机关责令限期报告逾期仍不报告的，或者税务机关在检查中发现纳税人有未按规定汇总缴纳印花税情况的。

（二）印花税纳税申报

纳税人在该模块可以办理印花税申报业务。

链接1＋X平台·操作步骤

登录电子税务局(X证书平台)【我要办税】→【税费申报及缴纳】→【其他申报】→【印花税申报】。

【小知识】

单击进入申报表界面，正确填写申报表后单击“保存”按钮，进行保存并校验申报表，或者单击“暂存”按钮保存数据，方便后续继续填写，最后单击“申报”按钮进行印花税申报操作。

任务小结

知识点：

能力点：

重　点：

难　点：

任务四　车辆购置税

任务引例

小明购买了一辆1.6升以下排量的自用小轿车，支付含增值税的价款163 850元，另支付购置工具件和零配件价款1356元，车辆装饰费2034元，销售公司代收保险费8000元，支付的各项价款均由销售公司开具统一发票。

要求：已知增值税税率为13%，请计算该公司应纳车辆购置税额。

知识学习

一、车辆购置税的基础知识

（一）车辆购置税的概念

车辆购置税是以在中国境内购置规定的车辆为课税对象，在特定的环节向车辆购置者征收的一种税。车辆购置税的基本规范是2018年12月29日第十三届全国人民代表大会常务委员会第七次会议通过的《中华人民共和国车辆购置税法》，自2019年7月1日起施行，2000年10月22日国务院颁布并于2001年1月1日起在我国施行的《中华人民共和国车辆购置税暂行条例》同时废止。

（二）车辆购置税的特点

车辆购置税有以下特点：征收范围单一；征收环节单一；税率单一；征收方法单一；征税具有特定目的；价外征收，税负不发生转嫁。

二、车辆购置税的相关法律规定

（一）纳税义务人

车辆购置税的纳税义务人是指在我国境内购置应税车辆的单位和个人。其中，应税行为是指购买自用行为、进口自用行为、受赠自用行为、自产自用行为、获奖自用行为，以及以拍卖、抵债、走私、罚没等方式取得并自用的行为。

（二）征税范围

车辆购置税以列举的车辆为征税对象，包括以下几类。

(1) 各类汽车。

(2) 排气量超过150毫升的摩托车。

(3) 无轨电车、有轨电车。

(4) 全挂车、半挂车。

(5) 三轮农用运输车、四轮农用运输车。

车辆购置税的征税对象不包括下列车辆(财政部、税务总局2019年第71号公告，自2019年7月1日起施行)。

(1) 地铁、轻轨等城市轨道交通车辆，装载机、平地机、挖掘机、推土机等轮式专用机械车，以及起重机(吊车)、叉车、电动摩托车。

(2) 纳税人进口自用应税车辆，是指纳税人直接从境外进口或委托代理进口自用的应税车辆，不包括在境内购买的进口车辆。

（三）税率

车辆购置税采用统一比例税率，税率为10%。

（四）税收优惠

下列车辆免征车辆购置税。

(1) 外国驻华使馆、领事馆和国际组织驻华机构及其外交人员自用车辆。

(2) 中国人民解放军和中国人民武装警察部队列入军队武器装备订货计划的车辆。

(3) 设有固定装置的非运输车辆。

(4) 悬挂应急救援专用号牌的国家综合性消防救援车辆。

(5) 对部分特殊用途车辆实行免税指标管理。

① 防汛部门和森林消防部门用于指挥、检查、调度、报汛警、联络的设有固定装置的指定型号的车辆。

② 中国妇女发展基金会“母亲健康快车”项目的流动医疗车车辆。

(6) 回国服务的留学人员用现汇购买一辆自用国产小汽车。

(7) 长期来华定居专家进口一辆自用小汽车。

(8) 农用三轮运输车。

(9) 城市公交企业购置的公共汽电车辆。

(10) 自2018年1月1日至2020年12月31日，对购置新能源汽车免征车辆购置税。

(11) 自2018年7月1日至2021年6月30日，对购置挂车减半征收车辆购置税。

【实例8-6·多选题】下列车辆属于车辆购置税范围的是(　　)。

A. 无轨电车　　B. 农用四轮运输车

C. 排量250毫升的摩托车　　D. 设有固定装置的非运输车辆

【解析】ABC。设有固定装置的非运输车辆免征车辆购置税。

三、应纳税额的计算

（一）计税依据

车辆购置税以应税车辆为征收对象，按照从价定率、价外征收的方法计算应纳税额，应税车辆的计税价格即车辆购置税的计税依据。由于应税车辆的购置的来源不同，应税行为的发生不同，计税价格的组成也就不同，所以，其车辆购置税计税依据的构成也就不同。

(1) 购买自用应税车辆计税的依据。纳税人购买自用的应税车辆的计税依据为纳税人购买应税车辆而支付给销售者的全部价款和价外费用(不包括增值税税款)。这里的价外费用不包括销售方代办保险等而向购买方收取的保险费，以及向购买方收取的代购买方缴纳的车辆购置税、车辆牌照费。

计税价格＝(含增值税的销售价格＋价外费用)÷(1＋增值税税率或征收率)

(2) 进口自用应税车辆计税的依据。纳税人进口自用的应税车辆以组成计税价格为计税依据，组成计税价格的计算公式如下。

组成计税价格＝关税完税价格＋关税＋消费税

或　　组成计税价格＝(关税完税价格＋关税)÷(1－消费税税率)

(3) 纳税人自产自用应税车辆的计税价格，按照纳税人生产的同类应税车辆的销售价格确定，不包括增值税税款。

(4) 其他自用应税车辆计税的依据。纳税人以受赠、获奖或其他方式取得并自用的应税车辆的计税依据，按照购置应税车辆时相关凭证载明的价格确定，不包括增值税税款。

(5) 纳税人申报的应税车辆计税价格明显偏低，又无正当理由的，由税务机关依照《中华人民共和国税收征收管理法》的规定核定其应纳税额。

(6) 车辆购置税的计税依据和应纳税额应使用统一货币单位计算。纳税人以外汇结算应税车辆价款的，按照申报纳税之日的人民币汇率中间价折合成人民币计算缴纳税款。

（二）计算方法

(1) 车辆购置税实行从价定率、价外征收的办法计算应纳税额，计算公式如下。

应纳税额＝计税依据×税率

(2) 对免税条件消失的车辆，纳税人应按现行规定，在办理车辆转移登记或变更登记前缴纳车辆购置税。

应纳税额＝初次申报时计税价格×(1－已使用年限×10%)×税率

【实例8-7·计算题】2020年12月，小敏从增值税一般纳税人处购买一辆供自己使用的轿车，支付含增值税的价款为268 940元。已知车辆购置税适用10%的税率，增值税税率为13%。请计算小敏应当缴纳的车辆购置税。

【解析】小敏应当缴纳的车辆购置税＝268 940÷(1＋13%)×10%＝23 800(元)。

四、征收管理及纳税申报

（一）车辆购置税的征收管理

1. 纳税环节

车辆购置税是对应税车辆的购置行为课征，征税环节选择在最终消费环节。具体而言，车辆购置税单一环节征收，实行一次课征制度，纳税人在向公安机关等车辆管理机构办理车辆登记注册前，缴纳车辆购置税。

2. 纳税地点

纳税人购置应税车辆，应当向车辆登记注册地的主管税务机关申报纳税，购置无须办理车辆登记注册手续的应税车辆，应当向纳税人所在地主管税务机关申报纳税。车辆登记注册地是指车辆的上牌落籍地或落户地。

3. 纳税期限

纳税人购买自用的应税车辆，应自购买之日起60日内申报纳税；进口自用的应税车辆，应当自进口之日起60日内申报纳税；自产、受赠、获奖和以其他方式取得并自用应税车辆的，应当自取得之日起60日内申报纳税。

4. 退税制度

已缴纳车辆购置税的车辆，发生下列情形之一的，准予纳税人申请退税。

(1) 车辆退回生产企业或销售企业的。

(2) 符合免税条件的设有固定装置的非运输专用作业车辆但已征税的。

(3) 其他依据法律法规规定应予退税的情形。

（二）纳税申报

车辆购置税实行一车一申报制度，免税车辆进行转让或改变用途时还需要再次申报。纳税人填写《车辆购置税纳税申报表》，同时提供车主身份证明、车辆价格证明、车辆合格证明及其他资料到税务机关办理。

纳税人登录后，可通过选择【我要办税】→【税费申报及缴纳】→【其他申报】→【车购税申报】，完成一般车辆购置税申报及缴款业务。

任务小结

知识点：

能力点：

重　点：

难　点：

任务五　环境保护税

任务引例

某化工企业2020年11月向大气直接排放二氧化硫、氟化物各100千克，一氧化碳200千克、氯化氢80千克，假设当地大气污染物每污染当量税额1.2元，该企业只一个排放口。对应污染物的污染当量值(单位：千克)分别为0.95、0.87、16.7、10.75。

思考：该企业9月的直接排放污染物行为是否应当纳税？纳什么税？应纳税额如何计算？在哪里纳税？在什么时间内纳税？

知识学习

一、环境保护税的基础知识

（一）环境保护税基本概念

环境保护税是对在我国领域及管辖的其他海域直接向环境排放应税污染物的企事业单位和其他生产经营者征收的一种税。

全国人大常委会通过《中华人民共和国环境保护税法》，自2018年1月1日起实施，同时停征排污费。它是我国第一部促进生态文明建设的单行税法。

环境保护税主要征税项目为水、气、声、渣四类重点污染物；纳税人主要是企事业单位和其他经营者；应税行为必须系直接排放污染物；税额为统一定额税和浮动定额税结合；税收收入全部归地方。

（二）环境保护税相关法律规定

1. 纳税人

环境保护税的纳税人指在中华人民共和国领域和中华人民共和国管辖的其他海域，直接向环境排放应税污染物的企业事业单位和其他生产经营者，不包含行政机关、家庭和个人。

2. 征税对象

环境保护税的征税对象包括大气污染物、水污染物、固体废物、(工业)噪声四类应税污染物。

3. 不征税项目

有下列情形之一的，不属于直接向环境排放污染物，不缴纳相应污染物的环境保护税。

(1) 企业事业单位和其他生产经营者向依法设立的污水集中处理、生活垃圾集中处理场所排放应税污染物的。如若集中处理场所超标向环境排放应税污染物的应依法缴纳环境保护税。

(2) 企业事业单位和其他生产经营者在符合国家和地方环境保护标准的设施、场所贮存或处置固体废物的。如若企业事业单位和其他生产经营者贮存或处置固体废物不符合国家和地方环境保护标准的，应依法缴纳环境保护税。

(3) 禽畜养殖场依法对畜禽养殖废弃物进行综合利用和无害化处理的。

4. 税收优惠

1) 免税

(1) 农业生产(不包括规模化养殖)排放应税污染物的。

(2) 机动车、铁路机车、非道路移动机械、船舶和航空器等流动污染源排放应税污染物的。

(3) 依法设立的城乡污水集中处理、生活垃圾集中处理场所排放相应应税污染物，不超过国家和地方规定的排放标准的。

(4) 纳税人综合利用的固体废物，符合国家和地方环境保护标准的。

(5) 国务院批准免税的其他情形。

2) 减税

(1) 纳税人排放应税大气污染物或水污染物的浓度值低于国家和地方规定的污染物排放标准 30%的，减按 75%征收环境保护税。

(2) 纳税人排放应税大气污染物或水污染物的浓度值低于国家和地方规定的污染物排放标准 50%的，减按 50%征收环境保护税。

(3) 纳税人噪声声源一个月内累计昼间超标不足 15 昼或累计夜间超标不足 15 夜的，分别减半计算应纳税额。

纳税人任何一个排放口排放应税大气污染物、水污染物的浓度值，以及没有排放口排放应税大气污染物的浓度值，超过国家和地方规定的污染物排放标准的，依法不予减征环保税。

二、税目税率和计税依据

(一) 税目税率

(1) 固体废物和噪声：全国统一定额税。

(2) 大气和水污染物：浮动定额税——上限为下限的 10 倍。

省级人民政府可在规定税额幅度内提出，报同级人大常委会决定，并报全国人大常委会和国务院备案。

环境保护税税目税率表如表 8.2 所示。

表8.2 环境保护税税目税率表

税目		计税单位	税额
大气污染物		每污染当量	1.2 元至 12 元
水污染物		每污染当量	1.4 元至 14 元
固体废物	煤矸石	每吨	5 元
	尾矿	每吨	15 元
	危险废物	每吨	1000 元
	冶炼渣、粉煤灰、炉渣、其他固体废物(含半固态、液态废物)	每吨	25 元
噪声	工业噪声	超标 1～3 分贝	每月 350 元
		超标 4～6 分贝	每月 700 元
		超标 7～9 分贝	每月 1400 元
		超标 10～12 分贝	每月 2800 元
		超标 13～15 分贝	每月 5600 元
		超标 16 分贝以上	每月 11 200 元

（二）计税依据

(1) 应税大气污染物和应税水污染物的计税依据都是污染当量数。

(2) 应税固体废物的计税依据固体废物排放量。

(3) 应税噪声的计税依据是超过国家规定标准的分贝数。

三、应纳税额的计算

（一）大气和水污染物的计税方法

每一排放口或没有排放口的应税大气污染物，按污染当量数从大到小排序，对前三项污染物征税。

每一排放口的应税水污染物，区分第一类和其他类，按污染当量数从大到小排序，对第一类水污染物按前五项征税，对其他类水污染物按前三项征税。

纳税人有下列情形之一的，以其当期应税大气污染物、水污染物的产生量作为污染物的排放量。

(1) 未依法安装使用污染物自动监测设备或未将污染物自动监测设备与环境保护主管部门的监控设备联网。

(2) 损毁或擅自移动、改变污染物自动监测设备。

(3) 篡改、伪造污染物监测数据。

(4) 通过暗管、渗井、渗坑、灌注或稀释排放，以及不正常运行防治污染设施等方式违法排放应税污染物。

(5) 进行虚假纳税申报。

大气和水污染物计税的计算公式如下。

应纳税额＝污染当量数×单位税额

污染当量数＝排放量÷污染当量值

【实例 8-8・计算题】某市大气污染物单位税额为 20 元。该市甲化工厂 2020 年 7 月排放一般性粉尘 400 千克，二氧化硫 285 千克。一般性粉尘污染当量值 8 千克，二氧化硫污染当量值 0.95 千克。

【解析】一般性粉尘污染当量数＝400÷8＝50

二氧化硫污染当量数＝285÷0.95＝300

应纳税额＝(300＋50)×20＝7000(元)

(二) 固体废物的计税方法

纳税人有下列情形之一的，以其当期应税固体废物的产生量作为固体废物的排放量。

(1) 非法倾倒应税固体废物。

(2) 进行虚假纳税申报。

固体废物计税的计算公式如下。

固体废物排放量＝产生量－贮存量－处置量－综合利用量

(三) 工业噪声的计税方法

按超过国家规定标准的分贝数确定每月税额。

(1) 一个单位边界上有多处噪声超标，根据最高一处超标声级计算应纳税额；当沿边界长度超过 100 米有两处以上噪声超标，按照两个单位计算应纳税额。

(2) 一个单位有不同地点作业场所的，应当分别计算应纳税额合并计征。

(3) 昼、夜均超标的环境噪声，昼、夜分别计算应纳税额，累计计征。

(4) 声源一个月内超标不足 15 天的，减半计算应纳税额。

(5) 夜间频繁突发和夜间偶然突发厂界超标噪声，按等效声级和峰值噪声两种指标中超标分贝值高的一项计算应纳税额。

(6) 一个单位的同一监测点当月有多个监测数据超标的，以最高一次超标声级计算应纳税额。

(7) 超标分贝不是整数值的，按四舍五入取整。

(四) 计税依据确定的方法和顺序

(1) 纳税人安装使用符合国家规定和监测规范的污染物自动监测设备的，按照污染物自动监测数据计算。

(2) 纳税人未安装使用污染物自动监测设备的，按照监测机构出具的符合国家有关规定和监测规范的监测数据计算。

(3) 因排放污染物种类多等原因不具备监测条件的，按照国务院环境保护主管部门规定的排污系数、物料衡算方法计算。

(4) 不能按照本条第一项至第三项规定的方法计算的，按照省、自治区、直辖市人民政府环境保护主管部门规定的抽样测算的方法核定计算。

四、征收管理及纳税申报

（一）纳税义务发生时间

环境保护税的纳税义务发生时间为应税行为发生的当日。

（二）应税污染物排放地的税务机关

(1) 直接排放大气、水污染物的应税单位，应向排放口所在地的主管税务机关纳税。
(2) 直接排放应税固体废物、噪声的应税单位，应向应税行为产生地的主管税务机关纳税。

（三）纳税期限

环境保护税的纳税期限为按月计算，按季申报缴纳；不能按固定期限计算缴纳的，可以按次申报缴纳。

（四）缴库期限

按季申报缴纳的，自季度终了之日起 15 日内申报缴税。
纳税人按次申报缴纳的，应当自纳税义务发生之日起 15 日内申报缴税。
税务机关与生态环境主管部门明晰职责，合理分工，建立涉税信息共享平台和工作配合机制，依法征税，保护生态环境。

（五）纳税申报

根据国家税务总局公告 2018 年第 7 号规定，《环境保护税纳税申报表》分为 A 类申报表与 B 类申报表。A 类申报表包括 1 张主表和 5 张附表，适用于通过自动监测、监测机构监测、排污系数和物料衡算法计算污染物排放量的纳税人，享受减免税优惠的纳税人还需要填报减免税相关附表进行申报。B 类申报表适用于除 A 类申报之外的其他纳税人，包括按次申报的纳税人。首次申报环境保护税的纳税人应同时填报《环境保护税基础信息采集表》，包括 1 张主表和 4 张附表，用于采集纳税人与环境保护税相关的基础信息。纳税人与环境保护税相关的基础信息发生变化的，应及时向主管税务机关办理变更手续。

知识点：

能力点：

重　点：

难　点：

【实务操作一】 请根据项目引例计算缴纳税费。

【解析】

(1) 应纳城市维护建设税税额＝(40 000＋160 000)×7%＝14 000(元)。

(2) 应纳教育费附加＝(40 000＋160 000)×3%＝6000(元)；地方教育费附加＝(40 000＋160 000)×2%＝4000(元)。

对进口货物或境外单位和个人向境内销售劳务、服务、无形资产缴纳的增值税、消费税税额，不征收城市维护建设税税额、教育费附加。

(3) 由委托方提供主要材料或原料，受托方只提供辅助材料的加工承揽合同，无论加工费和辅助材料金额是否分别记载，均以辅助材料与加工费的合计数，依照“加工承揽合同”计税贴花；对委托方提供的主要材料或原料金额不计税贴花。明德公司与乙企业签订的合同应纳印花税＝(5＋30)×10 000×0.3‰＝105(元)。

(4) 代收代缴城市维护建设税税额为 12×7%＝0.84(万元)。明德公司提供加工劳务对应的增值税、城市维护建设税，纳税人为明德公司，由该公司自行纳税，不属于代收代缴；由受托方代扣代缴、代收代缴增值税、消费税的单位和个人，其代扣代缴、代收代缴的城市维护建设税按受托方所在地适用税率(7%)执行。

【实务操作二】 某公司2020年6月开业，领受房产权证、营业执照、商标注册证、土地使用证各一件。该公司租赁2台起重机并签订租赁合同，每台每月租金20 000元。订立产品购销合同两份，所载金额为200万元。订立借款合同一份，所载金额为60万元。此外，该公司的营业账簿中，“实收资本”账户载有资金200万元，其他营业账簿5本。该公司12月底“实收资本”所载资金增加为250万元。计算该公司6月份应纳印花税额和12月份应补纳印花税额并做会计处理。

【解析】

(1) 公司领受权利、许可证照应纳税额＝4×5＝20(元)。

(2) 公司签订租赁合同应纳税额＝20 000×2×2×1‰＝80(元)。

(3) 公司订立购销合同应纳税额＝2 000 000×0.3‰＝600(元)。

(4) 公司订立借款合同应纳税款＝600 000×0.05‰＝30(元)。

(5) 公司营业账簿中“实收资本”应纳税额＝2 000 000×0.5‰×50%＝500(元)。

(6) 6 月份公司应纳印花税税额＝20＋80＋600＋30＋500＝1230(元)。

(7) 12 月份资金账簿应补缴印花税税额＝(2 500 000－2 000 000)×0.5‰×50%＝125(元)。

【综合技能训练】

一、单项选择题

1. 以下税种中，属于行为目的税类的是(　　)。

A. 资源税　　　　B. 房产税

C. 车辆购置税　　D. 城镇土地使用税

2. 下列属于城市维护建设税计税依据的是(　　)。

A. 进口环节缴纳的增值税　　B. 进口环节缴纳的关税

C. 进口环节缴纳的消费税　　D. 国内销售环节实际缴纳的增值税、消费税

3. A 企业位于 A 市，本月应缴纳的增值税为 5000 元，实际缴纳的增值税为 4000 元；本月应缴纳的消费税为 3000 元，实际缴纳的消费税为 2000 元。该企业本月应该缴纳的城市维护建设税是(　　)元。

A. (5000＋3000)×7%　　B. (4000＋2000)×7%

C. (5000＋3000)×5%　　D. (4000＋2000)×5%

4. 根据印花税法律制度的规定，下列各项中属于印花税征收范围的有(　　)。

A. 委托代理合同　　B. 人身保险合同

C. 财产保险合同　　D. 审计咨询合同

5. 甲公司与乙公司签订一份承揽合同，合同载明由甲公司提供原材料 300 万元，支付乙公司加工费 40 万元；又与丙公司签订了一份财产保险合同，保险金额 1000 万元，支付保险费 1 万元。则甲公司签订的上述两份合同应缴纳印花税税额的下列计算中，正确的是(　　)。

A. 300×0.3‰＋1000×1‰　　B. 300×0.3‰＋1×1‰

C. 40×0.3‰＋1×1‰　　D. 40×0.3‰＋1000×1‰

6. 根据车辆购置税法律制度的规定，下列各项车辆中，不属于车辆购置税免税项目的是(　　)。

A. 设有固定装置的非运输专用作业车辆

B. 个人受赠自用的排气量 200 毫升的摩托车

C. 外国驻华使馆购买自用的汽车

D. 城市公交企业购置的公共汽电车辆

二、多项选择题

1. 下列各项中，符合城市维护建设税有关规定的是(　　)。

A. 个体经营者属于城市维护建设税纳税义务人

B. 集贸市场经营暂不缴纳城市维护建设税

C. 流动经营无固定纳税地点的纳税人在居住地缴纳城市维护建设税

D. 城市维护建设税的税款专用于保证城市公共事业和公共设施的维护与建设

2. 按现行政策，下列作为城建税及教育费附加计算基数的有(　　)。

A. 某进出口贸易公司缴纳的关税

B. 某个体工商户缴纳的增值税

C. 某外国企业缴纳的消费税

D. 某生产企业出口货物实行免、抵、退税办法后，经批准的免抵增值税税额

3. 根据印花税法律制度的规定，下列各项中免征印花税的有(　　)。

A. 发行单位与订阅单位之间书立的凭证

B. 无息、贴息借款合同

C. 应税凭证的副本

D. 军事物资运输结算凭证

三、判断题

1. 对出口货物退还增值税、消费税的，应同时退还已缴纳的城市维护建设税。（　）
2. 权利、许可证照实行按件贴花缴纳印花税。（　）
3. 进口自用应税车辆，以关税完税价格加上关税和消费税为车辆购置税的计税依据。（　）
4. 对购置已征车辆购置税的车辆，不再征收车辆购置税。（　）

项目九

资源税相关法规与实务

【知识目标】

1. 了解我国现行资源税类构成、各种税种的概念、征税目的和意义;
2. 掌握资源税类各种税种的征税对象、纳税人、税率和征收管理;
3. 熟练掌握资源税类各税种计税依据的确定和应纳税额的计算。

【技能目标】

1. 掌握资源税应纳税额计算和纳税申报;
2. 掌握城镇土地使用税应纳税额计算和纳税申报;
3. 掌握耕地占用税应纳税额计算;
4. 掌握土地增值税应纳税额计算和纳税申报。

【素质目标】

能使用资源税做出正确的政策分析，正确诚信缴纳资源税。

项目知识结构

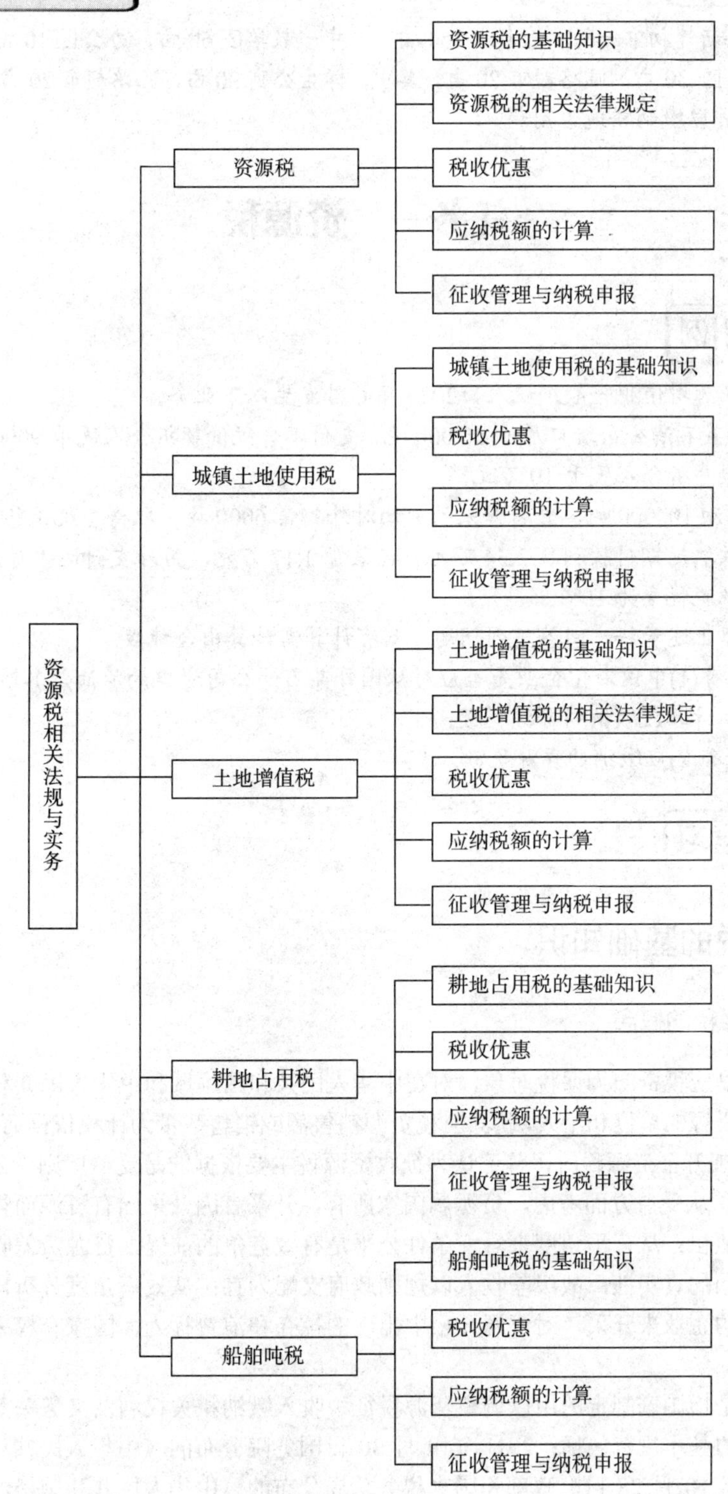
资源税相关法规与实务
资源税
资源税的基础知识
资源税的相关法律规定
税收优惠
应纳税额的计算
征收管理与纳税申报
城镇土地使用税
城镇土地使用税的基础知识
税收优惠
应纳税额的计算
征收管理与纳税申报
土地增值税
土地增值税的基础知识
土地增值税的相关法律规定
税收优惠
应纳税额的计算
征收管理与纳税申报
耕地占用税
耕地占用税的基础知识
税收优惠
应纳税额的计算
征收管理与纳税申报
船舶吨税
船舶吨税的基础知识
税收优惠
应纳税额的计算
征收管理与纳税申报

经批准某县新建初中一所，总占地150亩，其中：教学区60亩，办公区10亩，学生公寓30亩，教职工住宅区 30亩，临路超市20亩。其中，学生公寓30亩、临路超市20亩均为基本农田。

要求：计算应缴纳耕地占用税。

任务一 资源税

某石化企业为增值税一般纳税人，2020年6月发生以下业务。

(1) 从国外某石油公司进口原油50 000吨，支付不含税价款折合人民币9000万元，其中包含包装费及保险费折合人民币10万元。

(2) 开采原油10 000吨，并将开采的原油对外销售6000吨，取得含税销售额2340万元，同时向购买方收取延期付款利息2.34万元、包装费1.17万元，另外支付运输费用7.02万元。

原油的资源税税率为10%。

要求：根据上述资料，回答下列问题，如有计算需计算出合计数。

(1) 说明业务(1)中该石化企业是否应对从国外某石油公司进口的原油计算缴纳资源税，如需要计算缴纳，计算应缴纳的资源税额。

(2) 计算业务(2)应缴纳的资源税额。

一、资源税的基础知识

（一）资源税的概念

资源税是以应税资源为课税对象，对在中华人民共和国领域和中华人民共和国管辖的其他海域开发应税资源的单位和个人，就其应税资源销售额或销售数量为计税依据而征收的一种税。

1984年我国开征资源税时，普遍认为征收资源税主要依据的是受益原则、公平原则和效率原则3个方面。从受益方面考虑，资源属国家所有，开采者因开采国有资源而得益，有责任向所有者支付其地租；从公平角度来看，条件公平是有效竞争的前提，资源级差收入的存在影响资源开采者利润的真实性，故级差收入以规则政府支配为宜；从效率角度分析，稀缺资源应由社会净效率高的企业来开采，对资源开采中出现的掠夺和浪费行为，国家有权采取经济手段促其转变。

资源税法是指国家制定的用以调整资源税征税收入缴纳相关权利及义务关系的法律规范。现行资源税法的基本规范包括：2011年9月30日国务院公布的《中华人民共和国资源税暂行条例》，2011年10月28日财政部和国家税务总局公布的《中华人民共和国资源税暂行条例实施细则》，2015 年 7 月 1 日，国家税务总局公布的《煤炭资源税征收管理办法(试行)》，2016 年 5 月 9 日财政部国家税务总局公布的《关于全面推进资源税改革的通知》《关于资源税改革具体政策问题的通知》，以及 2020 年 9 月 1 开始实施的《中华人民共和国资源税法》(以下简称《资源税法》)等。

（二）资源税的主要作用

1. 促进企业之间开展平等竞争

我国的资源税属于比较典型的级差资源税，它根据应税产品的品种、质量、存在形式、开采方式，以及企业所处地理位置和交通运输条件等客观因素的差异确定差别税率，从而使条件优越者税负较高；反之，则税负较低。这种税率设计使资源税能够比较有效地调节由于自然资源条件差异等客观因素给企业带来的级差收入，减少或排除资源条件差异对企业盈利水平的影响，为企业之间开展平等竞争创造有利的外部条件。

2. 促进对自然资源的合理开发利用

通过对开发利用因素资源的行为，课征资源税体现了国有自然资源有偿占有的原则，从而可以促使纳税人节约、合理地开发和利用自然资源，有利于我国经济可持续发展。

3. 为国家筹集财政资金

随着课征范围的逐渐扩展，资源税的收入规模及其在税收收入总额中所占的比重都相应增加，其财政意义也日渐明显，在为国家筹集财政资金方面发挥着不可忽视的作用。

二、资源税的相关法律规定

（一）纳税义务人

资源税的纳税义务人是对在中华人民共和国领域和中华人民共和国管辖的其他海域开发应税资源的单位和个人。

依照《资源税法》的原则，对取用地表水或者地下水的单位和个人试点征收水资源税。

中外合作开采陆上、海上石油资源的企业依法缴纳资源税。

2011 年 11 月 1 日前已依法订立中外合作开采陆上、海上石油资源合同的，在该合同有效期内，继续依照国家有关规定缴纳矿区使用费，不缴纳资源税；合同期满后，依法缴纳资源税。

资源税规定仅对在中国境内开发征税，因此进口应税资源不征收资源税，由于对进口应税资源不征收资源税，相应地对出口应税资源也不免征或退还已纳资源税。单位和个人以应税资源投资、分配、抵债、赠与、以物易物等，视同销售，应按规定计算缴纳资源税。

（二）税目与税率

1. 税目

我国的资源税目前只对税法列举的资源征税，原则上以开采取得的原料产品或自然资源的初级产品为征税对象。具体来说，《资源税法》共设置 5 个一级税目 17 个二级子税目。所列的具体税目有 164 个，各税目的征税对象包括原矿或选矿，涵盖了所有已经发现的矿种和盐。具体如下。

1) 能源矿产

(1) 原油。其征税对象是原矿。

(2) 天然气、页岩气、天然气水合物。其征税对象是原矿。

(3) 煤。其征税对象是原矿或选矿。

(4) 煤成(层)气。其征税对象是原矿。

(5) 铀、钍。其征税对象是原矿。

(6) 油页岩、油砂、天然沥青、石煤。其征税对象是原矿或选矿。

(7) 地热。其征税对象是原矿。

2) 金属矿产

金属矿产包括黑色金属和有色金属。

3) 非金属矿产

非金属矿产包括矿物类、岩石类和宝玉石类三类。

4) 水气矿产

(1) 二氧化碳气、硫化氢气、氦气、氡气。其征税对象是原矿。

(2) 矿泉水。其征税对象是原矿。

5) 盐

(1) 钠盐、钾盐、镁盐和锂盐。其征税对象是选矿。

(2) 天然卤水。其征税对象是原矿。

(3) 海盐。

2. 税率

《资源税法》规定，对大部分应税资源实行从价计征或从量计征。因此，税率形式有比例税率和定额税率两种。资源税的税率(额)标准，依照《资源税税目税率表》执行，如表 9.1 所示。

表9.1 资源税税目税率表

税　目	征税对象	税　率
一、能源矿产		
1. 原油	原矿	6%
2. 天然气、页岩气、天然气水合物	原矿	6%
3. 煤	原矿或选矿	2%～10%
4. 煤成(层)气	原矿	1%～2%
5. 铀、钍	原矿	4%
6. 油页岩、油砂、天然沥青、石煤	原矿或选矿	1%～4%
7. 地热	原矿	1%～20%或每立方米 1～30 元
二、金属矿产		
1. 黑色金属		
铁、锰、铬、钒、钛	原矿或选矿	1%～9%

(续表)

税　目	征税对象	税　率
2. 有色金属		
1) 铜、铅、锌、锡、镍、锑、镁、钴、铋、汞	原矿或选矿	2%～10%
2) 铝土矿	原矿或选矿	2%～9%
3) 钨	选矿	6.5%
4) 钼	选矿	8%
5) 金、银	原矿或选矿	2%～6%
6) 铂、钯、钌、锇、铱、铑	原矿或选矿	5%～10%
7) 轻稀土	选矿	7%～12%
8) 中重稀土	选矿	20%
9) 铍、锂、锆、锶、铷、铯、铌、钽、锗、镓、铟、铊、铪、铼、镉、硒、碲	原矿或选矿	2%～10%
三、非金属矿产		
1. 矿物类		
1) 高岭土	原矿或选矿	1%～6%
2) 石灰岩	原矿或选矿	1%～6%或每吨(或每立方米)1～10 元
3) 磷	原矿或选矿	3%～8%
4) 石墨	原矿或选矿	3%～12%
5) 萤石、硫铁矿、自然硫	原矿或选矿	1%～8%
6) 天然石英砂、脉石英、粉石英、水晶、工业用金刚石、冰洲石、蓝晶石、硅线石(矽线石)、长石、滑石、刚玉、菱镁矿、颜料矿物、天然碱、芒硝、钠硝石、明矾石、砷、硼、碘、溴、膨润土、硅藻土、陶瓷土、耐火粘土、铁矾土、凹凸棒石粘土、海泡石粘土、伊利石粘土、累托石粘土	原矿或选矿	1%～12%
7) 叶蜡石、硅灰石、透辉石、珍珠岩、云母、沸石、重晶石、毒重石、方解石、蛭石、透闪石、工业用电气石、白垩、石棉、蓝石棉、红柱石、石榴子石、石膏	原矿或选矿	2%～12%
8) 其他粘土(铸型用粘土、砖瓦用粘土、陶粒用粘土、水泥配料用粘土、水泥配料用红土、水泥配料用黄土、水泥配料用泥岩、保温材料用粘土)	原矿或选矿	1%～5%或每吨(或每立方米)0.1～5 元
2. 岩石类		
1) 大理岩、花岗岩、白云岩、石英岩、砂岩、辉绿岩、安山岩、闪长岩、板岩、玄武岩、片麻岩、角闪岩、页岩、浮石、凝灰岩、黑曜岩、霞石正长岩、蛇纹岩、麦饭石、泥灰岩、含钾岩石、含钾砂页岩、天然油石、橄榄岩、松脂岩、粗面岩、辉长岩、辉石岩、正长岩、火山灰、火山渣、泥炭	原矿或选矿	1%～10%

(续表)

税　目	征税对象	税　率
2) 砂石	原矿或选矿	1%～5%或每吨(或每立方米) 0.1～5 元
3. 宝玉石类		
宝石、玉石、宝石级金刚石、玛瑙、黄玉、碧玺	原矿或选矿	4%～20%
4. 水气矿产		
1) 二氧化碳气、硫化氢气、氦气、氡气	原矿	2%～5%
2) 矿泉水	原矿	1%～20%或每立方米 1～30 元
5. 盐		
1) 钠盐、钾盐、镁盐、锂盐	选矿	3%～15%
2) 天然卤水	原矿	3%～15%或每吨(或每立方米) 1～10 元
3) 海盐		2%～5%

《资源税税目税率表》中规定实行幅度税率的，其具体适用税率由省、自治区、直辖市人民政府根据该表规定的税率幅度提出，报同级人民代表大会常务委员会决定，并报全国人民代表大会常务委员会和国务院备案。

（三）计税依据

根据《资源税法》规定，资源税实行从价计征或从量计征，《资源税税目税率表》中规定可以选择实行从价计征或从量计征的，具体计征方式由省、自治区、直辖市人民政府提出，报同级人民代表大会常务委员会决定，并报全国人民代表大会常务委员会和国务院备案。

纳税人开采或生产应税产品自用的，应当依照《资源税法》规定缴纳资源税，如果自用系连续生产应税产品的，不缴纳资源税。

1. 从价定率征收的计税依据

实行从价定率征收资源税的销售额，包括纳税人销售应税资源向购买方收取的全部价款和价外费用，不包括增值税销项税额和运杂费用。

1) 销售额的基本规定

从价定率征收的计税依据如表 9.2 所示。

表9.2　从价定率征收的计税依据

资源税计税依据包含的因素	资源税计税依据不包含的因素
(1) 向购买方收取的全部价款 (2) 价外向购买方收取的手续费、补贴、基金、集资费、返还利润、奖励费、违约金、滞纳金、延期付款利息、赔偿金、代收款项、代垫款项、包装费、包装物租金、储备费、优质费及其他各种性质的价外收费	(1) 单独核算收取的运杂费 (2) 符合条件的代垫运输费 (3) 代收的政府性基金或行政事业性收费 (4) 增值税销项税额

【小知识】

从价定率征收资源税的销售额不包括与销售额分别核算的运杂费用。运杂费用是指应税资源从坑口或洗选(加工)地到车站、码头或购买方指定地点的运输费用、建设基金及随运销产生的装卸、仓储费用。运杂费用应与销售额分别核算，凡未取得相应凭据或不能与销售额分别核算的，应当一并计征资源税。

2) 特别注意事项

(1) 纳税人以人民币以外的货币结算销售额的，应当折合成人民币计算。其销售额的人民币折合率可以选择销售额发生的当天或当月 1 日的人民币汇率中间价。纳税人应在事先确定采用何种折合率计算方法，确定后 1 年内不得变更。

(2) 纳税人开采应税资源由其关联单位对外销售的，按其关联单位的销售额征收资源税。纳税人既有对外销售应税产品，又有将应税产品用于除连续生产应税产品以外的其他方面的，则自用的这部分应税产品按纳税人对外销售应税产品的平均价格计算销售额征收资源税。

(3) 纳税人将其开采的应税资源直接出口的，按其离岸价格(不含增值税)计算销售额征收资源税。

(4) 纳税人申报的原煤和洗选煤价格明显偏低且无正当理由的，或者有视同销售应税煤炭行为而无销售价格的，主管税务机关应按下列顺序确定计税价格。

① 按纳税人最近时期同类原煤或洗选煤的平均销售价格确定。

② 按其他纳税人最近时期同类原煤和洗选煤的平均销售价格确定。

③ 按组成计税价格确定。

组成计税价格＝成本×(1＋成本利润率)÷(1－资源税税率)

2. 从量定额征收的计税依据

从量定额征收的计税依据如表 9.3 所示。

表9.3　从量定额征收的计税依据

具 体 情 况	课税数量的确定
各种应税资源，凡直接对外销售的	以实际销售数量为课税数量
各种应税产品，凡自产自用的 (包括用于非生产项目和生产非应税产品)	以视同销售的自用数量为课税数量
纳税人不能准确提供应税产品销售数量或移送使用数量的	以应税产品的产量或主管税务机关确定的折算比换算成的数量为课税数量

3. 视同销售的情形

计税销售额或销售数量，包括应税产品实际销售和视同销售两部分，应当征收资源税的视同销售的自产自用产品，包括用于非生产项目和生产非应税产品两类。视同销售具体情况包括以下情形。

(1) 纳税人以自产原矿直接加工为非应税产品的，视同原矿销售。

(2) 纳税人以自采原矿洗选后的精矿连续生产非应税产品的，视同精矿销售。

(3) 以应税产品投资、分配、抵债、赠与、以物易物等视同应税产品销售。

三、税收优惠

（一）有下列情形之一的，免征资源税

(1) 开采原油以及在油田范围内运输原油过程中用于加热的原油、天然气。
(2) 煤炭开采企业因安全生产需要抽采的煤成(层)气。

（二）有下列情形之一的，减征资源税

(1) 从低丰度油气田开采的原油、天然气，减征百分之二十资源税。
(2) 高含硫天然气、三次采油和从深水油气田开采的原油、天然气，减征百分之三十资源税。
(3) 稠油、高凝油减征百分之四十资源税。
(4) 从衰竭期矿山开采的矿产品，减征百分之三十资源税。

根据国民经济和社会发展需要，国务院对有利于促进资源节约集约利用、保护环境等情形可以规定免征或者减征资源税，报全国人民代表大会常务委员会备案。

（三）有下列情形之一的，省、自治区、直辖市可以决定免征或者减征资源税

(1) 纳税人开采或者生产应税产品过程中，因意外事故或者自然灾害等原因遭受重大损失。
(2) 纳税人开采共伴生矿、低品位矿、尾矿。

纳税人的免税、减征项目，应当单独核算销售额或销售数量，未单独核算或不能准确提供销售额或销售数量的，不予免税或减税。

（四）增值税小规模纳税人的优惠

自2019年1月1日至2021年12月31日，省、自治区、直辖市人民政府根据本地区实际情况，以及宏观调控需要确定，对增值税小规模纳税人可以在50%的税额幅度内减征资源税。增值税一般纳税人按规定转登记为小规模纳税人的，自成为小规模纳税人的当月起适用减征优惠。

四、应纳税额的计算

资源税的应纳税额，按照从价定率或从量定额的办法，分别以应税产品的销售额，乘以纳税人具体适用的比例税率或应税产品的销售数量乘以纳税人具体适用的定额税率计算。

（一）从价定率方式应纳税额的计算

实行从价定率方式征收资源税的，根据应税产品的销售额和规定的适用税率计算应纳税额，具体计算公式如下。

应纳税额＝销售额×适用税率

【实例 9-1 · 计算题】某油田2020年3月销售原油20 000吨，开具增值税专用发票的销售额为10 000万元，增值税税额为1700万元。其适用的税率为8%，请计算该油田3月应缴纳的资源税。

【解析】应纳税额＝10 000×8%＝800(万元)。

（二）从量定额方式应纳税额的计算

实行从量定额征收资源税的，根据应税产品的课税数量和规定的单位税额计算应纳税额，具体计算公式如下。

应纳税额＝课税数量×单位税额

【实例 9-2·计算题】某砂石开采企业 2020 年 3 月销售 2000 立方米，资源税率为 2 元/立方米，请计算该企业 3 月应纳资源税额。

【解析】应纳税额＝2000×2＝4000(元)。

五、征收管理与纳税申报

（一）纳税义务发生时间

1. 纳税人销售应税产品的纳税义务发生时间

纳税人销售应税产品，其纳税义务发生时间如下。

(1) 纳税人采取分期收款结算方式等其他所有发生时间为销售合同规定的收款日期的当天。

(2) 纳税人采取预收货款结算方式的，其纳税义务发生时间为发出应税产品的当天。

(3) 纳税人采取其他结算方式的，其纳税义务发生时间为收讫销售款或索取销售款凭证的当天。

2. 纳税人自产自用应税产品的纳税义务发生时间

纳税人自产自用应税产品的纳税义务发生时间为移送使用应税产品的当天。

（二）纳税期限

资源税按月或按季申报缴纳；不能按固定期限计算纳税的，可以按次申报缴纳。

纳税人按月或按季申报的，应当自月度或季度终了之日起 15 日内，向税务机关申报缴纳税款。纳税人按次申报缴纳的，应当自纳税义务发生之日起 15 日内，向税务机关申报缴纳税款。

（三）纳税地点

纳税人应当向应税产品的开采地或生产所在地主管税务机关缴纳资源税。

（四）纳税申报

(1) 功能路径：【我要办税】→【税费申报及缴纳】→【综合纳税申报】，单击菜单进入综合纳税申报界面，选择资源税税源采集。

(2) 进入资源税税源信息采集界面，税款属期起止默认当前属期。单击“查询”按钮，可查询出在税款所属期内未采集或已采集的资源税税源信息。

(3) 进入综合纳税申报表界面，确认申报数据无误，单击并提交。

任务小结

知识点：

能力点：

重　点：

难　点：

任务二　城镇土地使用税

任务引例

A 公司为位于某区的一国有企业，与土地使用税相关的资料如下：A 公司提供的政府部门核发的土地使用证书显示 A 公司实际占地面积 49 000 平方米，其中，企业内学校和医院共占地 1000 平方米，厂区内生活小区的绿化用地 500 平方米，其余土地均为 A 公司生产经营用地。2020 年 3 月 31 日，A 公司将一块 7000 平方米的土地对外无偿出租给军队作为训练基地；2020 年 4 月 30 日，将一块 900 平方米的土地无偿借给某国家机关作为公务使用。

另外，该公司与某外商投资企业还共同拥有一块面积为 3000 平方米的土地，其中 A 公司实际使用 2000 平方米，其余归外商投资企业使用。

要求：假设当地的城镇土地使用税每半年征收一次，该地每平方米土地年税额 8 元，根据上述资料，分析计算 A 公司 2020 年 1—6 月份应缴纳的城镇土地使用税。

知识学习

一、城镇土地使用税的基础知识

（一）城镇土地使用税概念

城镇土地使用税是指国家在城市、县城、建制镇、工矿区范围内，对使用土地的单位和个人，以其实际占用的土地面积为计税依据，按照规定的税额计算征收的一种税。

现行城镇土地使用税法的基本规范是，2006 年 12 月 31 号，国务院修改并颁布的《中华人民共和国城镇土地使用税暂行条例》，此后，2011 年、2013 年、2019 年又先后对《中华人民共和国城镇土地使用税暂行条例》进行了第二次、第三次、第四次修订。开征城镇土地使用税，有利于通过经济手段加强对土地的管理，变土地的无偿使用为有偿使用，促进合理、节约使用土地，提高土地使用效益；有利于适当调节不同地区、不同地段之间的土地级整收入，促进企业加强经济核算，理顺国家与土地使用者之间的分配关系。

（二）纳税义务人与征税范围

1. 纳税义务人

凡在城市、县城、建制镇、工矿区范围内使用土地的单位和个人，为城镇土地使用税的纳税人。上述所称单位包括国有企业、集体企业、私营企业、股份制企业、外商投资企业、外国企业以及其他企业和事业单位、社会团体、国家机关、军队以及其他单位；所称个人，包括个体工商户以及其他个人。

城镇土地使用税的纳税人通常包括以下几类。

(1) 拥有土地使用权的单位和个人。

(2) 拥有土地使用权的单位和个人不在土地所在地的，其土地实际使用人和代管人为纳税人。

(3) 土地使用权未确定或权属纠纷未解决的，其实际使用人为纳税人。

(4) 土地使用权共有的共有各方都是纳税人，由共有各方分别纳税。

2. 征税范围

城镇土地使用税的征税范围包括在城市、县城、建制镇、工矿区的国家所有和集体所有的土地。上述城市、县城、建制镇、工矿区分别按以下标准确认。

(1) 城市是国务院批准设立的市。

(2) 县城是指县人民政府所在地。

(3) 建制镇是指经各省、自治区、直辖市人民政府批准设立的建制镇。

(4) 工矿区是指工商业比较发达，人口比较集中，符合国务院规定的建制镇标准，但尚未设立建制镇的大中型工矿及工矿企业所在地，工矿区需经各省、自治区、直辖市人民政府批准。

建立在城市、县城、建制镇、工矿区以外的工矿企业不需要缴纳城镇土地使用税。

二、税收优惠

城镇土地使用税的税收优惠包括以下几类。

(1) 国家机关、人民团体、军队自用的土地。但如果是对外出租、经营用则要交土地使用税。

(2) 由国家财政部门拨付事业经费的单位自用的土地，不包括自收自支、自负盈亏的事业单位。

(3) 宗教寺庙、公园、名胜古迹自用的土地，不包括经营用地。

(4) 市政街道、广场、绿化地带等公共用地。

(5) 直接用于农、林、牧、渔业的生产用地。

(6) 经批准开山填海整治的土地和改造的废弃土地，从使用的月份起免缴城镇土地使用税 5 年至 10 年。

(7) 由财政部另行规定免税的能源、交通、水利设施用地和其他用地。

(8) 个人所有的居住房屋及院落用地；房产管理部门在房屋调整改革前征租的居民住房用

地；免税单位职工家属的宿舍用地；民政部门举办的安置残疾人占一定比例的福利工厂用地；集体和个人举办的各类学校、医院、托儿所、幼儿园用地等的征免税，由各省、自治区、直辖市税务局确定。

三、应纳税额的计算

（一）税率

城镇土地使用税采用定额税率，即采用有幅度的差别税额。按大、中、小城市和县城、建制镇、工矿区分别规定每平方米城镇土地使用税年应纳税额。城镇土地使用税每平方米年税额标准具体规定如下。

(1) 大城市 1.5～30 元。

(2) 中等城市 1.2～24 元。

(3) 小城市 0.9～18 元。

(4) 县城、建制镇、工矿区 0.6～12 元。

大中小城市以公安部登记在册的非农业正式户口人数为依据，按照国务院颁布的《城市规划条例》中规定的标准划分，人口在 50 万以上者为大城市，人口在 20 万到 50 万之间则为中等城市，人口在 20 万以下者为小城市。

各省、市、自治区直辖市人民政府，应当在上述税额幅度内，根据市政建设状况、经济繁荣程度等条件确定所辖地区的适用税额幅度。各市、县人民政府应当根据实际情况，将本地区土地划分为若干等级，在省、自治区、直辖市人民政府确定的税额幅度内，制定相应的适用税额标准，报省、自治区、直辖市人民政府批准执行。

（二）计税依据

城镇土地使用税，纳税人实际占用的土地面积为计税依据，土地面积计量标准为每平方米。税务机关根据纳税人实际占用的土地面积，按照规定的税额计算应纳税额，向纳税人征收城镇土地使用税。纳税人实际占用的土地面积按下列办法确定。

(1) 凡由省、自治区、直辖市人民政府确定的单位组织测定土地面积的，以测定的面积为准。

(2) 尚未组织测量，但纳税人持有政府部门核发的土地使用证书的，以证书确认的土地面积为准。

(3) 尚未核发出土地使用证书的，应由纳税人申报土地面积据以纳税，待核发土地使用证以后再做调整。

（三）应纳税额的计算公式

城镇土地使用税根据实际使用土地的面积，按税法规定的单位税额缴纳。其计算公式如下。

全年应纳城镇土地使用税额＝应税土地的实际占用面积×适用单位税额

【实例 9-3・计算题】武泰钢材进出口公司拥有自用房产原值 600 000 元，占用土地面积为 1500 平方米，每平方米年税额为 6 元；税务部门规定对城镇土地使用税在季末后 10 日内缴纳，

1 月 31 日计算本月份应缴纳的城镇土地使用税。

【解析】应缴纳城镇土地使用税额＝1500×6÷12＝9000÷12＝750(元)。

四、征收管理与纳税申报

（一）纳税义务发生时间

(1) 购置新建商品房，自房屋交付使用之次月起计征城镇土地使用税。

(2) 购置存量房，自办理房屋权权属转移、变更登记手续，房地产权属登记机关签发房屋权属证书之次月起计征城镇土地使用税。

(3) 出租、出借房产，自交付出租、出借房产之次月起计征城镇土地使用税。

(4) 以出让或转让方式有偿取得土地使用权的，应由受让方从合同约定交付土地时间的次月起缴纳城镇土地使用税；合同未约定交付时间的，有受让方从合同签订的次月起缴纳城镇土地使用税。

(5) 纳税人新征用的耕地，自批准征用之日起满一年时开始缴纳土地使用税，新征用的非耕地，自批准征用次月起缴纳。

(6) 通过招标、拍卖、挂牌方式取得的建设用地，不属于新征用的耕地，纳税人应按照有关规定，从合同约定交付土地时间的次月起缴纳城镇土地使用税；合同未约定交付土地时间的，从合同签订的次月起缴纳城镇土地使用税。

（二）纳税期限

城镇土地使用税实行按年计算，分期缴纳的征收方法，具体纳税期限由省、直辖市、自治区人民政府确定。

（三）纳税地点和征收机构

城镇土地使用税在土地所在地缴纳，纳税人使用的土地不属于同一省、直辖市、自治区管辖的，由纳税人分别向土地所在地的税务机关缴纳城镇土地使用税；在同一省、直辖市、自治区管辖范围内，纳税人跨地区使用土地，其纳税地点由各省、自治区、直辖市税务局确定。

（四）纳税申报

城镇土地使用税的纳税人应按照条例的有关规定，及时办理纳税申报，并如实填写《城镇土地使用税纳税申报表》

(1) 纳税人新征用的土地，必须于批准新征用之日起 30 日内申报登记。

(2) 纳税人如有地址变更、土地使用权转换等情况，从转移之日起，按规定期限办理申报变更登记。

任务小结

知识点：

能力点：

重　点：

难　点：

任务三　土地增值税

任务引例

某工业企业转让一幢20世纪90年代建造的厂房，当时造价100万元，无偿取得土地使用权。如果按现行市场价的材料、人工费计算，建造同样的房子需600万元，该房子为七成新，按500万元出售，支付有关税费共计27.5万元。

要求：计算该公司该项目应缴纳的土地增值税税额。

知识学习

一、土地增值税的基础知识

（一）土地增值税的概念

土地增值税是对有偿转让国有土地使用权及地上建筑物和其他附着物产权，取得增值收入的单位和个人征收的一种税。现行土地增值税的基本规范是1993年12月13日国务院颁布的《中华人民共和国土地增值税暂行条例》(以下简称《土地增值税暂行条例》)。征收土地增值税，增强了政府对房地产开发和交易市场的调控，有利于抑制炒房炒卖土地获得暴利的行为，也增加了国家财政收入。

（二）纳税义务人与征税范围

1. 纳税义务人

土地增值税的纳税义务人是指转让国有土地使用权、地上建筑物及其附着物并取得收入的单位和个人。单位包括国有企业、集体企业、私营企业、股份制企业、外商投资企业、外国企业，以及其他企业和事业单位、社会团体、国家机关、军队及其他单位；个人包括个体工商户及其他个人。

2. 征税范围

1) 基本征税范围

土地增值税是对转让国有土地使用权及其地上建筑物和附着物的行为征税，具体如下。

(1) 转让国有土地使用权。

国有土地是指按国家法律规定属于国家所有的土地。出售国有土地使用权，是指土地使用者通过出让方式向政府缴纳了土地出让金，有偿受让土地使用权后，仅对土地进行通水、通电、通路和平整地面等土地开发，不进行房产开发及所谓将生地变熟地，然后直接将空地出售出去。

(2) 地上的建筑物及其附着物连同国有土地使用权一并转让。

“地上的建筑物”是指建于土地上的一切建筑物，包括地上地下的各种附属设施，附着物是指附着于土地上的不能移动和一级移动即遭损坏的物品。纳税人取得国有土地使用权后进行房屋开发建造，然后出售的这种情况即是一般所说的房地产开发，虽然这种行为通常被称作卖房，但按照国家有关房地产法律法规的规定，卖房的同时，土地使用权也随之发生转让，由于这种情况既发生了产权的转让又取得了收入，所以应纳入土地增值税的征收范围。

(3) 存量房地产的买卖。

存量房地产是指已经建成并已投入使用的房地产及房屋，房屋所有人将房屋产权和土地使用权一并转让给其他单位和个人，这种行为按照国家有关的房地产法律和法规，应当到有关部门办理房屋产权和土地使用权的转移变更手续，原土地使用权属于无偿划拨的，还应到土地管理部门补交土地出让金。

2) 特殊征税范围

(1) 房地产的继承。

房地产的继承是指房产的原产权所有人，依照法律规定取得土地使用权的，土地使用人死亡以后，由其继承人依法承受死者房产产权和土地使用权的民事法律行为，这种行为虽然发生了房地产的权属变更，但作为房产产权土地使用权的所有人并没有因为权属变更而取得任何收入，因此，这种房地产的继承不属于土地增值税的征税范围。

(2) 房地产的赠与。

房地产赠与是指房产所有人和土地使用权所有人将自己所拥有的房地产无偿地交给其他人的民事法律行为，但这里的赠予仅指以下情况。

① 房产所有人和土地使用权所有人将房屋产权、土地使用权赠与直系亲属或承担直接赡养义务的人。

② 全国老年基金会、老区促进会以及经民政部门批准成立的其他非营利性的公益性组织。

③ 房地产的出租。房地产的出租是指房地产的产权所有人、依照法律规定取得土地使用权的土地使用人，将房产、土地使用权租赁给承租人使用，由承租人向出租人支付租金的行为，房地产的出租人虽然取得了收入，但没有发生房产产权、土地使用权的转让，因此不属于土地增值税的征税范围。

④ 房地产的抵押。房地产的抵押是指房地产的产权所有人、依法取得土地使用权的土地使用人作为债务人或第三方向债权人提供不动产作为清偿债务的担保而不转移权属的法律行为。

对于房地产的抵押，在抵押期间不征收土地增值税，抵押期满后，视该房地产是否转移占用而确定是否征收土地增值税，对于以房地产抵债而发生房地产权属转让的，应列入土地增值税的征税范围。

⑤ 房地产的交换。这种情况是指一方以房地产与另一方的房地产进行交换的行为，由于这种行为既发了房产产权、土地使用权的转移，交换双方又取得了实物形态的收入，属于土地增值税的征税范围。但对个人之间互换自有居住用房地产的，经当地税务机关核实，可以免征土地增值税。

⑥ 合作建房。对于一方出地一方出资金，双方合作建房，建成后按比例分房自用的，暂免征收土地增值税，建成后转让的，应征收土地增值税。

⑦ 房地产的代建房行为。这种情况是指房地产开发公司代客户进行房地产的开发，开发完成后，向客户收取代建收入的行为，对于房地产开发公司而言，虽然取得了收入，但没有发生房地产权属的转移，其收入属于劳务收入性质，故不属于土地增值税的征税范围。

⑧ 房地产的重新评估。这主要是指国有企业在清产核资时对房地产进行重新评估而使其升值的情况，这种情况下，房地产虽然有增值，但实际没有发生房地产权属的转移，房产产权、土地使用权人也未取得收入，所以不属于土地增值税的征税范围。土地增值税征税范围比较表如表 9.4 所示。

表9.4　土地增值税征税范围比较表

具 体 情 况	是否为土地增值税征税范围	是否为契税征税范围	是否为增值税征税范围
国有土地使用权出让	不是	是	是(免税)
土地使用权的转让	是	是	是
房屋买卖(含以房产抵债、投资、买房拆料或翻建新房等视同房屋买卖行为)	是	是	是
房屋赠与(含获奖、继承方式)	赠与直系亲属、承担直接赡养义务人及公益性赠与、法定继承不是，上述以外均纳税	法定继承不是，除此之外均纳税	赠与直系亲属、承担直接抚养义务人或赡养义务人及继承、受遗赠人免税，以及用于公益事业等不属于征税范围，上述以外均纳税
房屋交换	是(个人交换居住用房，经核实可免税)	是(等价交换免税)	是

二、土地增值税的相关法律规定

（一）税率

土地增值税按照四级超率累进税率进行征收，如表 9.5 所示。

表9.5　土地增值税四级超率累进税率表

级数	增值额与扣除项目金额的比率	适用税率	速算扣除率
1	不超过 50%的部分	30%	0
2	超过 50%～100%的部分	40%	5%
3	超过 100%～200%的部分	50%	15%
4	超过 200%的部分	60%	35%

注：纳税人建设普通住宅出售的，增值额未超过扣除金额 20%的，免征土地增值税。

（二）计税依据

土地增值税的计税依据是纳税人转让房地产取得的增值额，转让房地产的增值额是纳税人转让房地产取得的收入额减去税法规定的准予扣除项目金额后的余额。

增值额＝转让房地产取得的收入－准予扣除项目金额

1. 应税收入

纳税人转让房地产取得的应税收入应包括转让房地产的全部价款及有关的经济收益，从收入的形式来看，包括货币收入、实物收入和其他收入。

(1) 货币收入，是指纳税人转让房地产取得的现金、银行存款、支票、银行本票、汇票等各种信用票据和国库券、金融债券、企业债券、股票等有价证券。这些类型的收入实际上是转让方应转让土地使用权、房屋产权而向取得方收取的价款。货币收入一般比较容易确定。

(2) 实物收入，是指纳税人转让房地产而取得的各种实物形态的收入，如钢材、水泥等建材，房屋、土地等不动产，等等。实物收入的价值较难确定，一般要对这些事物形态的财产进行估价。

(3) 其他收入，是指纳税人转让房地产取得的无形资产收入或具有财产价值的权利，如专利权、商标权、著作权等。这种类型的收入比较少见，其价值需要进行专门的评估。

2. 扣除项目

扣除项目是指在确定房地产转让的增值额和计算缴纳土地增值税时，允许从房地产转让收入总额中扣除的项目，扣除项目可分为以下 6 类。

(1) 取得土地使用权所支付的金额。即纳税人为取得土地使用权所支付的地价款和按国家统一规定缴纳的有关费用。

(2) 开发土地和新建房及配套设施的成本。其指纳税人房地产开发项目实际发生的成本，具体包括土地征用及拆迁补偿费、前期工程费、建筑安装工程费、基础设施费、公共配套设施费、开发间接费用。

(3) 开发土地和新建房及配套设施的费用。其包括与房地产开发项目有关的销售费用、管理费用和财务费用(简称房地产开发费用)。

财务费用中的利息支出，按不超过商业银行同类同期贷款利率计算金额，据实扣除。其他房地产开发费用，按土地使用权支付金额及房地产开发项目实际发生的成本两项之和金额的 5%计算扣除。

凡不能按房地产项目计算分摊利息支出或不能提供金融机构证明的，房地产开发费用按本条(1)、(2)项规定的金额之和的10%以内计算扣除。

(4) 旧房及建筑物的评估价格。其是指由税务机关确认的房地产评估机构评定的重置成本价乘以成新度折扣率后的价格；纳税人转让旧房及建筑物所支付的评估费用，允许在计算增值额时据实扣除。

(5) 与转让房地产有关的税金。其是指转让房地产时缴纳的营业税、城市维护建设税、印花税及教育费附加。

(6) 财政部规定的其他扣除项目。其是指对从事房地产开发的纳税人，可按本条(1)、(2)项即土地使用权支付金额及房地产开发项目实际发生成本金额之和，加计20%扣除。

对县级以上人民政府要求房地产开发企业在售房时代收的各项费用，其代收费用计入房价向购买方一并收取的，可作为转让房地产收入计税，并相应在计算扣除项目金额时予以扣除。但不得作为加计20%扣除的基数。

转让旧房的，应按房屋及建筑物的评估价格、取得土地使用权所支付的地价款和国家统一规定缴纳的有关费用及在转让环节缴纳的税金作为扣除项目金额，计征土地增值税。对取得土地使用权未支付地价款或不能提供已支付地价款凭据的，不允许扣除该项地价款的金额。

三、税收优惠

(1) 纳税人建造普通标准住宅出售，增值额未超过扣除项目金额20%的，免征土地增值税。

2005年6月1日起，普通标准住宅应同时满足：住宅小区建筑容积率在1.0以上；单套建筑面积在120平方米以下；实际成交价格低于同级别土地上住房平均交易价格1.2倍以下。各省、自治区、直辖市要根据实际情况，制定本地区享受优惠政策普通住房的具体标准。允许单套建筑面积和价格标准适当浮动，但向上浮动的比例不得超过上述标准的20%。

纳税人建造普通标准住宅出售，增值额超过扣除项目金额20%的，应就其全部增值额按规定计税。

(2) 因国家建设需要依法征收、收回的房地产，免征土地增值税。

(3) 因城市实施规划、国家建设的需要而搬迁，由纳税人自行转让原房地产的，免征土地增值税。

(4) 对企事业单位、社会团体及其他组织转让旧房作为公租房房源，且增值额未超过扣除项目金额20%的，免征土地增值税。

四、应纳税额的计算

（一）增值额的确定

转让房地产的增值额是纳税人转让房地产取得的收入额减去税法规定的准予扣除项目金额后的余额，准确核算增值，还需要有准确的房地产转让收入额、可扣除项目的金额。在实际房地产交易活动中，有些纳税人由于不能准确提供房地产转让价格和扣除项目金额，致使增值额不准确，直接影响应纳税额的计算和缴纳。因此，《土地增值税暂行条例》第九条规定，纳税人有下列情形之一的，按照房地产评估价格计算征收。

(1) 隐瞒、虚报房地产成交价格的。

(2) 提供扣除项目金额不实的。

(3) 转让房地产的成交价格低于房地产评估价格，又无正当理由的。

（二）应纳税额的计算方法

土地增值税按照纳税人转让房地产所取得的增值额和规定的税率计算，征收土地增值税的计算公式如下。

应纳税额＝增值额×税率－扣除项目金额×速算扣除系数

计算土地增值税的步骤如下。

(1) 计算收入总额。

(2) 计算扣除项目金额。

(3) 用收入总额减除扣除项目金额计算增值额。

土地增值额＝转让房地产收入－规定扣除项目金额

(4) 计算增值额与扣除项目金额之间的比例，以确定适用税率的档次和速算扣除系数。

(5) 套用公式计算税额。

【实例 9-4・计算题】某房地产开发企业 2020 年 5 月将其开发的写字楼一幢出售，共取得收入 3815 万元(含税，增值税税率为 9%)。企业为开发该项目支付土地出让金 600 万元，房地产开发成本为 1400 万元，专门为开发该项目支付的贷款利息 120 万元。为转让该项目应当缴纳增值税、城市维护建设税及教育费附加共计 210.9 万元。当地政府规定，企业可以按土地使用权出让费、房地产开发成本之和的 5%计算扣除其他房地产开发费用。另外，税法规定，从事房地产开发的企业可以按土地出让费和房地产开发成本之和的 20%加计扣除。则该房地产开发企业应纳的税额是多少？

【解析】

收入总额＝3815÷(1＋9%)＝3500(万元)

扣除项目金额＝600＋1400＋120＋210.9＋(600＋1400)×5%＋(600＋1400)×20%＝600＋1400＋120＋210.9＋100＋400＝2830.9(万元)

增值额＝3500－2830.9＝669.1(万元)

增值额占扣除项目比率＝669.1÷2830.9×100%＝23.64%

应纳税额＝669.1×30%－0＝200.73(万元)

五、征收管理与纳税申报

由于房地产开发与转让周期较长，造成土地增值税征管难度大，所以应加强土地增值税的预征管理办法，预征率的确定要科学合理，对已经实施预征办法的地区，可根据不同类型房地产的实际情况，确定适用的预征率。除保障性住房外，东部地区省份预征率不得低于 2%，中部和东北地区省份不得低于 1.5%，西部地区省份不得低于 1%。

（一）纳税期限

纳税人应在转让房地产合同签订后的 7 日内到房地产所在地主管税务机关办理申报，纳税人因经常发生房地产转让而难以在每次转让时申报的，经税务机关审核同意后，可以定期进行纳税申报，具体期限由税务机关根据情况确定。

（二）纳税地点

土地增值税的纳税人向房地产所在地主管税务机关办理纳税申报，并在税务机关核定的期限内缴纳土地增值税。房地产所在地是指房地产的坐落地，纳税人转让的房地产坐落在两个或两个以上地区的，在原房地产所在地分别申报纳税。

（三）纳税申报

纳税人应在转让房地产合同签订后的 7 日内到房地产所在地主管税务机关办理申报，纳税人办理纳税申报时需填报《土地增值税纳税申报表》和《项目登记表》并向税务机关提交房屋及建筑物产权证书、土地使用权证书、土地转让合同、房产买卖合同、房地产评估报告及其他与转让房地产有关的资料。

知识点：

能力点：

重　点：

难　点：

任务四　耕地占用税

某县修建高速公路，线路占用耕地 800 亩，收费站生活区占地 40 亩，均为基本农田。
要求：请计算应缴纳耕地占用税。

一、耕地占用税的基础知识

（一）耕地占用税的概念

耕地占用税是对占用耕地建设建筑物、构筑物或从事其他非农业建设的单位和个人征收的税。

耕地占用税采用定额税率，其标准取决于人均占有耕地的数量和经济发展程度。现行耕地占用税法的基本规范是2018年12月29日第十三届全国人民代表大会常务委员会第七次会议通过的《中华人民共和国耕地占用税法》。耕地占用税是国家税收的重要组成部分，具有特定性、一次性、限制性和开发性等不同于其他税收的特点。开征耕地占用税是为了合理利用土地资源，加强土地管理，保护农用耕地。其作用主要表现在，利用经济手段限制乱占滥用耕地，促进农业生产的稳定发展；补偿占用耕地所造成的农业生产力的损失。

（二）纳税义务人与征税范围

1. 纳税义务人

耕地占用税纳税人是指在境内占用耕地建设建筑物、构筑物或从事其他非农业建设的单位和个人。

单位包括国有企业、集体企业、私营企业、股份制企业、外商投资企业、外国企业，及其他企业和事业单位、社会团体、国家机关、军队及其他单位；所称个人包括个体工商户及其他个人。

2. 征税范围

耕地是指种植农业作物的土地，包括园地、林地、草地、农田水利用地、养殖水面、渔业水域滩涂等。其中，园地包括花圃、苗圃、茶园、果园、桑园和其他种植经济林木的土地。

耕地占用税的征税范围包括纳税人为建设建筑物、构筑物或从事其他非农业建设而占用的国家所有和集体所有的耕地。

二、税收优惠

（一）免征耕地占用税

(1) 军事设施占用耕地。

(2) 学校、幼儿园、社会福利机构、医疗机构占用耕地。

免税的学校，具体范围包括县级以上人民政府教育行政部门批准成立的大学、中学、小学、学历性职业教育学校及特殊教育学校。由国务院人力资源社会保障行政部门，省、自治区、直辖市人民政府或其人力资源社会保障行政部门批准成立的技工院校。学校内经营性场所和教职工住房占用应税土地的，按照当地适用税额缴纳耕地占用税。

(3) 农村烈士遗属、因公牺牲军人遗属、残疾军人，以及符合农村最低生活保障条件等农村居民在规定用地标准以内新建自用住宅，免征耕地占用税。

（二）减征耕地占用税

(1) 铁路线路、公路线路、飞机场跑道、停机坪、港口、航道占用耕地，减按每平方米 2 元的税额征收耕地占用税。

根据实际需要，国务院财政、税务主管部门商国务院有关部门并报国务院批准后，可以对前款规定的情形免征或减征耕地占用税。

(2) 农村居民占用耕地新建住宅，按照当地适用税额减半征收耕地占用税。

减税的农村居民占用应税土地新建住宅，是指农村居民经批准在户口所在地按照规定标准占用应税土地建设自用住宅。其中农村居民经批准搬迁，原宅基地恢复耕种，新建住宅占用应税土地超过原宅基地面积的，对超过部分按照当地适用税额减半征收耕地占用税，新建自用住宅占用耕地不超过原宅基地面积的部分，免征耕地占用税。

三、应纳税额的计算

（一）税率

在中国的不同地区之间人口和耕地资源的分布极不均衡，有些地区人烟稠密，耕地资源相对匮乏；而有些地区则人烟稀少，耕地资源比较丰富。各地区之间的经济发展水平也有很大差异，考虑不同地区之间客观条件的差别及与此相关的税收调节力度和纳税人负担能力方面的差别，耕地占用税在税率设计上采用了地区差别定额税率。税率规定如下。

(1) 人均耕地不超过 1 亩的地区(以县级行政区域为单位，下同)，每平方米为 10～50 元。

(2) 人均耕地超过 1 亩但不超过 2 亩的地区，每平方米为 8～40 元。

(3) 人均耕地超过 2 亩但不超过 3 亩的地区，每平方米 6～30 元。

(4) 人均耕地超过 3 亩以上的地区，每平方米 5～25 元。

经济特区、经济技术开发区和经济发达、人均耕地特别少的地区，适用税额可以适当提高，但最多不得超过上述规定税额的 50%。

占用基本农田的，应当按照适用税额加征 150%。各省、自治区、直辖市耕地占用税平均税额如表 9.6 所示。

表9.6　各省、自治区、直辖市耕地占用税平均税额

地　　区	每平方米平均税额(元)
上海	45
北京	40
天津	35
江苏、浙江、福建、广东	30
辽宁、湖北、湖南	25
河北、安徽、江西、山东、河南、重庆、四川	22.5

(续表)

地　　区	每平方米平均税额(元)
广西、海南、贵州、云南、陕西	20
山西、吉林、黑龙江	17.5
内蒙古、西藏、甘肃、青海、宁夏、新疆	12.5

（二）计税依据

耕地占用税以纳税人实际占用耕地的面积为计税依据，以平方米为计量单位，按照规定的适用税额一次性征税。

（三）应纳税额的计算

耕地占用税以纳税人实际占用的耕地面积为计税依据，以每平方米土地为计税单位，按适用的定额税率计税。其计算公式如下。

应纳税额＝实际占用耕地面积(平方米)×适用定额税率

【实例 9-5 · 计算题】某市一家企业新占用 2 万平方米耕地用于工业建设，所占耕地适用的定额税率为 25 元/平方米，计算该企业应纳的耕地占用税。

【解析】应纳耕地占用税＝20 000×25＝500 000(元)

四、征收管理与纳税申报

（一）征收管理

耕地占用税由税务机关负责征收。耕地占用税的纳税义务发生时间为纳税人收到自然资源主管部门办理占用耕地手续的书面通知的当日。纳税人应当自纳税义务发生之日起 30 日内申报缴纳耕地占用税。自然资源主管部门凭耕地占用税完税凭证或免税凭证和其他有关文件发放建设用地批准书。纳税人因建设项目施工或地质勘察临时占用耕地，应当依照本法的规定缴纳耕地占用税，纳税人在批准临时占用耕地期满之日起 1 年内依法复垦，恢复种植条件的，全额退还已经缴纳的耕地占用税。

耕地占用税的征收管理，按照《中华人民共和国耕地占用税法》和《中华人民共和国税收征收管理法》的规定执行，纳税人、税务机关及其工作人员违反规定的，依照《中华人民共和国税收征收管理法》和有关法律法规的规定追究法律责任。

（二）纳税申报

(1) 登录电子税务局，单击【我要办税】→【综合信息报告】→【税源信息报告】→【耕地占用税税源信息报告】，单击“耕地占用税税源信息报告”，进入税源报告页面。

(2) 录入税源信息并保存。

(3) 单击【我要办税】→【税费申报及缴纳】→【综合申报】→【财产和行为税合并纳税申报】，录入相关信息保存后提交。

任务小结

知识点：

能力点：

重　点：

难　点：

任务五　船舶吨税

任务引例

2020 年 8 月 10 日，A 国某旅游公司一艘大型游轮驶入我国港口，该游轮负责人已向我国海关领取了“吨税执照”，在港口停留时间预计为 30 天，A 国未与我国签订互惠协定。

思考：A 国的游轮是否需要向中华人民共和国缴税？如果要缴税系缴纳什么税？缴多少？怎样计算？什么时间缴纳？(A 国游轮签发的船舶吨位证明书标明的净吨位为 30 000 吨)

一、船舶吨税的基础知识

（一）船舶吨税的概念

船舶吨税是海关为了维护港口和航标的建设，对自中华人民共和国境外港口进入境内港口的船舶所征收的一种税。

2017 年 12 月 27 日第十二届全国人民代表大会常务委员会第三十一次会议通过《中华人民共和国船舶吨税法》。

船舶吨税主要是对进出中国港口的国际航行船舶征收；以船舶的净吨位为计税依据，实行从量定额征收；对不同的船舶分别适用普通税率或优惠税率；所征税款主要用于港口建设维护及海上干线公用航标的建设维护。

（二）征税范围

自中华人民共和国境外港口进入境内港口的船舶。

（三）税率

船舶吨税设置优惠税率和普通税率。

【小知识】

中华人民共和国国籍的应税船舶，船籍国(地区)与中华人民共和国签订含有相互船舶税费最惠国待遇条款的条约或协定的应税船舶，适用优惠税率。其他应税船舶，适用普通税率。船舶吨税税目、税率表如表9.7所示。

表9.7　船舶吨税税目、税率表

<table>
<tr><th rowspan="3">税目
(按船舶净吨位划分)</th><th colspan="6">税率(元/净吨)</th><th rowspan="3">备注</th></tr>
<tr><th colspan="3">普通税率
(按执照期限划分)</th><th colspan="3">优惠税率
(按执照期限划分)</th></tr>
<tr><th>1年</th><th>90日</th><th>30日</th><th>1年</th><th>90日</th><th>30日</th></tr>
<tr><td>不超过2000净吨</td><td>12.6</td><td>4.2</td><td>2.1</td><td>9.0</td><td>3.0</td><td>1.5</td><td rowspan="4">1. 拖船按照发动机功率每千瓦折合净吨位0.67吨；
2. 无法提供净吨位证明文件的游艇，按照发动机功率每千瓦折合净吨位0.05吨；
3. 拖船和非机动驳船分别按相同净吨位船舶税率的50%计征税款</td></tr>
<tr><td>超过2000净吨，但不超过10 000净吨</td><td>24.0</td><td>8.0</td><td>4.0</td><td>17.4</td><td>5.8</td><td>2.9</td></tr>
<tr><td>超过10 000净吨，但不超过50 000净吨</td><td>27.6</td><td>9.2</td><td>4.6</td><td>19.8</td><td>6.6</td><td>3.3</td></tr>
<tr><td>超过50 000净吨</td><td>31.8</td><td>10.6</td><td>5.3</td><td>22.8</td><td>7.6</td><td>3.8</td></tr>
</table>

二、税收优惠

（一）直接优惠

下列船舶免征船舶吨税。

(1) 应纳税额在人民币50元以下的船舶。

(2) 自境外以购买、受赠、继承等方式取得船舶所有权的初次进口到港的空载船舶。

(3) 吨税执照期满后24小时内不上下客货的船舶。

(4) 非机动船舶(不包括非机动驳船)，是指自身没有动力装置，依靠外力驱动的船舶。

(5) 捕捞、养殖渔船，是指在中华人民共和国渔业船舶管理部门登记为捕捞船或养殖船的船舶。

(6) 避难、防疫隔离、修理、改造、终止运营或拆解，并不上下客货的船舶。

(7) 军队、武装警察部队专用或征用的船舶。

(8) 警用船舶。

(9) 依照法律规定应当予以免税的外国驻华使领馆、国际组织驻华代表机构及其有关人员的船舶。

(10) 国务院规定的其他船舶(由国务院报全国人民代表大会常务委员会备案)。

（二）延期优惠

在“吨税执照”期限内，应税船舶发生下列情形之一的，海关按照实际发生的天数批注延长“吨税执照”期限。

(1) 避难、防疫隔离、修理、改造，并不上下客货。

(2) 军队、武装警察部队征用。

(3) 应税船舶因不可抗力在未设立海关地点停泊的，船舶负责人应当立即向附近海关报告，并在不可抗力原因消除后，向海关申报纳税。

三、应纳税额的计算

船舶吨税按照船舶净吨位和吨税执照期限征收，应纳税额按照船舶净吨位乘以适用税额计算。

计算公式如下。

应纳税额＝船舶净吨位×定额税率

【实例 9-6・计算题】 2020 年 5 月 12 日，某国奥德赛运输公司一艘拖船驶入我国某港口，拖船负责人已向我国该海关领取了“吨税执照”，该拖船发动机功率为 7000 千瓦，在港口停留期限为 90 天，某国已与我国签订有相互给予船舶税费最惠国待遇条款。请计算该拖船负责人应向我国海关缴纳的船舶吨税。

【解析】 拖船的净吨位＝7000×0.67＝4690(吨)。

应缴纳船舶吨税＝4690×5.8×50%＝13 601(元)。

四、征收管理与纳税申报

（一）纳税义务发生及纳税期限

(1) 船舶吨税纳税义务发生时间为应税船舶进入港口的当日。

(2) 船舶吨税由海关负责征收。海关征收船舶吨税应当制发缴款凭证。

(3) 应税船舶在“吨税执照”期满后尚未离开港口的，应当申领新的“吨税执照”，自上一次执照期满的次日起续缴船舶吨税。

(4) 应税船舶负责人应当自海关填发船舶吨税缴款凭证之日起 15 日缴清税款。未按期缴清税款的，自滞纳税款之日起至缴清税款之日止，按日加收滞纳税款 0.5‰的滞纳金。

（二）纳税担保

应税船舶到达港口前，经海关核准先行申报并办结出入境手续的，应税船舶负责人应当向海关提供与其依法履行船舶吨税缴纳义务相适应的担保；应税船舶到达港口后，向海关申报纳税。下列财产、权利可以用于担保。

(1) 人民币、可自由兑换货币。

(2) 汇票、本票、支票、债券、存单。

(3) 银行、非银行金融机构的保函。

(4) 海关依法认可的其他财产、权利。

（三）其他管理

(1) 应税船舶在“吨税执照”期限内，因修理、改造导致净吨位变化的，“吨税执照”继续有效。

(2) “吨税执照”在期满前毁损或遗失的，应当向原发照海关书面申请核发“吨税执照”副本，不再补税。

(3) 海关发现少征或漏征税款的，应当自应税船舶应当缴纳税款之日起 1 年内，补征税款。但因应税船舶违反规定造成少征或漏征税款的，海关可以自应当缴纳税款之日起 3 年内追征税款，并自应当缴纳税款之日起按日加征、少征或漏征税款 0.5‰的滞纳金。

(4) 海关发现多征税款的，应当在 24 小时内通知应税船舶办理退还手续，并加算银行同期活期存款利息。

应税船舶发现多缴税款的，可以自缴纳税款之日起 3 年内以书面形式要求海关退还多缴的税款并算银行同期活期存款利息；海关应当自受理退款申请之日起 30 日内查实并通知应税船舶办理退还手续。

应税船舶应当自收到退税通知之日起 3 个月内办理有关退还手续。

(5) 应税船舶有下列行为之一的，由海关责令限期改正，处 2000 元以上 3 万元以下罚款；不缴或少缴应纳税款的，处不缴或少缴税款 50%以上 5 倍以下的罚款，但罚款不得低于 2000 元。

① 未按照规定申报纳税、领取“吨税执照”。

② 未按照规定交验“吨税执照”(或者申请核验吨税执照电子信息)及提供其他证明文件。

(6) 吨税税款、税款滞纳金、罚款以人民币计算。

（四）纳税申报

(1) 应税船舶负责人向船舶进境地海关进行纳税申报。

(2) 海关做出征税决定并打印《海关专用缴款书》(船舶吨税)。

知识点：

能力点：

重　点：

难　点：

【综合技能训练】

一、单项选择题

1. 以下煤炭资源中征收资源税的有(　　)。

A. 洗煤　　B. 选煤　　C. 原煤　　D. 蜂窝煤

2. 纳税人开采或生产应税产品并销售的，其资源税的征税数量为(　　)。

A. 开采数量　　B. 实际产量　　C. 计划产量　　D. 销售数量

3. 下列各项中，属于资源税纳税人的是(　　)。

A. 境内开采应税资源的矿产品或生产盐的个人

B. 生产居民煤炭制品的企业

C. 中外合作开采石油、天然气企业

D. 进口应税资源产品的单位或个人

4. 某冶金联合企业铁矿山，8 月份开采铁矿石 5000 吨，销售 4000 吨，适用的单位税额为每吨 14 元。该矿当月应纳资源税为(　　)元。

A. 33 600　　B. 56 000　　C. 22 400　　D. 28 000

5. 下列各项中，不符合资源税确定课税数量基本办法的是(　　)。

A. 纳税人开采或生产应税产品销售的，以销售数量为课税数量

B. 纳税人开采或生产应税产品自用的，以自用数量为课税数量

C. 纳税人不能准确提供应税产品销售数量或移送使用数量的，以应税产品的产量或主管税务机关确定的折算比换算成的数量为课税数量

D. 对于连续加工前无法正确计算原煤移送使用量的煤炭，可按加工产品的综合回收率，将加工产品生产量和自用量折算成原煤数量，以此作为课税数量

6. 下列各项中，关于判断土地增值税征收范围标准说法错误的是(　　)。

A. 转让的是否为国家所有土地使用权

B. 土地使用权、地上的建筑物及其附着物的产权是否发生转让

C. 转让房地产并取得收入

D. 有偿转让房地产使用权

7. 土地增值税的税率形式是(　　)。

A. 全额累进税率　　B. 超额累进税率

C. 超倍累进税率　　D. 超率累进税率

8. 下列关于耕地占用税的规定错误的是(　　)。

A. 耕地占用税以每平方米为计量单位

B. 耕地占用税的税率采用地区差别定额税率

C. 经济发达地区适用税额可适当提高，但最多不得超过规定税额的 30%

D. 经济发达地区适用税额可适当提高，但最多不得超过规定税额的 50%

9. 农村某村民新建住宅，经批准占用耕地 300 平方米，实际占地 300 平方米。该地区耕地占用税适用税额为 20 元/平方米，则该村民应纳耕地占用税(　　)元。

A. 3000　　B. 520　　C. 1300　　D. 2600

10. 经济特区、经济技术开发区和经济发达、人均占有耕地较少的地区，税额可以适当提高，但是最多不得超过规定税额标准的(　　)。

A. 20%　　B. 30%　　C. 50%　　D. 100%

11. 城镇土地使用税适用的税率属于(　　)。

A. 差别比例税率　　B. 幅度比例税率

C. 定额税率　　D. 地区差别比例税率

12. 城镇土地使用税的计税依据应为(　　)。

A. 纳税人使用土地而支付的使用费金额

B. 纳税人实际占用的土地面积

C. 纳税人转让土地使用权的转让收入

D. 纳税人租用土地而每年支付的租金

13. 下列土地应缴纳城镇土地使用税的是(　　)。

A. 占有或使用国有土地　　B. 某街道企业占用的国有土地

C. 家庭住房占地　　D. 种植农作物用地

14. 我市区某企业医务室占用土地 1000 平方米、厂房占地 2000 平方米，该企业应纳税额为(　　)元。

A. 16 000　　B. 24 000　　C. 12 000　　D. 18 000

二、多项选择题

1. 以下各项资源中，属于资源税的应税产品有(　　)。

A. 人造石油　　B. 企业自采生产用地下水

C. 与原油同时开采的天然气　　D. 宝玉石原矿

2. 以下各项中，不征资源税的是(　　)。

A. 修井用原油　　B. 海盐

C. 汽油　　D. 居民用煤炭制品

3. 资源税纳税人是在我国境内开采应税资源的矿产品或生产盐的单位和个人，应包括(　　)。

A. 境内开采铁矿石的外商投资企业　　B. 进口煤炭的进出口公司

C. 国有海盐盐场　　D. 开采铜矿石的私营企业

4. 煤矿生产并销售原煤，其资源税计税依据有(　　)。

A. 原煤销售量

B. 以原煤加工综合产品生产量折算的原煤数量

C. 原煤开采量

D. 以原煤加工综合产品自用量折算的原煤数量

5. 资源税的纳税义务发生时间是(　　)。

A. 应税资源产品开采的当天

B. 采取分期收款结算方式的，为销售合同规定的收款日期的当天

C. 采取预收货款结算方式的，为发出应税产品的当天

D. 应税资源产品移送使用的当天

6. 下列项目属于土地增值税征税范围的有(　　)。
   A. 以房地产抵押到期用于清偿债务
   B. 以出售方式转让国有土地使用权
   C. 存量房地产买卖
   D. 以房地产作价入股进行投资
7. 下列项目中，免征土地增值税的有(　　)。
   A. 企业兼并转让房地产
   B. 从直系亲属处继承房地产
   C. 个人之间互换自有房地产
   D. 合作建房后按比例分房自用
8. 计算增值额时，可从房地产转让收入中据实扣除的项目有(　　)。
   A. 取得土地使用权支付的地价款
   B. 房地产开发成本
   C. 房地产开发费用
   D. 与转让房地产有关的税金
9. 下列占用土地的行为，需缴纳耕地占用税的有(　　)。
   A. 在滩涂上从事农业种植
   B. 占用苗圃用地建游乐场
   C. 占用鱼塘用地建设厂房
   D. 占用耕地建农产品加工厂
10. 下列关于耕地占用税的征收管理的陈述，正确的有(　　)。
   A. 耕地占用税由地方税务机关负责征收
   B. 土地管理部门在通知单位或个人办理占用耕地手续时，应当同时通知耕地所在地同级地方税务机关
   C. 获准占用耕地的单位或个人应当在收到土地管理部门的通知之日起 10 日内缴纳耕地占用税
   D. 纳税人临时占用耕地，应当依照本条例的规定缴纳耕地占用税

项目十

税收征收管理与税务行政法制

【知识目标】

1. 了解税务管理、税款征收、税务检查等基本内容;
2. 了解违反《中华人民共和国税收征收管理法》的法律责任;
3. 了解税务争议的解决途径。

【技能目标】

1. 能正确进行纳税申报工作;
2. 掌握1+X证书中税收征收管理的相关技能;
3. 能够运用《中华人民共和国税收征收管理法》分析现实问题。

【素质目标】

能自觉遵守税收征收管理的相关法律、行政法规等。

项目知识结构

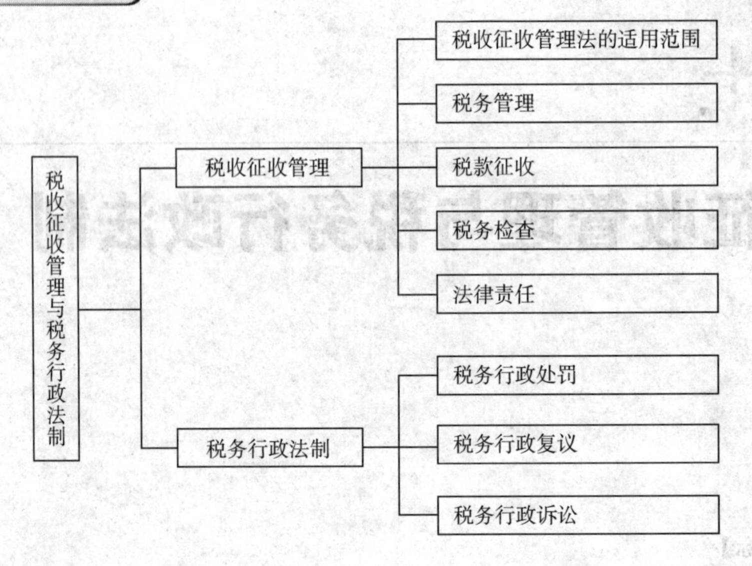

项目引例

个体工商户贾英在集贸市场从事服装经营。2020 年 1 月，贾英因生意清淡，未发生纳税义务，也未办理纳税申报。所在地税务所责令其限期申报，但贾英逾期仍不申报。随后税务所核定其应缴纳税款 1000 元，限其于 15 日内缴纳税款。贾英对核定的税款提出异议，在限期内未缴纳税款，并以暴力手段威胁办税人员。事后税务所直接扣押了贾英价值 3000 元的一批服装。

思考：

(1) 贾英未办理纳税申报的理由是否成立，为什么？

(2) 根据税法规定，应如何处理贾英的行为？

(3) 分析税务所的执法行为有何不妥？

(4) 贾英对核定的税款提出异议，可以采取何种办法主张其权利？

任务一　税收征收管理

任务引例

华丽集团公司下属的南方子公司 2020 年 6 月成立，经营范围为销售电子类产品。南方子公司一直没有销售电子产品业务，故没有向主管税务机关申报增值税。税务机关认为南方子公司违反了税收征收管理法的相关规定，对其进行了处罚，处以 1000 元罚款。华丽集团公司下属的北方子公司以隐匿收入方式少缴税款 5 万元，税务机关发现后，要求补缴少缴的税款及滞纳金，并处以 2 万元罚款。

思考：税务机关对南方子公司的处罚正确吗？税务机关对北方子公司的处理正确吗？

一、税收征收管理法的适用范围

税收征收管理是指税务机关代表国家行使征税权，指导纳税人履行纳税义务，对日常税收活动依法进行组织、管理、监督和检查的活动。

税收征收管理法是有关税收征收管理法律规范的总称。

我国现行的税收征收管理基本法律依据是根据 2015 年 4 月 24 日第十二届全国人民代表大会常务委员会第十四次会议修订的《中华人民共和国税收征收管理法》(以下简称《税收征收管理法》)、2016 年 2 月 6 日发布的国务院令第 666 号修订的《中华人民共和国税收征收管理法实施细则》等。

税收征收管理法的适用范围是由税务机关征收的各种税收的征收管理。由海关征收的关税和代征的增值税、消费税等，不属于《税收征收管理法》的适用范围。由税务机关征收的教育费附加等费用也不属于《税收征收管理法》的适用范围。

二、税务管理

税务管理的主要内容包括：税务登记管理，账簿、凭证管理，纳税申报管理。

（一）税务登记管理

税务登记是税务机关根据税法规定对纳税义务人的生产经营活动进行登记并据此对纳税义务人实施税务管理的基础工作，也是纳税义务人已经纳入税务机关监督管理的一项证明。税务登记包括：设立登记，变更登记，停业、复业登记，注销登记，外出经营报验登记，等等。

1. 设立登记

企业在外地设立的分支机构和从事生产、经营的场所，个体工商户和从事生产、经营的事业单位(以下统称从事生产、经营的纳税人)，向生产、经营所在地税务机关申报办理税务登记。

从事生产、经营的纳税人领取工商营业执照的，应当自领取工商营业执照之日起 30 日内申报办理税务登记，税务机关发放税务登记证及副本。

从事生产、经营的纳税人未办理工商营业执照但经有关部门批准设立的，应当自有关部门批准设立之日起 30 日内申报办理税务登记，税务机关发放税务登记证及副本。

从事生产、经营的纳税人未办理工商营业执照也未经有关部门批准设立的，应当自纳税义务发生之日起 30 日内申报办理税务登记，税务机关发放临时税务登记证及副本。

有独立的生产经营权、在财务上独立核算并定期向发包人或出租人上交承包费或租金的承包承租人，应当自承包承租合同签订之日起 30 日内，向其承包承租业务发生地税务机关申报办理税务登记，税务机关发放临时税务登记证及副本。

境外企业在中国境内承包建筑、安装、装配、勘探工程和提供劳务的，应当自项目合同或协议签订之日起 30 日内，向项目所在地税务机关申报办理税务登记，税务机关发放临时税务登记证及副本。

其他纳税人，除国家机关、个人和无固定生产、经营场所的流动性农村小商贩外，均应当自纳税义务发生之日起 30 日内，向纳税义务发生地税务机关申报办理税务登记，税务机关发放税务登记证及副本。

2. 变更登记

纳税人税务登记内容发生变化的，应当向原税务登记机关申报办理变更税务登记。纳税人已在工商行政管理机关办理变更登记的，应当自工商行政管理机关变更登记之日起 30 日内，向原税务登记机关如实提供有关证件申报办理变更税务登记。纳税人按照规定不需要在工商行政管理机关办理变更登记，或者其变更登记的内容与工商登记内容无关的，应当自税务登记内容实际发生变化之日起 30 日内，或者自有关机关批准或宣布变更之日起 30 日内，持有关证件到原税务登记机关申报办理变更税务登记。纳税人提交的有关变更登记的证件、资料齐全的，应如实填写税务登记变更表，符合规定的，税务机关应当于受理当日办理变更税务登记。

3. 停业、复业登记

实行定期定额征收方式的个体工商户需要停业的，应当在停业前向税务机关申报办理停业登记。纳税人的停业期限不得超过 1 年。

纳税人在申报办理停业登记时，应如实填写《停业复业报告书》，说明停业理由、停业期限、停业前的纳税情况和发票的领、用、存情况，并结清应纳税款、滞纳金、罚款。税务机关应收存其税务登记证件及副本、发票领购簿、未使用完的发票和其他税务证件。纳税人在停业期间发生纳税义务的，应当按照税收法律、行政法规的规定申报缴纳税款。

纳税人应当于恢复生产经营之前，向税务机关申报办理复业登记，如实填写《停业复业报告书》，领回并启用税务登记证件、发票领购簿及其停业前领购的发票。纳税人停业期满不能及时恢复生产经营的，应当在停业期满前到税务机关办理延长停业登记，并如实填写《停业复业报告书》。

4. 注销登记

纳税人发生解散、破产、撤销及其他情形，依法终止纳税义务的，应当在向工商行政管理机关或其他机关办理注销登记前，持有关证件和资料向原税务登记机关申报办理注销税务登记；按规定不需要在工商行政管理机关或其他机关办理注销登记的，应当自有关机关批准或宣告终止之日起 15 日内，持有关证件和资料向原税务登记机关申报办理注销税务登记。纳税人被工商行政管理机关吊销营业执照或被其他机关予以撤销登记的，应当自营业执照被吊销或被撤销登记之日起 15 日内，向原税务登记机关申报办理注销税务登记。

纳税人办理注销税务登记前，应当向税务机关提交相关证明文件和资料，结清应纳税款、多退(免)税款、滞纳金和罚款，缴销发票、税务登记证件和其他税务证件，经税务机关核准后，办理注销税务登记手续。

5. 外出经营报验登记

纳税人到外县(市)临时从事生产经营活动的，应当在外出生产经营以前，持税务登记证到主管税务机关开具《外出经营活动税收管理证明》。持税务登记证副本和所在地税务机关开具的《外出经营活动税收管理证明》，向营业地税务机关报验登记，接受税务管理。纳税人外出经营活动结束，应当向经营地税务机关填报《外出经营活动情况申报表》，并结清税款、缴销发票。

【实例 10-1・单选题】下列关于税务登记的表述错误的是(　　)。

A. 从事生产、经营的纳税人领取工商营业执照的，应当自领取工商营业执照之日起 30 日内申报办理税务登记

B. 从事生产、经营的纳税人未办理工商营业执照也未经有关部门批准设立的，应当自纳税义务发生之日起 30 日内申报办理税务登记

C. 不需要在工商行政管理机关或其他机关办理注销登记的，应当自有关机关批准或宣告终止之日起 30 日内，持有关证件和资料向原税务登记机关申报办理注销税务登记

D. 纳税人应当自工商行政管理机关变更登记之日起 30 日内，向原税务登记机关如实提供有关证件申报办理变更税务登记

【解析】C。《税收征收管理法》规定，不需要在工商行政管理机关或者其他机关办理注销登记的，应当自有关机关批准或者宣告终止之日起 15 日内，持有关证件和资料向原税务登记机关申报办理注销税务登记。

（二）账簿、凭证管理

1. 账簿设置

从事生产、经营的纳税人应当自领取营业执照或发生纳税义务之日起 15 日内，按照国家有关规定设置账簿(包括总账、明细账、日记账及其他辅助性账簿)。

生产、经营规模小又确无建账能力的纳税人，可以聘请经批准从事会计代理记账业务的专业机构或财会人员代为建账和办理账务。

扣缴义务人应当自税收法律、行政法规规定的扣缴义务发生之日起 10 日内，按照所代扣、代收的税种，分别设置代扣代缴、代收代缴税款账簿。

纳税人、扣缴义务人会计制度健全，能够通过计算机正确、完整计算其收入和所得或代扣代缴、代收代缴税款情况的，其计算机输出的完整的书面会计记录，可视同会计账簿。

纳税人、扣缴义务人会计制度不健全，不能通过计算机正确、完整计算其收入和所得或代扣代缴、代收代缴税款情况的，应当建立总账及与纳税或代扣代缴、代收代缴税款有关的其他账簿。

账簿、会计凭证和报表，应当使用中文。民族自治地方可以同时使用当地通用的一种民族文字。外商投资企业和外国企业可以同时使用一种外国文字。

纳税人应当按照税务机关的要求安装、使用税控装置，并按照税务机关的规定报送有关数据和资料。

2. 会计核算备案

从事生产、经营的纳税人应当自领取税务登记证件之日起 15 日内，将其财务、会计制度或财务、会计处理办法报送主管税务机关备案。纳税人使用计算机记账的，应当在使用前将会计电算化系统的会计核算软件、使用说明书及有关资料报送主管税务机关备案。纳税人建立的会计电算化系统应当符合国家有关规定，并能正确、完整核算其收入或所得。

3. 会计档案保管

账簿、记账凭证、报表、完税凭证、发票、出口凭证及其他有关涉税资料应当合法、真实、

完整。

账簿、记账凭证、报表、完税凭证、发票、出口凭证及其他有关涉税资料应当保存10年，但法律、行政法规另有规定的除外。

4. 发票管理

发票是指在购销商品、提供或接受服务，以及从事其他经营活动中，开具、收取的收付款凭证。国务院税务主管部门统一负责全国的发票管理工作。

1) 发票的印制

增值税专用发票由国务院税务主管部门确定的企业印制；其他发票，按照国务院税务主管部门的规定，由省、自治区、直辖市税务机关确定的企业印制。禁止私自印制、伪造、变造发票。

印制发票应当使用国务院税务主管部门确定的全国统一的发票防伪专用品。发票应当套印全国统一发票监制章。印制发票的企业必须按照税务机关批准的式样和数量印制发票。

2) 发票的领购

需要领购发票的单位和个人，应当持税务登记证件、经办人身份证明、按照国务院税务主管部门规定式样制作的发票专用章的印模，向主管税务机关办理发票领购手续。主管税务机关根据领购单位和个人的经营范围和规模，确认领购发票的种类、数量及领购方式，在5个工作日内发给发票领购簿。单位和个人领购发票时，应当按照税务机关的规定报告发票使用情况，税务机关应当按照规定进行查验。

需要临时使用发票的单位和个人，可以凭购销商品、提供或接受服务及从事其他经营活动的书面证明、经办人身份证明，直接向经营地税务机关申请代开发票。

3) 发票的开具和保管

销售商品、提供服务及从事其他经营活动的单位和个人，对外发生经营业务收取款项，收款方应当向付款方开具发票。开具发票应当按照规定的时限、顺序、栏目，全部联次一次性如实开具并加盖发票专用章。任何单位和个人不得有虚开发票行为。

安装税控装置的单位和个人，应当按照规定使用税控装置开具发票，并按期向主管税务机关报送开具发票的数据。使用非税控电子器具开具发票的，应当将非税控电子器具使用的软件程序说明资料报主管税务机关备案，并按照规定保存、报送开具发票的数据。

开具发票的单位和个人应当建立发票使用登记制度，设置发票登记簿，并定期向主管税务机关报告发票使用情况。开具发票的单位和个人应当在办理变更或注销税务登记的同时，办理发票和发票领购簿的变更、缴销手续。

开具发票的单位和个人应当按照税务机关的规定存放和保管发票，不得擅自损毁。已经开具的发票存根联和发票登记簿，应当保存5年。保存期满，报经税务机关查验后销毁。

4) 发票的检查

税务机关在发票管理中有权进行下列检查：检查印制、领购、开具、取得、保管和缴销发票的情况；调出发票查验；查阅、复制与发票有关的凭证、资料；向当事各方询问与发票有关的问题和情况；在查处发票案件时，对与案件有关的情况和资料，可以记录、录音、录像、照相和复制。

【实例10-2·单选题】下列关于账簿、凭证管理表述正确的是(　　)。

A. 从事生产、经营的纳税人应当自其领取税务登记证之日起15日内，按照国家有关规定设置账簿

B. 扣缴义务人应当自扣缴义务发生之日起15日内，按照所代扣、代收的税种，分别设置代扣代缴、代收代缴税款账簿

C. 从事生产、经营的纳税人应当自领取税务登记证件之日起10日内，将其财务、会计制度或财务、会计处理办法报送主管税务机关备案

D. 生产、经营规模小又确无建账能力的纳税人，可以聘请经批准从事会计代理记账业务的专业机构或财会人员代为建账和办理账务

【解析】D.《税收征收管理法》规定，生产、经营规模小又确无建账能力的纳税人，可以聘请经批准从事会计代理记账业务的专业机构或财会人员代为建账和办理账务；从事生产、经营的纳税人应当自领取营业执照或发生纳税义务之日起15日内，按照国家有关规定设置账簿；扣缴义务人应当自扣缴义务发生之日起10日内，按照所代扣、代收的税种，分别设置代扣代缴、代收代缴税款账簿；从事生产、经营的纳税人应当自领取税务登记证件之日起15日内，将其财务、会计制度或财务、会计处理办法报送主管税务机关备案。

（三）纳税申报管理

纳税申报是指纳税义务人按照税法规定的期限和内容，向税务机关提交有关纳税事项书面报告的法律行为，是纳税人履行纳税义务、承担法律责任的主要依据，是税务机关税收管理信息的主要来源和税务管理的一项重要制度。

纳税人必须依照法律、行政法规规定，或者税务机关依照法律、行政法规的规定确定的申报期限、申报内容如实办理纳税申报，报送纳税申报表、财务会计报表及税务机关根据实际需要要求纳税人报送的其他纳税资料。扣缴义务人必须依照法律、行政法规规定或税务机关依照法律、行政法规的规定确定的申报期限、申报内容如实报送代扣代缴、代收代缴税款报告表，以及税务机关根据实际需要要求扣缴义务人报送的其他有关资料。

纳税人、扣缴义务人可以直接到税务机关办理纳税申报或报送代扣代缴、代收代缴税款报告表，也可以按照规定采取邮寄、数据电文或其他方式办理上述申报、报送事项。

纳税人在纳税期内没有应纳税款的，也应当按照规定办理纳税申报。纳税人享受减税、免税待遇的，在减税、免税期间应当按照规定办理纳税申报。

纳税人、扣缴义务人的纳税申报或代扣代缴、代收代缴税款报告表的主要内容包括：税种、税目，应纳税项目或应代扣代缴、代收代缴税款项目，计税依据，扣除项目及标准，适用税率或单位税额，应退税项目及税额、应减免税项目及税额，应纳税额或应代扣代缴、代收代缴税额，税款所属期限、延期缴纳税款、欠税、滞纳金等。

纳税人办理纳税申报时，应当如实填写纳税申报表，并根据不同的情况相应报送下列有关证件、资料：财务会计报表及其说明材料；与纳税有关的合同、协议书及凭证；税控装置的电子报税资料；外出经营活动税收管理证明和异地完税凭证；境内或境外公证机构出具的有关证明文件；税务机关规定应当报送的其他有关证件、资料。扣缴义务人办理代扣代缴、代收代缴税款报告时，应当如实填写代扣代缴、代收代缴税款报告表，并报送代扣代缴、代收代缴税款的合法凭证及税务机关规定的其他有关证件、资料。

实行定期定额缴纳税款的纳税人，可以实行简易申报、简并征期等申报纳税方式。

纳税人、扣缴义务人按照规定的期限办理纳税申报或报送代扣代缴、代收代缴税款报告表确有困难，需要延期的，应当在规定的期限内向税务机关提出书面延期申请，经税务机关核准，

在核准的期限内办理。

纳税人、扣缴义务人因不可抗力，不能按期办理纳税申报或报送代扣代缴、代收代缴税款报告表的，可以延期办理，但是，应当在不可抗力情形消除后立即向税务机关报告。税务机关应当查明事实，予以核准。

【实例 10-3·多选题】下列关于纳税申报的表述正确的有(　　)。

A. 纳税人可以直接到税务机关办理纳税申报，也可以采取电子方式办理纳税申报

B. 纳税人在纳税期内没有应纳税款的，也应当按照规定办理纳税申报

C. 纳税人享受减税、免税待遇的，在减税、免税期间不用办理纳税申报

D. 纳税人因不可抗力，不能按期办理纳税申报的，可以不予办理纳税申报

【解析】AB。《税收征收管理法》规定，纳税人享受减税、免税待遇的，在减税、免税期间应当按照规定办理纳税申报；纳税人因不可抗力，不能按期办理纳税申报的，可以延期办理，但是，应当在不可抗力情形消除后立即向税务机关报告。

三、税款征收

税款征收是税务机关依照税收法律、法规的规定，将纳税义务人依法应纳的税款及扣缴义务人代扣代缴、代收代缴的税款通过不同的方式征收入库的活动，它是税收征管工作的中心环节。

（一）税款征收方式

1. 查账征收

查账征收是指税务机关按照纳税人提供的账表所反映的经营情况，依照适用税率计算缴纳税款的方式。适用于账簿、凭证、会计核算制度比较健全，能够据以如实核算生产经营情况，正确计算应纳税款的纳税人。

2. 查定征收

查定征收是指税务机关根据纳税义务人的从业人员、生产设备、原材料消耗等因素，对其生产制造的应税产品查实核定产量、销售额，并据以征收税款的方式。这种征收方式主要适用于生产不固定、账册不够完备的纳税人。

3. 查验征收

查验征收是指税务机关对纳税义务人的应税商品，通过查验数量，按市场一般销售单价计算其销售收入并据以征税的方式。这种方式一般适用于经营地点、时间和商品来源不固定的纳税人。

4. 定期定额征收

定期定额征收是指税务机关依照有关法律、法规的规定，按照一定的程序，核定纳税人在一定经营时期内的应纳税营业额和所得额，并以此为计税依据，确定其应纳税额的一种税款征收方式。这种方式一般适用于经主管税务机关审核批准可以不设置账簿或暂缓建账的小型纳税人。

5. 自核自缴(自计自填自缴)

自核自缴是指纳税人在规定的期限内依照税法的规定自行计算应纳税额，自行填开税款缴纳

书，自己直接到税务机关指定的银行缴纳税款的一种征收方式。这种方式只限于经县、市税务机关批准的财务会计制度健全，账册齐全准确，依法纳税意识较强的大中型企业和部分事业单位。

6. 代扣代缴、代收代缴

代扣代缴、代收代缴是指依照税法规定负有代扣代缴、代收代缴税款义务的单位和个人，按照税法规定对纳税人应当缴纳的税款进行扣缴或代缴的征收方式。这种方式有利于加强对税收的源泉控制，减少税款流失，降低税收成本，手续也比较简单。

税款的征收方式还有委托代征税款、邮寄纳税等征收方式。

（二）税款征收基本规定

(1) 税务机关依照法律、行政法规的规定征收税款，不得违反法律、行政法规的规定开征、停征、多征、少征、提前征收、延缓征收或摊派税款。除税务机关、税务人员及经税务机关依照法律、行政法规委托的单位和人员外，任何单位和个人不得进行税款征收活动。

(2) 税务机关根据保证国家税款及时足额入库、方便纳税人、降低税收成本的原则，确定税款征收的方式。

(3) 扣缴义务人依照法律、行政法规的规定履行代扣、代收税款的义务。扣缴义务人依法履行代扣、代收税款义务时，纳税人不得拒绝。纳税人拒绝的，扣缴义务人应当及时报告税务机关处理。

(4) 纳税人、扣缴义务人按照法律、行政法规规定或税务机关依照法律、行政法规的规定确定的期限，缴纳或解缴税款。

(5) 纳税人未按照规定期限缴纳税款的，扣缴义务人未按照规定期限解缴税款的，税务机关除责令限期缴纳外，从滞纳税款之日起，按日加收滞纳税款万分之五的滞纳金。

(6) 纳税人依照法律、行政法规的规定办理减税、免税。

(7) 税务机关应当将各种税收的税款、滞纳金、罚款，按照国家规定的预算科目和预算级次及时缴入国库，税务机关不得占压、挪用、截留，不得缴入国库以外或国家规定的税款账户以外的任何账户。已缴入国库的税款、滞纳金、罚款，任何单位和个人不得擅自变更预算科目和预算级次。

(8) 税务机关应当根据方便、快捷、安全的原则，积极推广使用支票、银行卡、电子结算方式缴纳税款。

（三）税款征收措施

税款征收措施是指为保证税款及时足额征收入库所采取的措施，主要有加收税款滞纳金、核定应纳税额、税收保全措施、税收强制执行措施、出境清税、税款的退还与追征等。

1. 加收税款滞纳金

纳税人未按照规定期限缴纳税款的，扣缴义务人未按照规定期限解缴税款的，税务机关除责令限期缴纳税款外，从滞纳税款之日起，按日加收滞纳税款万分之五的滞纳金。

加收税款滞纳金的起止时间为法律、行政法规规定或税务机关依照法律、行政法规的规定确定的税款缴纳期限届满次日起至纳税人、扣缴义务人实际缴纳或解缴税款之日止。经税务机关批准延期缴纳税款的，在批准期限内不加收滞纳金。

2. 核定应纳税额

纳税义务人有下列情形之一的，税务机关有权核定其应纳税额：依照法律、行政法规的规定可以不设置账簿的；依照法律、行政法规的规定应当设置账簿但未设置的；擅自销毁账簿或拒不提供纳税资料的；虽设置账簿，但账目混乱或成本资料、收入凭证、费用凭证残缺不全，难以查账的；发生纳税义务，未按照规定的期限办理纳税申报，经税务机关责令限期申报，逾期仍不申报的；纳税义务人申报的计税依据明显偏低，又无正当理由的。

纳税人对税务机关核定的应纳税额有异议的，应当提供相关证据，经税务机关认定后，调整应纳税额。税务机关核定应纳税额的具体程序和方法由国务院税务主管部门规定。

3. 税收保全措施

税务机关认为从事生产、经营的纳税人有逃避纳税义务行为的，可以在规定的纳税期之前，责令其限期缴纳应纳税款；在限期内发现纳税人有明显的转移、隐匿其应纳税的商品、货物及其他财产或应纳税的收入迹象的，税务机关可以责成纳税人提供纳税担保。如果纳税人不能提供纳税担保，经县以上税务局(分局)局长批准，税务机关可以采取下列税收保全措施。

(1) 书面通知纳税人开户银行或其他金融机构冻结纳税人的金额相当于应纳税款的存款。

(2) 扣押、查封纳税人的价值相当于应纳税款的商品、货物或房地产、现金、有价证券等不动产和动产。

对有产权证件的动产或不动产，税务机关可以责令当事人将产权证件交税务机关保管，同时可以向有关机关发出协助执行通知书，有关机关在扣押、查封期间不再办理该动产或不动产的过户手续。

对查封的商品、货物或其他财产，税务机关可以指令被执行人负责保管，保管责任由被执行人承担。继续使用被查封的财产不会减少其价值的，税务机关可以允许被执行人继续使用；因被执行人保管或使用的过错造成的损失，由被执行人承担。

纳税人在规定的限期内缴纳税款的，税务机关应当自收到税款或银行转回的完税凭证之日起 1 日内解除税收保全；限期期满仍未缴纳税款的，经县以上税务局(分局)局长批准，税务机关可以书面通知纳税人开户银行或其他金融机构从其冻结的存款中扣缴税款，或者依法拍卖或变卖所扣押、查封的商品、货物或其他财产，以拍卖或变卖所得抵缴税款。

个人及其所扶养家属维持生活必需的住房和用品，不在税收保全措施的范围之内。但机动车辆、金银饰品、古玩字画、豪华住宅或一处以外的住房不属于个人及其所扶养家属维持生活必需的住房和用品。税务机关对单价 5000 元以下的其他生活用品，不采取税收保全措施。

纳税人在限期内已缴纳税款，税务机关未立即解除税收保全措施，使纳税人的合法利益遭受损失的，税务机关应当承担赔偿责任。

4. 税收强制执行措施

从事生产、经营的纳税人、扣缴义务人未按照规定的期限缴纳或者解缴税款，纳税担保人未按照规定的期限缴纳所担保的税款，由税务机关责令限期缴纳，逾期仍未缴纳的，经县以上税务局(分局)局长批准，税务机关可以采取下列强制执行措施。

(1) 书面通知其开户银行或其他金融机构从其存款中扣缴税款。

(2) 扣押、查封、依法拍卖或者变卖其价值相当于应纳税款的商品、货物或其他财产，以拍卖或变卖所得抵缴税款。

税务机关采取强制执行措施时，对上述所列纳税人、扣缴义务人、纳税担保人未缴纳的滞纳金同时强制执行。

税务机关滥用职权违法采取强制执行措施，或者采取强制执行措施不当，使纳税人、扣缴义务人或纳税担保人的合法权益遭受损失的，应当依法承担赔偿责任。

5. 出境清税

欠缴税款的纳税人或他的法定代表人需要出境的，应当在出境前向税务机关结清应纳税款、滞纳金或提供担保。未结清税款、滞纳金，又不提供担保的，税务机关可以通知出境管理机关阻止其出境。

6. 税款的退还与追征

(1) 纳税人超过应纳税额缴纳的税款，税务机关发现后应当立即退还；纳税人自结算缴纳税款之日起 3 年内发现的，可以向税务机关要求退还多缴的税款并加算银行同期存款利息。

(2) 因税务机关的责任，致使纳税人、扣缴义务人未缴或少缴税款的，税务机关在 3 年内可以要求纳税人、扣缴义务人补缴税款，但不得加收滞纳金。因纳税人、扣缴义务人计算错误等失误，未缴或少缴税款的，税务机关在 3 年内可以追征税款、滞纳金；有特殊情况的，追征期可以延长到 5 年。对偷税、抗税、骗税的，税务机关追征其未缴或少缴的税款、滞纳金或所骗取的税款，不受期限的限制。

【实例 10-4 · 单选题】当需要采取税收保全措施时，下列资产中，不能纳入税收保全范围的是(　　)。

A. 被执行人拥有的唯一一辆机动车

B. 被执行人自有的金银首饰

C. 被执行人新购买的价值 4800 元的家具一套

D. 被执行人名下的一套别墅

【解析】C。《税收征收管理法》规定，个人及其所扶养家属维持生活必需的住房和用品，不在税收保全措施的范围之内。但机动车辆、金银饰品、古玩字画、豪华住宅或一处以外的住房不属于个人及其所扶养家属维持生活必需的住房和用品。税务机关对单价 5000 元以下的其他生活用品，不采取税收保全措施。

四、税务检查

税务检查是税务机关以国家税收法律、行政法规为依据，对纳税义务人、扣缴义务人履行纳税义务和代扣代缴、代收代缴义务的情况进行的审查监督活动。

（一）税务检查的职权

税务机关有权进行下列税务检查。

(1) 检查纳税人的账簿、记账凭证、报表和有关资料，检查扣缴义务人代扣代缴、代收代缴税款账簿、记账凭证和有关资料。

(2) 到纳税人的生产、经营场所和货物存放地检查纳税人应纳税的商品、货物或其他财产，检查扣缴义务人与代扣代缴、代收代缴税款有关的经营情况。

(3) 责成纳税人、扣缴义务人提供与纳税或代扣代缴、代收代缴税款有关的文件、证明材料和有关资料。

(4) 询问纳税人、扣缴义务人与纳税或代扣代缴、代收代缴税款有关的问题和情况。

(5) 到车站、码头、机场、邮政企业及其分支机构检查纳税人托运、邮寄应纳税商品、货物或者其他财产的有关单据、凭证和有关资料。

(6) 经县以上税务局(分局)局长批准，凭全国统一格式的检查存款账户许可证明，查询从事生产、经营的纳税人、扣缴义务人在银行或者其他金融机构的存款账户。税务机关在调查税收违法案件时，经设区的市、自治州以上税务局(分局)局长批准，可以查询案件涉嫌人员的储蓄存款。税务机关查询所获得的资料，不得用于税收以外的用途。

税务人员进行税务检查时，应当出示税务检查证和税务检查通知书；无税务检查证和税务检查通知书的，纳税人、扣缴义务人及其他当事人有权拒绝检查。

（二）税务稽查工作规程

税务机关应当制定合理的税务稽查工作规程，负责选案、检查、审理、执行的人员的职责应当明确，并相互分离、相互制约，规范选案程序和检查行为。

五、法律责任

（一）纳税人、扣缴义务人违反税务管理行为的法律责任

(1) 纳税人有下列行为之一的，由税务机关责令限期改正，可以处2000元以下的罚款；情节严重的，处2000元以上10 000元以下的罚款。

① 未按照规定的期限申报办理税务登记、变更或注销登记的。

② 未按照规定设置、保管账簿或保管记账凭证和有关资料的。

③ 未按照规定将财务、会计制度或财务、会计处理办法和会计核算软件报送税务机关备查的。

④ 未按照规定将其全部银行账号向税务机关报告的。

⑤ 未按照规定安装、使用税控装置，或者损毁或擅自改动税控装置的。

纳税人不办理税务登记的，由税务机关责令限期改正；逾期不改正的，经税务机关提请，由工商行政管理机关吊销其营业执照。

纳税人未按照规定使用税务登记证件，或者转借、涂改、损毁、买卖、伪造税务登记证件的，处2000元以上10 000元以下的罚款；情节严重的，处10 000元以上50 000元以下的罚款。

(2) 扣缴义务人未按照规定设置、保管代扣代缴、代收代缴税款账簿，或者保管代扣代缴、代收代缴税款记账凭证及有关资料的，由税务机关责令限期改正，可以处2000元以下的罚款；情节严重的，处2000元以上5000元以下的罚款。

(3) 纳税人未按照规定的期限办理纳税申报和报送纳税资料的，或者扣缴义务人未按照规定的期限向税务机关报送代扣代缴、代收代缴税款报告表和有关资料的，由税务机关责令限期改正，可以处2000元以下的罚款；情节严重的，可以处2000元以上10 000元以下的罚款。

(4) 非法印制发票的，由税务机关销毁非法印制的发票，没收违法所得和作案工具，并处10 000元以上50 000万元以下的罚款；构成犯罪的，依法追究刑事责任。

（二）纳税人、扣缴义务人违反税款征收行为的法律责任

(1) 纳税人伪造、变造、隐匿、擅自销毁账簿、记账凭证，或者在账簿上多列支出或不列、少列收入，或者经税务机关通知申报而拒不申报或进行虚假的纳税申报，不缴或少缴应纳税款的，是偷税。对纳税人偷税的，由税务机关追缴其不缴或少缴的税款、滞纳金，并处不缴或少缴的税款50%以上5倍以下的罚款；构成犯罪的，依法追究刑事责任。

扣缴义务人采取上述所列手段，不缴或少缴已扣、已收税款，由税务机关追缴其不缴或少缴的税款、滞纳金，并处不缴或少缴的税款50%以上5倍以下的罚款；构成犯罪的，依法追究刑事责任。

(2) 纳税人、扣缴义务人编造虚假计税依据的，由税务机关责令限期改正，并处50 000元以下的罚款。纳税人不进行纳税申报，不缴或少缴应纳税款的，由税务机关追缴其不缴或少缴的税款、滞纳金，并处不缴或少缴的税款50%以上5倍以下的罚款。

(3) 纳税人欠缴应纳税款，采取转移或隐匿财产的手段，妨碍税务机关追缴欠缴的税款的，由税务机关追缴欠缴的税款、滞纳金，并处欠缴税款50%以上5倍以下的罚款；构成犯罪的，依法追究刑事责任。

(4) 以假报出口或其他欺骗手段，骗取国家出口退税款的，由税务机关追缴其骗取的退税款，并处骗取税款1倍以上5倍以下的罚款；构成犯罪的，依法追究刑事责任。对骗取国家出口退税款的，税务机关可以在规定期间内停止为其办理出口退税。

(5) 以暴力、威胁方法拒不缴纳税款的，是抗税，除由税务机关追缴其拒缴的税款、滞纳金外，依法追究刑事责任。情节轻微，未构成犯罪的，由税务机关追缴其拒缴的税款、滞纳金，并处拒缴税款1倍以上5倍以下的罚款。

(6) 纳税人、扣缴义务人在规定期限内不缴或少缴应纳或应解缴的税款，经税务机关责令限期缴纳，逾期仍未缴纳的，税务机关除依照规定采取强制执行措施追缴其不缴或少缴的税款外，还可以处不缴或少缴的税款50%以上5倍以下的罚款。

(7) 扣缴义务人应扣未扣、应收而不收税款的，由税务机关向纳税人追缴税款，对扣缴义务人处应扣未扣、应收未收税款50%以上3倍以下的罚款。

（三）纳税人、扣缴义务人违反税务检查行为的法律责任

(1) 纳税人、扣缴义务人逃避、拒绝或者以其他方式阻挠税务机关检查的，由税务机关责令改正，可以处10 000元以下的罚款；情节严重的，处10 000元以上50 000元以下的罚款。

(2) 从事生产、经营的纳税人、扣缴义务人有《税收征收管理法》规定的税收违法行为，拒不接受税务机关处理的，税务机关可以收缴其发票或停止向其发售发票。

【实例 10-5・多选题】纳税人、扣缴义务人下列行为中，应由税务机关责令限期改正，处2000元以下罚款；情节严重的处2000元以上10 000元以下罚款的有(　　)。

A. 未按照规定的期限申报办理税务登记、变更或注销登记的

B. 纳税人未按照规定使用税务登记证件的

C. 未按照规定将其全部银行账号向税务机关报告的

D. 扣缴义务人应扣未扣、应收而不收税款的

E. 未按照规定安装、使用税控装置或者损毁或者擅自改动税控装置的

【解析】ACE。《税收征收管理法》规定，纳税人未按照规定使用税务登记证件，或者转借、

涂改、损毁、买卖、伪造税务登记证件的，处 2000 元以上 10 000 元以下的罚款；情节严重的，处 10 000 元以上 50 000 元以下的罚款；扣缴义务人应扣未扣、应收而不收税款的，由税务机关向纳税人追缴税款，对扣缴义务人处应扣未扣、应收未收税款 50%以上 3 倍以下的罚款。

知识点：

能力点：

重　点：

难　点：

任务二　税务行政法制

任务引例

2020 年 10 月 10 日群众举报 C 县子华商贸公司以少报收入方式偷税。C 县税务局遂立案检查。10 月 15 日，C 县税务局派人对其依法进行税务检查，查实其偷税 2 万元的事实。C 县税务局依法做出在 10 月 28 日之前补缴税款、加收滞纳金及处以所偷税款 3 倍罚款的决定。子华商贸公司不服，于 10 月 25 日向 C 县税务局的上一级市税务局申请行政复议。11 月 8 日，复议机关审理后做出维持原具体行政行为的复议决定。

思考：

(1) 子华商贸公司对 C 县税务局的行政处罚决定不服，是否可以无条件向 C 县税务局的上一级市税务局申请行政复议？

(2) 子华商贸公司对市税务局的行政复议决定不服，是否可以申请行政诉讼？应以谁为被告提起行政诉讼？

一、税务行政处罚

税务行政处罚是行政处罚的重要组成部分。税务行政处罚是指公民、法人或其他组织有违反税收征收管理秩序的违法行为，尚未构成犯罪，依法应当承担行政责任的，由税务机关给予的行政处罚。

（一）税务行政处罚的设定和种类

1. 税务行政处罚的设定

(1) 全国人民代表大会及其常务委员会可以通过法律的形式设定各种税务行政处罚。

(2) 国务院可以通过行政法规的形式设定除限制人身自由以外的税务行政处罚。

(3) 国家税务总局可以通过规章的形式设定警告和罚款。

2. 税务行政处罚的种类

根据税法的规定，现行税务行政处罚主要有以下4种。

(1) 罚款。

(2) 没收财产。

(3) 停止出口退税权。

(4) 收缴发票和暂停供应发票。

（二）税务行政处罚的主体和管辖

1. 税务行政处罚的主体

税务行政处罚的主体主要是县以上的税务机关。

各级税务机关的内设机构、派出机构不具有处罚资格，不能以自己的名义实施税务行政处罚。《税收征收管理法》特别授权税务所可以实施罚款额在2000元以下的税务行政处罚。

2. 税务行政处罚的管辖

根据《中华人民共和国行政处罚法》和《税收征收管理法》的规定，税务行政处罚由当事人税收违法行为发生地的县(市、镇)以上税务机关管辖。

（三）税务行政处罚的简易程序

税务行政处罚的简易程序是指税务机关及其执法人员对公民、法人或其他组织违反税收征收管理秩序的行为，当场做出税务行政处罚决定的行政处罚程序。简易程序的适用条件：一是案情简单、事实清楚、违法后果比较轻微且有法定依据应当给予处罚的违法行为；二是给予的处罚较轻，仅适用于对公民处以50元以下和对法人或其他组织处以1000元以下罚款的违法案件。

符合上述条件的，税务行政执法人员当场做出税务行政处罚决定，并按照下列程序进行。

(1) 向当事人出示税务行政执法身份证件。

(2) 告知当事人受到税务行政处罚的违法事实、依据和陈述申辩权。

(3) 听取当事人陈述申辩意见。

(4) 填写具有预定格式、编有号码的税务行政处罚决定书，并当场交付当事人。

税务行政执法人员当场制作的税务行政处罚决定书，应当报所属税务机关备案。

（四）税务行政处罚的一般程序

除了适用简易程序的税务违法案件以外，对于其他违法案件适用一般程序。

1. 调查与审查

对税务违法案件的调查取证由税务机关内部设立的调查机构负责。调查终结，调查机构应当制作调查报告，并及时将调查报告连同所有案卷材料移交审查机构审查。

审查机构应当自调查机构移交案卷之日起10日内审查终结，制作审查报告，并连同案卷材料报送税务机关负责人审批。

2. 听证

听证是指税务机关在对当事人某些违法行为做出处罚决定之前，按照一定形式听取调查人员和当事人意见的程序。税务行政处罚听证的范围是对公民做出2000元以上，或者对法人或其他组织做出10 000元以上罚款的案件。

3. 决定

审查机构做出审查意见并报送税务机关负责人审批后，应当在收到审批意见之日起3日内，根据不同情况分别制作以下处理决定书再报税务机关负责人签发。

(1) 有应受行政处罚的违法行为的，根据情节轻重及具体情况予以处罚。

(2) 违法行为轻微，依法可以不予行政处罚的不予行政处罚。

(3) 违法事实不能成立，不得予以行政处罚。

(4) 违法行为已构成犯罪的，移交公安机关。

（五）税务行政处罚的执行

税务机关做出行政处罚决定后，应当依法送达当事人执行。

税务机关对当事人做出罚款行政处罚决定的，当事人应当在收到行政处罚决定书之日起15日内缴纳罚款；到期不缴纳的，税务机关可以对当事人每日按罚款数额的3%加收罚款。

【实例10-6·多选题】税务行政处罚的简易程序的适用条件有(　　)。

A. 对公民处以50元以下罚款的违法案件

B. 对公民处以1000元以下罚款的违法案件

C. 对法人处以1000元以下罚款的违法案件

D. 对法人处以2000元以下罚款的违法案件

【解析】AC。《税收征收管理法》规定，税务行政处罚的简易程序的适用条件：一是案情简单、事实清楚、违法后果比较轻微且有法定依据应当给予处罚的违法行为；二是给予的处罚较轻，仅适用于对公民处以50元以下和对法人或其他组织处以1000元以下罚款的违法案件。

二、税务行政复议

税务行政复议是我国行政复议制度的重要组成部分。税务行政复议是公民、法人和其他组织(以下简称申请人)认为税务机关的具体行政行为侵犯其合法权益，向税务行政复议机关申请行政复议，税务行政复议机关办理行政复议事项。税务行政复议机关指依法受理行政复议申请、对具体行政行为进行审查并做出行政复议决定的税务机关。

为了进一步发挥行政复议解决税务行政争议的作用，保护公民、法人和其他组织的合法权益，监督和保障税务机关依法行使职权，根据《中华人民共和国行政复议法》《中华人民共和国税收征收管理法》和《中华人民共和国行政复议法实施条例》及其他有关规定，结合税收工作实际，国家税务总局 2010 年 2 月 10 日第 21 号令公布《税务行政复议规则》，并自 2010 年 4 月 1 日起施行；根据 2015 年 12 月 28 日《国家税务总局关于修改〈税务行政复议规则〉的决定》和 2018 年 6 月 15 日《国家税务总局关于修改部分税务部门规章的决定》修正。

（一）税务行政复议范围

行政复议机关受理申请人对税务机关下列具体行政行为不服提出的行政复议申请。

(1) 征税行为，包括确认纳税主体、征税对象、征税范围、减税、免税、退税、抵扣税款、适用税率、计税依据、纳税环节、纳税期限、纳税地点和税款征收方式等具体行政行为，征收税款、加收滞纳金，扣缴义务人、受税务机关委托的单位和个人作出的代扣代缴、代收代缴、代征行为等。

(2) 行政许可、行政审批行为。

(3) 发票管理行为，包括发售、收缴、代开发票等。

(4) 税收保全措施、强制执行措施。

(5) 行政处罚行为：①罚款；②没收财物和违法所得；③停止出口退税权。

(6) 不依法履行下列职责的行为：①颁发税务登记；②开具、出具完税凭证、外出经营活动税收管理证明；③行政赔偿；④行政奖励；⑤其他不依法履行职责的行为。

(7) 资格认定行为。

(8) 不依法确认纳税担保行为。

(9) 政府信息公开工作中的具体行政行为。

(10) 纳税信用等级评定行为。

(11) 通知出入境管理机关阻止出境行为。

(12) 其他具体行政行为。

（二）税务行政复议的管辖

(1) 对各级税务局的具体行政行为不服的，向其上一级税务局申请行政复议。对计划单列市税务局的具体行政行为不服的，向国家税务总局申请行政复议。

(2) 对税务所(分局)、各级税务局的稽查局的具体行政行为不服的，向其所属税务局申请行政复议。

(3) 对国家税务总局的具体行政行为不服的，向国家税务总局申请行政复议。

（三）税务行政复议的申请

(1) 申请人对税务机关作出的征税行为不服的，应当先向复议机关申请行政复议，对复议决定不服，再向人民法院起诉。

(2) 申请人对税务机关作出的征税行为以外的其他具体行政行为不服的，可以申请行政复议，也可以直接向人民法院提起行政诉讼。

(3) 申请人可以在知道税务机关作出具体行政行为之日起 60 日内提出行政复议申请。因不可抗力或被申请人设置障碍等原因耽误法定申请期限的，申请期限的计算应当扣除被耽误时间。

(4) 申请人申请行政复议的，必须依照税务机关根据法律、法规确定的税额、期限，先行缴纳或解缴税款和滞纳金，或者提供相应的担保，才可以在缴清税款和滞纳金以后或所提供的担保得到做出具体行政行为的税务机关确认之日起60日内提出行政复议申请。申请人对税务机关做出逾期不缴纳罚款加处罚款的决定不服的，应当先缴纳罚款和加处罚款，再申请行政复议。

（四）税务行政复议的受理

(1) 行政复议机关收到行政复议申请以后，应当在5日内审查，决定是否受理。对不符合本规则规定的行政复议申请，决定不予受理，并书面告知申请人。对不属于本机关受理的行政复议申请，应当告知申请人向有关行政复议机关提出。

(2) 对符合规定的行政复议申请，自行政复议机构收到之日起即为受理；受理行政复议申请，应当书面告知申请人。

(3) 对应当先向行政复议机关申请行政复议，对行政复议决定不服再向人民法院提起行政诉讼的具体行政行为，行政复议机关决定不予受理或者受理以后超过行政复议期限不作答复的，申请人可以自收到不予受理决定书之日起或者行政复议期满之日起15日内，依法向人民法院提起行政诉讼。

(4) 行政复议期间具体行政行为不停止执行；但是有下列情形之一的，可以停止执行。

① 被申请人认为需要停止执行的。

② 行政复议机关认为需要停止执行的。

③ 申请人申请停止执行，行政复议机关认为其要求合理，决定停止执行的。

④ 法律规定停止执行的。

（五）税务行政复议的决定

行政复议机构应当对被申请人的具体行政行为提出审查意见，经行政复议机关负责人批准，按照下列规定作出行政复议决定。

(1) 具体行政行为认定事实清楚，证据确凿，适用依据正确，程序合法，内容适当的，决定维持。

(2) 被申请人不履行法定职责的，决定其在一定期限内履行。

(3) 具体行政行为有下列情形之一的，决定撤销、变更或者确认该具体行政行为违法；决定撤销或者确认该具体行政行为违法的，可以责令被申请人在一定期限内重新作出具体行政行为。

① 主要事实不清、证据不足的。

② 适用依据错误的。

③ 违反法定程序的。

④ 超越职权或者滥用职权的。

⑤ 具体行政行为明显不当的。

(4) 被申请人不按照《税务行政复议规则》的规定提出书面答复，提交当初作出具体行政行为的证据、依据和其他有关材料的，视为该具体行政行为没有证据、依据，决定撤销该具体行政行为。

(5) 行政复议机关作出行政复议决定，应当制作行政复议决定书。行政复议决定书一经送达，即发生法律效力。被申请人应当履行行政复议决定。被申请人不履行、无正当理由拖延履行行政复议决定的，行政复议机关或者有关上级税务机关应当责令其限期履行。

【实例 10-7·多选题】税务行政复议的受案范围仅限于税务机关作出的税务具体行政行为，包括(　　)。

A. 征税行为　　B. 发票管理行为
C. 行政处罚行为　　D. 资格认定行为

【解析】ABCD。《税务行政复议规则》规定，税务行政复议的受案范围包括：征税行为；行政许可、行政审批行为；发票管理行为；税收保全措施、强制执行措施；行政处罚行为；不依法履行有关职责的行为；资格认定行为；不依法确认纳税担保行为；政府信息公开工作中的具体行政行为；纳税信用等级评定行为；通知出入境管理机关阻止出境行为；其他具体行政行为。

三、税务行政诉讼

税务行政诉讼是行政诉讼的重要组成部分。

税务行政诉讼是指公民、法人和其他组织认为税务机关及其工作人员的具体税务行政行为违法或不当，侵犯了其合法权益，依法向人民法院提起行政诉讼，由人民法院对具体税务行政行为的合法性和适当性进行审理并做出裁决的司法活动。

（一）税务行政诉讼的管辖

税务行政诉讼分为级别管辖、地域管辖、裁定管辖和移送管辖。

1. 级别管辖

根据《中华人民共和国行政诉讼法》的规定，基层人民法院管辖一般的税务行政诉讼案件；中级人民法院管辖本辖区内重大、复杂的税务行政诉讼案件；高级人民法院管辖本辖区内重大、复杂的税务行政诉讼案件；最高人民法院管辖全国范围内重大、复杂的税务行政诉讼案件。

2. 地域管辖

地域管辖又分为一般地域管辖和特殊地域管辖两种。

(1) 一般地域管辖是按照最初作出具体行政行为的机关所在地来确定管辖法院。

(2) 特殊地域管辖是根据特殊行政法律关系或特殊行政法律关系所指的对象来确定管辖法院。

3. 裁定管辖

裁定管辖是指人民法院依法裁定的管辖。

4. 移送管辖

移送管辖指人民法院发现受理的案件不属于自己管辖时，应移送有管辖权的人民法院(注意，受移送的人民法院不得再自行移送)。

（二）税务行政诉讼的受案范围

税务行政诉讼的受案范围与税务行政复议的受案范围基本一致，包括以下几项。

(1) 税务机关做出的征税行为。

(2) 税务机关做出的责令纳税人提交纳税保证金或纳税担保行为。

(3) 税务机关做出的行政处罚行为。

(4) 税务机关做出的通知出境管理机关阻止出境行为。

(5) 税务机关做出的税收保全措施。

(6) 税务机关做出的税收强制执行措施。

(7) 申请人认为符合法定条件申请税务机关颁发税务登记证和发售发票，税务机关拒绝颁发、发售或不予答复的行为。

(8) 税务机关的复议行为，包括以下两项。

① 复议机关撤销或变更了原具体行政行为。

② 复议期限届满，税务机关不予答复。

（三）税务行政诉讼的起诉和受理

1. 税务行政诉讼的起诉

税务行政诉讼的起诉是指公民、法人或其他组织认为自己的合法权益受到税务机关具体行政行为的侵害，而向人民法院提出诉讼请求，要求人民法院行使审判权，依法予以保护的诉讼行为。

对税务机关的征税行为提起诉讼，必须先经过复议；对复议决定不服的，可以在接到复议决定书之日起 15 日内向人民法院起诉。对其他具体行政行为不服的，当事人可以在接到通知或者知道之日起 15 日内直接向人民法院起诉。

2. 税务行政诉讼的受理

原告起诉，经人民法院审查，认为符合起诉条件并立案审理的行为，称为受理。

根据法律规定，人民法院接到诉状，经过审查，应当在 7 日内立案或做出裁定不予受理。

（四）税务行政诉讼的审理和判决

1. 税务行政诉讼的审理

人民法院审理行政案件，依法实行合议、回避、公开审判和两审终审制度。人民法院审理行政案件，对行政行为是否合法进行审查。

2. 税务行政诉讼的判决

人民法院对受理的税务行政案件，经过审理之后，可以做出如下判决。

(1) 行政行为证据确凿，适用法律、法规正确，符合法定程序的，人民法院判决驳回原告的诉讼请求。

(2) 行政行为有下列情形之一的，人民法院判决撤销或者部分撤销，并可以判决被告重新作出行政行为：①主要证据不足的；②适用法律、法规错误的；③违反法定程序的；④超越职权的；⑤滥用职权的；⑥明显不当的。

(3) 人民法院经过审理，查明被告不履行法定职责的，判决被告在一定期限内履行。

(4) 人民法院经过审理，查明被告依法负有给付义务的，判决被告履行给付义务。

(5) 行政处罚明显不当，或者其他行政行为涉及对款额的确定、认定确有错误的，人民法院可以判决变更。

【实例 10-8 · 多选题】关于税务行政诉讼下列说法正确的有(　　)。

A. 对税务机关作出的征税行为不服的，可以直接向人民法院起诉

B. 对税务机关的征税行为以外的其他具体行政行为提起诉讼，可以直接向人民法院起诉

C. 对税务机关的征税行为提起诉讼，必须先经过复议，对复议决定不服的，再向人民法院起诉

D. 对税务机关的征税行为以外的其他具体行政行为提起诉讼，必须先经过复议，对复议决定不服的，再向人民法院起诉

【解析】BC。根据有关法律法规规定：对税务机关的征税行为提起诉讼，必须先经过复议；对复议决定不服的，可以在接到复议决定书之日起 15 日内向人民法院起诉；对其他具体行政行为不服的，当事人可以在接到通知或者知道之日起 15 日内直接向人民法院起诉。

知识点：

能力点：

重　点：

难　点：

【综合技能训练】

一、单项选择题

1. 下列关于税务登记的表述正确的是(　　)。

A. 从事生产、经营的纳税人领取工商营业执照的，应当自领取工商营业执照之日起15日内申报办理税务登记

B. 从事生产、经营的纳税人未办理工商营业执照也未经有关部门批准设立的，应当自纳税义务发生之日起15日内申报办理税务登记

C. 不需要在工商行政管理机关或其他机关办理注销登记的，应当自有关机关批准或宣告终止之日起15日内，持有关证件和资料向原税务登记机关申报办理注销税务登记

D. 纳税人应当自工商行政管理机关变更登记之日起15日内，向原税务登记机关如实提供有关证件申报办理变更税务登记

2. 下列属于我国税收征收管理法的适用范围的是(　　)。

A. 由税务机关征收的企业所得税　　B. 由税务机关征收的教育费附加

C. 由海关征收的关税　　D. 由海关代征的增值税、消费税

3. 纳税人未按照规定使用税务登记证件，或者转借、涂改、损毁、买卖、伪造税务登记证件的，处(　　)的罚款。

A. 2000元以上10 000元以下　　B. 10 000元以上50 000元以下

C. 50%以上5倍以下　　D. 50%以上3倍以下

4. 税务行政处罚听证的范围是对公民做出(　　)以上，或者对法人做出(　　)以上罚款的案件。

A. 1000元，5000元　　B. 2000元，10 000元

C. 5000元，50 000元　　D. 5000元，100 000元

5. 行政复议机关收到行政复议申请后，应当在(　　)日内审查，决定是否受理。

A. 30　　B. 15　　C. 10　　D. 5

二、多项选择题

1. 下列关于账簿、凭证管理表述正确的是(　　)。

A. 从事生产、经营的纳税人应当自领取营业执照或发生纳税义务之日起15日内，按照国家有关规定设置账簿

B. 扣缴义务人应当自税收法律、行政法规规定的扣缴义务发生之日起10日内，按照所代扣、代收的税种，分别设置代扣代缴、代收代缴税款账簿

C. 从事生产、经营的纳税人应当自领取税务登记证件之日起15日内，将其财务、会计制度或财务、会计处理办法报送主管税务机关备案

D. 账簿、记账凭证、报表、完税凭证、发票、出口凭证及其他有关涉税资料应当保存10年，但法律、行政法规另有规定的除外

2. 税务机关根据保证国家税款及时足额入库、方便纳税人、降低税收成本的原则，确定的税款征收方式有(　　)。

A. 自计自填自缴　　B. 查账征收　　C. 定期定额征收

D. 代扣代缴、代收代缴　　E. 委托代征税款

3. 税款征收措施是指为保证税款及时足额征收入库所采取的措施，主要有(　　)等。

A. 加收滞纳金　　B. 税款追征

C. 出境清税　　D. 核定应纳税额

4. 根据税法的规定，现行税务行政处罚主要有(　　)。

A. 罚款　　B. 没收财产　　C. 停止出口退税权　　D. 出境清税

5. 根据税收征收管理法的规定，下列单位中具有税务行政处罚主体资格的有(　　)。

A. 省级税务局　　B. 县级税务局

C. 税务机关的内设机构　　D. 经特别授权的税务所

三、判断题

1. 主管税务机关根据领购单位和个人的经营范围和规模，确认领购发票的种类、数量及领购方式，在 10 个工作日内发给发票领购簿。　　(　　)

2. 因税务机关的责任，致使纳税人、扣缴义务人未缴或少缴税款的，税务机关在 3 年内可以要求纳税人、扣缴义务人补缴税款并加收滞纳金。因纳税人、扣缴义务人计算错误等失误，未缴或少缴税款的，税务机关在 3 年内可以追征税款和滞纳金。　　(　　)

3. 人民法院对受理的税务行政案件，经过审理之后，对行政行为证据确凿，适用法律、法规正确，符合法定程序的，人民法院判决驳回原告的诉讼请求。　　(　　)

4. 对税务所(分局)、各级税务局的稽查局的具体行政行为不服的，向其所属税务局的上一级税务局申请行政复议。　　(　　)

5. 我国税务行政处罚的设定，由全国人民代表大会及其常务委员会、国务院、国家税务总局进行。　　(　　)

参 考 文 献

[1] 中国注册会计师协会. 税法[M]. 北京：中国财政经济出版社，2020.

[2] 全国税务师职业资格考试教材编写组. 税法(Ⅰ)[M]. 北京：中国税务出版社，2020.

[3] 全国税务师职业资格考试教材编写组. 税法(Ⅱ)[M]. 北京：中国税务出版社，2020.

[4] 财政部会计资格评价中心. 经济法[M]. 北京：经济科学出版社，2020.

[5] 财政部会计资格评价中心. 经济法基础[M]. 北京：经济科学出版社，2020.

[6] 中华会计网校. 涉税服务实务经典题解[M]. 北京：高等教育出版社，2020.

[7] 王碧秀. 中国税收[M]. 北京：人民邮电出版社，2019.

[8] 戴峰. 纳税实务[M]. 北京：人民邮电出版社，2019.

[9] 明光兰. 税法[M]. 北京：北京交通大学出版社，2019.

[10] 中华会计网校. 税法(Ⅰ)应试指南[M]. 北京：人民出版社，2020.

[11] 财政部会计资格评价中心. 经济法基础[M]. 北京：经济科学出版社，2020.

[12] 甄立敏. 税法与实务[M]. 第四版. 北京：清华大学出版社，2020.